Anne Hacket

Lohnt sich Mobilität?

Anne Hacket

Lohnt sich Mobilität?

Einkommensperspektiven in internen und externen Arbeitsmärkten in den ersten Berufsjahren

VS VERLAG FÜR SOZIALWISSENSCHAFTEN

Bibliografische Information der Deutschen Nationalbibliothek
Die Deutsche Nationalbibliothek verzeichnet diese Publikation in der Deutschen Nationalbibliografie; detaillierte bibliografische Daten sind im Internet über <http://dnb.d-nb.de> abrufbar.

1. Auflage 2009

Lektorat: Katrin Emmerich / Jens Ossadnik
Redaktion: Frank Seiß, ISF München

VS Verlag für Sozialwissenschaften ist Teil der Fachverlagsgruppe Springer Science+Business Media.
www.vs-verlag.de

Umschlaggestaltung: KünkelLopka Medienentwicklung, Heidelberg
Satz: Karla Kempgens, ISF München
Druck und buchbinderische Verarbeitung: Krips b.v., Meppel
Gedruckt auf säurefreiem und chlorfrei gebleichtem Papier
Printed in the Netherlands

ISBN 978-3-531-16300-0

Inhalt

Verzeichnis der Abbildungen und Tabellen

Vorwort und Dank einmal anders …

Dieses Foto entstand 1996 in Leipzig …

Ich besuchte damals einen langjährigen Freund, der dort studierte, und war fasziniert von dem Wandel, in dem sich die Stadt Leipzig und die neuen Bundesländer befanden. Hektische Bau- und Renovierungsarbeiten, der Verfall alter Fabrikgebäude, Geschäfte und Häuser ließen deutlich spüren, dass die Entwicklung in der ehemaligen DDR mit einer starken Verunsicherung über die eigene Zukunft einherging: „WAS WIRD AUS MIR?"

Als ich etliche Jahre später mit meiner Dissertation begann und mich wissenschaftlich mit den Veränderungen des Arbeitsmarktes und den Konsequenzen für Beschäftigte unter besonderer Berücksichtigung der unterschiedlichen Situation in Ost- und Westdeutschland auseinandersetzte, kramte ich dieses Foto wieder hervor und hängte es über meinen Schreibtisch. Wenn ich mich in den komplizierten Datenaufbereitungsschritten und Operationalisierungsarbeiten verstrickte, half mir ein

Blick auf das Bild, mich wieder meiner Ausgangsfrage zu erinnern und mich zu motivieren. So ist dieses Bild zu einem persönlichen Symbol meiner Dissertation geworden. Deswegen möchte ich es an den Anfang meiner Arbeit stellen.

Dieses Buch entstand als Dissertation im Rahmen des Projekts „Aufbereitung der Beschäftigtenstatistik der Bundesanstalt für Arbeit als Datenquelle für problemorientierte Berichtssysteme", das von Prof. Dr. Ludwig-Mayerhofer geleitet wurde. Ihm gilt mein besonderer Dank, da er mich als Doktorvater, aber auch bereits während meiner Diplomarbeit betreut hat. Als Studentin, Diplomandin, Mitarbeiterin und Doktorandin habe ich sehr viel von ihm gelernt. Er hat es mir ermöglicht, im Rahmen eines methodisch interessanten Forschungsprojekts eigene Fragestellungen zu entwickeln und diese selbstständig zu meinem Dissertationsvorhaben zu formen. Dabei stand er mir stets mit Rat und Kritik zur Seite und war mir in methodischen und besonders in inhaltlichen Fragestellungen eine große Hilfe. Weiterer Dank gilt Prof. Dr. Rainer Geißler, der sich als Zweitgutachter dieser Arbeit angenommen hat. Ich danke auch meinen Kollegen aus dem ISF München, speziell Dr. Andreas Boes für seine motivierenden Worte, die anregenden Diskussionen sowie den Freiraum, den er mir zur Fertigstellung meiner Dissertation gewährt hat. Für die Layout- und Lektoratsarbeiten war mir die Unterstützung von Karla Kempgens und Frank Seiß sehr hilfreich.

Allen voran danke ich meiner Familie und meinen Freunden, die mich neben ihrer Unterstützung – wenn es nötig war – auch mal von der Arbeit ablenkten.

Thomas, dir danke ich für deine unermüdlichen Aufheiterungen (!), dein leckeres Essen und deine wohltuende Geduld, wenn ich „wieder mal mitten in der Arbeit steckte".

1 Einführung

1.1 Flexibilisierung am Arbeitsmarkt – ein vieldiskutierter Begriff

Angesichts der hohen Arbeitslosigkeitsraten in Deutschland sind in den letzten Jahren die Themen einer Flexibilisierung und Deregulierung des Arbeitsmarkts in den Vordergrund gerückt. Häufig wird vertreten, die Arbeitslosigkeit sei teilweise einer zu hohen Starrheit des europäischen und insbesondere deutschen Arbeitsmarkts geschuldet (Siebert 1997), es fallen Begriffe wie Eurosklerose und Hysterese. „Abgeleitet wird diese Erstarrungshypothese in erster Linie aus dem Umstand, dass in den vergangenen Jahrzehnten die Zahl von Arbeitslosen – und hier insbesondere die Zahl von Langzeitarbeitslosen – ständig zugenommen hat und auch während konjunktureller Aufschwünge nicht entscheidend verringert werden konnte" (Erlinghagen 2006: 7). In der Vorstellung vieler Ökonomen bedarf es zur Überwindung der Arbeitsmarktprobleme einer verstärkten Flexibilisierung des Arbeitsmarkts, in deren Mittelpunkt insbesondere arbeitsrechtliche Fragen und betriebliche Faktoren stehen, durch die eine Anpassung der Beschäftigung an ökonomische Erfordernisse gefördert oder erschwert werde (Struck/Köhler 2004). Der Neue Markt – so wird prognostiziert – wird von zunehmendem Wettbewerb und erhöhter ökonomischer Anpassungsgeschwindigkeit geprägt sein und ein hohes Maß an Anpassungsflexibilität voraussetzen (FiO 2000: 3).

Flexibilisierung ist also mit Bezug auf den Arbeitsmarkt in Deutschland ein wissenschaftlich wie politisch viel diskutierter Begriff. Meist wird Flexibilisierung nach zwei Dimensionen unterschieden: extern-numerische und interne Flexibilisierung. *Externe* Flexibilisierung meint die wachsenden Möglichkeiten, Mitarbeiter kurzfristig zu entlassen und einzustellen, und die Nutzung dieser Möglichkeiten. Sie bezieht sich neben Lockerungen des Kündigungsschutzes insbesondere auf die Pluralisierung von Beschäftigungsformen und die Schaffung von atypischen bzw. ‚prekären' Beschäftigungsformen wie befristete Arbeitsverträge, Leih- und Zeitarbeit sowie Teilzeitarbeit (Goudswaard/Nanteuil 2000). Die Regulierung von Beschäftigungsverhältnissen in ihrer zeitlichen Perspektive wird verändert, so dass Beschäftigungsstabilität und Beschäftigungssicherheit vom vertraglichen Beschäftigungsverhältnis her zur Disposition stehen. Unter *interner* Flexibilisierung werden meist Variabilisierungen der Arbeitszeitregelungen, qualifikatorische Anpassungen oder Lohnanreiz-Veränderungen verstanden (Struck/Schröder 2005: 3). Interne Flexibilisierung bezieht sich demnach weniger auf das vertragliche Beschäftigungsverhältnis, sie bedeutet vielmehr eine Flexibilisierung des innerbetrieblichen Arbeits- und Personaleinsatzes.

Das Normalarbeitsverhältnis, welches – als prägendes und dominierendes Beschäftigungsverhältnis – einen Tausch von hoher Arbeitsleistung und Produktivität gegen Beschäftigungssicherheit beinhaltete, wird im Zuge von Flexibilisierung zunehmend in einen Vertrag umgewandelt, der einen Kauf von Fähigkeiten und Kenntnissen zum ‚Marktwert' impliziert, so dass die Anreize für eine langfristige Bindung zwischen Arbeitgeber und Arbeitnehmer für beide Seiten abnehmen (Gerlach/Stephan 2005; Levine et al. 2002). Das heißt, die Bindung zwischen Betrieb und Beschäftigten nimmt ab (Bonß 1999).

Eine gängige Annahme lautet, dass schnellere Innovationszyklen, schnellere Veraltung von Wissen und Technik sowie grundlegende Veränderungen der wirtschaftlichen Rahmenbedingungen, etwa verstärkter internationaler Wettbewerb und verschärfte Konkurrenz, stärkere Flexibilisierungsmöglichkeiten für Unternehmen erfordern, wie beispielsweise eine Flexibilisierung von Beschäftigungsverhältnissen, Arbeitszeiten und Entlohnungsstrukturen (Castel 2000). Dieser Annahme zufolge erschwerten es die im internationalen Vergleich geringe Flexibilität des deutschen Arbeitsmarktes und dessen strikte arbeits- und sozialrechtliche Regulierung Unternehmen und Betrieben, flexibel auf wirtschaftliche Veränderungen zu reagieren und Personal je nach Auftragslage einzustellen und zu entlassen. Dies führe zu Wettbewerbsnachteilen von deutschen Unternehmen. Insbesondere die hohe Arbeitsplatzsicherheit sowie Kündigungsschutzregelungen, die zu hohen Entlassungskosten von Unternehmen beitrügen, erhöhten die Schwelle zur Einstellung von Personal und bremsten damit die Schaffung von Arbeitsplätzen. Dies trage letztlich zur Vernichtung von Arbeitsplätzen und zur Arbeitslosigkeit bei, der Zugang für Arbeitsuchende in den ersten Arbeitsmarkt werde erschwert. Seit der OECD Job Study von 1994 steht die Neu- bzw. Deregulierung des Arbeitsmarkts im Zentrum der Beschäftigungspolitik. Sie zielt auf eine Flexibilisierung des Arbeitsmarkts. Dies umfasst neben Regelungen zum Kündigungsschutz, Befristungsregelungen und der Veränderung der Sozialversicherungspflicht auch die Förderung von Zeit- und Leiharbeit. Auch an den Flächentarifverträgen, die faktisch Mindestbedingungen für fast alle Beschäftigten einer Branche festlegen, und an der sozialen Sicherung von Arbeitslosen, die eine Ausdifferenzierung der Löhne nach unten behindere, wird Kritik geäußert (Bosch/Knuth 2003: 275).

Der deutsche Arbeitsmarkt ist zudem von relativ großen *regionalen Disparitäten* geprägt. Hier sind vor allem die verharrenden Unterschiede zwischen Ost- und Westdeutschland zu nennen, die den deutschen Arbeitsmarkt seit der Wiedervereinigung 1990 prägen und zu einer historischen Sondersituation führen, die Deutschland unvergleichbar mit jedem anderen entwickelten Industrieland macht (ebd.: 275). „Die Eins-zu-eins-Konvertierung der ostdeutschen Mark in DM durch die Währungsunion im Jahre 1991 entsprach einer mehr als 300-prozentigen Aufwertung, wodurch die ostdeutsche Wirtschaft über Nacht wettbewerbsunfähig wurde" (ebd.: 276). Rund 4 Millionen von einstigen 9,8 Millionen Arbeitsplätzen gingen verloren und die Arbeitslosenquoten in den neuen Bundesländern stiegen rasant an. Neben den offensichtlichen Unterschieden zwischen Ost- und Westdeutschland ergeben sich zudem zum Teil starke Unterschiede innerhalb West- bzw. Ostdeutschlands, so dass zunehmend eine größere *regionale Mobilität* und Flexibilität gefordert wird. Denn regionale Wanderungsbewegungen von Arbeitskräften gelten nach der neoklassischen Theorie als ein wesentlicher Mechanismus, um regionale Disparitäten auszugleichen.

> „Under the neoclassical paradigm with homogeneous labour, constant returns to scale and diminishing marginal returns, matters are clear: regional differences in wage levels and unemployment rates will gradually erode through labour mobility up to a point where only compensating differentials between the two economic variables can persist." (Südekum 2004: 34)

Diese Wanderungsbewegungen führen nach dieser Annahme zu einem Ausgleich der Regionen untereinander, da sich die Löhne in der Zielregion aufgrund des höheren Arbeitskraftangebots nach unten korrigieren und die Arbeitslosigkeit in den Herkunftsregionen aufgrund der Nettoabwanderungen abnimmt: „In competitive labour markets, wage adjustments and labour mobility rapidly lead to a new equilibrium" (Topel 1986). „If the adjustment is delayed or if it is even prevented by institutional factors, the result can be unemployment" (Mertens/Haas 2000: 1; vgl. Blanchard/Katz 1992; Decressin/Fatas 1995). So folgern beispielsweise Alecke und Untiedt (2000) nach Untersuchung von Brutto- und Nettozuwanderungen und -abwanderungen zwischen 1991 und 1997, dass die Wanderungsbewegungen in Deutschland nicht ausreichend seien, um auf mittlere Sicht entscheidend zu einem Ausgleich der regionalen Disparitäten beizutragen. Regionale Mobilität aus strukturschwachen Regionen wird hier als sinnvoll zur Abwendung ökonomischer Probleme gesehen und dient insbesondere dem Ausgleich regionaler Disparitäten.[1] Auch ein Teil der zu beobachtenden Inhaltsinadäquanz auf dem deutschen Arbeitsmarkt wird zumindest zum Teil auf eine mangelnde Passung von Angebot und Nachfrage zurückgeführt. Danach ließe sich die Tatsache, dass eine Reihe von Individuen nicht

1 Es gibt jedoch auch eine Gegenposition, die davon ausgeht, dass regional mobile Personen eine positiv ausgewählte Gruppe darstellten und häufiger besser qualifiziert seien als „regionenstabile" Personen. In diesem Fall wäre speziell bei Wanderungsbewegungen zwischen Ost- und Westdeutschland ein *Brain Drain* anzunehmen: Die Abwanderung von gut qualifizierten und insbesondere jüngeren Beschäftigten würde zu einem Fachkräftemangel und einem Rückgang der Investitionen führen. Somit schwäche sie nachhaltig die wirtschaftliche Entwicklung von ostdeutschen Regionen. Dieser Position zufolge wäre also zu unterstellen, dass regionale Abwanderung aufgrund der positiven Selektion von mobilen Personen zu einer Zunahme von regionalen Disparitäten führt (Südekum 2004).

im erlernten Beruf beschäftigt ist, auf eine mangelnde Bereitschaft zu regionaler Mobilität zurückführen – bzw. auf fehlende Informationen, dass anderswo adäquate Stellen bereitstehen. „Umgekehrt hieße dies, dass mehr regionale Flexibilität zu einer verbesserten beruflichen Passung und damit zur Verringerung von ausbildungsfremder Beschäftigung und deren Folgen führen würde" (Seibert 2007: 6). Daher werden niedrige Bereitschaft zu regionaler Mobilität und niedrige regionale Mobilitätsraten insbesondere von arbeitslosen Beschäftigten kritisiert (Mertens/Haas 2000: 1) und es wird eine erhöhte Mobilitätsbereitschaft gefordert. Im Rahmen der Arbeitsmarktpolitik wird nunmehr auch die Bereitschaft zu regionaler Mobilität explizit als eine zumutbare Anforderung zur Abwendung von Arbeitslosigkeit verankert (Sondermann et al. 2006; Seibert 2007).

1.2 Flexibilisierung – mit welchen Folgen für die Beschäftigten?

Wie sich diese Veränderungen auf Beschäftigte, ihre Erwerbsverläufe und Arbeits- und Lebensweisen auswirken, ist eine umstrittene und noch offene Frage.[2] Im Vordergrund der Debatte steht die Befürchtung, dass vor allem die Ausweitung von atypischen Beschäftigungsverhältnissen die Beschäftigungssicherheit und -stabilität für einen wachsenden Anteil der Beschäftigten verringere. Ein flexibilisierter Arbeitsmarkt mit zunehmender extern-numerischer Flexibilität gehe einher mit einer generell erhöhten Arbeitsmarktmobilität und einer sinkenden Beschäftigungs- und Betriebsstabilität, er wird daher auch als „Turbo-Arbeitsmarkt" bezeichnet (Erlinghagen 2002). Es ist offensichtlich, dass eine zunehmende Flexibilisierung des Arbeitsmarkts mehr Beschäftigte vor höhere Mobilitätsanforderungen stellt, um die eigene Erwerbstätigkeit zu sichern bzw. Erwerbslosigkeit abzuwenden.[3] Auch Zeit- und Leiharbeit erfordern eine hohe Arbeitsplatzmobilität, da für dieses Beschäftigungssegment der Wechsel von Betrieben charakteristisch ist. Mögliche Folge wäre eine De-Standardisierung von Erwerbsverläufen, speziell eine Zunahme von diskontinuierlichen Erwerbsverläufen, in denen sich Phasen der Vollzeiterwerbstätigkeit mit Phasen der Teilzeiterwerbstätigkeit, Episoden von Arbeitslosigkeit und Nichterwerbstätigkeit sowie Qualifikationsphasen abwechseln (Mutz et al. 1995).

---

2 Diese Frage wird beispielsweise innerhalb des Flexicurity-Diskurses verstärkt diskutiert (vgl. Kronauer/Linne 2005).

3 Olaf Struck macht zudem darauf aufmerksam, dass nicht nur die äußeren Rahmenbedingungen zu mehr Mobilität führen, sondern auch die veränderten Interessen der Beschäftigten eine Rolle spielen. „Ein Teil der Beschäftigten wünscht, selbst beruflich flexibel zu handeln, etwa um sich beruflich oder in Abstimmung mit privaten Bedingungen flexibel verändern zu können" (Struck 2005: 182). Auch Martin Baethge verweist in diesem Zusammenhang auf einen neuen Sozialtypus des „modernen Arbeitnehmers", der ein individualistisches Handlungskonzept hervorbringt, „mit dezidierten Ansprüchen an Selbstentfaltung und Selbstdarstellung in der Arbeit wie im Privatleben" (Baethge 1994: 720).

Der zukünftige Arbeitsmarkt wird laut dem Forschungsinstitut Ordnungspolitik gekennzeichnet sein „durch die Aufhebung fester und dauerhafter Arbeitsbeziehungen, durch eine erhöhte Mobilität der Arbeitnehmer sowie durch die Notwendigkeit des lebenslangen Lernens" (FiO 2000: 2). Nicht nur *Betriebsmobilität*, auch *regionale Mobilität* gewinnt für das Gelingen des Erwerbsverlaufs an Bedeutung; in einem flexibilisierten Arbeitsmarkt sollte mithin nicht nur die Mobilitätsrate insgesamt, sondern auch die regionale Mobilität ansteigen. Im Zusammenhang mit der Diskussion um abnehmende Beschäftigungsstabilität wird häufig von einer „Prekarisierung der Erwerbsarbeit" sowie dem Entstehen eines „Prekariats" (Bourdieu 1998; Castel 2000; Dörre et al. 2007) gesprochen. Im Mittelpunkt dieser Diskussionen stehen Befürchtungen, dass eine sichere und stabile Erwerbsbeteiligung immer schwerer herzustellen sein werde und dadurch die Funktion von Erwerbsarbeit als Grundlage zur Sicherung des Erwerbs- und Lebensverlaufs für wachsende Beschäftigtengruppen gefährdet sei.

Häufig werden stabile Beschäftigung in einem Betrieb und das Normalarbeitsverhältnis als *positive Vergleichsfolie* präsentiert, vor deren Hintergrund diskontinuierliche Erwerbsverläufe sowie Mobilität und Betriebswechsel als risikoreich für einen gelingenden Erwerbsverlauf herausgestellt werden.[4] Betriebswechsel und Mobilität werden als „Gegenstück" oder „andere Seite der Medaille" (Davia 2005) der Betriebsstabilität und stabilen Beschäftigung innerhalb eines Berufs, eines Betriebs, an einer Arbeitsstelle oder bei einem Arbeitgeber angesehen. Doch es ist fragwürdig, betriebsstabile Erwerbsverläufe ohne weiteres als positive Vergleichsfolie zu betriebsmobilen Erwerbs- und Einkommensverläufen anzunehmen. Denn auch innerhalb von Betrieben verändert sich aufgrund interner Flexibilisierung die Ausgestaltung der Arbeitsbeziehungen. Interne Flexibilisierungsmaßnahmen, wie betrieblich bedingte Veränderungen in Entlohnungsstruktur und Lohnmodellen, wirken auf die innerbetrieblichen Einkommenschancen, und dies wahrscheinlich nicht für alle Beschäftigten gleichermaßen positiv oder negativ. Ob Mobilität und Betriebswechsel im Vergleich zur Betriebsstabilität positiv oder negativ zu bewerten sind, lässt sich nicht allein durch die Beschäftigungsdauer bewerten. Wenn man, wie Diebler

---

4 Insbesondere im Prekarisierungsdiskurs werden prekäre Beschäftigungsverhältnisse an ‚normaler' Erwerbsarbeit gemessen, was sich in der Operationalisierung meist auf das Normalarbeitsverhältnis bezieht. „Genauer betrachtet wird das ‚Normale' an ‚Normalarbeitsverhältnissen' (...) auf sozial generalisierte Erwartungsmuster bezogen, die mit einem spezifischen Arbeitnehmerstatus verbunden sind: Diese Erwartungsmuster rekurrierten erstens auf die Unbefristung eines Arbeitsvertrages, die als selbstverständlich angesehen wird und berufliche bzw. biografische Planungssicherheit verspricht; zweitens auf ein Arbeitszeitmodell, das sich an der Norm der Vollzeitbeschäftigung orientiert und auf die wöchentlichen Werktage gleichmäßig verteilt ist; drittens auf eine stabile Entlohnung der Arbeitsleistung nach Arbeitszeit, beruflichem Status und familiärer Stellung; sowie viertens auf ein bestimmtes Niveau der sozialen und arbeitsrechtlichen Absicherung Bezug nimmt, das – von Männern – als obligatorisch angesehen wird, um als ‚Ernährer' den Lebensunterhalt einer Familie bestreiten zu können" (Kraemer/Speidel 2005: 7f). Prekäre Beschäftigung wird demnach als relationaler Begriff gebraucht.

(2004), das Beschäftigungsverhältnis einschließlich seiner Dauer als ein von Arbeitnehmern und Arbeitgebern zweiseitig bestimmtes Verhältnis auffasst, wird Beschäftigungsstabilität „je nach Kombination dieser Faktoren auf Angebots- und Nachfrageseite unterschiedlich generiert und ist im Ergebnis von unterschiedlicher Qualität, über die die Dauer allein nicht viel aussagt. So kann die Beendigung eines Beschäftigungsverhältnisses innerhalb eines kurzen Zeitraumes als Korrektur einer suboptimalen Allokation interpretiert werden, sie kann aber auch ein Indiz für die zunehmende betriebliche Externalisierung von Beschäftigungsrisiken sein“ (Diebler 2004: 76). Eine lange Betriebszugehörigkeitsdauer muss zudem nicht zwingend auf stabile und erfolgreiche Erwerbstätigkeit verweisen, sondern kann auch die Abwesenheit von Chancen in anderen Betrieben indizieren (Diewald/Sill 2004: 43). Letztere Form der Beschäftigungsstabilität könnte als „alternativlose Beschäftigungsstabilität“ bezeichnet werden (Diebler 2004).

Die Folgen von Flexibilisierung lassen sich demnach nicht allein auf der Ebene der Erwerbsverläufe messen, denn sie betreffen auch Beschäftigte *innerhalb* stabiler Beschäftigung. Interne Flexibilisierung ändert innerhalb betrieblicher Beschäftigung den Personal- und Arbeitseinsatz und damit das Verhältnis zwischen Betrieb und Beschäftigten. Flexible Arbeitszeiten und Einführung von neuen Entlohnungsmodellen sind Möglichkeiten der Unternehmen, Marktanforderungen flexibel an ihre Beschäftigten weiterzugeben. Je nach betrieblichen Bedürfnissen werden die Beschäftigten unterschiedlich gefordert. Der Personalbestand wird sich jedoch aufgrund von Kosteneinsparungen und der Tendenz zu zurückhaltender Einstellungspolitik von Unternehmen eher an der unteren Grenze bewegen, so dass auch innerhalb von Normalarbeitsverhältnissen der Druck auf die Beschäftigten zunimmt. Vor allem der Prekarisierungsdiskurs verweist darauf, dass Gefährdungen von Erwerbsarbeit auch innerhalb von Normalarbeit und bei stabilen Arbeitsstellen vorhanden sind und dass daher auch dort Unsicherheitsgefühle über die eigene berufliche Zukunft zunehmen. Personalreduzierungen und Auslagerungen von Unternehmensbereichen lassen die Konkurrenz zwischen Beschäftigten schärfer werden und Unsicherheiten über die Sicherheit der eigenen Arbeitsstelle wachsen. So zeigen Untersuchungen innerhalb von Betrieben, dass auch Beschäftigte in relativ sicheren Arbeitsverhältnissen zunehmend Gefühle von Unsicherheit und Ungewissheit in Bezug auf ihre künftigen Erwerbsverläufe äußern (Kratzer 2003). Wenn darüber hinaus betriebsbedingte Kündigungen und Stellenabbau in Betrieben zur Diskussion stehen, sind auch Beschäftigte in vormals gesicherten Beschäftigungsverhältnissen vor die Frage gestellt, ob sich in anderen Betrieben bessere Erwerbschancen erwarten lassen. Beschäftigungen im Rahmen des Normalarbeitsverhältnisses und lange Verweildauern in einem Betrieb sind demnach nicht ohne weiteres mit stabiler Beschäftigung und/oder einer erwartungssicheren Karriere gleichzusetzen.

Betriebsstabile bzw. betriebsmobile Beschäftigung kann daher nicht *an sich* als Kennzeichen für gute bzw. schlechte Erwerbs- und Einkommenschancen betrachtet werden, sondern erst nach ihrem jeweiligen Ertrag auf dem Arbeitsmarkt bewertet werden. Zudem verbergen sich hinter Betriebsstabilität bzw. -mobilität sehr unterschiedliche Aspekte. *Betriebsstabilität* kann auf eine sichere Integration in den betriebsinternen Arbeitsmarkt verweisen, innerbetriebliche Aufstiege und Qualifizierungen können sich positiv auf Einkommenschancen auswirken. Andererseits kann Betriebsstabilität auch durch Alternativlosigkeit auf dem externen Arbeitsmarkt begründet sein, was dann als Kennzeichen für prekäre Erwerbsintegration und negative Einkommenschancen gedeutet werden kann. Es ist eine Unterscheidung dieser Formen von Stabilität erforderlich. Auch *Betriebsmobilität* kann sowohl Ausdruck von Risiken als auch von Chancen sein: Sie kann aufgrund unsicherer Beschäftigung entstehen und eine Notwendigkeit darstellen, um die eigene Erwerbstätigkeit zu sichern – wird ein befristeter Arbeitsvertrag nicht verlängert oder ein Arbeitnehmer gekündigt, muss eine neue Stelle gesucht werden. Der Wechsel des Betriebs kann aber auch ein ‚normales' Mittel sein, um berufliche Aufstiege zu realisieren, und damit durchaus Karrierechancen bieten. Wenn im eigenen Betrieb keine Aufstiegschancen bestehen, können in anderen Betrieben unter Umständen weitaus bessere Arbeits- und Karrierebedingungen herrschen. Sowohl Betriebsstabilität als auch Betriebsmobilität können mithin Ausdruck von Chancen und von Risiken sein – erst durch den Ertrag auf dem Arbeitsmarkt können diese bilanziert werden.

1.3 Die Forschungsfrage
Bewertung der Konsequenzen von Mobilität und Stabilität nach ihren Erträgen auf dem Arbeitsmarkt

Diese Überlegung ist zentral für die Forschungsfrage der vorliegenden Studie. Es liegt die Annahme zugrunde, dass wichtiger als die Entwicklung der Beschäftigungsstabilität bzw. der *Quantität* von Betriebsmobilität die *Qualität* dieser Entwicklung für den Erwerbs- und Lebensverlauf der Beschäftigten ist: Wie wirkt sich eine Abnahme der Beschäftigungsstabilität bzw. eine Zunahme von Mobilität auf die Beschäftigten aus? Welche Konsequenzen haben Betriebsmobilität und -stabilität überhaupt auf dem Arbeitsmarkt, und wie unterscheiden sich diese je nach Beschäftigtengruppen?

Daher analysiert diese Studie die Konsequenzen von Mobilität mit Blick auf ihren Ertrag am Arbeitsmarkt. Um die Folgen von Mobilität bewerten zu können, ist ein Vergleich von betriebsmobilen Beschäftigten mit betriebsstabilen Beschäftigten unabdingbar. Würden sich Erwerbsverläufe mobiler Beschäftigter in Arbeitslosigkeitsrisiken, Chancen und Risiken innerhalb des Beschäftigungssystems, Einkommensverläufen und -perspektiven nicht grundlegend von Erwerbsverläufen betriebsstabiler Beschäftigter unterscheiden, so wären Mobilität und Betriebswechsel, anders als es die Flexibilisierungsforschung nahe legt, keine geeigneten Indikatoren zur Messung von Risiken – zunehmende externe Flexibilisierung würde sich weit weniger negativ auf Arbeit- und Lebensweisen der Beschäftigten auswirken als erwartet. Zeigen sich jedoch bei betriebsmobilen Beschäftigten brüchigere Erwerbsverläufe, höhere Arbeitslosigkeitsrisiken und schlechtere Einkommensperspektiven, so würde eine Destabilisierung der Beschäftigung und Abnahme der Beschäftigungssicherheit für eine wachsende Prekarisierung innerhalb der Erwerbsarbeit sprechen.

Als *Bewertung* von Betriebsmobilität und Betriebsstabilität werden Einkommenszuwächse bzw. Einkommensverluste betrachtet. Es wird also untersucht, ob und wie stark individuelle Einkommenschancen durch Betriebsmobilität bzw. -stabilität beeinflusst werden. Die Bewertung nach Einkommenschancen und -risiken stellt nur *eine* Möglichkeit der Bewertung dar, jedoch eine sehr wichtige. Denn das Erwerbseinkommen ist zentral für die individuelle und familiäre Wohlstandsposition, durch Erwerbseinkommen werden Anwartschaften im Rahmen des sozialen Sicherungssystems (wie Lohnersatzleistungen und Rentenanwartschaften) generiert und das Erwerbseinkommen fungiert als auch als Medium für gesellschaftliche und soziale Anerkennung.

Wie zahlreiche Studien zeigen, sind von der Flexibilisierung des Arbeitsmarkts und den Veränderungen der Organisation von Arbeit verschiedene *Beschäftigtengruppen* in unterschiedlicher Art betroffen. So zeigen Studien, dass insbesondere ‚Randgruppen' in atypischen Beschäftigungsverhältnissen arbeiten (Seifert 1993), dass niedrigqualifizierte Beschäftigte von Arbeitslosigkeit besonders betroffen sind (Rhein et al. 2005) und dass sie auch geringere Wiedereinstiegschancen in Beschäftigung aufweisen (Erlinghagen 2006). Die Erwerbsverläufe von Frauen sind durch die höhere Verantwortlichkeit für Familie und Kindererziehung stärker durch Erwerbsunterbrechungen geprägt, als dies bei Männern der Fall ist (Beblo/Wolf 2002). Dadurch ergeben sich in Bezug auf unterschiedliche Beschäftigtengruppen ungleiche Konsequenzen von Betriebsstabilität und -mobilität für die Einkommens- und Erwerbschancen. Für die Analyse von mobilitätsbedingten Einkommensveränderungen im Vergleich zu innerbetrieblichen Einkommensverläufen ist es entsprechend wichtig zu prüfen, ob es sich bei der Gruppe der betriebsmobilen Beschäftigten um eine positiv oder negativ ausgewählte Gruppe handelt, d.h. ob sich mobile von stabilen Personen in Eigenschaften unterscheiden, die für ihre Einkommenschancen relevant sind. Beispielsweise sieht Hendrik die Selektivität von Migranten als wichtiges theoretisches Problem bei dem Vergleich der Einkommen von Migranten und Nichtmigranten (1998: 236; vgl. auch DaVanzo/Hosek 1981). Wenn gerade Randgruppen und niedrigqualifizierte Beschäftigte diskontinuierliche Erwerbsverläufe aufweisen, so können mögliche negative Effekte für das Lohnniveau auch auf diese Eigenschaften zurückzuführen sein und müssen nicht unmittelbar mit einer vorangegangenen Mobilität zusammenhängen. Sind bei der Gruppe der Betriebsmobilen hingegen gerade Hochqualifizierte und Beschäftigte mit positiven Eigenschaften dominant vertreten, könnten positive Effekte von Betriebswechseln auf das Einkommen überschätzt werden.

Möchte man die Konsequenzen von Betriebsmobilität und -stabilität für den Einkommensverlauf messen, so ist es sinnvoll, die Erwerbs- und Einkommensverläufe von *Berufsanfängern* zu betrachten. Denn die ersten Erwerbsjahre spielen für den weiteren Erwerbs- und Lebensverlauf eine entscheidende Rolle: Nicht nur schulische und berufliche Qualifikationen sind für das Gelingen des Erwerbsverlaufs von Bedeutung, sondern vor allem, ob und wie es gelingt, diese Qualifikationen und Fähigkeiten im Arbeitsmarkt zu nutzen, d.h. erstens überhaupt eine Anstellung zu finden und somit den Eintritt in den Arbeitsmarkt zu vollziehen, zweitens eine möglichst gute Beschäftigung zu erhalten, die den Grundstein für die weitere Karriere legt (Dietrich/Abraham 2004). Wer in den ersten Jahren einen stabilen Erwerbsverlauf vorweisen kann, hat auch im weiteren Leben eine hohe Chance, der Arbeitslosigkeit zu entgehen (Bender et al. 2000). Arbeitnehmer, die schnell in den Genuss einer ersten Beförderung kommen, haben bessere Aussichten, im weiteren Karriereverlauf schneller und höher aufzusteigen (Rosenbaum 1984). Ob ein ‚guter' Eintritt in den Arbeitsmarkt gelingt, ist von den Bedingungen auf dem Arbeitsmarkt abhängig. In den letzten Jahrzehnten haben sich diese und damit zusammenhängend auch die individuellen Erwerbsmuster verändert, wie der deutliche Anstieg der Arbeitslosigkeit seit Mitte der 1970er Jahre sowie die Ausdehnung so genannter ‚atypischer' Beschäftigungsverhältnisse nahelegen (Grunow et al. 2005). Auch wenn Erwerbsarbeit weiter der Dreh- und Angelpunkt für die Integration in die Gesellschaft bleibt (Senghaas-Knobloch 1999), ist es ungleich schwerer geworden, durch Erwerbsarbeit eine gelingende Erwerbsintegration und eine stabile und wohlstandssichernde Erwerbsbiografie zu erreichen. Der Berufseintritt findet unter den Bedingungen von Knappheit an Arbeitsangeboten und Beschäftigungsmöglichkeiten statt, die „zweite Schwelle" zu überwinden wird zunehmend problematischer. Dies zeigt sich schon an den zum Teil hohen Jugendarbeitslosigkeitsraten (Rothe/Tinter 2007) und an den diskontinuierlichen Erwerbsverläufen gerade zu Berufsbeginn. So gestaltet sich gerade der Berufseintritt zunehmend in Form atypischer Beschäftigung (Mayer/Hillmert 2003; Kim/Kurz 2001).

1.4 Vorgehen

Die Studie analysiert die Konsequenzen von Mobilität und Betriebsstabilität mit Blick auf ihren Ertrag am Arbeitsmarkt. Der Ertrag am Arbeitsmarkt wird durch die Einkommensverläufe gemessen, die durch individuelle Einkommensgewinne bzw. -verluste operationalisiert werden. Gerade der Berufseintritt ist in diesem Zusammenhang von Bedeutung, denn Berufsanfänger mussten den Ersteintritt in den Arbeitsmarkt spätestens seit den 1990er Jahren unter den Bedingungen eines flexibilisierten Arbeitsmarkts vollziehen, da sie durch Flexibilisierung des Arbeitsmarkts in besonders hohem Maße betroffen sind – sie können nicht auf Schutzregelungen zurückgreifen, die durch lange Betriebszugehörigkeit begründet sind. Zudem hat der Berufsstart, wie oben ausgeführt, generell eine hohe Bedeutung für den weiteren Erwerbsverlauf.

Ausgewertet werden daher auf Basis der regionalisierten Beschäftigtenstichprobe (IABS-R01) die Erwerbs- und Einkommensverläufe von Berufsanfängern, die zwischen 1991 und 1999 in den Arbeitsmarkt eingetreten sind. Es werden mindestens drei und höchstens elf Jahre des Erwerbsverlaufs einbezogen. Vorteil der regionalisierten Beschäftigungsstichprobe ist es, dass tagesgenaue Angaben zu Beschäftigungszeiten sowie zur Einkommenshöhe vorliegen und mit ihnen der Erwerbsverlauf lückenlos verfolgt werden kann.

Um die Konsequenzen von Betriebsmobilität und -stabilität für den Einkommensverlauf zu untersuchen, ist es notwendig, Mobilität sehr differenziert zu betrachten: Mobilität beinhaltet sowohl Chancen als auch Risiken, der Wechsel des Betriebs kann sich sowohl positiv als auch negativ für Beschäftigte auswirken. Arbeitsplatzwechsel können aufgrund drohender Kündigung, Nichtverlängerung von befristeten Arbeitsverträgen oder Betriebsschließungen erzwungen sein, sie können aber auch eine freiwillig gewählte Möglichkeit für Beschäftigte sein, die eigene Beschäftigungssituation und/oder das individuelle Einkommen zu verbessern. Gerade für Berufsanfänger können alternative Stellenangebote auf dem externen Arbeitsmarkt ein Mittel darstellen, Aufstiege zu erreichen und in anderen Betrieben höhere Gehälter zu erzielen. Neben einer solchen Unterscheidung zwischen *freiwilliger und unfreiwilliger Mobilität* spielt insbesondere die Frage *regionaler Mobilität* eine dominante Rolle. Es werden Unterscheidungen nach Ziel und Herkunft von Mobilität vorgenommen; damit wird der regionale Kontext einbezogen. Denn ein Betriebswechsel kann sowohl innerhalb einer Arbeitsmarktregion als auch zwischen verschiedenen Regionen (regionale Mobilität) vonstatten gehen. Aber auch innerhalb von *betriebsstabiler* Beschäftigung ergeben sich berufliche Mobilitäten sowie Arbeitszeitwechsel, so dass auch diese differenziert betrachtet werden muss. Zusätzlich kann davon ausgegangen werden, dass Betriebsstabilität wie Betriebsmobilität für heterogene Beschäftigtengruppen unterschiedliche Folgen hat, d.h. dass Mobilität für verschiedene Beschäftigtengruppen ungleich risiko- bzw. chancenreich ist. Daher werden die jeweiligen Folgen von Mobilität und Stabilität für unterschiedliche Beschäftigtengruppen betrachtet.

Für die Einkommensverläufe und Erwerbsverläufe von Beschäftigten spielen regionale Gegebenheiten ebenfalls eine Rolle. Die regionalen Disparitäten zeigen sich in ungleichen regionalen Arbeitslosigkeitsquoten und ungleichen regionalen Lohnniveaus. Diese Bedingungen vor Ort wirken auf die Einkommens- und Erwerbsbedingungen der Beschäftigten (Blien et al. 2001), so dass sowohl der regionale Kontext als auch die Richtung von Mobilität für die Einkommenschancen zunehmend an Bedeutung gewinnen. Insbesondere die verharrenden Unterschiede zwischen Ost- und Westdeutschland tragen zur Erklärung ungleicher Einkommensverläufe bei, so dass eine differenzierte Betrachtung von Einkommens- und Erwerbsverläufen für Ost- und Westdeutschland weiterhin notwendig erscheint. Gerade ostdeutschen Berufsanfängern wurde der Berufsstart in Zeiten des Strukturbruchs der ostdeutschen Wirtschaft erschwert. Der Wegfall ganzer Industriezweige und der damit verbundene Wegfall von Arbeitsplätzen haben die Konkurrenz um Arbeitsplätze erheblich erhöht und den Zugang zu beschäftigungsstabilen Erwerbsverläufen erschwert.

1.5 Aufbau des Bandes

Im folgenden *zweiten Kapitel* werden zunächst Studien zur Entwicklung von *Beschäftigungsstabilität* vorgestellt. Diese Studien liefern wichtige Anhaltspunkte zur Bedeutung und zum Ausmaß von Betriebsstabilität und Betriebsmobilität in Ost- und Westdeutschland. Auch Ergebnisse zur Entwicklung *regionaler Mobilität* werden hier zusammengetragen und diskutiert, da diese, speziell der Wechsel zwischen Ost- und Westdeutschland, zusätzlichen Einfluss auf die Einkommensfolgen von Mobilität hat. In der Folge geht es um den Forschungsstand zu Einkommensfolgen von Betriebsmobilität und Betriebsstabilität. Insbesondere in der amerikanischen Literatur finden sich vermehrt Anstrengungen, die Einkommenseffekte von Mobilität zu untersuchen. Wie in den Ergebnissen der verschiedenen Studien deutlich wird, übt Mobilität einen sehr differenzierten Einfluss auf die Einkommensperspektive von Beschäftigten aus und es lassen sich sowohl positive als auch negative Einkommenseffekte nachweisen. Ob Mobilität bzw. Stabilität negativ oder positiv wirkt, ist zum einen von Kontextfaktoren des Erwerbsverlaufs, zum anderen von individuellen Einflüssen abhängig. Die wichtigsten Ergebnisse dieser Ansätze werden diskutiert und zentrale Einflüsse von Mobilität auf den Einkommensverlauf extrahiert.

Das *dritte Kapitel* widmet sich den theoretischen Grundlagen des Zusammenhangs von Betriebsmobilität und -stabilität einerseits, den Einkommenschancen andererseits. Die wichtigsten Arbeitsmarkttheorien wie die Humankapitaltheorie, die Segmentationstheorie, Shirking-Ansätze, Suchansätze und Job-Matching-Ansätze liefern wichtige – wenn auch auf den ersten Blick teilweise widersprüchliche – Annahmen über diesen Zusammenhang. Während die Humankapitaltheorie, die Segmentationstheorie und Shirking-Ansätze vor allem die Risiken von Betriebsmobilität betonen und die Bedeutung innerbetrieblicher Einkommensgewinne herausstellen, prognostizieren Such- und Job-Matching-Ansätze vor allem positive Folgen von Betriebsmobilität. Die scheinbar gegensätzlichen Annahmen der jeweiligen Theorien werden diskutiert und einander gegenübergestellt. Zudem wird versucht, den Einfluss von weiteren Kontextmerkmalen – auf individueller wie auf struktureller Ebene – auf die Wirkung von Betriebsstabilität und -mobilität zu erklären, da diese Merkmale zwar in den verschiedenen Arbeitsmarkttheorien kaum Beachtung finden, zur Erklärung von Erwerbs- und Einkommensverläufen jedoch wichtig erscheinen.

Das *vierte Kapitel* widmet sich den methodischen Aspekten der hier vorliegenden Untersuchung. Die Beschreibung von verschiedenen Untersuchungsmethoden zur Erfassung von Einkommenseffekten betriebsmobiler und betriebsstabiler Erwerbsverläufe dient als Basis, das eigene methodische Vorgehen zu begründen. Es wurden sowohl deskriptive als auch multivariate Methoden zur Messung des Zusammenhangs zwischen Betriebsstabilität bzw. Betriebsmobilität und Einkommensverlauf angewandt. Ausgewertet wurde der aktuelle Regionalfile der IAB-Beschäftigtenstichprobe, der detaillierte und tagesgenaue Angaben zu Erwerbstätigkeit und Einkommen sowie die Differenzierung sehr kleinräumiger Regionen ermöglicht. Es wurden ereignisanalytische Verfahren genutzt – genauer: Piecewise-Constant-Exponential-Modelle. Dieses Vorgehen erfordert umfangreiche Datenaufbereitungen und Operationalisierungsarbeiten, die ausführlich erörtert werden.

Einen deskriptiven Überblick liefert das *fünfte Kapitel*. Zunächst wird ein Überblick über Ausmaß und Art der Mobilität in Ost- und Westdeutschland gegeben. Es wird der Frage nachgegangen, welche Beschäftigtengruppen Betriebsmobilität aufweisen und ob dies für eine positive oder für eine negative Auswahl der betriebsmobilen bzw. betriebsstabilen Beschäftigten spricht. Auch der regionalen Mobilität wird ein eigenes Unterkapitel gewidmet. Schließlich werden die wichtigsten Ergebnisse zu den Einkommensfolgen von Betriebsstabilität und -mobilität vorgestellt. Auch hier ist eine Differenzierung zwischen Ost- und Westdeutschland aufgrund der unterschiedlichen Arbeitsmarkt- und Einkommenssituation in beiden Teilen Deutschlands von Bedeutung. Ein besonderer Schwerpunkt wurde auf bildungs- und qualifikationsspezifische Unterschiede gelegt.

Um den Gehalt der Daten voll auszuschöpfen, werden die Ergebnisse der multivariaten Ereignisanalysen im *sechsten Kapitel* detailliert vorgestellt. Berechnet wurden anhand von Piecewise-Constant-Exponential-Rechnungen verschiedene Modelle, getrennt für Ost- und Westdeutschland. Wie sich zeigt, übt Betriebsmobilität bzw. -stabilität einen sehr differenzierten Einfluss auf die Einkommensperspektiven von Beschäftigten aus. Neben der Unterscheidung von Ost- und Westdeutschland wurde vor allem dem unterschiedlichen Einfluss von Mobilität und Stabilität auf verschiedene Bildungsgruppen Beachtung geschenkt und eine differenzierte Messung der Art der Mobilität vorgenommen.

Schließlich wird auf Basis der Ergebnisse im *siebten Kapitel* ein ausführliches Fazit gezogen.

2 Zum Forschungsstand: Betriebsstabilität, Betriebsmobilität, Einkommenseffekte

Welche Folgen haben Betriebsstabilität und Betriebsmobilität für den Einkommensverlauf? So lautet die zentrale Fragestellung dieses Buchs. Damit werden die Einkommensperspektiven von Beschäftigten angesprochen – sowohl in internen Arbeitsmärkten als auch auf dem externen Arbeitsmarkt. Die Auswirkungen sowohl betriebstabiler als auch betriebsmobiler Erwerbsverläufe auf den Einkommensverlauf sind davon abhängig, *welche Personen bzw. Beschäftigtengruppen* betriebsstabil beschäftigt sind bzw. den Betrieb wechseln. Darüber hinaus werden die Einkommensfolgen von der *Art der Mobilität* beeinflusst: Handelt es sich um eine freiwillige Mobilität oder wird ein neues Beschäftigungsverhältnis aus Arbeitslosigkeit heraus angenommen? Ist mit einem Betriebswechsel gleichzeitig ein beruflicher Wechsel verbunden? Wird der Betriebswechsel innerhalb einer Region vollzogen oder handelt es sich um eine regionale Mobilität, also eine Mobilität von einer Region in eine andere? Die Erträge von Betriebsmobilität können – so die These – nur dann adäquat abgebildet werden, wenn diese Faktoren berücksichtigt werden.

Über Struktur, Bedeutung und Entwicklung von Betriebsmobilität und Betriebsstabilität geben zahlreiche Studien zur Entwicklung der Beschäftigungsstabilität sowie zur Flexibilität des Arbeitsmarkts Aufschluss. Betriebswechsel bzw. Mobilität einerseits, Betriebszugehörigkeitsdauer andererseits werden in den vorliegenden Studien als wichtige Kriterien zur Messung von Beschäftigungsstabilität genutzt. Zwar ist die Entwicklung der Beschäftigungsstabilität nicht das Thema dieser Untersuchung, doch liefern die so fokussierten Studien wichtige Anhaltspunkte zu Bedeutung und Struktur der Betriebswechsel und geben Aufschluss darüber, welche Personengruppen mobil sind. Innerhalb des Flexibilitätsdiskurses und der Debatte um abnehmende Beschäftigungsstabilität spielt allerdings die regionale Mobilität, d.h. der überregionale Betriebswechsel, eine untergeordnete Rolle. Für die Folgen von Mobilität ist deren regionale Dimension jedoch bedeutsam, da durch regional unterschiedliche Lohnniveaus und regionalspezifische Arbeitslosigkeit nicht nur die Beschäftigungschancen, sondern auch die Einkommensperspektiven beeinflusst werden. Besonders offensichtlich ist dies bei der Betrachtung von Wechseln zwischen den alten und neuen Bundesländern: Deren unterschiedliches Lohnniveau wirkt sich stark auf die Einkommenschancen aus.

Im Folgenden werden zunächst Ergebnisse zu den Fragen zusammengetragen, welche Beschäftigten mobil werden und was dafür jeweils die Gründe sind. Der zweite Teil des Kapitels widmet sich den Folgen von Mobilität für das Einkommen. Dieses Thema wird oft kontrovers diskutiert. Werden innerhalb der Debatte über die Flexibilisierung des Arbeitsmarkts besonders die Risiken von diskontinuierlichen Erwerbsverläufen betont, so zeigen die Ergebnisse verschiedener Studien auf den ersten Blick vor allem positive Einkommenseffekte aufgrund von Betriebsmobilität. Allerdings wird auch dort deutlich, dass die Chancen und Risiken aufgrund von Mobilität nicht gleich verteilt sind. Daher wird abschließend dargestellt, für welche Beschäftigtengruppen sich auf der Basis der referierten Studien Betriebsmobilität lohnt und für welche Gruppen die Risiken überwiegen, für wen also Beschäftigungsinstabilität ein Prekaritätsmerkmal darstellt.

2.1 Beschäftigungsstabilität und -instabilität

2.1.1 Nimmt die Beschäftigungsstabilität ab?

Die politische Diskussion um eine verstärkte Flexibilisierung des Arbeitsmarktes sowie die wissenschaftlichen Diskussionen zur Erosion des Normalarbeitsverhältnisses (vgl. Mückenberger 1985) haben zu einer Vielzahl von Untersuchungen seit den neunziger Jahren geführt, die sich mit der Frage der Entwicklung von Beschäftigungsstabilität und des Ausmaßes von Arbeitsplatzmobilität als ‚andere Seite der Medaille' (Davia 2005) stabiler innerbetrieblicher Beschäftigung auseinandersetzten. Dabei werden als Kriterien zur Messung meist die Betriebszugehörigkeitsdauer sowie Übergänge zwischen Beschäftigung, Arbeitslosigkeit und Nichterwerbstätigkeit sowie Betriebswechsel betrachtet. Denn Wechsel und Brüche sind augenscheinlich zentrale Merkmale von diskontinuierlichen Erwerbsbiografien und „boundaryless careers" (Sullivan 1999).

Strittig ist allerdings bereits die zentrale Frage, ob die Beschäftigungsstabilität im Zeitverlauf tatsächlich abgenommen und Mobilität an Bedeutung gewonnen hat (quantitativer Aspekt) bzw. ob sich die Wirkung von Mobilität im Zeitverlauf verändert hat (qualitativer Aspekt). Allerdings liefern die Befunde von Studien zur Flexibilisierung des Arbeitsmarkts sowie zur Entwicklung der Beschäftigungsstabilität wichtige Ergebnisse zur Entwicklung von Betriebszugehörigkeitsdauer, zur Quantität von Mobilität, zur Struktur von Betriebswechseln sowie zur qualitativen Bedeutung von Arbeitsplatzwechseln für den Erwerbsverlauf. Daher werden im Folgenden zentrale Ergebnisse der verschiedenen Analysen[5] kurz dargestellt.

5 Die Untersuchungen zur Entwicklung von Beschäftigungsstabilität und -instabilität kommen aufgrund unterschiedlicher Operationalisierungen und Messungen von Stabilität und Instabilität zu unterschiedlichen Ergebnissen und sind wegen der verschiedenen methodischen Designs kaum mitein-

Einige Untersuchungen kommen zu dem Ergebnis, dass sich *keine* erhöhte Instabilität auf dem Arbeitsmarkt ergeben hat. So berechnen Winkelmann und Zimmermann (1998) für Westdeutschland mit Daten des Sozioökonomischen Panels (SOEP), dass die Beschäftigungsstabilität in der Periode zwischen 1984 und 1994 im Vergleich zur Periode 1974 bis 1984 sowohl für Männer als auch für Frauen sogar zugenommen hat. Erlinghagen und Knuth (2004) berechnen mit Daten der Beschäftigtenstichprobe der Bundesanstalt für Arbeit die durchschnittliche Betriebszugehörigkeitsdauer und die Job-Turnover-Rate für Westdeutschland und finden eine Konstanz von betrieblichen Verweildauern beim Vergleich von Neueinsteigerkohorten 1976/1980 und 1986/1990. Schon in den siebziger und achtziger Jahren habe ein hohes Maß freiwilliger und unfreiwilliger Arbeitsmarktmobilität bestanden. Der Vergleich zur aktuellen Situation zeigt nach Erlinghagen, dass die Ergebnisse „keinen Hinweis auf eine generell beschleunigte Dynamik des westdeutschen Arbeitsmarktes zwischen 1975 und 1995“ liefern. „Weder nimmt die Arbeitsmarktmobilität generell zu, noch nimmt die Stabilität von neu begonnenen Beschäftigungsverhältnissen ab; auch von einer zunehmenden ‚Normalisierung‘ von Arbeitslosigkeitserfahrungen kann nicht gesprochen werden“ (Erlinghagen 2002: 83). In Übereinstimmung mit Bosch (Bosch 2001 sowie Bosch et al. 2001) folgert Erlinghagen, dass Flexibilisierung weniger *extern* – was sich in verringerten Betriebszugehörigkeitsdauern und einer erhöhten Job-Turnover-Rate zeigen müsste – als vielmehr *intern* (durch betriebsinterne Arbeitszeitanpassungen, Lohnanreiz-Flexibilität usw.) hergestellt wird.

Andere Autoren leiten aus ihren Ergebnissen eine *zunehmende Beschäftigungsinstabilität* und Flexibilität auf dem deutschen Arbeitsmarkt ab. Erste Hinweise auf eine zunehmende Flexibilisierung und Beschäftigungsinstabilität liegen in der relativen Abnahme des Normalarbeitsverhältnisses (Mückenberger 1985), zu dessen konstitutiven Merkmalen Dauerhaftigkeit gehört (Kress 1998: 49). Damit verbunden ist eine deutliche Zunahme atypischer Beschäftigungsverhältnisse. Befristete Beschäftigungsverhältnisse finden weitere Verbreitung (Oschmiansky/Oschmiansky 2003; Hoffmann/Walwei 2000). Auch der Sektor der geringfügigen Beschäftigung (Heineck/Schwarze 2001) sowie der Zeit- und Leiharbeit (Rudolph/Schröder 1997) wächst. Häufig wird diskutiert, dass die Ausweitung von atypischen Beschäftigungsverhältnissen insbesondere Randgruppen von Beschäftigten betrifft: Jüngere Beschäftigte, Geringqualifizierte, Frauen und Beschäftigte mit Migrationshintergrund arbeiten überproportional häufig in atypischen Beschäftigungsverhältnissen. Aller-

ander zu vergleichen. Als Kriterien für die Messung von Beschäftigungsstabilität können sowohl die (durchschnittliche) Betriebszugehörigkeitsdauer als auch Übergänge zwischen Betrieben sowie zwischen Beschäftigung und Arbeitslosigkeit bzw. Nichterwerbstätigkeit genutzt werden. Ebenso finden sich Ansätze, Job-Turnover- und Labor-Turnover-Prozesse, d.h. die Arbeitsmarktdynamik zu betrachten (siehe zur Messung von Beschäftigungsstabilität auch Erlinghagen/Mühge 2002; Bellmann/Bender 1997) dings zeigen neuere Untersuchungen, dass zunehmend auch Kernbereiche der Beschäftigung stärker als bisher von Flexibilisierungsmaßnahmen betroffen sind und Destabilisierung des Erwerbsverlaufs auch bei ihnen in steigendem Maß anzutreffen ist. Daraus wird gefolgert, dass es zu einer zunehmenden Auflösung der stabilen Vollzeitbeschäftigung im „Inneren" der betrieblichen Arbeitsmärkte kommt (Seifert 1993; Voß 1997). So gelangen Bergemann und Mertens (2000) auf der Basis von Auswertungen des Sozioökonomischen Panels für Westdeutschland zu dem Ergebnis, dass der Median der bisherigen betrieblichen Zugehörigkeitsdauer im Zeitraum 1994 bis 1997 für Männer gesunken ist. Grotheer und Struck (2003) zeigen, dass sich sowohl die Entwicklung der Vertragsverhältnisse als auch die der durchschnittlichen betrieblichen Beschäftigungsdauer als langsam fortschreitende Erosion der Beschäftigungsstabilität und als Trend zu offeneren Beschäftigungssystemen interpretieren lassen. Neuere Auswertungen von Erlinghagen (2006) widersprechen seinen früheren Ergebnissen: Er schließt aus ihnen, dass insbesondere seit den neunziger Jahren die generelle Arbeitsmarktmobilität zugenommen hat. Die zunehmende Fluktuation wird durch die enorm anwachsende Austrittsmobilität (Übergang in Arbeitslosigkeit) von Ungelernten hervorgerufen. Statt einer generell höheren Bedeutung von Arbeitsplatzmobilität zeigen sich Polarisierungstendenzen je nach Qualifikation. Auch innerhalb der Gruppe der Geringqualifizierten gibt es Differenzen, was die Mobilität angeht: Einem Teil der geringqualifizierten Beschäftigten gelingt es immer seltener, der Arbeitslosigkeit zu entrinnen und sich auf dem Arbeitsmarkt zu behaupten; für den anderen Teil der Geringqualifizierten ist hingegen ein hohes Maß an Mobilität Normalität geworden, nämlich Erwerbsverläufe mit häufigen Ein- und Austritten in bzw. aus Erwerbstätigkeit (Erlinghagen 2006). Ergebnisse auf Basis von Erwerbsverläufen von 1984 bis 2000 für Westdeutschland mit Daten des SOEP ergaben ebenfalls eine zunehmende Bedeutung von zwischenbetrieblicher Mobilität. Arbeitgeberwechsel werden überwiegend in konjunkturell günstigen Zeiten vorgenommen, in Zeiten hoher Arbeitslosigkeit sinkt die Mobilitätshäufigkeit. Ab 1997 zeigt sich jedoch auch unabhängig von konjunkturellen Einflüssen eine Zunahme von Betriebswechseln, wobei Einkommensabstiege (insbesondere innerbetriebliche) häufiger werden (Diewald/Sill 2004). Die Autoren schließen daraus, dass die Beschäftigungsstabilität aufgrund externer Flexibilisierung im Zeitverlauf hauptsächlich ab der zweiten Hälfte der neunziger Jahre sinkt. „Unternehmen passen demzufolge ihre Personalkosten kurzfristig an die Auftragslage an, dabei schrecken sie auch nicht davor zurück, Arbeitnehmer in die Arbeitslosigkeit oder berufliche Abstiege zu entlassen. Vorteilhafte Wechsel des Arbeitsplatzes innerhalb von Betrieben im Sinne von Seniorität und/oder Karriereleitern sind hingegen rückläufig" (ebd.).

Neue Untersuchungen sprechen demnach für den Befund, dass der deutsche Arbeitsmarkt vor allem in den neunziger Jahren durch eine Zunahme instabiler und kurzfristiger Beschäftigung gekennzeichnet ist. So stieg nach Berechnungen des

Sozioökonomischen Panels von 1992 bis 2002 die Zahl derjenigen Personen, die innerhalb eines Jahres eine neue Arbeitsstelle angetreten haben, um mehr als 30 Prozent auf knapp 6,3 Millionen. „Bei einer insgesamt sinkenden Erwerbstätigenzahl geht diese Dynamik vor allem auf Frauen und Jüngere zurück" (Holst/Schupp 2004: 1). Hier handelt es sich um eine Entwicklung, „die auch durch Konjunkturschwankungen in ihrer Grundrichtung nicht beeinflusst wird, allerdings in Ost- und Westdeutschland unterschiedliche Muster aufweist" (Struck 2005: 178, vgl. Grotheer/Struck 2003; Diewald/Sill 2004; Grotheer et al. 2004; Hillmert et al. 2004).

Eine gesonderte Betrachtung des *ostdeutschen* Arbeitsmarktes erscheint weiterhin notwendig. Die Situation in Ostdeutschland unterscheidet sich aufgrund des Systembruchs und der weit reichenden wirtschaftsstrukturellen Veränderungen, wie sie mit der Überführung eines planwirtschaftlichen in ein marktorientiertes Beschäftigungssystem einhergehen, grundlegend von der Arbeitsmarktsituation in Westdeutschland. Solga, Diewald und Goedicke (2000) differenzieren zwei Zeitperioden: „die erste Periode von Ende 1989 bis 1992, die durch rasante Veränderungen der Betriebs- und Wirtschaftsstruktur der neuen Bundesländer gekennzeichnet ist, und eine zweite, sich daran anschließende Periode betrieblicher und wirtschaftlicher Konsolidierung" (Solga et al. 2000: 243).[6] Im Vergleich zu Westdeutschland mussten von Mitte 1990 bis März 1991 zweieinhalbmal so viele ostdeutsche Erwerbstätige die Stelle wechseln und dreimal so viele aus dem Erwerbsleben ausscheiden (vgl. Bender/Meyer 1993: 123). Trotz der nachfolgenden Konsolidierung ist der ostdeutsche Arbeitsmarkt weiterhin geprägt von hoher Arbeitslosigkeit, Betriebsschließungen und relativ hoher Fluktuation. Die angespannte Arbeitsmarktsituation in den neuen Bundesländern wirkt sich in verschiedener Form auf Beschäftigte aus, wie sich anhand einiger Indikatoren zeigt. Wichtigster öffentlich diskutierter Indikator für die Beschäftigungslage ist die deutlich höhere Arbeitslosigkeit in den neuen Bundesländern. Nach den Monatskalendarien des SOEP waren im Dreijahreszeitraum 1998 bis 2000 beispielsweise in Westdeutschland 15,2 Prozent, in Ostdeutschland 35,5 Prozent der Bevölkerung im Erwerbsalter mindestens einmal arbeitslos gemeldet (Bartelheimer 2005: 116). Insbesondere geringqualifizierte Beschäftigte sind von Arbeitslosigkeit betroffen: „Im Jahr 2004 war im Westen jede fünfte, im Osten sogar jede zweite Erwerbsperson ohne Berufsabschluss arbeitslos" (Reinberg/Hummel 2005: 2).

Aber auch betriebsstabile Beschäftigte des ostdeutschen Arbeitsmarktes sind im Vergleich zu ihren westdeutschen Kollegen häufig schlechter gestellt. So liegt der Anteil von atypischen Beschäftigungsverhältnissen im Osten insbesondere durch Befristungen höher als im Westen. Der Anteil von befristeten Beschäftigungsverhältnissen erreicht nach dem Mikrozensus 2002 einen Anteil von 5,9 Prozent in

6 Der Einbruch des Arbeitsmarkts in Ostdeutschland nach der Wende betraf vor allem den primären und sekundären Sektor, d.h. Landwirtschaft, Bergbau und Industrie (Falk 2000).

Westdeutschland gegenüber 10,3 Prozent in Ostdeutschland.[7] Dort sieht sich demnach ein größerer Teil der Beschäftigten mit der Notwendigkeit konfrontiert, bei Ablauf von befristeten Beschäftigungen oder geförderten Beschäftigungsmaßnahmen, bei Betriebsschließungen oder Personalabbau den Arbeitsplatz zu wechseln. Dadurch ergeben sich in Ostdeutschland andere Muster der Beschäftigungsstabilität – und ein anderer Stellenwert von Mobilität. Betriebswechsel sind in Ostdeutschland häufiger durch Arbeitslosigkeit und/oder drohenden Arbeitsplatzverlust geprägt, Beschäftigungsstabilität ist stärker durch Alternativlosigkeit auf dem externen Arbeitsmarkt begründet (Diebler 2004).

Die Bedeutung von Betriebsmobilität ist für ostdeutsche Beschäftigte höher einzuschätzen als für westdeutsche Beschäftigte. Daher wurden in den letzten Jahren einige Studien zu Beschäftigungsstabilität und Arbeitsmarktmobilität mit besonderem Fokus auf Ostdeutschland durchgeführt. In diesem Zusammenhang ist insbesondere der Sonderforschungsbereich 580 in Jena und Halle zu nennen. Thomas Ketzmerick (2002) wertet beispielsweise die Befragungswellen 1991 bis 1999 des SOEP aus und berechnet für jedes Jahr die ostdeutschen Wechslerquoten. In der Wechslerquote sind verschiedene Formen der Arbeitsmarktmobilität enthalten: sowohl direkte Betriebswechsel (freiwillige Betriebswechsel) als auch Betriebswechsel, die durch Arbeitslosigkeit unterbrochen wurden (unfreiwillige Mobilität). Die Ergebnisse zeigen, dass die Quote von Betriebsmobilität im Osten deutlich über dem Westniveau liegt. Es lässt sich allerdings eine Annäherung beider Quoten im Laufe der Jahre beobachten. Betrachtet man jedoch die *Struktur* der Betriebswechsel getrennt nach Ost- und Westdeutschland, so zeigt sich, dass diese Annäherung seit 1995 vor allem Folge einer starken Abnahme der Häufigkeit von direkten (freiwilligen) Wechseln in Ostdeutschland ist. So liegt in den späten neunziger Jahren die Häufigkeit von direkten Betriebswechseln in Ostdeutschland deutlich unter dem westdeutschen Durchschnitt (Ketzmerick 2002). Nach Daten der BIBB-IAB-Erhebung 1998/99 wurden 75 Prozent der letzten Arbeitgeberwechsel in den alten Ländern freiwillig und direkt vollzogen. Die entsprechende Quote für die neuen Länder beträgt demgegenüber nur 40 Prozent (Hecker 2000: 74). Die höheren Betriebswechselquoten in Ostdeutschland werden also in erster Linie durch unfreiwillige Betriebswechsel und durch Arbeitslosigkeit hervorgerufen. „Dies ist umso bemerkenswerter, als in der ostdeutschen Betriebsstruktur seit Beginn der neunziger Jahre große Betriebe weitgehend fehlen und ein deutlich größerer Teil der Beschäftigten in kleinen und mittleren Unternehmen tätig ist. Deshalb müsste unter sonst gleichen Bedingungen sowohl die Rate des job-turnover wie die Häufigkeit von karrierebe-

7 Auswertungen der Daten des Sozioökonomischen Panels weisen insgesamt einen höheren Anteil von befristet Beschäftigten an allen Erwerbstätigen aus. Demnach liegt der Anteil von befristet Beschäftigten bei 10,7 Prozent im Westen und 17,1 Prozent im Osten. „Die höhere Quote von befristeten Beschäftigungsverhältnissen im Osten lässt sich fast ausschließlich auf den Anteil von ABM/SAM zurückführen" (Alda 2005: 250).

dingten externem Betriebswechseln in Ostdeutschland spürbar höher sein, weil hier Personalanpassung und beruflicher Aufstieg seltener über die internen Märkte großer Unternehmen erfolgen können" (Ketzmerick 2002).[8]

Aber auch bei nahtlosen Betriebswechseln lässt sich speziell bei ostdeutschen Beschäftigten die „Freiwilligkeit" einer Betriebsmobilität häufig anzweifeln. Auswertungen der Lebensverlaufsinterviews ostdeutscher Männer und Frauen im Projekt „Ostdeutsche Lebensverläufe im Transformationsprozess" (Max-Planck-Institut für Bildungsforschung Berlin) ergaben, dass auch 35 Prozent der direkten und nahtlosen Betriebswechsel unfreiwillig erfolgt waren. „Dafür, dass auch bei den übrigen 65 Prozent die Wechsel eher unfreiwilligen Charakter tragen (z.B. um dem Verlust des Arbeitsplatzes zuvorzukommen), spricht, dass nur die Hälfte der neu aufgenommenen Beschäftigungsverhältnisse subjektiv als Verbesserung betrachtet wurden" (Solga et al. 2000).

Konstatiert wird noch ein weiterer negativer Aspekt der Betriebswechsel in Ostdeutschland: Nicht nur liegt die Rate der unfreiwilligen Arbeitsplatzwechsel höher, sondern ein großer Teil der Mobilitäten aus Arbeitslosigkeit mündet (nach einer relativ kurzen Beschäftigungszeit) auch wieder zurück in Arbeitslosigkeit. Dies erklärt sich zum Teil sicherlich aus der höheren Befristungsrate und dem höheren Gewicht der Arbeitsbeschaffungsmaßnahmen in Ostdeutschland (Ketzmerick 2002).

Im Zusammenhang mit höherer regionaler Arbeitslosigkeit und geringerem Arbeitsplatzangebot kann in Ostdeutschland auch die *betriebsstabile* Beschäftigung eine andere Qualität als in Westdeutschland aufweisen. Wenn betriebsstabile Beschäftigung durch Alternativlosigkeit und eine negative Angebot-Nachfrage-Konstellation am externen Arbeitsmarkt bestimmt wird (Diebler 2004: 76), kann sie fehlende Möglichkeiten anzeigen, durch Betriebswechsel bessere Beschäftigungsbedingungen, berufliche Aufstiegsmöglichkeiten und Lohnsteigerungen zu erreichen.

Uneindeutigkeit besteht bei der Frage, ob es sich bei dem Trend zu instabilerer Beschäftigung um einen *generellen Strukturwandel* des Arbeitsmarkts handelt, der alle Beschäftigtengruppen betrifft und zu einer Erosion stabiler Beschäftigung in allen Segmenten führt, oder um eine fortschreitende *Segmentierung und Polarisierung des Arbeitsmarkts*, mit der Entwicklung eines wachsenden instabilen Arbeitsmarktsegments neben einem stabilen Arbeitsmarktsegment (das von männlichen und hochqualifizierten Beschäftigten dominiert wird). In diesem Sinne ist beispielsweise das von Robert Castel (2000) entwickelte Zonenmodell gesellschaftlicher Integration zu verstehen, welches in den letzten Jahren vermehrte Aufmerksamkeit erregt hat. Castel sieht die Arbeitsgesellschaft in drei unterschiedliche Zonen zerfallen: Die „Zone

8 Die in der DDR vormals vorherrschenden dominierenden Großbetriebe wurden in kleinere Einheiten zerschlagen, womit das Verhältnis von Groß- zu Kleinbetrieben auf den Kopf gestellt wurde: Mittlerweile existieren in Ostdeutschland vor allem Mittel- und Kleinbetriebe. Die ehemals dominierende industrielle Produktion reduziert sich mittlerweile auf Zweigwerke, Zulieferindustrie oder kleinere eigenständige Betriebe (Konietzka/Sopp 2004).

der Integration“ ist durch stabile soziale Arbeitsverhältnisse und solide soziale Beziehungen gekennzeichnet, im Gegensatz zur „Zone der Entkoppelten“, in der soziale Ausgrenzung dominiert. Dazwischen entsteht eine wachsende „Zone der Prekarität“. Die dort Verorteten finden noch Zugang zur gesellschaftlichen Arbeitsteilung, sind aber immer wieder vom Herausfallen bedroht.

Autoren, die von einem radikalen Strukturwandel der Arbeitsmärkte insgesamt und von einer Erosion der betrieblichen Beschäftigungsstabilität ausgehen (Beck 1999), argumentieren, dass diese Erosionstendenzen sich nicht mehr auf die entstehenden Ränder beschränken, sondern zu einer Auflösung der (noch) stabilen Vollzeitbeschäftigung im „Inneren“ der betrieblichen Arbeitsmärkte (Seifert 1993; Voß 1997) führen. Beschäftigungsinstabilität beschränkt sich nicht mehr auf die Phase des Berufseinstiegs, sondern erfasst zunehmend auch spätere Phasen des Erwerbsverlaufs (Grotheer/Struck 2003). Andere Autoren unterscheiden verschiedene Arbeitsmarktsegmente, in denen Beschäftigungsstabilität in unterschiedlicher Art hergestellt und bereitgestellt wird. In höherwertiger Produktions- und Dienstleistungsarbeit werden in der Regel hohe Qualifikations-, Kooperations- und Motivationspotenziale vorausgesetzt (Baethge/Baethge-Kinsky 1998), die nicht in zeitlich begrenzten Arbeitsbeziehungen aufgebaut werden können. „Nur auf der Basis einer durch Beschäftigungssicherheit zum Ausdruck gebrachten Wertschätzung des Arbeitsvermögens der Beschäftigten sei ein produktivitätsfördernder Personaleinsatz sicherzustellen“ (Grotheer/Struck 2003) und die freiwillige Leistungsbereitschaft zu gewährleisten (Deutschmann 2002). Dies würde für eine Polarisierung zwischen Qualifikationsgruppen sprechen, wie sie auch die Ergebnisse von Erlinghagen (2006) nahe legen. Neben Frauen und Beschäftigten mit Migrationshintergrund, die verstärkt in den Arbeitsmarkt strömen und eine zunehmende Nachfrage nach Arbeitsplätzen bewirken, haben es niedrig- und unqualifizierte Beschäftigte schwer, sich dauerhaft in das Erwerbssystem zu integrieren, und weisen deutlich niedrigere Verweildauern in betrieblicher Beschäftigung auf. Es ist mithin noch offen, ob ein Trend zur Beschäftigungsinstabilität alle Beschäftigtengruppen gleichermaßen und mit gleichen Folgen betrifft. Für die Fragestellung der *Einkommensfolgen* von Betriebsmobilität ist es jedoch wichtig, wie sich die Gruppen der betriebsmobilen und betriebsstabilen Beschäftigten jeweils zusammensetzen.

2.1.2 *Wer ist betriebsmobil, wer betriebsstabil?*

In der Flexibilisierungs- und Prekarisierungsdebatte wurde darauf hingewiesen, dass insbesondere Randgruppen in atypischen Beschäftigungsverhältnissen arbeiten und diskontinuierliche Erwerbsverläufe aufweisen. Daraus lässt sich eine *negative Selektion von betriebsmobilen Personen* ableiten, wie es beispielsweise Dustmann und Pereira (2003: 3) für Deutschland tun. Sie beziehen sich dabei auf den Befund, dass Personen mit ‚guten' Eigenschaften und höheren Qualifikationen längere Betriebszugehörigkeiten aufweisen als Beschäftigte mit niedrigerer Qualifikation. Aufgrund der im internationalen Vergleich weit ausgebauten Arbeitsplatzsicherungspolitik und der relativ großen Macht von Gewerkschaften sind in Deutschland weniger Personen gezwungen, den Betrieb zu wechseln, die Beschäftigten haben eine vergleichsweise gute Chance auf langfristige betriebliche Beschäftigungszeiten. Eine negative Selektion von betriebsmobilen Beschäftigten wird insbesondere bei unfreiwilligen Betriebswechseln angenommen, da diese mit einer Arbeitslosigkeitsphase verbunden sind. Bei diesen aus der Arbeitslosigkeit heraus betriebsmobilen Beschäftigten kumulierten sich daher niedrige Bildung, geringere Berufserfahrung, Qualifikation und unbeobachtbare Merkmale.

Insbesondere die *Bildung und Qualifikation* von Beschäftigten ist als erklärungskräftiger Faktor für die Beschäftigungsstabilität bzw. -instabilität der Erwerbsverläufe belegt. Eine wachsende Bedeutung von explizitem und implizitem Wissen führt zu einer Polarisierung von Beschäftigungschancen und -risiken, indem sich die Chancen für Personen, die weder über formale noch über ausreichende „weiche" Qualifikationen verfügen, deutlich verschlechtern (Erlinghagen 2006). Der Einfluss der beruflichen Qualifikation sowie der zurückliegenden Erwerbsgeschichte auf die Arbeitsmarktchancen und -risiken ist durch viele Studien belegt (vgl. exemplarisch Büchel/Schwarze 1994; Bender et al. 2000; Hillmert et al. 2004; Erlinghagen 2006; Lex 1997). Die zunehmend schlechteren Chancen von ungelernten Beschäftigten auf dem Arbeitsmarkt werden auf den Wegfall von einfachen und standardisierten Tätigkeiten sowie auf die verstärkte Bedeutung von Qualifikation und Weiterbildung in der Wissensgesellschaft zurückgeführt. Erwerbsverläufe von niedrigqualifizierten Beschäftigten sind weit stärker durch Arbeitslosigkeitsphasen und wiederholte Ein- und Ausstiege in und aus Erwerbstätigkeit geprägt, d.h. diese Personengruppe weist diskontinuierlichere Erwerbsverläufe auf als qualifizierte und hochqualifizierte Beschäftigte. Niedrigqualifizierte Beschäftigte sehen sich bei Entlassungen und im Zusammenhang mit dem Wegfall einfacher Tätigkeiten häufiger mit der Notwendigkeit konfrontiert, durch Betriebswechsel ihre Erwerbstätigkeit zu sichern, und haben geringere Chancen auf langfristige betriebsstabile Beschäftigung. Dies würde für eine negative Selektion von betriebsmobilen Beschäftigten sprechen, die sich dann als Erklärung für negative Folgen von Mobilität für das Einkommen anböte.

Aber auch Hochqualifizierte wechseln häufiger den Betrieb als Beschäftigte der mittleren Bildungsgruppe, allerdings aus anderen Gründen als Niedrigqualifizierte. Betriebswechsel werden bei Hochqualifizierten weniger durch Arbeitslosigkeit und Entlassungen verursacht, sondern stellen oft eine Möglichkeit dar, berufliche Aufstiege zu ermöglichen und Chancen auf dem externen Arbeitsmarkt zu nutzen. Diesen Prozess, der erhöhte Mobilität sowohl der niedrigen als auch der hohen Qualifikationsgruppen einbezieht, bezeichnet Marcel Erlinghagen (2006) als Polarisierung. Auf der Seite der Geringqualifizierten gelingt es einem Teil der Personen immer weniger, überhaupt Beschäftigung zu finden, so dass ein Teil der Arbeitsmarktdynamik durch den Eintritt Ungelernter in die Arbeitslosigkeit verursacht wird; eine gewisse Zahl von Ungelernten scheint jedoch in der Lage zu sein, auch unter widrigen Umständen immer wieder in Beschäftigung einzutreten, der Erhalt der Beschäftigung geht freilich mit relativ kurzen (und sinkenden) Beschäftigungszeiten und hohen Mobilitätsraten einher. Gleichzeitig aber ist der Anstieg der Arbeitsmarktdynamik in den neunziger Jahren durch die wachsende Eintrittsmobilität von Akademikern geprägt:

> „Hinter diesem Anstieg dürfte sich neben den grundsätzlich verbesserten Arbeitsmarktchancen von Hochqualifizierten auch der Boom im Bereich der neuen IuK-Technologien verbergen, der zu einer rasanten Nachfrageausweitung nach Akademikern geführt hat. (...) Die insgesamt zu beobachtende Zunahme der Arbeitsmarktmobilität ist folglich auf die enorm anwachsende Turbulenz mit insbesondere zunehmenden Risiken im Bereich der geringqualifizierten Beschäftigung und die bedeutend anwachsenden Beschäftigungschancen von Akademikern Ende der 1990er Jahre zurückzuführen. Für den Kernbereich des deutschen Arbeitsmarktes gilt jedoch nach wie vor, dass eine generell zunehmende Beschleunigung ausbleibt." (Erlinghagen 2006: 21)

Wie sich durch die unterschiedlichen Arten der Betriebswechsel je nach Qualifikation zeigt, verweisen Arbeitsplatzmobilitäten auf unterschiedliche Qualitäten und sind demnach nicht einfach als Risikokriterium zu werten. „Diskontinuität kann je nach Anlass, Dauer und Häufigkeit der Unterbrechung etwas ganz Unterschiedliches bedeuten, und sie ist nicht automatisch mit Instabilität oder gar Prekarität gleichzusetzen. Eine Pluralität von Erwerbsverläufen kann darüber hinaus auch Ausdruck dafür sein, dass Standards sozial differenziert sind" (Schaeper et al. 2000: 85f). Dies zeigt sich auch anhand der Auswertung der durchschnittlichen Beschäftigungsdauer nach Qualifikationsgruppen: Trotz hoher Anteile von Betriebswechseln bei Akademikern weisen sie die höchsten Betriebszugehörigkeitsdauern auf, während die Stabilität neu begonnener Jobs von Ungelernten im Zeitverlauf deutlich abgenommen hat (Erlinghagen 2006). Das spricht dafür, dass Mobilität bei verschiedenen Qualifikationsgruppen unterschiedliche Auswirkungen auf die Einkommensperspektiven zeitigt.

Neben der Qualifikation ist das *Alter* als einer der wichtigsten Erklärungsfaktoren für Mobilität belegt:[9] Insbesondere jüngere Arbeitnehmergruppen wechseln zu Beginn ihrer beruflichen Laufbahn häufiger den Betrieb, bis sie sich mit zunehmender Berufserfahrung in einem Betrieb etablieren. Jüngere Beschäftigte suchen oft noch ihren Platz im Erwerbsleben, so dass betriebliche, regionale und berufliche

9 Insbesondere bei regionalen Mobilitäten zeigt sich, dass ältere Beschäftigte die geringsten Mobilitätsraten aufweisen. Mit dem Alter hängt auch der Familienstatus zusammen – die Bereitschaft, regional mobil zu sein, sinkt mit der Gründung einer Familie (Fertig/Schmidt 2002; Zimmermann 1998).

Mobilitäten relativ häufig sind (Kempe 1999; Haas 2000). In diesem Zusammenhang sind auch die höheren Befristungsraten von Berufseinsteigern zu nennen: „Während unter allen Beschäftigten in Deutschland der Anteil befristeter Beschäftigung im Jahr 2002 bei 13 Prozent lag, hatten unter den Neuzugängen auf dem Arbeitsmarkt in Westdeutschland mehr als ein Drittel, in Ostdeutschland sogar fast die Hälfte einen derartigen Arbeitsvertrag" (Holst/Schupp 2004: 10). Charakteristikum von befristeten Arbeitsverträgen ist, dass sie den Beschäftigten nur eine kurz- oder mittelfristige betriebliche Beschäftigungsperspektive bieten. Wenn diese Befristungen nicht im Sinne einer verlängerten Probezeit genutzt werden, was eine langfristige Übernahme der (meisten) Beschäftigten nach der Befristung nach sich zöge, muss nach Ablauf der Befristung eine neue Stelle gefunden werden.

Auch die Stabilität der Erwerbsverläufe von *Männern und Frauen* unterscheidet sich wesentlich. Frauen weisen diskontinuierlichere Erwerbsverläufe auf als Männer. Dies ist insbesondere durch die stärkere Verantwortlichkeit für Familie und Kindererziehung zu erklären, so dass der Erwerbsverlauf stärker von Familiengründung und familiären Ereignissen im Lebensverlauf geprägt wird (Bothfeld 2005). Vor allem jüngere Frauen unterbrechen ihren Erwerbsverlauf bei Gründung einer Familie. So zeigen Auswertungen des Sozioökonomischen Panels zu westdeutschen Frauen[10], dass die größte Anzahl von Erwerbsunterbrechungen im Alter von 29 Jahren beobachtet werden konnte. „42 Prozent der Frauen haben irgendwann in diesem Lebensjahr eine Erwerbspause, sei es aufgrund von Kindererziehung, Arbeitslosigkeit oder aus sonstigen Gründen. Dieser Anteil sinkt mit zunehmendem Alter, bewegt sich aber bei 35 Jahren immer noch auf einem Niveau von 35 Prozent" (Beblo/Wolf 2002: 85). Wie andere Auswertungen des Sozioökonomischen Panels zeigen, hat im Jahre 2002 in Westdeutschland mehr als jede achte Frau im erwerbsfähigen Alter angegeben, auf irgendeine Weise ihre Stelle in den letzten zwölf Monaten gewechselt oder eine neue Erwerbstätigkeit aufgenommen zu haben; zehn Jahre zuvor war es erst jede sechzehnte gewesen. Zum ersten Mal lag damit die Anzahl der Arbeitsplatzwechsel bei Frauen über denen der Männer. Der Anstieg der Dynamik auf dem Arbeitsmarkt wird demnach gerade durch Frauen in Westdeutschland geprägt (Holst/Schupp 2004: 4).

Insgesamt sprechen die Beiträge der Flexibilisierungsdebatte zunächst für eine negative Auswahl von betriebsmobilen Beschäftigten. Insbesondere niedrigqualifizierte Beschäftigte sehen sich mit der Notwendigkeit konfrontiert, immer wieder neue Beschäftigungen zu finden, da sie sinkende Chancen auf langfristige betriebsinterne Beschäftigungsperspektiven haben. Andererseits: Da junge und speziell junge hochqualifizierte Beschäftigte besonders häufig mobil sind, ist es möglich, dass die häufigen Arbeitsmarktbewegungen von geringqualifizierten Beschäftigten neben

10 Die Analyse beschränkte sich auf westdeutsche Frauen mit mittlerer und hoher Qualifikation (Fachschul-, Fachhochschul- oder Universitätsabschluss), die im Jahr 1998 zwischen 30 und 55 Jahre alt waren.

den ebenfalls zahlreichen Arbeitsmarktbewegungen hochqualifizierter Berufsanfänger weniger ins Gewicht fallen. Denn auch für Hochqualifizierte gehören zu Beginn der Berufslaufbahn Betriebswechsel als Möglichkeit der Sammlung von Berufserfahrung und der Realisierung von Aufstiegen zur Normalität. Bei diesen beiden Gruppen sind die Gründe und Motive für die Betriebswechsel jedoch höchst unterschiedlich.

2.1.3 Regionale Mobilität in West- und Ostdeutschland

Die Vorstellung einer berufs-, erwerbs- und betriebsstabilen Beschäftigung von der Ausbildung bis zur Rente beschreibt den Erwerbsverlauf nur noch für einen kleinen Teil der Beschäftigten. In einem flexiblen Arbeitsmarkt nimmt die Zahl der Personen ab, für die stabile Erwerbsverläufe, langfristige und sichere Beschäftigungsverhältnisse in einem Betrieb sowie stabile Berufskarrieren die Norm sind. Sich immer wieder, auch beruflich, neu zu orientieren, neue Beschäftigungsverhältnisse in verschiedenen Betrieben anzunehmen, das wird verstärkt als Anforderung an Beschäftigte herangetragen, um die eigene Erwerbstätigkeit zu sichern. Damit verändern sich auch die Anforderungen an die *regionale* Mobilitätsbereitschaft der Beschäftigten. Sie sollen möglichst ortsunabhängig sein und bei fehlenden Jobmöglichkeiten in der heimischen Region die Stellensuche auf andere Regionen ausweiten (FiO 2000). Diese Tendenz zeigt sich beispielsweise sehr deutlich darin, dass im Rahmen der Arbeitsmarktreform regionale Mobilitätsbereitschaft explizit als zumutbare Anforderung an Arbeitslose formuliert wird (Sondermann et al. 2006).

Für die Betrachtung der Konsequenzen von Mobilität kann es aufgrund unterschiedlicher regionaler Arbeitslosigkeit sowie differierender regionaler Lohnniveaus durchaus von Bedeutung sein, ob ein Betriebswechsel innerhalb einer Arbeitsmarktregion getätigt wird oder ob mit dem Betrieb auch die Region gewechselt wird. Gerade bei Betriebswechseln zwischen Ost- und Westdeutschland ist der Einfluss der regionalen Komponente offensichtlich: Die unterschiedlichen Lohnniveaus in den alten und neuen Bundesländern wirken sich direkt auf die Einkommensperspektiven aus und beeinflussen bei einem Wechsel zwischen Ost- und Westdeutschland (und umgekehrt) die Einkommensverläufe.

In den oben vorgestellten Studien zur Entwicklung der Beschäftigungsstabilität und zur Flexibilisierung des Arbeitsmarktes wird kaum zwischen innerregionalen und regionalen Betriebswechseln unterschieden. Da in dieser Untersuchung neben den übergeordneten Folgen von Betriebswechseln für den Einkommensverlauf auch die unterschiedlichen Folgen von regionaler und innerregionaler Mobilität getrennt nach Ost- und Westdeutschland betrachtet werden sollen, werden im Folgenden die wichtigsten Ergebnisse der bislang vorliegenden Studien zu Ausmaß und Richtung von regionalen Mobilitäten dargestellt. Anschließend widmet sich das Kapitel der Frage, welche Beschäftigtengruppen regional mobil sind, um zu klären, ob es sich bei der regional mobilen Gruppe um eine positiv oder negativ ausgewählte Gruppe handelt.

2.1.3.1 Ausmaß der regionalen Mobilität

Als Grundlage zur Messung von regionaler Mobilität bieten sich zwei Indikatoren an – der Wohnort und der Betriebsort. Beides kann, muss aber nicht deckungsgleich sein.[11] Betrachtet man Wohnortwechsel innerhalb Deutschlands – wie es beispielsweise der Datenreport auf Bundesebene tut –, so ist nur ein leichter Trend zu einer verstärkten Binnenwanderung innerhalb Deutschlands erkennbar (Statistisches Bundesamt 2004).[12] Auswertungen des Instituts für Wirtschaftsforschung Halle zeigen am Beispiel Sachsen-Anhalt, dass regionale Mobilität zugenommen hat (Hardt et al. 2001). Ihnen zufolge ist seit 1993 ein allgemeiner Anstieg der räumlichen Mobilität zu beobachten. Sowohl Zu- als auch Abwanderungen haben stark zugenommen.[13] Wohnortmobilität als alleinigen Indikator für regionale Mobilität am Arbeitsmarkt zu nutzen greift jedoch zu kurz, da es z.B. bei einem Betriebswechsel in eine benachbarte Arbeitsmarktregion eher eine Präferenzfrage ist, ob die zunehmende Distanz durch einen Umzug oder durch Pendeln überbrückt wird. Wenn die Alternative des Pendelns gewählt wird, tauchen regionale Betriebswechsel in einer Statistik, die auf Wohnortwechseln beruht, gar nicht auf.[14] Speziell bei Berufsanfängern sagt die *Meldung* des Wohnorts in einer Region häufig wenig über den *tatsächlichen* Wohnort aus, da junge Erwachsene sich trotz Wohnort- und/oder Betriebsortwechsel häufig nicht vom Familienwohnort abmelden (Steiner et al. 2004: 10). Auch in diesen Fällen würden regionale Mobilitätsereignisse nicht erfasst. Ein besserer Indikator zur Messung regionaler Mobilität ist daher die Meldung des Betriebsorts.

---

11 So kann beispielsweise ein Wechsel der Arbeitsstelle von Freising nach München mit dem Wechsel des Wohnorts verbunden sein, der Beschäftigte kann sich jedoch auch entscheiden, zwischen Freising und München zu pendeln. Auch wenn man annehmen kann, dass mit zunehmender räumlicher Distanz von regionaler Betriebsortmobilität auch die Wahrscheinlichkeit für einen Wohnortwechsel zunimmt, ist dies keineswegs immer der Fall, wie man beispielsweise bei Wochenendpendlern beobachten kann. Umgekehrt müssen Wohnortwechsel nicht unbedingt ein Indikator für einen Betriebsortwechsel sein. Auch in dieser Richtung gilt, dass selbst eine große Distanz von Wohnort und Betriebsort durch Pendeln überbrückt werden kann.

12 Berechnet wurden Umzüge zwischen verschiedenen Bundesländern.

13 Exemplarisch wurde für das Land Sachsen-Anhalt eine Analyse von Wanderungsströmen über Orts- bzw. Kreisgrenzen auf der Basis amtlicher Melderegisterdaten berechnet. Es handelt sich hier also um Wohnortmobilität und nicht um Betriebsortmobilität – nicht betrachtet werden Pendler.

14 Einige Faktoren deuten auf eine Verschiebung der Bedeutung der Mobilitätsformen Umzug und Pendeln hin (Kalter 1994). Pendeln kann als Alternative, aber auch als Vorstufe zum Wohnortwechsel gewählt werden. Es ist zu beobachten, dass im Gegensatz zu Wohnortwechseln das Pendelaufkommen deutlich gestiegen ist.

Studien, die den Betriebsort zur Messung von regionaler Mobilität verwenden, zeigen, dass die regionale Mobilitätsrate innerhalb Deutschlands zwar im internationalen Vergleich relativ niedrig liegt, in den letzten Jahren jedoch kontinuierlich angewachsen ist. Betrachtet man beispielsweise die Quote regionaler Arbeitsplatzmobilität zwischen den Bundesländern, so lag sie im Jahre 2001 bei ca. 4 Prozent (Haas 2000). Höhere Werte zeigen sich, wenn man regionale Mobilitätsquoten zwischen Kreisen oder Arbeitsmarktregionen betrachtet: „Sowohl auf der Ebene der Arbeitsmarktregionen als auch der Kreise und Bundesländer ist die regionale Mobilität von 1980 bis 1995 gestiegen" (Haas 2000: 1). Dies ergibt sich aus dem Anteil der regionalen Wechsel an allen Betriebswechseln, der von 24,6 Prozent (1982) auf 31 Prozent (1995) angewachsen ist. Trotz einer insgesamt sinkenden Rate an Betriebswechseln im Zeitraum 1990 bis 1995 ist der Anteil der regionalen Betriebswechsel sowohl an den direkten Wechslern als auch an allen Betriebswechslern gestiegen (Haas 2000: 6).[15] Dass dieser Anstieg der regionalen Mobilitätsquote nur gering ist, legen die Ergebnisse von Windzio nahe: Seine Analysen der IAB-Beschäftigtenstichprobe „haben gezeigt, dass es in zeitlicher Hinsicht zwar insgesamt zu einem leichten Anstieg der überregionalen Mobilität gekommen ist, dieser Anstieg selbst hat in den meisten Fällen jedoch abgenommen" (Windzio 2004b: 29).[16]

Grundsätzlich bewegen sich Arbeitskräfte in der Tendenz von strukturschwachen in strukturstarke Regionen, von Gebieten mit hoher Arbeitslosigkeit in Gebiete mit niedriger Arbeitslosigkeit und von ländlichen Regionen in Städte und Ballungszentren. Deskriptive Ergebnisse regionaler Mobilität für Westdeutschland haben ergeben, „dass auch in räumlicher Hinsicht erwartungsgemäß eine hohe Varianz sowohl der Eintritts- als auch der Austrittsquoten existiert. Sowohl im Norden als auch in der Mitte sowie in Süddeutschland sind die höchsten Quoten der Ein- und Austritte auf Regionen konzentriert, die um urbane Zentren herum gelagert sind. Relativ eindeutig lässt sich sowohl bei den Ein- als auch bei den Austrittsquoten ein Gebiet als Spitzenreiter feststellen: nämlich die Regionen um Nürnberg und München, wobei wiederum dem Landkreis München selbst eine herausragende Stellung zukommt" (ebd.). Auch in Ostdeutschland findet das Gros der regionalen Mobilitäten innerhalb der neuen Bundesländer statt, und auch hier ist eine Richtung regionaler Mobilität von ländlichen in städtische Gebiete wie Berlin, Potsdam, Leipzig und Dresden zu verzeichnen. Diese innerostdeutsche Mobilität wird zum Teil durch Bildungsmobilität getragen: Schon bei der Aufnahme einer Ausbildung werden junge Menschen in Ostdeutschland regional mobil (Steiner et al. 2004: 23).

15 Dies lässt darauf schließen, dass höhere regionale Mobilität auf regionale Betriebsortwechsel zurückzuführen ist und höhere Entfernungen zwischen Arbeitsort und Wohnort zunehmend durch Pendeln überbrückt werden.

16 Untersucht wurden Ein- und Austritte auf Kreisebene für den westdeutschen Arbeitsmarkt für die Jahre 1984 bis 1997.

In der Öffentlichkeit am stärksten diskutiert und wahrgenommen werden Ost-West-Wechsel, obwohl sowohl Betriebswechsel als auch Wohnortwechsel zwischen den alten und den neuen Bundesländern nur einen geringen Anteil an den regionalen Bewegungen ausmachen. Regionale Mobilitäten zwischen Ost- und Westdeutschland stellen jedoch für die Betrachtung der Einkommensfolgen von Mobilität einen besonderen Fall dar, da sich nicht nur die regionale Arbeitsmarktlage, sondern vor allem auch das Lohnniveau in beiden Teilen Deutschlands stark unterscheidet. So wird das höhere Gehaltsniveau in Westdeutschland als eines der wichtigsten Motive für die anhaltende Abwanderung ostdeutscher Beschäftigte genannt.[17] Die hohe Diskrepanz zwischen Ost- und Westdeutschland, die eben nicht nur durch die durchweg angespanntere Arbeitsmarktlage, sondern auch durch das niedrigere Lohnniveau in Ostdeutschland geprägt ist, führt dazu, dass der westdeutsche Arbeitsmarkt eine enorme Zugkraft für ostdeutsche Beschäftigte hat (Wagner 1992; Burda 1993; Brandenburg 2006).

Die extrem unterschiedlichen Lebens- und Arbeitsbedingungen zwischen Ost- und Westdeutschland zu Beginn des Vereinigungsprozesses und speziell die fast doppelt so hohen Gehälter im Westen führten dazu, dass zwischen November 1989 und Januar 1991 ca. 6 Prozent der gesamten östlichen Erwerbspopulation in den Westen zogen (Raffelhüschen 1992: 1455). Eine Studie des Deutschen Instituts für Wirtschaftsforschung aus dem Jahre 1992 zu Ost-West-Pendlern zeigt, dass bis Juli 1991 knapp 240.000 Personen von den neuen in die alten Bundesländer zogen, während in umgekehrter Richtung lediglich 46.100 Personen ihren Umzug meldeten. Hinzu kamen bis Juli 1991 446.000 Pendler – das bedeutet, dass im Jahre 1991 4,4 Prozent der ostdeutschen Erwerbstätigen in den Westen gependelt sind. Bei den Ost-West-Mobilen handelte es sich hauptsächlich um Männer und jüngere Beschäftigte. Sowohl Facharbeiter als auch Unqualifizierte waren überproportional in der Gruppe der Wechsler vertreten und wechselten mehrheitlich aufgrund von Arbeitslosigkeit in den westdeutschen Arbeitsmarkt. Vor allem finanzielle Gründe sowie die Unmöglichkeit, in der Umgebung eine geeignete Arbeitsstelle zu finden, wurden als Motiv für den Wechsel nach Westdeutschland genannt (Schwarze/Wagner 1992).[18]

17 Die zum Teil erheblichen Schrumpfungsprozesse in ländlichen Gebieten innerhalb der neuen Bundesländer sind jedoch nicht nur durch die anhaltende Abwanderung, sondern auch durch die demografische Entwicklung verursacht.

18 Schon 1992 wurde vor potenziell negativen Folgen einer andauernden und endgültigen Ost-West-Mobilität für den ostdeutschen Arbeitsmarkt gewarnt. Zwar wurde konstatiert: „Temporäre Abwanderung durch Pendeln verringert nicht nur das ostdeutsche Arbeitskräfteangebot und entlastet dadurch den Arbeitsmarkt. Durch die Beschäftigung in Westdeutschland wird auch dem Verlust von ‚Humankapital' durch Arbeitslosigkeit in Ostdeutschland entgegengewirkt. (...) Temporäre Arbeitskräftewanderung ist daher unter ökonomischen Gesichtspunkten grundsätzlich positiv zu bewerten." Die dauerhafte Abwanderung von Arbeitskräften könne sich jedoch als eine schwere Hypothek für den Aufbau der ostdeutschen Wirtschaft erweisen, wenn sich der Mangel an qualifiziertem

Die Ost-West-Wanderungen erreichten ihren Höhepunkt bereits 1990 und gingen bis zur Mitte der neunziger Jahre wieder stark zurück (Büchel und Schwarze 1994). Die schnelle Annäherung der Löhne an das Westniveau zu Beginn der neunziger Jahre führte für viele Personen im Osten zunächst zu einem steigenden Lebensstandard. Im Verbund mit dem anfänglichen Optimismus in den neuen Bundesländern führte dies dazu, dass sich relativ wenige ostdeutsche Beschäftigte entschlossen, den Schritt in den Westen zu wagen. Gleichzeitig boten sich aufgrund der Rezession und der damit verbundenen steigenden Arbeitslosigkeit im Westen nach 1992 weniger Beschäftigungsmöglichkeiten für ostdeutsche Bewerber, was ebenfalls einen Grund für die rückläufige Anzahl von Ost-West-Mobilitäten darstellen kann (Heiland 2004).

Nachdem sich Mitte der neunziger Jahre eine weitgehend ausgeglichene Wanderungsbilanz eingestellt hatte, hat die Nettoabwanderung von Ost- nach Westdeutschland in den letzten Jahren wieder leicht zugenommen (Hardt et al. 2001: 67). Im Jahr 2002 lag die Auswanderungsquote um 50 Prozent höher als noch im Jahr 1994 (Heiland 2004). Den neuerlichen Anstieg der Ost-West-Wanderung erklärt Heiland teilweise damit, dass die Angleichung der Ostlöhne an die Westlöhne nicht vorankam und in den neuen Bundesländern die Arbeitslosigkeitsquote stieg. Vielleicht den wichtigsten Anreiz für diese Migration sieht er jedoch in der Verbesserung des westdeutschen Arbeitsmarkts seit 1997: Der westdeutsche Arbeitsmarkt bot nun wieder mehr freie Stellen und damit mehr Anreize auch für ostdeutsche Erwerbstätige. „In sum, the second outmigration wave probably resulted from disincentives to stay in the East, primarily the worsening job prospects there after 1995 and improving employment conditions in the West after 1997“ (Heiland 2004: 178).

2.1.3.2 Welche Beschäftigtengruppen sind regional mobil?

Aus dem Flexibilisierungsdiskurs lassen sich einige Argumente für eine negative Auswahl von betriebsmobilen Beschäftigten ableiten. Insbesondere niedrigqualifizierte Beschäftigte weisen diskontinuierlichere Erwerbsverläufe auf als qualifizierte und hochqualifizierte Beschäftigte, so dass Betriebswechsel für Niedrigqualifizierte zunehmend ‚Normalität‘ sind. Andererseits kann Betriebsmobilität, wie gezeigt, nicht einfach als Risikokriterium gewertet werden; sie stellt auch ein normales Mittel

Fachpersonal zu einem Investitionshemmnis entwickelt. „Selbst bei einer durchgreifenden Verbesserung der wirtschaftlichen Lage in Ostdeutschland ist dann kaum zu erwarten, dass Arbeitskräfte, die ihren Lebensmittelpunkt in Westdeutschland gefunden haben, wieder nach Ostdeutschland zurückkehren“ (Raffelhüschen 1992: 1455). Die Abwanderung junger Menschen aus den neuen Ländern kann demnach nicht als „Königsweg“ für die Lösung des Beschäftigungsdefizits angesehen werden, sondern wird zunehmend im „Kontext der Auszehrung des regionalen Humankapitals und der wirtschaftlichen Zukunft in den Regionen der neuen Länder thematisiert“ (Steiner et al. 2004: 4).

dar, berufliche Aufstiege zu realisieren. Dies ist insbesondere zu Beginn der Berufslaufbahn der Fall, so dass bei Berufsanfängern sowohl niedrigqualifizierte als auch hochqualifizierte Beschäftigte Betriebswechsel aufweisen, die Gründe für die Mobilität aber meist unterschiedlich ausfallen. Wie sieht es nun bei der Gruppe der *regional* mobilen Beschäftigten aus?

Grundsätzlich könnte man vermuten, dass auch bezüglich der regionalen Dimension niedrigqualifizierte Beschäftigte häufiger mobil sind. Wenn sie generell häufiger vor der Anforderung stehen, neue Beschäftigungsmöglichkeiten zu suchen, werden sie wohl auch häufiger vor die Entscheidung gestellt, ob sie zu Gunsten einer neuen Beschäftigung in anderen Arbeitsmarktregionen Arbeit suchen und annehmen. Die Bereitschaft zur regionalen Mobilität wird zunehmend auch explizit von arbeitslosen Beschäftigten verlangt. Im Rahmen der Zumutbarkeitsregeln des SGB II wird eine Bereitschaft zum Umzug bzw. zu größerer Pendeldistanz als zumutbare Belastung bei der Stellensuche bezeichnet und eine regionale Mobilitätsbereitschaft als wichtige Bedingung angesehen, um die eigene Erwerbstätigkeit zu sichern. Arbeitslose, die in ihrer Heimatregion keine geeignete Stelle finden können, werden aufgefordert, zu Gunsten einer Neuanstellung auch eine höhere Pendeldistanz bzw. einen Wohnortwechsel in Kauf zu nehmen.

Für eine höhere regionale Mobilität Arbeitsloser spricht auch, dass als wichtiges Wanderungsmotiv regionale Arbeitslosigkeitsquoten und Verdienstmöglichkeiten genannt werden (Brandenburg 2006). So wird beispielsweise speziell beim Thema Ost-West-Wanderung häufig darauf verwiesen, dass die besseren Beschäftigungs- und Verdienstchancen in westdeutschen Betrieben die zentralen Motive zur Abwanderung darstellen. Auch für den speziellen Fall einer Ost-West-Mobilität würde demnach einiges dafür sprechen, dass gerade arbeitslose Beschäftigte aus Ostdeutschland in den Westen abwandern. Man könnte daher vermuten, dass arbeitslose Beschäftigte in der Gruppe der regional mobilen Beschäftigten überproportional vertreten seien. Da Arbeitslosigkeit und Qualifikation eng miteinander zusammenhängen, würde dies dafür sprechen, dass regional mobile Beschäftigte schlechter verwertbare Arbeitsmarkteigenschaften aufweisen als betriebsstabile und regional stabile Beschäftigte. Dies würde letztlich für eine negative Selektion der Gruppe der regional mobilen Beschäftigten sprechen.

Die Studien zu regionalen Mobilitäten sprechen jedoch deutlich *gegen* diese Vermutungen: Sowohl arbeitslose als auch geringqualifizierte Beschäftigte sind weit weniger regional mobil als beispielsweise hochqualifizierte Beschäftigte. So zeigen etwa Mertens und Haas (2000), dass arbeitslose Beschäftigte die geringsten regionalen Mobilitätsraten aufweisen, und üben entsprechend Kritik an der geringen regionalen Mobilitätsbereitschaft von Arbeitslosen. Dass regionale Mobilität von arbeitslos gemeldeten Beschäftigten wenn möglich vermieden wird, dafür sprechen auch die Daten des Instituts für Arbeitsmarkt- und Berufsforschung, die im Rahmen einer Befragung zur Struktur der Arbeitslosigkeit im Jahr 2000 erhoben wurden:

Arbeitslose nähmen eher Abstriche im Einkommen hin, als einen Wechsel des Wohnorts in Kauf zu nehmen. Einen Wohnortwechsel schließen im Osten 66 Prozent und im Westen 61 Prozent der Arbeitslosen aus (Brixy/Christensen 2002: 1).[19] Auch wenn diese Daten eine niedrige Mobilitätsbereitschaft von Arbeitslosen zu zeigen scheinen,[20] wäre es doch falsch, aus geringen Mobilitätsraten arbeitsloser oder geringqualifizierter Beschäftigter ohne weiteres auf mangelnde Bereitschaft zur regionalen Mobilität zu schließen. Denn ein operationalisierter regionaler Betriebswechsel bei einer vormals arbeitslos gemeldeten Person bedeutet ja einen *erfolgreichen* Wiedereinstieg in eine betriebliche Beschäftigung; über die eventuell regional ausgeweitete Stellensuche und nicht erfolgreiche Bewerbungen aus der Arbeitslosigkeit lassen sich auf dieser Basis hingegen keine Aussagen treffen. Zudem haben – wie die Ergebnisse der Flexibilisierungsdebatte zeigen – speziell geringqualifizierte Beschäftigte auch bei einem Wiedereinstieg in eine Beschäftigung relativ geringe Chancen auf langfristige betriebliche Perspektiven; sie arbeiten häufiger befristet oder im Rahmen von Leih- und Zeitarbeit. Wenn aber durch eine regionale Mobilität lediglich kurz- oder mittelfristige Beschäftigungsperspektiven ermöglicht werden, so ‚lohnt' sich ein eventueller Umzug oder eine größere Pendeldistanz (angesichts der durch Umzüge oder Pendeln anfallenden monetären, sozialen und familiären Kosten) weit weniger als für höhere Einkommensgruppen.

Auch für den speziellen Fall der Ost-West-Wanderungen wäre erwartbar gewesen, dass Arbeitslose und -suchende häufiger in den Westen ziehen. Denn die regionalen Unterschiede der Beschäftigungs- und Verdienstmöglichkeiten zwischen Ost- und Westdeutschland werden als wesentliche Determinanten der Binnenwanderung aufgefasst. Häufig wird argumentiert, dass die Anreize insbesondere für beschäftigungslose und beschäftigungssuchende Personen aus strukturschwachen Regionen eigentlich groß sein müssten, ihre Arbeitssuche auf Regionen mit höherem Arbeitsplatzangebot auszuweiten. Die hohe regionale Arbeitslosigkeitsquote in Ostdeutschland und die besseren Beschäftigungschancen in den alten Bundesländern sollten viele Arbeitslose und Beschäftigungssuchende zu einem Wechsel nach Westdeutschland motivieren. Wie Jennifer Hunt (2006) für Berufsanfänger jedoch zeigen kann, ist die regionale Arbeitslosigkeit ein vernachlässigbares Motiv zur Abwanderung nach Westdeutschland. Ein stärkeres Wanderungsmotiv stellt das höhere

19 Die geringere Bereitschaft der Ostdeutschen zum Umzug, die im Jahr 2000 ermittelt wurde, erklären die Autoren vor dem Hintergrund der hohen Mobilitätsraten nach der Wende: „Die mobilitätsbereiten Menschen sind zu einem erheblichen Teil bereits abgewandert" (Brixy/Christensen 2002: 1).

20 Vergleicht man diese Daten allerdings mit der Gesamtgesellschaft, so zeigt sich, dass auch für andere Gruppen regionale Mobilität eher ein notwendiges Übel ist, welches – wenn möglich – vermieden wird. So halten nur 35,7 Prozent der Befragten beispielsweise eine tägliche Fahrtzeit von bis zu 90 Minuten zwischen Wohnort und Arbeitsort für zumutbar (FiO 2000: 8f). Auch andere Gruppen haben eine vergleichsweise geringe Mobilitätsbereitschaft: Vor allem ist dies bei Beschäftigten mit geringem Einkommen und geringer Bildung zu beobachten. Die regionale Mobilitätsbereitschaft steigt mit der Bildung und dem Einkommen.

Lohnniveau in den alten Bundesländern dar. Die höheren Verdienstmöglichkeiten innerhalb von westdeutschen Betrieben wirken jedoch nicht nur auf Arbeitslose als Wanderungsanreiz, sondern auch auf bereits Beschäftigte. Diese haben demnach trotz ihrer – unter Umständen sogar sicheren – Arbeitsplätze in Ostdeutschland einen Anreiz, sich nach Arbeitsangeboten in den alten Bundesländern umzusehen und gegebenenfalls den Betrieb zu wechseln. Da die Chancen der Arbeitssuche aus einer bestehenden Beschäftigung größer sind als aus Arbeitslosigkeit, gelingt qualifizierten und beschäftigten Arbeitnehmern der Wechsel in westdeutsche Beschäftigung leichter. Wie Ergebnisse speziell zum Thema Ost-West-Wanderungen zeigen, bestätigt sich dieser Befund: Besonders junge und gut ausgebildete Beschäftigte entscheiden sich für eine Abwanderung aus Ostdeutschland, qualifizierte und hochqualifizierte Beschäftigte dominieren die Gruppe der Ost-West-Wanderer (Schneider 2005).

Insbesondere im Zusammenhang der Abwanderung von Ost- nach Westdeutschland wurde über eine positive Selektion der abgewanderten Arbeitskräfte diskutiert (Schlagwort *Brain Drain*). Vergleicht man Zu- und Abwanderer miteinander, so zeigt sich im Zeitverlauf eine unterschiedliche Wanderungsbilanz. Während sich zwischen 1989 und 1991 eine erhebliche Abwanderung von ostdeutschen Arbeitskräften bei geringer Zuwanderung ergab, glichen sich Zu- und Abwanderungen bis 1997 wieder aneinander an. „Ab dem Jahr 1998 registriert die amtliche Statistik wieder steigende Migrationssalden zwischen Ost- und Westdeutschland. Hierbei handelt es sich bei etwa gleich gebliebenen Zuzügen nach Ostdeutschland von über 150.000 Personen pro Jahr um einen Anstieg der Fortzüge aus Ostdeutschland auf knapp 200.000 Personen" (Kempe 1999: 206).

Im Mittelpunkt der Abwanderungsdebatte steht die Vermutung, dass gerade qualifizierte, junge Arbeitskräfte abwandern und sich dadurch ein erheblicher Humankapitalverlust für die neuen Bundesländer ergibt, der durch den Zuzug aus Westdeutschland nicht kompensiert werde. Während man für den Zeitraum von 1992 bis 1998 keine Bildungswanderung nachweisen konnte (Brücker/Trübswetter 2004; Kempe 1999[21]), wirft der spätere Anstieg der Ost-West-Mobilität erneut die Frage auf, ob diese Mobilität bildungs- und altersspezifisch dominiert ist. Denn nach 1997 hat der Anteil der Jugendlichen und jungen Erwachsenen an der Ost-West-Migration gegenüber der Phase 1992-1997 deutlich zugenommen. Da in der entgegengesetzten Wanderungsrichtung keine derartige Veränderung eingetreten ist, ergibt sich per Saldo aktuell eine verstärkte Abwanderung junger Menschen. Dies betrifft zum einen Ausbildungsmigration zur Erlangung eines Berufsabschlusses, da viele unter 20-Jährige mit Schul-, aber ohne Berufsabschluss abwandern (Schneider

21 Datenbasis war das Sozioökonomische Panel, ausgewertet wurden die Jahre 1990 bis 1997 – insgesamt konnten 439 Umzüge zwischen den alten und neuen Bundesländern ausgewertet werden (324 Ost-West-Wechsel und 115 West-Ost-Wechsel). Auch hier handelt es sich also um Wohnortmobilität.

2006). Zum anderen sind viele Berufsstarter nach erfolgreichem Berufs- oder Hochschulabschluss darunter. Im Zeitverlauf deutet sich auch für die ostdeutschen Abwanderer an, was bereits für die Westdeutschen galt: Es wird weniger im Familienverband mit Kindern umgezogen, es erfolgt auch hier mehr und mehr eine Konzentration auf die jungen Singles bzw. Berufsstarter (Kempe 2001: 208). Die Bildungsstruktur der nach Westen wandernden Personen war hinsichtlich der Schulabschlüsse ebenfalls überdurchschnittlich. Etwas anders gestaltete sich das Bild bei den beruflichen Qualifikationen der ostdeutschen Abwanderer. Der überproportional hohe Anteil von Personen ohne Berufsabschluss lässt sich aus dem Alter vieler ostdeutscher Migranten (häufig etwa 20 Jahre) erklären: Sie haben zwar einen Schulabschluss, gehen zum Erwerb eines Berufsabschlusses jedoch in die alten Bundesländer (Steiner et al. 2004: 208). Gleichzeitig zeigt sich auch ein erneuter Anstieg bei jungen qualifizierten und hochqualifizierten Beschäftigten, so dass sich ab 1998 die Anzeichen für einen erneuten Humankapitalverlust Ostdeutschlands verdichten.

Aber nicht nur für den speziellen Fall der Ost-West-Wanderungen, sondern auch für regionale Mobilitäten innerhalb West- bzw. innerhalb Ostdeutschlands zeigen die Ergebnisse verschiedener Studien, dass speziell hochqualifizierte Beschäftigte, die über bessere Arbeitsmarktchancen verfügen, regional mobil sind. Aufgrund der höheren regionalen Mobilitätsraten von Fachkräften und Hochqualifizierten wird daher meist eine positive Auswahl abgeleitet. So folgert Südekum (2004) nach einer Untersuchung für Westdeutschland, dass es sich bei den regional mobilen Beschäftigten um eine positiv ausgewählte Gruppe handele, da insbesondere niedrigqualifizierte Beschäftigte weniger oft mobil seien.

Das stärkste Argument für eine positive Auswahl der Gruppe regional mobiler Personen wird demnach aus dem Befund der durchschnittlich höheren Mobilitätsraten qualifizierter und hochqualifizierter Beschäftigter abgeleitet. Die größere Mobilitätsbereitschaft bei Akademikern wird durch die höhere berufliche Spezialisierung erklärt: Bei sehr spezifischen beruflichen Qualifikationen ist es zum Erhalt der eigenen Qualifikation notwendiger, den Radius der Jobsuche auszuweiten, da sich in einer Region wahrscheinlich nur wenige angemessene Angebote finden lassen (Mortensen 1986). Zudem wird argumentiert, dass mit einer höheren Bildung die Fähigkeit steigt, sich in anderen Umgebungen und regionalen und kulturellen Kontexten zurechtzufinden, so dass Hochqualifizierte sich einen regionalen Wechsel eher zutrauen. Chiswick (2000) und Hunt (2000) führen an, dass die Mobilitätskosten für Hochqualifizierte relativ niedriger seien, da sie einen geringeren Anteil des Einkommens umfassen als bei Personen mit niedrigen Einkommen. Auswertungen der deutschen Lebensverlaufsstudie (Brückner/Mayer 1998) für westdeutsche Personen zeigen, dass Beschäftigte mit Hochschulausbildung die regional mobilste Gruppe sind. „In order to find suitable employment, the highly qualified therefore generally have to be more mobile than people with lower qualification levels“ (Mertens/Haas 2000: 13).

Eine Polarisierung zwischen den Qualifikationsgruppen, wie sie – wie oben dargestellt – Erlinghagen (2006) für die Arbeitsmarktdynamik berechnet hat, zeigt sich bei der regionalen Mobilität nicht, da niedrigqualifizierte Beschäftigte die geringsten regionalen Mobilitätsraten aufweisen. Als Grund werden im Sinne der Suchtheorie die Kosten von regionaler Mobilität genannt: Aufgrund ihrer meist schlechteren finanziellen Lage können sich geringqualifizierte Beschäftigte die Umzugskosten bzw. Kosten für Pendeln zwischen Wohnort und Arbeitsort sowie höhere Wohnkosten nicht leisten, so dass sie eher geneigt sind, in ihrer Region zu verbleiben. Zudem benötigen Niedrigeinkommensbezieher eine längere Beschäftigungszeit, um diese Mobilitätskosten durch ein höheres Einkommen zu amortisieren. Aber gerade der Zugang zu sicheren und langfristigen Beschäftigungen von größerer Dauer wird für geringqualifizierte Beschäftigte immer schwieriger, so dass für sie ein Umzug oder die Anschaffung eines Autos zur Bewältigung der Pendeldistanz ein höheres finanzielles Risiko beinhaltet.

Auswertungen regionaler Mobilität nach *Geschlecht* liegen speziell für ostdeutsche Beschäftigte vor. Eine Studie berichtet, dass besonders junge Frauen ihren Heimatort verlassen, um eine Bildungsaktivität oder Erwerbstätigkeit aufzunehmen, und sich dadurch eine starke geschlechtsspezifische Abwanderung für ostdeutsche Regionen ergibt. Der Wechsel in den westdeutschen Arbeitsmarkt wird von jungen Frauen dominiert (Steiner et al. 2004). Dieser geschlechtsspezifische Befund konnte mit Daten der regionalisierten Beschäftigungsstichprobe nicht bestätigt werden. Diese Daten weisen darauf hin, dass überproportional Männer von Ost nach West wechseln und Frauen weit weniger häufig in den Westen ziehen (Blien et al. 2007). Ein Grund für die divergierenden Ergebnisse könnte in der unterschiedlichen Operationalisierung der regionalen Mobilität liegen. Während die Lebensverlaufsdaten des Zentrums für Sozialforschung Halle (Steiner et al. 2004) auch Mobilitätsereignisse während der Bildungsphase einschließen, wurde in der Studie von Blien et al. ein Ost-West-Wechsel ausschließlich durch Aufnahme einer Erwerbstätigkeit operationalisiert. Im ersten Fall wird demnach Bildungsmobilität eingeschlossen, im zweiten Fall nicht. Dies verweist darauf, dass Frauen schon früher im Erwerbsverlauf mobil werden und bereits zur Aufnahme einer Ausbildung in den Westen ziehen, während Männer eher erst nach Abschluss einer Ausbildung in Ostdeutschland regional mobil werden.

2.2 Die Erträge von Betriebsmobilität und Betriebsstabilität

2.2.1 Einkommensperspektiven in West und Ost

Wie der letzte Abschnitt gezeigt hat, unterscheidet sich der ostdeutsche Arbeitsmarkt stark vom westdeutschen Arbeitsmarkt: durch höhere Arbeitslosigkeit, niedrigere Beschäftigungsstabilität und starke Wanderungsbewegungen von Ost- nach Westdeutschland. Daher werden auch die Folgen von Mobilität getrennt für Ost- und Westdeutschland betrachtet. So wird den unterschiedlichen Ausgangsbedingungen in den alten und neuen Bundesländern Rechnung getragen. Aber nicht nur die unterschiedlichen Erwerbsverläufe, sondern auch die unterschiedlichen *Einkommensperspektiven* in Ost- und Westdeutschland machen eine differenzierte Betrachtung notwendig. Da die Konsequenzen von Betriebsstabilität und -mobilität nach ihren Wirkungen auf den Einkommensverlauf bewertet werden, ist eine Trennung von Ost- und Westdeutschland essenziell, denn Einkommensentwicklung, Lohnhöhe und Lohnspreizung unterscheiden sich eklatant zwischen den neuen und den alten Bundesländern. Die Lohnentwicklung der 90er Jahre in Ostdeutschland ist insbesondere durch die schnelle Anpassung an das Einkommensniveau in Westdeutschland geprägt. „Bereits kurz nach der Wiedervereinigung setzte ein rascher Anpassungsprozess der ostdeutschen Löhne und Gehälter an das westdeutsche Niveau ein, dessen Dynamik aber seit 1995 erheblich abflachte. Aber auch nach 1995 stiegen die Gehälter im Osten etwas mehr als im Westen“ (Buscher 2004).[22] Auch wenn man im gesamten Bundesgebiet für die neunziger Jahre nur ein geringes Wachstum der Realeinkommen feststellen kann, zeigt sich bei der Differenzierung nach Ost- und Westdeutschland, dass „reale Einkommenszuwächse in den Jahren nach der Wiedervereinigung hauptsächlich in den neuen Ländern stattfanden“ (Statistisches Bundesamt 2004: 625). Der Anstieg der Realeinkommen fand jedoch insbesondere zu Beginn der neunziger Jahre statt und hat sich im späteren Verlauf sukzessive verlangsamt (ebd.). Trotz dieses raschen Anpassungsprozesses liegen die ostdeutschen Realeinkommen um ein Viertel unter denen der Beschäftigten in Westdeutschland (Brenke 2001: 1). Zwar hat die Anpassung der Ostlöhne an Westniveau bis 1996 zu hohen Lohnsteigerungsraten in Ostdeutschland geführt, doch seit Mitte der neunziger Jahre hat sich der Abstand der Pro-Kopf-Einkommen zwischen West- und Ostdeutschland nicht mehr verringert (Dreger/Brautsch 2002). Gleichzeitig hat sich die Lohnspreizung innerhalb Ostdeutschlands erhöht, so dass einige Beschäftigtengruppen in Ostdeutschland als Verlierer des Anpassungsprozesses bezeichnet werden können (Statistisches Bundesamt 2004; Möller 2005; Görzig et al 2004). „[Im Jahr] 1997 lagen die Bruttoverdienste von Angestellten und Arbeitern in verschiedenen Leistungsgruppen in den neuen Ländern bereits fast so weit auseinander wie in Westdeutschland“ (Geißler 2004: 17).

Für negative Einkommensperspektiven in Ostdeutschland trotz höherer Lohnsteigerungsraten sprechen die hohe regionale Arbeitslosigkeitsquote sowie der vergleichsweise geringe Anteil tarifgebundener Betriebe. Auch wenn nach den geltenden Tarifverträgen für einzelne Branchen die Anpassung der ostdeutschen Löhne

22 Ausführliche Untersuchungen der Anpassung von west- und ostdeutschen Löhnen und Verdiensten finden sich bei Steiner/Wagner (1997) und Franz/Steiner (1999).

an Westniveau weit vorangeschritten ist, zeigen sich je nach Branche große Unterschiede (Brenke 2001). Zudem spiegeln die geltenden Tarifverträge für große Teile der ostdeutschen Wirtschaft nicht den tatsächlichen Stand der Lohnanpassung wider, weil die Reichweite der Tarifverträge im Laufe der 90er Jahre deutlich abgenommen hat. Dies gilt insbesondere für das verarbeitende Gewerbe und für die Industrie (ebd.).[23] Dies führt dazu, dass viele Arbeitnehmer zum Teil deutlich unter Tarif bezahlt werden. Sie nehmen solche niedrigen Löhne hin, wenn im Gegenzug ihr Beschäftigungsverhältnis bestehen bleibt.

Durch die unterschiedlichen Einkommensperspektiven in Ost- und Westdeutschland ist der Vergleich von Einkommensverläufen für Berufsanfänger in West- und Ostdeutschland besonders interessant. Daher werden auch die Folgen von Mobilität und Stabilität auf den Einkommensverlauf getrennt für Ost- und Westdeutschland betrachtet.

2.2.2 Einkommensfolgen von Mobilität

Der Einfluss von Arbeitsplatzmobilität auf die Einkommensverläufe ist ein in der Arbeitsmarktforschung kontrovers diskutiertes Thema, insbesondere wenn man sich mit Berufsanfängern beschäftigt. Es wird erwartet, dass der Wechsel des Arbeitsplatzes für Berufsanfänger Einkommensverbesserungen nach sich zieht (Bartel/Borjas 1978). Allerdings wechseln auch Berufsanfänger nicht immer freiwillig ihre Stelle, beispielsweise wenn ein befristeter Vertrag nicht verlängert oder innerhalb der Probezeit gekündigt wird. Daher finden sich in der Literatur auch Argumente für negative Folgen von Mobilität in Bezug auf den Einkommensverlauf von Berufsanfängern. Häufige Arbeitsplatzwechsel gerade am Beginn der Karriere können den Erwerbsverlauf mittelfristig und langfristig schädigen (Davia 2005:1). Ebenso uneindeutig ist die Wirkung von Betriebszugehörigkeitsdauer und Berufserfahrung auf das Einkommen (Zimmermann 1998; Bushinsky et al. 2005).

Im Folgenden werden die wichtigsten Ergebnisse vorhandener Studien zum Zusammenhang von Betriebsstabilität bzw. -mobilität und Einkommensverlauf dargestellt. Die Resultate sind uneinheitlich und lassen den Schluss zu, dass Mobilität einen sehr differenzierten Einfluss auf das Einkommen hat und die Art der Messung stark auf die Ergebnisse sowie ihre Interpretation wirkt. So unterscheiden sich

23 „Umfragen des DIW in der ostdeutschen Industrie zeigen, dass immer weniger Unternehmen einer Tarifbindung unterliegen. Im Winter 1993/94 waren drei Viertel aller Industriebeschäftigten in Unternehmen beschäftigt, die einem tariffähigen Arbeitgeberverband angehörten, nach der letzten Erhebung von Sommer 2000 war es nur noch ein Viertel aller Beschäftigten. Der Anteil bei den Unternehmen war noch geringer: Nur noch ein Sechstel aller Unternehmen in der Industrie gehörte einem tariffähigen Unternehmerverband an; im Winter 1993/94 war es noch ein Drittel" (Brenke 2001: 5).

die Einkommenskonsequenzen je nach Art der Mobilität: Freiwillige Mobilitäten üben einen positiveren Einfluss auf das Einkommen aus als unfreiwillige Mobilitäten. Auch die Anzahl der Betriebswechsel im Erwerbsverlauf, d.h. vorhergehende Ereignisse im Erwerbsleben beeinflussen die Erträge aktueller Mobilität. Zudem hat Mobilität zu Beginn des Erwerbsverlaufs weniger Risiken für das Einkommen zur Folge als in späteren Erwerbsphasen, und die Konsequenzen von Mobilität unterscheiden sich für verschiedene Beschäftigtengruppen.

Mobilität hat eine Reihe von Folgen für den Erwerbs-, Einkommens- und Lebensverlauf. Sie kann daher auch durch unterschiedliche Kriterien gemessen und bewertet werden. Eine Möglichkeit besteht darin, die Folgen von Mobilität durch die subjektiven Einschätzungen der betriebsmobilen Beschäftigten zu messen. „Die subjektive Verarbeitung ist bedeutsam, weil sie Aufschluss über ‚Wohlfahrtseffekte' auf der Individualebene gibt. Auf der gesamtwirtschaftlichen Ebene aggregiert, dokumentieren Fluktuationserfahrungen die Funktionsweise des Arbeitsmarktes" (Ortlieb et al. 2004: 88). So berichten beispielsweise Beschäftigte nach einem Arbeitsplatzwechsel häufig von Verbesserungen gegenüber der alten Stelle.

> „Dies betrifft beispielsweise die Art der Tätigkeit (44%), den Verdienst (43%), die Aufstiegschancen (41%) oder die Arbeitszeitregelungen (43%). Jedoch hat auch ein nicht zu vernachlässigender Teil nach eigenen Angaben eine Verschlechterung im neuen Job hingenommen oder hinnehmen müssen, z.B. beim Verdienst (24%), der Länge des Arbeitsweges (28%) oder den Arbeitsbelastungen. Nicht verwunderlich ist, dass Personen, deren Stellenwechsel eine Erwerbsunterbrechung vorausging, sich weniger häufig besser und öfter schlechter stellten als jene, bei denen sich ohne Erwerbsunterbrechung die neue Beschäftigung anschloss. Besonders groß sind die Unterschiede bei den Zukunftschancen in Form von Aufstiegsmöglichkeiten, beim Verdienst und bei der Art der Tätigkeit. Die Ansprüche an den neuen Job werden offenbar deutlich heruntergeschraubt." (Holst/Schupp 2004: 11)

Unterschiedliche subjektive Folgen für freiwillige und unfreiwillige Betriebswechsel bestätigen auch Gerlach und Schasse (1991). Arbeitnehmer, die ihren Betrieb freiwillig verlassen und ihre Arbeitsstelle gekündigt haben, geben eine deutlich bessere Bewertung der meisten Arbeitsplatzeigenschaften der neuen Stelle ab als Arbeitnehmer, die entlassen wurden. So bewerten freiwillige Wechsler vor allem die Lohnsituation besser als unfreiwillige, auch wenn der neue Arbeitsplatz häufig mit längeren Arbeitswegen und unvorteilhafteren Arbeitszeitregelungen erkauft wird (Gerlach/Schasse 1991). Doch obwohl unfreiwillige Wechsler sich nach einem Betriebswechsel häufiger schlechter stellen als freiwillige Wechsler, steigt bei beiden Wechslergruppen die Arbeitszufriedenheit (Grund 2001: 212ff; Ortlieb et al. 2004: 95f). Den Anstieg der Arbeitszufriedenheit bei unfreiwilligen Arbeitsplatzwechseln erklären Ortlieb, Schlese und Schramm (2004) mit dem Umstand, dass der unfreiwillige Wechsel aus einer schlechten Situation in eine günstigere Lage führte, nämlich aus der Arbeitslosigkeit in eine Beschäftigung. Als alternative Erklärungsmöglichkeit führen sie an, dass sich das Anspruchsniveau der Wechsler und Wechslerinnen verändert haben könnte: „Dieses könnte aufgrund der zwischenzeitlichen Unsicherheit und ggf. Arbeitslosigkeit so gesunken sein, dass im Wesentlichen vergleichbare Arbeitsbedingungen positiver bewertet werden“ (Ortlieb et al. 2004: 96).

Häufiger werden jedoch die Folgen von Betriebsmobilität durch ‚objektive‘ Veränderungen, speziell Veränderungen des Einkommens (Einkommenszuwachs bzw. -verlust) gemessen. Insbesondere in der amerikanischen Literatur finden sich vermehrt Anstrengungen, die Folgen von Mobilität für den Einkommensverlauf zu untersuchen. Empirische Studien fokussieren häufig nur auf die Einkommensveränderungen zwischen zwei Betrieben, das heißt, sie beziehen sich ausschließlich auf die Einkommensveränderungen zum Zeitpunkt des Wechsels und vergleichen das Einkommensniveau aus Erwerbstätigkeit A mit dem Einkommensniveau aus Erwerbstätigkeit B. Ein solches empirisches Vorgehen findet sich beispielsweise bei Keith und McWilliams (1997, 1999), Bartel und Borjas (1981), Mincer (1986), Topel und Ward (1992), Loprest (1992) und Antel (1983). Bei der Betrachtung von Einkommensveränderungen zum Zeitpunkt des Betriebswechsels erhält man meist den Befund, dass Mobilität zu Einkommensgewinnen führt. Die gemessenen durchschnittlichen Gewinnraten schwanken zwischen 10 und 20 Prozent (Perticara 2002). Ergebnisse für Deutschland bestätigen positive Einkommensveränderungen durch Mobilität (Mertens 1998: 53ff; Ortlieb et al. 2004: 95f). Aus den durchschnittlichen Einkommenssteigerungen nach Betriebswechseln wird gefolgert, dass sich Betriebsmobilität lohnt, und es werden positive Erträge durch Mobilität abgeleitet. So schließen Ortlieb, Schlese und Schramm (2004) auf Basis ihrer Ergebnisse auf durchweg positive Effekte durch Arbeitsplatzwechsel:

> „Das Arbeitseinkommen und die summarische Arbeitszufriedenheit steigen deutlich an. Diese positive Entwicklung zeigt sich entgegen der Erwartung auch bei den unfreiwilligen Arbeitsplatzwechseln. Die positiven Wirkungen des Arbeitsplatzwechsels zeigen sich im Wesentlichen auch in unterschiedlichen konjunkturellen Lagen sowie in Ost- und Westdeutschland. Die vergleichsweise geringe Wirkung der gesamtwirtschaftlichen Lage auf die individuellen Konsequenzen des Arbeitsplatzwechsels legt eine Funktionalität des Schutzes vor gesamtwirtschaftlichen Verwerfungen nahe: Die Funktionsweise von Arbeitsmärkten ermöglicht Arbeitsplatzwechslerinnen und -wechslern auch in schwierigen Zeiten Wohlfahrtserträge. Insofern gehören selbst Arbeitsplatzwechsler zu den ‚Insidern‘ des Arbeitsmarktes.“ (Ortlieb et al. 2004: 101)

Allerdings treten bei dieser Messart die durchaus vorhandenen Risiken von Mobilität kaum zu Tage. Denn eine durchschnittliche Einkommenssteigerung nach einem Betriebswechsel bedeutet nicht, dass alle Beschäftigtengruppen ihr Einkommen verbessern konnten. Die Einkommensveränderungen können stark streuen, so dass sich hinter dem Befund auch Beschäftigte verbergen können, die Einkommensverluste durch den Stellenwechsel hinnehmen mussten.[24] Um auch die Risiken von Mobilität darzustellen, sollte daher der Abwärtsmobilität und den Einkommensverlustrisiken besondere Aufmerksamkeit geschenkt werden (Gottschalk 2001). Die Differenzierung von Chancen und Risiken durch Mobilität wird häufig durch die Anteile der Einkommensgewinner und -verlierer nach einem Betriebswechsel dargestellt. Auch diese Betrachtung bestätigt auf den ersten Blick positive Folgen von Mobilität. So liegt der berichtete Anteil von Einkommensgewinnern[25] bei direktem und freiwilligem Betriebswechsel zwischen 1991 und 1999 in Westdeutschland zwischen 60 und 70 Prozent (Ketzmerick 2002). Einkommensveränderungen zum Zeitpunkt des Betriebswechsels wurden auch von Mertens und Haas (2000) mit den Daten der Lebensverlaufsstudie des Max-Planck-Instituts für Bildungsforschung (Mayer 1990; Brückner/Mayer 1998) berechnet. Sie definieren einen Einkommenszuwachs durch eine Erhöhung des Einkommens um mindestens 5 Prozent bzw. einen Verlust durch eine Absenkung um mindestens 5 Prozent. Es zeigt sich, dass mit wachsender Berufserfahrung Einkommensverläufe stabiler werden, sowohl Ab- als auch Aufstiege nach einem Betriebswechsel werden seltener. Bei steigender Stellenwechselhäufigkeit werden die Einkommensverläufe diskontinuierlicher, sowohl Auf- als auch Abstiege werden häufiger. Das Hauptaugenmerk der Untersuchung liegt jedoch auf dem Einfluss der regionalen Arbeitslosigkeitsrate: „Both upward and downward mobility are uncommon when regional unemployment is high, which in turn indicates a lower level of mobility on average in times of high regional unemployment" (Mertens/Haas 2000: 14).

Allerdings sprechen Ergebnisse einiger Studien dafür, dass positive Effekte von Mobilität in den letzten Jahren abgenommen haben und Einkommensgewinne durch Mobilität weniger häufig erreicht werden können. Diewald und Sill (2004)[26] stellen für Westdeutschland fest, dass der Anteil von Einkommensgewinnern nach zwischenbetrieblichen Wechseln sinkt. Gemessen an einer zehnprozentigen Gewinn- bzw. Verlustgrenze von Einkommenssprüngen bei Betriebswechseln zeigt sich, dass der Anteil der vorteilhaften Betriebswechsel zurückgeht. Zu Beginn des Beobachtungszeitraums (1985) konnten ca. 60 Prozent aller Jobwechsler Aufstiege erreichen, zu Ende (im Jahr 2000) nur noch 30 Prozent. Ähnliche Ergebnisse berichtet Ketzmerick (2002): Er betrachtet den Anteil von Einkommensgewinnen bei direktem Stellenwechsel im Ost-West-Vergleich. Seine Ergebnisse zeigen deutlich

24 Wenn diese Einkommensverluste durchschnittlich niedriger ausfallen als die Einkommensgewinne bzw. der Anteil der Einkommensverlierer kleiner ist als der Anteil der Gewinner, verbleibt der Durchschnitt der Einkommensveränderungen positiv.

25 Es bleibt jedoch relativ unklar, wie Einkommensgewinne berechnet wurden und ob eine Einkommensgewinngrenze zur Messung von Gewinnen verwendet wurde.

26 Mit Daten des Sozioökonomischen Panels für westdeutsche Erwerbsverläufe von 1984 bis 2000 berechneten Diewald und Sill (2004) die Entwicklung von externer und interner Flexibilisierung. Als Kriterium für innerbetriebliche Abstiege legten sie einen innerbetrieblichen Einkommensabstieg von 10 Prozent an, ein innerbetrieblicher Aufstieg wurde durch eine Einkommensverbesserung von mindestens 10 Prozent operationalisiert.

zunehmend negative Folgen von Betriebsmobilität in Ostdeutschland: Während in Westdeutschland je nach Konjunkturlage zwischen 60 und 70 Prozent der freiwilligen Stellenwechsel in eine Einkommensverbesserung übergingen, hatte der Anteil von in diesem Sinne erfolgreicher Mobilität in Ostdeutschland zu Beginn der neunziger Jahre mit etwa 80 Prozent deutlich höher gelegen, sank aber seitdem – parallel zur Abnahme der Gesamtmobilität – recht stetig; in der zweiten Hälfte der neunziger Jahre konnte nur etwa die Hälfte der Direktwechsler eine Einkommenssteigerung verzeichnen. „Die andere Hälfte muss eine wirtschaftliche Verschlechterung hinnehmen – entweder um einen anderen Vorteil mit dem Wechsel zu erkaufen, um einer drohenden Arbeitslosigkeit zuvorzukommen oder weil die Arbeitsmarktmobilität gleichbedeutend mit dem Eintritt in eine arbeitsmarktpolitische Maßnahme (ABM, FuU) ist" (Ketzmerick 2002: 50).[27] In Ostdeutschland zeigen sich demnach die Risiken von Mobilität deutlicher als in Westdeutschland. Betriebswechsel ohne eine direkte Anschlussbeschäftigung gingen in Ostdeutschland mit einem erhöhten Risiko eines Berufswechsels und/oder beruflichen Abstiegs einher. „Betriebswechsel, die nach einer Erwerbsunterbrechung erfolgen, waren weit häufiger mit einem Berufswechsel verbunden als direkte Betriebswechsel. Ein Drittel der Betriebswechsel nach einer Erwerbsunterbrechung ging mit beruflichen Abstiegen einher. Darüber hinaus waren Aufstiege erheblich seltener" (Solga et al. 2000: 250).

Dass Mobilität sowohl Chancen als auch Risiken birgt, wird insbesondere durch eine Differenzierung von freiwilligen (direkten) und unfreiwilligen Betriebswechseln deutlich. Unfreiwillige Betriebswechsel, die häufig durch Entlassungen bedingt sind und mit Erwerbsunterbrechungen und Arbeitslosigkeitsphasen einhergehen, sind durchaus risikoreich für den Einkommensverlauf. Dies zeigen die Ergebnisse von Davia (2005), Perticara (2002) sowie Beblo und Wolf (2002).

Blien und Rudolph (1989) stellten fest, dass unfreiwillige Betriebswechsler geringere Einkommenssteigerungen aufweisen als freiwillige Wechsler. Zudem konnten nur freiwillige Wechsler ihre Einkommensposition im Vergleich zu betriebsstabilen Beschäftigten verbessern. Auch Perticara (2002) konnte für die USA zeigen, dass die Lohneffekte für freiwillige und unfreiwillige Betriebswechsler unterschiedlich ausfallen. Freiwillige Betriebswechsel lohnen sich für 70 Prozent der betrachteten männlichen Berufsanfänger.[28] Sie konnten ihre relative Einkommensposition

---

27 Im Gegensatz dazu stehen die Ergebnisse von Ortlieb, Schlese und Schramm (2004): Sie verglichen ostdeutsche Betriebswechsler in den Jahren 1993/1994 und 2000/2001 und kamen zu dem Ergebnis, dass die Einkommensgewinnchancen durch freiwillige Betriebswechsel im Jahre 2000 und 2001 höher ausfielen als zuvor. Im Jahr 2000/2001 lag der Einkommensgewinn bei ostdeutschen Betriebswechslern (bei Betrachtung der Einkommenszuwächse bezogen auf das Bruttoentgelt) sogar durchschnittlich *über* dem der westdeutschen Betriebswechsler. Insgesamt widersprechen diese Ergebnisse einigen anderen Studien, etwa der von Ketzmerick (2002).

28 Die Auswertungen stützen sich auf den National Longitudinal Survey of Youth (NLSY), der Informationen zu Erwerbsverläufen der Geburtsjahrgänge 1957 bis 1964 zur Verfügung stellt. Ausgewertet wurden ausschließlich männliche Erwerbsverläufe für die Jahre 1979 bis 1998.

verbessern, während 50 Prozent der unfreiwillig Betriebsmobilen Einkommensverluste hinnehmen mussten. Dieser Effekt ist zudem abhängig von der Erwerbsphase, in der ein Betriebswechsel stattfindet: „While at early stages of the career workers experience large wage gains from quitting, these gains seem to disappear as the career extends. Laid-off losses increase as the career extends, particularly for high-skilled workers" (Perticara 2002: 19). Das heißt, die aus Erwerbsunterbrechungen resultierenden Lohneinbußen hängen nicht nur von der Dauer, sondern auch vom Timing der Unterbrechung ab. Während Erwerbsunterbrechungen zu Beginn des Erwerbsverlaufs nur geringe Einkommenseinbußen zur Folge haben, verstärkt sich der negative Effekt mit zunehmender Erwerbserfahrung (Beblo/Wolf 2002). Ähnlich sind die Ergebnisse von Dustmann und Pereira (2003) zu interpretieren: Für Deutschland zeigt sich, dass gerade zu Beginn der Karriere freiwillige Stellenwechsel zum Teil hohe Einkommenszuwächse erlauben, während dies für unfreiwillige Betriebswechsel nicht zutrifft. Betriebswechsel nach Erwerbslücken erlauben zu Beginn des Erwerbsverlaufs ebenfalls noch Einkommenszuwächse, bei steigender Berufserfahrung nehmen die Einkommensgewinnchancen jedoch ab. Mit der unterschiedlichen Wirkung von Mobilität je nach Erwerbsphase hängen auch die Anzahl der Stellenwechsel im Erwerbsverlauf und ihre Konsequenzen für den Einkommensverlauf zusammen. So sinkt der positive Effekt von Betriebswechseln bei steigender Zahl von Stellenwechseln und wird in manchen Ländern negativ (Davia 2005).

Auch das Timing eines Betriebswechsels hat Konsequenzen für die Einkommenserträge der Mobilität. Einkommensgewinne sind zu beobachten, wenn die Betriebszugehörigkeitsdauer in dem verlassenen Betrieb relativ kurz ist; bei steigender Betriebszugehörigkeitsdauer fallen die Einkommensgewinne niedriger aus bzw. verschwinden gänzlich. Je länger also Beschäftigte in einem Betrieb verbleiben, umso geringer sind die Einkommensgewinne bei einem Stellenwechsel (Gottschalk 2001). Carroll und Powell (2002) zeigen, das die Einkommensgewinnrate bei freiwilligen Betriebswechseln bei 8,7 Prozent liegt, wenn die Betriebszugehörigkeitsdauer in dem vorherigen Betrieb unter zwei Jahre betrug. „After that, short-term MWG[29] decrease systematically with job-tenure, becoming non-significantly different from 0, when previous work experience is higher than 6 years" (Naticchioni/Panigo 2004: 12).

Die Konsequenzen von Mobilität für den Einkommensverlauf sind nicht für alle Beschäftigtengruppen gleich. Insbesondere Frauen können weniger von Betriebswechseln profitieren als Männer (Ortlieb et al. 2004; Gottschalk 2001; Diewald/Sill 2004), dies gilt speziell für regionale Mobilität (Jürges 1998). Empirische Untersuchungen zeigen, dass individuelle Lohnverluste meist von Frauen hingenommen werden mussten, während ihr (männlicher) Partner von Umzügen stärker

29 MWG steht für *Mobility Wage Gains*, also Einkommensgewinne aufgrund von Mobilität..

profitieren konnte. Frauen sind demnach häufiger in der Rolle eines „tied movers" (Mincer 1978), d.h. sie ziehen aufgrund positiver beruflicher Veränderungen des Partners mit um, auch wenn sie selber von der regionalen Mobilität negative Folgen zu erwarten haben (Jürges 1998).

Mobilität wirkt zudem qualifikationsspezifisch: „When going directly from one job to another, the more highly educated experience the largest between job wage growths. They are also less likely to experience a decline in real wages when moving to the new job. (...) It is the least educated males who are the most likely to experience a real wage decline when moving to a new job, whether or not there is an intervening spell of non-employment" (Gottschalk 2001: 12f). Dieser Qualifikationseffekt lässt sich gerade für Berufsanfänger nachweisen: Hochqualifizierte Berufsanfänger können am Beginn ihrer Karriere stark von (freiwilligen) Betriebswechseln profitieren, mit steigender Berufserfahrung verschwinden diese positiven Effekte von Mobilität (Perticara 2002; Buchinsky et al. 2005). Der positive Effekt von Qualifikation zeigt sich sowohl bei Betriebswechseln als auch bei regionaler Mobilität. Speziell Hochqualifizierte können im Vergleich zu unqualifizierten Beschäftigten durch regionale Mobilität ihr Einkommen verbessern. Mit steigender Bildung sinkt zudem die Wahrscheinlichkeit, Einkommensverluste bei einem Betriebswechsel hinnehmen zu müssen (Mertens/Haas 2000).

2.2.3 *Lohnt sich Mobilität im Vergleich zu Stabilität?*

Befunde der referierten Studien sind nun im Licht der Ausgangsfrage dieser Untersuchung zu betrachten: Lohnt sich Mobilität für die Beschäftigten? Sprechen die bislang vorliegenden Forschungsresultate eher für positive Folgen von Mobilität oder zeigen sich eher die Risiken diskontinuierlicher Erwerbsverläufe? Sowohl Chancen als auch Risiken von Mobilität für die Beschäftigten lassen sich ableiten, sie sind allerdings nicht gleich verteilt. Vielmehr zeigt sich, dass sich erst unter Berücksichtigung des Erwerbsverlaufes, der Gründe für eine Mobilität, der Art einer Mobilität sowie sozioökonomischer Variablen positive und negative Folgen von Mobilität erklären lassen. Um die Folgen von Mobilität zu bewerten – so mein zentrales Argument –, reicht es jedoch nicht aus, Einkommenszuwächse von betriebsmobilen Arbeitnehmern zu betrachten, sondern es ist notwendig, die Einkommensverläufe von betriebsmobilen mit denen betriebsstabiler Beschäftigter zu vergleichen.

Es gibt eine Reihe von Studien, die Einkommenszuwächse bei Betriebswechseln mit Einkommenszuwächsen betriebsstabiler Beschäftigter vergleichen. Wenn sich höhere Einkommenszuwächse bei Betriebswechslern ergeben, wird dies häufig als ein positiver Einkommenseffekt von Betriebsstabilität im Vergleich zu Betriebsmobilität interpretiert (vgl. Gottschalk 2001). Dustmann und Pereira (2003) zeigen, dass die durchschnittlichen Einkommenszuwächse durch zwischenbetrieblichen Wechsel insbesondere zu Beginn der Karriere, also in den ersten zehn bis 15 Jahren der Berufserfahrung, größer sind als die durchschnittlichen Einkommenszuwächse bei Verbleib im selben Betrieb. Mit steigender Berufserfahrung fällt die zwischenbetriebliche Einkommenszuwachsrate jedoch unter die Rate der innerbetrieblichen Einkommenszuwächse (Dustmann/Pereira 2003: 23). Dies hängt damit zusammen, dass innerbetriebliche Einkommensentwicklungen relativ flach verlaufen und sich daher innerhalb von wenigen Jahren Betriebszugehörigkeit nur geringe Einkommenszuwächse erzielen lassen. Daraus folgern viele Autoren, dass sich Betriebszugehörigkeitsdauer nur in geringem Maße auszahlt (Zimmermann 1998). Dies scheint in Deutschland insbesondere für Beschäftigte der mittleren Qualifikationsgruppe und für Beschäftigte, die ihre Berufsausbildung innerhalb des dualen Systems absolviert haben, zuzutreffen. Sie weisen zu Beginn ihres Erwerbsverlaufs geringere Einkommenszuwächse auf als geringqualifizierte und hochqualifizierte Beschäftigte (Dustmann/Pereira 2003). Diese geringeren Einkommenszuwächse von Facharbeitern erklären sich durch das relativ hohe Einstiegsgehalt dieser Beschäftigtengruppe. Die relativ langen innerbetrieblichen Berufserfahrungen in der Lehre zahlen sich schon bei Berufsbeginn aus, so dass ein Teil der positiven Effekte von Berufserfahrung und Betriebszugehörigkeit durch das Einstiegsgehalt vorweggenommen wird. Geringere Einkommenszuwächse im Erwerbsverlauf müssen demnach kein negatives Zeichen sein.

Schon diese Differenzierung zeigt, dass aus hohen Einkommenszuwachsraten bei Betriebswechseln nicht zwingend auf bessere Einkommenschancen betriebsmobiler Arbeitnehmer geschlossen werden kann. Das erhellt auch aus dem Befund, dass die Anzahl der Jobs im Erwerbsverlauf nicht das Einkommen erhöht (Davia 2005; Dustmann/Pereira 2003).

> „Results show that, on average, young workers who move across employers (being initially worse paid than the stable ones) achieve a positive increase in their wages vis-à-vis those who remain with the same employer. However, this advantage in the wage dynamics is positive but at a decreasing rate, with too much mobility resulting in lower outcomes. Although a causal relation between job mobility is found, including control for endogeneity often wipes the explanatory power of mobility away, particularly when accumulated mobility is looked at." (Davia 2005: 1)

Wie kann nun der Befund erklärt werden, dass einerseits Einkommenszuwächse bei Jobwechseln höher sind als bei innerbetrieblichen Einkommensverläufen und andererseits das Einkommen mit der Anzahl der Jobs (bzw. der Betriebe, in denen man gearbeitet hat) sinkt? Die Ergebnisse von Mertens und Haas (2000) zeigen, dass mit steigender Anzahl der Betriebswechsel sowohl Auf- als auch Abstiege wahrscheinlicher werden, dass sich demnach Auf- und Abstiege abwechseln können. Den negativen Effekt von mehrmaligen Betriebswechseln erklären Dustmann und Pereira mit der negativen Selektion der Betriebsmobilen (in unbeobachteten Eigenschaften): Betriebsmobile haben insgesamt geringere Löhne; die Betriebsmobilität führt zwar (zum Teil) zu Einkommensgewinnen, aber insgesamt verbleibt das Gehaltsniveau im Vergleich zu betriebsstabilen Beschäftigten niedriger. Für diese These sprechen auch die Ergebnisse von Blien und Rudolph (1989), Davia (2005) sowie Klein (1994), die darauf hinweisen, dass Betriebsmobile niedrigere Löhne beziehen als betriebsstabile Beschäftigte. Einkommenszuwächse durch Mobilität bedeuten demnach häufig Anpassungsmobilität an das Gehaltsniveau von Betriebsstabilen. Mobilität ist nach den vorliegenden Forschungsergebnissen kaum imstande, das Gehaltsniveau über die hohen, vergleichsweise stabilen Löhne betriebsstabiler Beschäftigter anzuheben.

Die Betrachtung von Einkommenssteigerungen stellt demnach durchaus eine Möglichkeit dar, betriebsmobile Erwerbsverläufe zu bewerten, sie ist jedoch ohne die Betrachtung der *Einkommenshöhe* unvollständig. Wenn innerbetriebliche Einkommensverläufe zwar durch geringere Einkommensgewinne geprägt, aber konstanter sind, so kann die Stabilität des Einkommens betriebsstabiler Beschäftigter bei hohem Lohnniveau durchaus positiver bewertet werden als höhere Einkommenszuwächse bei betriebsmobilen Beschäftigten.

Diewald und Sill (2004) machen andererseits darauf aufmerksam, dass sich die innerbetrieblichen Aufstiegschancen in Westdeutschland verringert haben und sich zunehmend auch innerbetriebliche Abstiege beobachten lassen. „Das heißt, unabhängig von der konjunkturellen Entwicklung gibt es eine Entwicklung, den Automatismus innerbetrieblicher Aufstiege zu beschneiden und Mitarbeiter auch ins Risiko von beruflichen Abstiegen zu entlassen, wobei allerdings eine Steigerung des Arbeitslosigkeitsrisikos wohl weitgehend vermieden wird“ (Diewald/Sill 2004: 57). Die zunehmenden Abstiegsrisiken betreffen vor allem un- und angelernte Arbeiter und zeigen die prekärer werdende Situation unterer Statusgruppen auf dem Arbeitsmarkt. Auch die innerbetrieblichen Einkommensprognosen unterscheiden sich also für verschiedene Qualifikationsgruppen. Bei geringer Bildung fallen innerbetriebliche Einkommenssteigerungen geringer aus, so dass sich Betriebszugehörigkeit und Berufserfahrung weniger lohnen als bei hochqualifizierten Beschäftigten (Buchinsky et al. 2005).

2.3 Zusammenfassung

Die Veränderungen des deutschen Arbeitsmarkts werden häufig mit Schlagworten wie ‚Flexibilisierung‘ und ‚Destabilisierung‘ beschrieben. Es stellt sich die die Frage, welche Folgen diese Veränderungen des Arbeitsmarkts für die Erwerbs- und Einkommensverläufe der Beschäftigten haben.

Im Fokus der sozialwissenschaftlichen Betrachtung stehen vor allem Untersuchungen zu Auswirkungen *externer* Flexibilisierung auf die Stabilität von Erwerbsverläufen. Dabei ist es noch immer umstritten, ob es gerechtfertigt ist, von einem Trend zunehmender Instabilität von Beschäftigung zu sprechen. Offensichtlich wird in den einzelnen Untersuchungen jedoch, dass sich Beschäftigungsstabilität in Ostdeutschland deutlich von westdeutschen Erwerbsmustern unterscheidet und dass Flexibilität in Ostdeutschland eine andere Quantität und Qualität aufweist als in den alten Bundesländern. Neben einer höheren Fluktuationsrate insgesamt fällt vor allem der höhere Anteil von unfreiwilliger Mobilität in den neuen Bundesländern auf. Den Betrieb zu wechseln, das geschieht in den neuen Bundesländern mehrheitlich unfreiwillig und aus einer Arbeitslosigkeitsphase heraus, während in Westdeutschland Beschäftigte eine höhere Chance auf betriebsstabile Beschäftigung haben und zwischenbetriebliche Betriebswechsel eher freiwillig und ohne Erwerbsunterbrechungen vollzogen werden. Auch spielt die regionale Mobilität für Ostdeutschland eine größere Rolle als in Westdeutschland, sowohl was die regionale Mobilität innerhalb Ostdeutschlands als auch was die Abwanderung von den neuen in die alten Bundesländer angeht.

Ebenso deutlich zeigen unterschiedliche Studien, dass sich Erwerbsverläufe von Frauen und Männern unterscheiden und somit Betriebsmobilität für Männer und Frauen einen unterschiedlichen Stellenwert hat. Während Frauen aufgrund ihrer stärkeren Zuständigkeit für Familie und Kindererziehung häufiger ihre Erwerbstätigkeit unterbrechen und ihre Ein- und Austritte in und aus Berufstätigkeit stärker durch den familiären Kontext erklärbar sind, sind Austritte aus der Erwerbstätigkeit bei Männern meistens unfreiwillig.

Neben dem Geschlecht ist vor allem Bildung und Qualifikation als erklärungskräftiger Faktor für die Beschäftigungsstabilität bzw. -instabilität der Erwerbsverläufe belegt. Sowohl Hochqualifizierte als auch Beschäftigte mit niedriger Bildung weisen in den ersten Erwerbsjahren diskontinuierliche Erwerbsverläufe auf, die Gründe für die Arbeitgeberwechsel unterscheiden sich jedoch zwischen diesen beiden Gruppen. Niedrigqualifizierte Beschäftigte weisen relativ geringe Arbeitsmarktchancen auf, sie finden nur schwer Zutritt zu stabilen Beschäftigungsverhältnissen und können sich deutlich weniger in betriebsinterne Arbeitsmärkte integrieren. Dadurch sind Erwerbsverläufe von niedrigqualifizierten Beschäftigten stärker durch Übergänge von Erwerbstätigkeit in Arbeitslosigkeit und umgekehrt geprägt, ihre Betriebszugehörigkeitsdauer liegt deutlich unter der von höheren Bildungsgruppen. Hochqualifizierte wechseln zwar ebenfalls zu Beginn ihrer Laufbahn häufiger den Arbeitgeber, dies verweist jedoch nicht unbedingt auf geringe Arbeitsmarktchancen. Wenn sie zu Beginn ihrer Karriere den Betrieb wechseln, so geschieht dies meist nahtlos zwischen verschiedenen Arbeitgebern und aufgrund von Karriereaufstiegen. Selbst die relativ hohen Befristungsraten von Akademikern beim Berufsstart gehen gewöhnlich mit hohen Wiederbeschäftigungschancen und geringen Arbeitslosigkeitsdauern einher.

Die unterschiedliche Qualität von Betriebsmobilität zwischen den Bildungsgruppen verweist auf die hohe Bedeutung berufsfachlicher Arbeitsmärkte in Deutschland. Denn der deutsche Arbeitsmarkt ist vor allem beruflich strukturiert. Die „Verschränkung von betrieblichen und beruflichen Arbeitsmärkten hält die Option offen, den Betrieb ohne Gefahr eines Abstieges zu wechseln – natürlich immer unter der Voraussetzung, dass die gesamtwirtschaftliche Nachfrage ausreichend hoch ist“ (Bosch/Knuth 2003: 277). Die berufliche Strukturierung des Arbeitsmarkts führt auch dazu, dass Flexibilität vor allem intern organisiert wird.

> „Die Turbulenzen der Produktmärkte werden in Deutschland also vor allem innerhalb der Betriebe und durch einen Ausbau beruflicher Arbeitsmärkte verarbeitet. Für die Unternehmen gilt die traditionelle Entgegensetzung von numerischer Flexibilität für Randbeschäftigte und funktionaler Flexibilität für Stammbeschäftigte längst nicht mehr. Stammbeschäftigte sind heute sowohl numerisch (Arbeitszeitflexibilität) als auch funktional (breite Berufsbilder) flexibel. Diese innerbetriebliche und berufliche Flexibilität wird in den üblichen internationalen Arbeitsmarktvergleichen überhaupt nicht gemessen, weshalb der deutsche Arbeitsmarkt fälschlicherweise als verkrustet gilt.“ (Bosch/Knuth 2003: 279; vgl. auch Zimmermann 1998)

Dies bedeutet, dass nicht nur zunehmende externe Flexibilisierung den Arbeitsmarkt verändert, sondern auch – und vor allem – betriebsinterne Arbeitsmärkte durch interne Flexibilisierung im Wandel begriffen sind, mit Rückwirkungen auf die Qualität von Erwerbsarbeit (Diewald/Sill 2004).

Meist werden die Folgen von Flexibilisierung allerdings nur anhand der Einkommensfolgen direkt nach einem Betriebswechsel gemessen. Hier fallen vor allem positive Einkommensfolgen von Betriebsmobilität ins Auge (Ortlieb et al. 2004), die konträr zu der Diskussion von Betriebsmobilität als Risikokriterium innerhalb der Flexibilitätsdebatte stehen. Betrachtet man jedoch die Konsequenzen von Mobilität für die Einkommensverläufe von Beschäftigten genauer, so differenzieren sich die positiven Einkommensgewinnchancen deutlich nach den Gründen, warum ein Betriebswechsel vorgenommen wurde. Einkommenssteigerungen können vor allem freiwillige Betriebswechsler erzielen, während bei Beschäftigten, die aus einer Arbeitslosigkeitsphase in eine neue Beschäftigung wechseln, auch die Risiken in Form von Einkommensverlusten deutlich zu Tage treten (Gottschalk 2001). Dies gilt insbesondere für den ostdeutschen Arbeitsmarkt (Ketzmerick 2002). Gegen allzu positive Bewertungen von Betriebsmobilität spricht auch, dass positive Effekte von Betriebsmobilität mit steigender Berufserfahrung abnehmen (Perticara 2002; Davia 2005) und die positiven Folgen von Betriebsmobilität im Zeitverlauf abgenommen haben (Diewald/Sill 2004). Zudem ergeben beispielsweise die Studien zu qualifikationsspezifischen Einkommensfolgen, dass nicht nur die Struktur und die Gründe von Betriebsmobilität bildungs- und qualifikationsspezifisch ausfallen, sondern auch die Folgen (Gottschalk 2001; Mertens/Haas 2000).

Weniger Aufmerksamkeit wurde in der Betrachtung von Einkommensverläufen einem Vergleich von innerbetrieblichen und zwischenbetrieblichen Erwerbsverläufen geschenkt. Da die Einkommenszuwächse bei zwischenbetrieblicher Mobilität durchschnittlich höher sind als bei innerbetrieblichen Erwerbsverläufen, fallen auch hier auf den ersten Blick positive Einkommenseffekte von Betriebsmobilität auf (Dustmann/Pereira 2003). Das Einkommen von Betriebswechslern liegt aber im Vergleich zu betriebsstabilen Beschäftigten meist auf einem geringeren Ausgangsniveau (Davia 2005; Blien/Rudolph 1989), die positiven Effekte von Betriebsmobilität nehmen im Zeitverlauf ab, und mit steigender Berufserfahrung werden sowohl Auf- als auch Abstiege häufiger (Mertens/Haas 2000). Daher ist eine abschließende Beurteilung der Wirkung von Betriebsmobilität bzw. Betriebsstabilität auf die Einkommensperspektiven nicht möglich. Zudem zeigt sich, dass auch betriebsstabile Einkommensverläufe bildungsspezifisch ausfallen (Buchinsky et al. 2005) und betriebsinterne Aufstiege im Sinne von Seniorität rückläufig sind (Diewald/Sill 2004).

Einen Beitrag zur Klärung der Frage zu leisten, welche Einkommensperspektiven sich in internen und externen Arbeitsmärkten für verschiedene Beschäftigtengruppen ergeben, ist Ziel dieser Untersuchung. Wie die einschlägigen Studien zeigen, ist es dabei notwendig, weiterhin zwischen ostdeutschem und westdeutschem Arbeitsmarkt zu unterscheiden, sowohl Betriebsmobilität als auch Betriebsstabilität möglichst stark zu differenzieren und die Kontextbedingungen zu berücksichtigen, unter anderem die sozioökonomischen Merkmale, besonders aber Bildungsstand und Qualifikation.

3 Theorieansätze zur Erklärung der Einkommensfolgen von Betriebsmobilität

3.1 Übersicht über verschiedene theoretische Ansätze

In diesem Kapitel werden verschiedene Arbeitsmarkttheorien dargestellt, die implizit und explizit Aussagen über Betriebsstabilität bzw. -mobilität von Beschäftigten machen und aus denen Thesen zum Zusammenhang von Betriebsstabilität bzw. Betriebsmobilität und den Einkommensperspektiven der Beschäftigten hergeleitet werden können.

Einen der ersten Ansätze zur Erklärung von Einkommensunterschieden zwischen betriebsstabilen und -mobilen Personen haben Blumen et al. (1955) in ihrem Movers-Stayers-Modell formuliert. Sie beziehen sich auf psychologische Argumente: Manche Personen seien von Natur aus mobiler, die Mobilität sei verbunden mit einer mangelnden Fähigkeit – sei es nun innerhalb von Arbeitsstellen oder in anderen Sphären des Lebens –, stabil zu sein. Unstete Personen seien aufgrund ihrer mangelnden Stabilität weniger produktiv und erhielten deswegen weniger Gehalt als betriebsstabile Personen.

Moderne Theorien lassen sich unterteilen in *Migrationstheorien*, die sich mit der Frage befassen, warum Menschen mobil werden und warum nicht (Pries 1997: 25; Haug 2000), und Theorien, die die *Folgen* von Mobilität fokussieren. Für den letzten Fall unterscheiden Naticchioni und Panigo (2004) statische und dynamische Theorien, je nachdem, ob diese Einkommensveränderungen innerhalb von Arbeitsstellen berücksichtigen oder ausblenden. Statische Theorien betrachten also nur Einkommensveränderungen bei einem Arbeitsplatzwechsel, während dynamische Theorien sowohl innerbetriebliche als auch zwischenbetriebliche Einkommensveränderungen einbeziehen. Suchtheorien werden als statisch angesehen, während die Humankapitaltheorie und die Job-Matching-Theorie für die Autoren Beispiele dynamischer Theorien darstellen. Es gibt auch einige Versuche, die verschiedenen Theorieansätze miteinander zu verbinden: Mortensen (1986) verknüpft Humankapitalmodelle mit Suchmodellen, um Labour-Turnover-Prozesse zu erklären, Munasinghe und Sigman (2004) zeigen, dass der Einkommenseffekt von Job Mobility von der Verteilung der Lohnangebote anderer Firmen und der firmenspezifischen Wachstumsrate abhängt.

Im Folgenden werden Humankapitaltheorie, Segmentationstheorie, Shirking-Ansätze, Suchansätze und Job-Matching-Ansätze vorgestellt. Diese theoretischen Modelle beziehen sich unterschiedlich stark auf den externen bzw. internen Arbeitsmarkt. Das heißt auch: Sie gewichten das Zustandekommen und die Auflösung von Arbeitsverträgen, die Zeitperspektive von Beschäftigung und Betriebsstabilität, die Verbindung von Arbeitsleistung und Einkommen sowie die Rolle von Bildung und Qualifikation sehr unterschiedlich. Daher leiten die verschiedenen Theorien zum Teil konträre Folgen von Beschäftigungsstabilität und -mobilität ab: Humankapitaltheorie, Segmentationsansätze und Modelle der Senioritätsentlohnung, die sich insbesondere mit dem internen Arbeitsmarkt, d.h. dem Geschehen innerhalb von Betrieben beschäftigen, prognostizieren Einkommenseinbußen nach einem Betriebswechsel und gehen von positiven Einkommensentwicklungen innerhalb betriebsstabiler Beschäftigung aus, während Suchansätze und zum Teil auch Job-Matching-Ansätze, die stärker auf das Zustandekommen von Arbeitsverträgen (externer Arbeitsmarkt) abzielen, tendenziell Einkommensgewinne nach Mobilität herleiten.

3.1.1 Humankapitaltheorie

Die Humankapitaltheorie (Becker 1962) betont die Bedeutung qualifikatorischer Aspekte von Beschäftigten für die Mobilitätsforschung und unterscheidet neben einem allgemeinen[30] das berufs-, industrie- und betriebsspezifische Humankapital, welches im Laufe der Berufstätigkeit bzw. im Laufe der Betriebszugehörigkeit durch den Beschäftigten erworben wird und meist nicht mit formalen Bildungsabschlüssen nachgewiesen werden kann.

> „Während es sich bei allgemeinem Humankapital um Qualifikationen handelt, die nicht nur in einem bestimmten Betrieb, sondern vielmehr in mehreren oder gar allen Betrieben anwendbar sind, ist spezifisches Humankapital eng mit den Arbeitsabläufen eines bestimmten Betriebes verbunden und nur in diesem abrufbar. Generelles Humankapital erhöht also die Produktivität eines Arbeitnehmers unabhängig von den spezifischen Eigenheiten eines Unternehmens; spezifisches Humankapital wirkt dagegen allein im weiterbildenden Unternehmen produktivitätserhöhend." (Leber 2000: 230)

Grundannahme des Humankapitalansatzes ist es, dass sich die Entlohnung an der Arbeitsproduktivität orientiert. Kritisiert wurde diese Annahme, da es zweifelhaft ist, ob ein Arbeitgeber über die Produktivitätsunterschiede seiner Arbeiter und Angestellten überhaupt ausreichend informiert ist. Zudem sind heutige Produktions-

30 Unter allgemeinem Humankapital werden meist schulische und berufliche Bildungsabschlüsse gefasst.

strukturen derart komplex, dass sich individuelle Produktivität kaum zuordnen lässt (Klein 1994).

Ein wichtiger Aspekt der Humankapitaltheorie fokussiert die Organisation der Humankapitalakkumulation in der Beziehung von Arbeitnehmer und Arbeitgeber. Dabei geht dieser Ansatz von einem Interessenkonflikt beider Partner aus, der sich um die Übertragbarkeit der Humankapitalinvestitionen auf andere Arbeitsplätze und andere Unternehmen dreht. Während der Arbeitgeber die Entwicklung von betriebsspezifischem Humankapital fördern möchte, um die Produktivität seiner Arbeitnehmer zu erhöhen, sind Arbeitnehmer an Investitionen in allgemeines Humankapital interessiert, da diese die Chancen auf die berufliche Weiterentwicklung und letztlich die Entlohnungschancen auf dem gesamten Arbeitsmarkt erhöhen. Betriebsspezifisches Kapital würde den Arbeitnehmer durch den Arbeitgeber „erpressbar" machen und in erhöhtem Maße an den Betrieb binden. Infolgedessen würden sich seine Chancen auf dem Arbeitsmarkt verschlechtern (Abraham/Prosch 2000; Becker 1993; Robbers 1993). Der Arbeitgeber dagegen wird nicht bereit sein, in das allgemeine Kapital seiner Arbeitnehmer zu investieren, da dadurch die Chancen des Arbeitnehmers auf dem externen Arbeitsmarkt steigen würden und dieser unter Umständen geneigt sein könnte, durch einen Arbeitgeberwechsel einen höheren Lohn anzustreben. So sind Investitionen in Humankapital dann zu erwarten, wenn allgemeine und betriebsspezifische Anteile ausgewogen und somit die Abhängigkeiten von Arbeitnehmer und Arbeitgeber gleich verteilt sind und wenn auch die Investitionskosten in Humankapital von beiden Partnern geteilt werden (Übernahme von Weiterbildungskosten und Freistellung von Arbeitszeit auf der Arbeitgeberseite, Lern- und Zeitinvestitionen durch den Arbeitnehmer). Ein solches Arrangement zwischen Arbeitgeber und Arbeitnehmer hat eine stabilisierende Wirkung auf das Beschäftigungsverhältnis, da sich die gegenseitige Aufteilung von Investitionen in Humankapital nur langfristig für beide Vertragsparteien lohnt (Abraham 2004: 110; Smirnych/Wörgötter 2000).

Dieser positive Zusammenhang zwischen Humankapitalbildung und Beschäftigungsstabilität wird noch gestärkt durch den Umstand, dass entsprechende Investitionen umso ertragreicher sind, je höher die allgemeine Eingangsqualifikation der Arbeitnehmer – zum Beispiel in Form von formalen Bildungsabschlüssen – ausfällt. Höhere generelle Qualifikationen eines Arbeitnehmers führen zu höheren Kosten bei der Suche, der Auswahl und dem Ausfall der Arbeitskraft bei einem späteren Wechsel zu einem anderen Arbeitgeber. Diese anfallenden Trennungskosten wirken mit steigendem Humankapital verstärkt als Auflösungsbarriere im Arbeitsverhältnis. Dass mit höherem allgemeinem und spezifischem Humankapital eine höhere Beschäftigungsstabilität einhergeht, ist empirisch gut dokumentiert (vgl. Cramer 1986; Diekmann/Preisendörfer 1989; Schasse 1991; Mertens 1997; Abraham 2004). Aus der Humankapitaltheorie lässt sich ableiten, dass Beschäftigte, deren Beschäftigungsperspektive kurz- und mittelfristig angelegt ist, wie beispielsweise bei befristeten Verträgen, nur bedingt von Humankapitalinvestitionen profitieren werden und dass sich für sie hohe Investitionen in betriebsspezifisches Wissen weniger lohnen. Arbeitnehmer investieren nur dann in ihr Humankapital, wenn sich diese Investitionen durch zukünftige erhöhte Einkommen amortisieren lassen, Arbeitgeber nur dann, wenn sich auch langfristig höhere Produktivitätsvorteile realisieren lassen. „Die Zeiten, in denen Investitionen Renditen erbringen können, werden durch die Befristung aber tendenziell reduziert" (Groß 1999: 326). Dies wird sich auch in geringeren innerbetrieblichen Einkommenssteigerungen bei Beschäftigten mit kurz- und mittelfristiger Beschäftigungsperspektive in einem Betrieb niederschlagen. Es kann auch gefolgert werden, dass Berufseinsteiger eine höhere Mobilitätsneigung haben, da sie noch weniger betriebsspezifische Investitionen getätigt haben und ein Betriebswechsel sich bei ihnen weniger stark in Einkommensverlusten niederschlägt als bei erfahreneren Beschäftigten.

Da mit zunehmender Länge der Betriebszugehörigkeit auch das individuelle Humankapital von Beschäftigten steigt, werden Betriebswechsel mit steigender Betriebszugehörigkeit seltener. Aus der Humankapitaltheorie ergibt sich zudem, dass bei steigendem Humankapital innerbetriebliche Einkommenszuwächse zu erwarten sind. Denn es kann davon ausgegangen werden, dass Unternehmen Produktivitätsvorteile realisieren können, wenn sie Arbeiter mit entsprechenden Kenntnissen im Betrieb halten; die Gewinne aufgrund höherer Produktivität des Arbeitnehmers werden in Einkommenszuwächse des Arbeitnehmers überführt, und das Unternehmen zahlt höhere Löhne, als die Beschäftigten anderswo zu erwarten hätten, um qualifizierte Beschäftigte an das Unternehmen zu binden (Blien/Rudolph 1989: 554). Dadurch steigen die Mobilitätskosten bei Beschäftigten mit hohem Humankapital, und ihre Mobilitätsbereitschaft sinkt. Im Humankapitalansatz wird dementsprechend eine stabilisierende Wirkung von betriebsspezifischem Wissen auf das Beschäftigungsverhältnis angenommen und die Bedeutung innerbetrieblicher Einkommenssteigerungen betont.

Die klassische Humankapitaltheorie geht davon aus, dass Beschäftigte nach Betriebswechseln Einkommensverluste erleiden. Insbesondere wenn mit Betriebswechseln Erwerbsunterbrechungen wie Arbeitslosigkeitsphasen, Elternzeit oder Mutterschaft einhergehen, wird ein negativer Effekt auf die Einkommensperspektiven durch eine Unterbrechung der Humankapitalbildung und eine mögliche Entwertung des in der Vergangenheit gebildeten Humanvermögens vorausgesagt. „Zum einen kann bereits angesammeltes Humanvermögen durch technischen Fortschritt und Innovationen im Arbeitsprozess während einer Unterbrechung schneller veralten als im Arbeitsalltag, in dem das Wissen ständig aktualisiert werden kann. Zum anderen findet während einer Nichterwerbsphase in der Regel auch keine berufliche Weiterbildung statt" (Beblo/Wolf 2002: 83). Zweitens prognostiziert die Humankapitaltheorie Einkommensverluste nach einem Betriebswechsel aufgrund der Annahme, dass das betriebsspezifische Wissen nicht auf andere Betriebe übertragbar ist (Davia 2005: 2). Erst wenn in dem neuen Betrieb erneut Investitionen in betriebsspezifisches Wissen getätigt werden, werden auch erneute innerbetriebliche Einkommensgewinne die Folge sein. Betriebswechsel sind demnach für die entsprechenden Arbeitnehmer mit Einkommensverlusten verbunden, da ihre betriebsspezifischen Kenntnisse am neuen Arbeitsplatz wertlos werden.

Die These der Einkommensverluste durch Betriebswechsel basiert auf der Annahme, dass jeder Betrieb eine andere Form von betriebsspezifischem Kapital begünstigt und benötigt. Allerdings kann auch argumentiert werden, dass betriebsspezifisches Wissen ebenfalls allgemein gültige Anteile besitzt; diese werden umso höher sein, je ähnlicher die Produktionsweisen von Betrieben tatsächlich sind. Stevens (1996) führt den Begriff des ‚transferierbaren' Humankapitals ein: Dieses ist in mehr oder weniger Firmen produktiv einsetzbar, wobei es von manchen Betrieben besser genutzt werden kann als von anderen. Zudem lässt sich die These formulieren, dass Arbeitgeber gerade am betriebsspezifischen Wissen *fremder* Unternehmen interessiert sind und aus diesem Vorteile für den eigenen Betrieb ziehen wollen. Das Anwerben von betriebsfremden Arbeitnehmern könnte eine Möglichkeit für das Unternehmen darstellen, von Abläufen und Problemlösungen anderer Betriebe zu lernen. Die Anwerbung von neuen Arbeitnehmern stellt für ein Unternehmen demnach einen Erneuerungsprozess dar, „der durch Input an Know-how, Kreativität und dergleichen von außen" durch neue Mitarbeiter gewährleistet wird (Henneberger/Sousa-Poza 2002: 206). Ein solcher Anwerbeprozess wird auch als *Poaching* bezeichnet (Stevens 1996). Die neu angeworbenen Mitarbeiter stellen die Träger dieses Wissens dar und werden entsprechend entlohnt. Bei Erweiterung des Humankapitalansatzes lassen sich demnach auch Einkommensgewinne bei Betriebswechseln prognostizieren, die darauf basieren, dass im betriebsspezifischen Kapital auch transferierbare Elemente enthalten sein müssen, die in einem anderen Betrieb von Nutzen sein können. Dies wäre insbesondere dann gegeben, wenn sich die berufliche Tätigkeit bei einem Betriebswechsel nicht ändert und beide Betriebe eine ähnliche Produktionsweise und Arbeitsorganisation aufweisen.

Es ist ein *Interaktionseffekt* der Wirkung des Humankapitals mit dem Erfordernis spezifischer Kenntnisse zur Ausübung einer Arbeit sowie mit der Länge der notwendigen Einarbeitungszeit neuer Mitarbeiter ableitbar: Bei hochspezialisierten Arbeitsplätzen und einer langen Einarbeitungszeit von neuen Mitarbeitern werden Unternehmen stärker auf die Erhöhung von spezifischem Humankapital durch Weiterbildung usw. setzen und dieses durch Lohnanreize sichern, während Routine- und unqualifizierte Tätigkeiten einen geringeren Lohnanstieg innerhalb des Betriebs erwarten lassen. Personalverantwortliche sind bestrebt, gerade die Leistungsträger im Betrieb zu halten (Retention). „Die Notwendigkeit zur Betriebsbindung ist umso ausgeprägter, je betriebsspezifischer die Arbeitskräfte im Laufe der Zeit qualifiziert wurden. Die Humankapitaltheorie liefert hierzu eine eindeutige Aussage: Je höher die Investitionen sind, die Unternehmen und/oder Arbeitnehmer in die betriebsspezifische Qualifizierung getätigt haben, desto höher werden im Prinzip auch die Kosten der Personalfluktuation sein" (Henneberger/Sousa-Poza 2002: 206f) und desto eher werden Unternehmen bestrebt sein, diese Beschäftigten durch Lohnanreize und innerbetriebliche Aufstiege an das Unternehmen zu binden.

Die Mobilitätsprämisse in Beckers Ansatz (Becker 1962) geht davon aus, dass Arbeitnehmer unendlich elastisch auf verschiedene Löhne reagieren, dass sie vollständig über die in verschiedenen Firmen erzielbaren Löhne informiert sind und dass sie unmittelbar abwandern, wenn sich ihnen in einem anderen Unternehmen höhere Löhne bieten. „In der Realität werden jedoch Mobilitätskosten den Einzelnen i.d.R. daran hindern, bei Einkommensunterschieden unmittelbar abzuwandern. So ist zum einen anzunehmen, dass unvollständige Informationen seitens der Arbeitnehmer über die Höhe des in einzelnen Unternehmen erzielbaren Lohns vorliegen. Zum anderen werden neben der Lohnhöhe auch weitere Faktoren in die Wanderungsentscheidung eines Individuums eingehen, die monetärer Art (z.B. Umzugskosten) oder nicht monetärer Art (z.B. das Betriebsklima) sein können" (Leber 2002: 231). „Daneben ist es auch denkbar, dass Weiterbildung nicht nur über die damit verbundenen Einkommenseffekte Einfluss auf die Mobilität der Arbeitnehmer hat, sondern dass sie auch über andere Faktoren wirken kann. So ist es z.B. möglich, dass die Teilnahme eines Arbeitnehmers an einer Qualifizierungsmaßnahme seinen Arbeitsinhalt im Unternehmen verändert oder seine Verantwortung erhöht, was sich wiederum auf seine Arbeitszufriedenheit auswirken kann und in diesem Sinne eher fluktuationshemmend als fluktuationserhöhend wirken kann" (Leber 2000: 232; vgl. hierzu und zu weiteren Aspekten Alewell 1997: 146ff).

3.1.2 Segmentationstheorie

Segmentationsansätze (Doeringer/Piore 1985; Althauser/Kalleberg 1981; Althauser 1989; Stinchcombe 1979; Sengenberger 1987) nehmen eine Unterteilung des Arbeitsmarkts in verschiedene Arbeitsmarktsegmente vor. Diese Unterteilung kann sich sowohl auf die Strukturierung des externen Arbeitsmarkts als auch auf die Strukturierung interner Arbeitsmärkte, d.h. auf innerbetriebliche Segmentierungen beziehen. In den jeweiligen Teilarbeitsmärkten sind jeweils spezifische Arbeitnehmergruppen unter spezifischen Bedingungen beschäftigt. Zu den Bedingungen zählen die Einkommenshöhe, die Arbeitsbedingungen, die Aufstiegschancen, die Beschäftigungsstabilität und daraus resultierende Arbeitslosigkeitsrisiken.

Segmentationsansätze, die den Arbeitsmarkt als Ganzes betrachten, gehen davon aus, „dass der Arbeitsmarkt in verschiedene voneinander abgeschottete Bereiche zerfällt, innerhalb derer unterschiedliche Allokations- und Verteilungsmechanismen zu finden sind, die durchaus nicht mit dem Marktprinzip konform gehen müssen" (Groß 1999: 326).

> „Im ‚primären' Marktsegment (in dem der Marktmechanismus nicht gilt) finden sich die Arbeitsstellen mit positiven Eigenschaften: Sie stellen hohe Qualifikationsanforderungen, bieten gute Aufstiegschancen, sind hoch entlohnt usw. Die schlechten Arbeitsstellen des sekundären Arbeitsmarktsegments zeichnen sich neben geringer Entlohnung, niedrigen Qualifikationsanforderungen und schlechten Aufstiegschancen vor allem auch durch die Unstetigkeit des Beschäftigungsverhältnisses aus." (Groß 1999: 327)

In den Randsegmenten des Arbeitsmarkts ergibt sich aufgrund der niedrigeren Beschäftigungssicherheit und -stabilität eine höhere Mobilitätsnotwendigkeit. Zudem kann aus der Segmentationstheorie abgeleitet werden, dass sich mit diskontinuierlicheren Erwerbsverläufen auch diskontinuierliche Einkommensverläufe verbinden, die durch häufige Auf- und Abstiege gekennzeichnet sind. Allerdings wird die Einkommenshöhe von Beschäftigten des Randsegments insgesamt niedriger ausfallen als bei Beschäftigten des Kernsegments (Blien/Rudolph 1989). Die Segmentationsansätze wurden von Lutz und Sengenberger (1974) auf die spezifischen Verhältnisse des bundesdeutschen Arbeitsmarkts übertragen. Der externe Arbeitsmarkt sei in der Bundesrepublik mit dem Begriff eines sekundären – durch ungesicherte, unstetige, ungeschützte, unqualifizierte Beschäftigung gekennzeichneten – Arbeitsmarkts nicht angemessen zu erfassen. „Im Gegenteil trägt ein großer Teil des externen Arbeitsmarktes die Züge eines berufsfachlichen Segmentes, zu dem der Zugang an eine formelle, berufliche Fachausbildung geknüpft ist" (Konietzka/Sopp 2004: 43). Daraus ergeben sich spezifische Schließungsmechanismen, die vor allem an formal beglaubigte Leistungen und Zertifikate gebunden ist. Folge dieser Schließungsmechanismen ist eine deutliche Spaltung des Arbeitsmarkts in einen relativ geschützten Bereich der internen und der fachlichen (primären) Arbeitsmärkte und einen (sekundären) Jedermannsarbeitsmarkt.[31]

Die Aufteilung in Kern- und Randsegmente kann auch auf interne Arbeitsmärkte, d.h. auf die innerbetriebliche Strukturierung angewendet werden, so dass analog von Kern- und Randbelegschaften innerhalb von Betrieben ausgegangen wird. Die Segmentationsansätze bauen zum Teil auf der Humankapitaltheorie auf und betonen neben der Qualifikation die Bedeutung der Integration von Beschäftigten in ein Sozialgefüge, der Wirkung von Machtprozessen und der Entfaltung spezieller Strategien der Arbeitsmarktparteien (Smirnych/Wörgötter 2000; siehe auch Döringer/Piore 1971; Sengenberger 1987; Brandes/Buttler 1988; Granovetter 1986). In den Segmentationsansätzen und in verschiedenen Varianten der modernen soziologischen Mobilitätstheorie wird oft davon ausgegangen, dass Aufstiege (beruflicher und finanzieller Art) nicht über den externen Markt, d.h. nicht über

31 Lutz und Grünert (1996) schildern die Entwicklung in Ostdeutschland seit der Wende als eine Verschiebung von einem internen Arbeitsmarkt zu einem externen Jedermannsarbeitsmarkt. Ein funktionierender fachspezifischer Arbeitsmarkt konnte sich noch nicht etablieren. Vielmehr dürfte sich nach der doch recht schnellen Beruhigung und Umbildung des ostdeutschen Marktes eine Verfestigung des unstetigen Jedermannsarbeitsmarkts ergeben.

Betriebsmobilität, sondern vor allem über innerbetriebliche Mobilitätsketten erfolgen. „Das Vorrücken der Arbeiter hängt dann von der Erfahrung und Bewährung auf den zunächst eingenommenen Arbeitsplätzen ab. Die Lohnstruktur soll jeweils den Qualifikationserwerb und das Vorrücken in der Sequenz der Arbeitsplätze befördern: Jobs am Anfang der Kette sind vergleichsweise schlechter bezahlt" (Smirnych/Wörgötter 2000: 2). Mit zunehmender Beschäftigungsdauer und zunehmenden Kenntnissen über Betriebsabläufe usw. werden Beschäftigte in die Kernbelegschaft integriert und können innerhalb des internen Arbeitsmarkts über Mobilitätsketten aufsteigen. „Arbeiter, die zur Stammbelegschaft einer Firma gehören, d.h. sich innerhalb des betrieblichen Arbeitsmarktes befinden, erhalten einen relativ höheren Lohn, weil sie in einem umfassenden Sinne mit den betrieblichen Verhältnissen vertraut sind" (Blien/Rudolph 1989: 554). Bei einem Wechsel des Betriebs werden die Arbeitnehmer im entsprechenden Arbeitsmarktsegment des neuen Betriebs nicht sofort Fuß fassen und zählen am Anfang der Betriebszugehörigkeit wahrscheinlich zur schlechter bezahlten Randbelegschaft. Bei einer Betriebsmobilität erwartet die Segmentationstheorie folgerichtig Einkommenseinbußen. Innerhalb des neuen Betriebs werden den Beschäftigten durch „Vorrücken" entlang innerbetrieblicher Mobilitätsketten dann wiederum innerbetriebliche Aufstiege gewährt, so dass innerbetriebliche Einkommensgewinne erfolgen werden. Aus den Segmentationsansätzen lassen sich demnach positive Wirkungen von Betriebszugehörigkeitsdauer und negative Wirkungen von Betriebswechseln auf das Einkommensniveau folgern.

3.1.3 Senioritätsentlohnung als Leistungsanreiz (Shirking-Ansatz)

Shirking-Ansätze betonen die Sicherung von Arbeitsleistung der Beschäftigten durch unterschiedliche Entlohnungspraktiken des Unternehmens. Während die in den folgenden Abschnitten vorgestellten Suchansätze und Job-Matching-Ansätze insbesondere das Zustandekommen von Arbeitsverträgen und den erzielbaren Lohn als Entscheidungskriterium in den Blick nehmen, fokussiert der Shirking-Ansatz ähnlich wie die Humankapitaltheorie und die Segmentationstheorie auf das Verhalten von Arbeitnehmer und Arbeitgeber *nach* Abschluss des Arbeitsvertrages, d.h. auf innerbetriebliche Prozesse. Die Such- und Matching-Ansätze beziehen sich auf die Unsicherheit, die aus der unvollständigen Information beider Arbeitsmarktakteure bei Abschluss des Arbeitsvertrages resultiert, während der Shirking-Ansatz als eine weitere zentrale Quelle der Unsicherheit die Möglichkeit der Vertragspartner betont, die Bedingungen und Eigenschaften des Arbeitsverhältnisses nach dessen Abschluss gezielt zu beeinflussen. „Dieser Gedanke liegt den Shirking-Ansätzen zu Grunde, die das Arbeitsverhältnis als strategische Situation begreifen, in der jeder Akteur versuchen kann, seinen Nutzen auch auf Kosten des Partners zu maximieren" (Abraham/Hinz 2005: 26). D.h. ähnlich wie der Matching-Ansatz geht die

Shirking-Theorie davon aus, dass auch nach dem Zustandekommen von Arbeits- bzw. Beschäftigungsverhältnissen der Tausch von Arbeitskraft gegen Entlohnung bzw. das Verhältnis von Arbeitnehmer zu Arbeitgeber grundsätzlich konfliktreich ist und sich bedeutsame Unsicherheiten über den Inhalt des Tauschs ergeben. Sie berücksichtigt, dass die Intensität der Arbeit im Arbeitsvertrag nicht oder nicht exakt festgelegt ist und von betrieblicher Seite Anreize benötigt werden, um die Arbeitsleistung der Beschäftigten zu sichern. Während die Matching-Theorie Probleme in dieser Hinsicht als schlechten ‚match' bezeichnen würde, der durch Aufkündigung des Vertrags seitens eines der Vertragspartner gelöst wird, fokussiert der Shirking-Ansatz auf das Ausnutzen der unsicheren Vertragssituation eines Vertragspartners durch den anderen Partner. Dieses „opportunistische Verhalten" (Williamson et al. 1975) führt dazu, „dass die Vorteile, die eigentlich aus dem Tauschverhältnis zwischen Arbeitnehmer und Arbeitgeber resultieren sollten, nicht erreicht werden" (ebd.: 26). „Insbesondere der Umstand, dass Arbeitsverhältnisse im hohen Umfang auf impliziten Vereinbarungen beruhen (Schrüfer 1988; Fabel 1990), bringt ein hohes Maß an opportunistischen Anreizen für die Partner" (Abraham/Hinz 2005: 27). Diese impliziten Versprechen des Arbeitsvertrags (langfristige Beschäftigung, Karriereaussichten, Gesundheitsschutz, Kollegialität, hohe Arbeitsleistung usw.) sind von beiden Seiten nicht einklagbar.

Grundsätzlich kann die Shirking-Annahme auf beide Vertragspartner zutreffen, sich also sowohl auf Arbeitgeber als auch auf Arbeitnehmer beziehen. „Die meisten Shirking-Modelle konzentrieren sich hierbei auf das opportunistische Verhalten des Arbeitnehmers, indem angenommen wird, dass dieser seine Arbeitsleistung variieren kann" (Thurow 1983: 201). Es wird von einem Interessenkonflikt zwischen Arbeitgeber und Arbeitnehmer ausgegangen, der darauf hinausläuft, dass Arbeitnehmer in der vereinbarten Arbeitszeit eine möglichst hohe Produktivität zeigen sollen, jedoch möglichst wenig arbeiten wollen. Eine derartige Situation entsteht vor allem dann, wenn die Arbeitsleistung nur mit einem gewissen Aufwand beobachtet und kontrolliert werden kann. Dann ist für den Betrieb ein Entlohnungsschema optimal, das dazu führt, dass die Beschäftigten aus eigenem Interesse mit dem optimalen Einsatz arbeiten.

Grundsätzlich wird davon ausgegangen, dass beide Vertragsparteien das Problem des Shirking lösen wollen. Wären beide Parteien opportunistisch, so würde sich auch für beide ein ineffizientes Ergebnis einstellen: „Es wird eine schlechte Arbeitsleistung gegen eine unbefriedigende Gegenleistung des Arbeitgebers getauscht" (Abraham/Hinz 2005: 27). Beide werden folglich nach einem effizienten Ergebnis streben. Die Lösung dieses Problems bringt als Ergebnis eine besondere Bindung zwischen den Vertragsparteien mit sich und führt zu langen Betriebszugehörigkeitsdauern und der Gewährung von Beschäftigungsstabilität.

Um das Problem des Shirkings von Arbeitnehmern zu minimieren und eine hohe Arbeitsleistung und -produktivität der Beschäftigten zu sichern, gibt es verschiedene Möglichkeiten für den Arbeitgeber. Im Rahmen von *Effizienzlohnmodellen* (Katz 1986) wird davon ausgegangen, dass Arbeitnehmer einen Lohn über dem aktuellen Marktwert erhalten, der eine höhere Produktivität zur Folge hat. Arbeitgeber versuchen zur Effizienzsteigerung der Arbeit wie zur Reduzierung von Kontrollkosten mit effizienter Lohngestaltung hohe Arbeitsanreize zu schaffen, indem sie eine über dem Marktlohn liegende Entlohnung zugestehen, verbunden mit der Drohung, bei Shirking Entlassungen vorzunehmen (Klein 1994: 206). Würde ein Mitarbeiter also bei Shirking-Verhalten entdeckt, so müsste er mit Entlassung rechnen. Ein Betriebswechsel würde dann für den Beschäftigten einen Einkommensverlust bedeuten. Dies basiert jedoch auf der Annahme, dass die Entlohnung bei einem anderen Arbeitgeber geringer ausfällt, d.h. nicht alle Unternehmen Effizienzlöhne zur Sicherung von Arbeitsleistung einsetzen. Für den Arbeitnehmer ist es also rational, in dem Unternehmen mit höheren Löhnen zu verbleiben, kein Shirking zu begehen und durch hohe Arbeitsleistung seine eigene Stellung im Unternehmen zu sichern. Verfolgen alle Betriebe die Strategie, durch Lohnanreize Shirking-Probleme zu überwinden, nutzen sie also sämtlich Effizienzlöhne zur Sicherung der Arbeitsleistung, so ist es notwendig, zusätzliche Lohnanreize mit der Dauer der Betriebszugehörigkeit zu koppeln.

Einen solchen Ansatz stellen Senioritätslöhne dar (vgl. Lazear 1981). Grundgedanke dieses Ansatzes ist es, den Lohn über die Lebensarbeitszeit eines Arbeitnehmers umzuverteilen. Bei der Einstellung erhalten Arbeitnehmer weniger als den von ihnen erwirtschafteten Marktwert, die so eingesparten Beträge sollen später ausgezahlt werden, so dass bei zunehmender Betriebszugehörigkeitsdauer der Lohn über dem individuellen Marktlohn liegt. „Bewährt sich der Arbeiter in dem Betrieb, so rückt er im Laufe der Zeit in immer höhere Lohngruppen auf, auch wenn er immer die gleiche Arbeit verrichtet. Erbringt er nicht die geforderte Leistung bzw. wird er beim Shirking ertappt, so wird er entlassen. Arbeitnehmer, die ihr Arbeitsverhältnis wechseln oder durch den Arbeitgeber entlassen werden, verlieren die anfangs ‚eingezahlten' Beträge. Hierdurch entsteht ein Anreiz für den Arbeitnehmer, das Arbeitsverhältnis langfristig aufrechtzuerhalten" (Abraham/Hinz 2005: 28). Dieser Anreiz zielt insbesondere auf Arbeitnehmer, die sich zum Unternehmen loyal verhalten, um ihre Chancen auf eine langfristige Beschäftigung zu erhöhen und dadurch die vom Betrieb einbehaltenen Beträge zurückzubekommen. Für den Arbeitgeber könnte es jedoch durchaus rational sein, Versprechen von Senioritätsentlohnung einzusetzen, um eine hohe Arbeitsleistung des Arbeitnehmers zu Beginn der Betriebszugehörigkeit zu sichern, bei Entlassungen aber keine Auszahlungen vorzunehmen und sich so die von den Arbeitnehmern „eingezahlten" Beträge anzueignen.

„All diesen Modellen gemeinsam ist der Umstand, dass die Wirkung entscheidend von der Entdeckungswahrscheinlichkeit des Shirking und dessen Ahndung durch Entlassung abhängt" (Abraham/Hinz 2005: 28). Aber erstens ist gerade die

Kontrolle und Entdeckung von Shirking für den Arbeitgeber schwierig, und zweitens kann eine Entlassung aufgrund institutioneller Regelungen nicht immer ausgesprochen werden. D.h. auch bei Entdeckung von leistungszurückhaltendem Verhalten von Beschäftigten werden oft keine Entlassungen erfolgen, sondern es müssen andere Maßnahmen ergriffen werden, um die Arbeitsleistung der Beschäftigten zu sichern.[32]

Aus dem Shirking-Ansatz lässt sich ein Selektionseffekt von betriebsstabilen und betriebsmobilen Beschäftigten folgern: Lange Betriebszugehörigkeit und die damit verbundene Lohnsteigerung verbinden sich mit erfolgreichen und motivierten Arbeitnehmern, die den Anforderungen der Arbeitsstelle gewachsen sind. Die entlassenen Arbeitnehmer, bei denen man einen Betriebswechsel operationalisieren kann, sind diejenigen, die die Anforderungen an die Arbeitsstelle nicht erfüllen konnten bzw. nicht erfüllen wollten und deswegen entlassen wurden. Daraus lässt sich eine negative Signalwirkung bei potenziellen Arbeitgebern prognostizieren. Kurze Betriebszugehörigkeitsdauern sprechen für die Annahme des Shirking und für niedrige Arbeitsleistungen des Beschäftigten. Dies wird sich negativ auf die Einstellungschancen und auf die Gehaltschancen in anderen Betrieben auswirken. Umgekehrt werden Beschäftigten mit langen Betriebszugehörigkeitsdauern gute Eigenschaften und Arbeitsleistungen zugesprochen, so dass sie bei Neueinstellungen bevorzugt berücksichtigt werden und eher höhere Einstiegsgehälter vereinbaren können.

3.1.4 Suchansätze (Job-Search-Ansätze)

Suchansätze (McKenna 1985; König 1979) fokussieren das Zusammentreffen von Arbeitsmarktteilnehmern und das Zustandekommen von Verträgen zwischen Arbeitnehmern und Arbeitgebern. Sie sind unmittelbar auf dem Standardmodell der Mikroökonomie aufgebaut. Der Ansatz wurde ursprünglich für arbeitslose Beschäftigte entwickelt, jedoch auch auf den Fall von beschäftigten Personen verallgemeinert. Zentrale Prämisse des Suchansatzes ist die Vorstellung von rational handelnden Akteuren mit festen Präferenzen. In den meisten Fällen wird für die Arbeitnehmer die Präferenz unterstellt, einen möglichst guten Tausch von Arbeitsleistung gegen Entlohnung zu erstreben und ihr Handeln nutzenmaximierend auszurichten. In Such- und Matching-Theorien wird „zunächst von der Annahme abgewichen, dass ein Zusammenkommen von Arbeitgeber und Arbeitnehmer ohne Zeitverzug und ohne Kosten stattfindet. Dies bedeutet, dass die Akteure ihre Partner suchen müssen, wobei diese Suche Kosten in Form von Zeit, Geld und anderen Ressour-

32 Shirking kann sich, wie oben angeführt, auch auf das Verhalten von Arbeitgebern beziehen, die beispielsweise Löhne deutlich unter dem Marktwert zahlen und Versprechen von Lohnsteigerungen über Senioritätsentlohnung nicht einlösen. Aber auch hier gilt, dass dies aufgrund der Machtverhältnisse im Betrieb nicht ohne weiteres durch Beschäftigte geahndet werden kann.

cen verursacht und das Ergebnis dieser Bemühungen den Akteuren ex ante nicht bekannt ist" (Abraham/Hinz 2005: 24). Daher werden Such-, Informations- und Mobilitätskosten in die Modelle der Arbeitsplatzmobilität eingefügt (Turma 1985). Die Suchkosten können für den Arbeitnehmer u.a. im entgangenen Lohn in einer Suchperiode bestehen; sie werden durch staatliche Transferzahlungen wie Arbeitslosengeld oder Sozialhilfe mitbestimmt. Informationskosten fallen an, wenn der Arbeitsuchende Kosten und Zeit aufwenden muss, um sich über Vakanzen und Anforderungen von Arbeitgebern, die freie Stellen haben, zu informieren. Wäre die Annahme einer freien Stelle mit einer regionalen Mobilität verbunden, so würden zudem Mobilitätskosten (Kosten für Pendeln bzw. Wohnortwechsel und damit verbundenen Umzug) bei der Entscheidung für oder gegen ein Stellenangebot ins Gewicht fallen (Kalter 1994: 471).

Grundannahme des Modells ist, dass ein Arbeitsuchender den Nutzen der Übernahme einer neuen Stelle mit der Wahrscheinlichkeit vergleicht, in einer späteren Suchperiode ein besseres Stellenangebot zu erhalten, und in diese Verrechnung auch die Kosten einer weiteren Suche einbezieht. Die Suche nach einem neuen Arbeitsplatz ist so lange sinnvoll, wie die zu erwartenden Mehreinnahmen (Einkommen) die Suchkosten übersteigen. „Die Suchtheorie fasst den Prozess der Suche als Investition in Information auf" (Stigler 1962: 103). In diesem Kontext trifft die Suchtheorie eine eindeutige Aussage:

> „Suchprozesse seitens des Arbeitnehmers (Arbeitgebers) finden immer dann und genau so lange statt, wie die abdiskontierten zukünftig zu erwartenden zusätzlichen Erträge in Form höherer (niedrigerer) Lohnzahlungen gerade noch größer sind als die jetzt aufzuwendenden zusätzlichen Kosten der Suche, in Form direkter Informationskosten und entgangenem Einkommen (Wertgrenzprodukt der Arbeitskraft) während der Suche. Diese Entscheidungsregel greift also sowohl bei der Besetzung einer vakanten Stelle mit einem neuen Arbeitnehmer als auch bei der Suche eines Arbeitnehmers nach einer neuen Arbeitsstelle. Sind noch Grenzerträge möglich, die über den Grenzkosten der Suche liegen, führt Mobilität zu einer verbesserten Ressourcenallokation und ist in jedem Falle als ökonomisch effizient zu qualifizieren." (Henneberg/Souza-Poza 2002: 207)

Für den Fall von beschäftigten Arbeitnehmern kann gefolgert werden, dass der Beschäftigte, sofern er über alternative Beschäftigungen bei anderen Unternehmen informiert ist, auf höhere Einkommensmöglichkeiten in anderen Unternehmen durch Betriebswechsel reagieren wird. Beschäftigte werden also dann einen Arbeitsplatzwechsel vornehmen, wenn die Mobilität einen höheren Nutzen in Form von höherem Einkommen verspricht. Wäre ein Betriebswechsel mit Einkommensverlusten verbunden, würde er nicht wechseln. „Je höher aber der Lohn bereits ist, desto unwahrscheinlicher und somit kostspieliger wird es für einen Arbeitnehmer, eine besser bezahlte Stelle zu finden. Das bedeutet, dass die Wahrscheinlichkeit eines zwischenbetrieblichen Wechsels mit dem Lohn abnimmt" (Mortensen 1988). Dies liegt daran, dass die Suche nach einer neuen Stelle Kosten verursacht und der neue Lohn mindestens um die Mobilitätskosten über dem vorherigen Gehalt liegen muss.

Arbeitslosigkeit wird ebenfalls als Investition im Sinne von Suchkosten interpretiert. Es kann sich um eine Situation handeln, in der die Informations- und Stellensuche u.U. besser organisierbar ist. Demnach kann es rational sein, eine längere Zeit arbeitslos (und arbeitsuchend) zu sein, um möglichst gute Arbeitsstellen mit hohen Gehaltsaussichten zu erhalten (Sesselmeier/Blauermel 1998).

Die zentrale These der Suchtheorie ist, dass Einkommenszuwächse, die durch Mobilität verursacht sind, das Ergebnis diskreter Sprünge des Einkommensniveaus sind (siehe auch Mortensen/Pissarides 1999; Pissarides 2000; Naticchioni/Panigo 2004). Es wird vorausgesetzt, dass nach dem Einkommenssprung das Einkommen bis zu einer weiteren Mobilität konstant bleibt. Modelle der Suchtheorie gehen davon aus, dass die Arbeitsproduktivität konstant bleibt und nicht von Berufserfahrung abhängt. Trotzdem kann das erzielbare Einkommen zwischen verschiedenen Betrieben variieren. Der Einkommensverlauf von Beschäftigten ist demnach weniger von innerbetrieblichen Einkommenssteigerungen, sondern eher durch die erfolgreiche Suche nach besseren Arbeitsstellen geprägt. Gleichzeitig geht die Suchtheorie davon aus, dass mit steigender Mobilitätshäufigkeit die Wahrscheinlichkeit für weitere Einkommenszuwächse sinkt (Naticchioni/Panigo 2004: 3f).

3.1.5 Job-Matching-Ansatz

Arbeitsplatz-Zuordnungsansätze bzw. Job-Matching-Ansätze (Jovanovic 1979; Mortensen 1988) können als Variante von Suchansätzen angesehen werden (Abraham/Hinz 2005: 25). Die Matching-Theorie beschäftigt sich nicht nur mit dem Zustandekommen von *matches* zwischen Arbeitnehmer und Arbeitgeber, sondern bezieht auch die Qualität der Matches in ihr Modell ein.

Diese Ansätze gehen davon aus, dass zum Zeitpunkt des Abschlusses eines Arbeitsvertrags die Firmen unzureichende Informationen über die neu eingestellte Arbeitskraft haben und die Arbeitnehmer ebenfalls nur ungenau wissen, was sie an einem neuen Arbeitsplatz erwartet. Letzteres kann sich auf die Eigenschaften des neuen Arbeitsplatzes, auf die gestellten Arbeitsanforderungen und auf betriebliche Aufstiegsmöglichkeiten beziehen. „Passen die Qualifikation und Fähigkeiten eines Arbeiters nicht zu den Anforderungen, die an einem speziellen Arbeitsplatz gestellt werden, wird er eher geneigt bzw. gezwungen sein, den Arbeitsplatz und damit oft auch den Betrieb zu wechseln“ (Blien/Rudolph 1989: 556). Wenn nun in einem neuen Betrieb Anforderungen und Qualifikationen besser zusammenpassen, dann wird dies dort zu einer erhöhten Produktivität und letztlich auch zu einem höheren Lohn des Arbeitnehmers führen.

Job-Matching-Ansätze treffen die Annahme, dass insbesondere am Anfang des Erwerbslebens mehr Betriebswechsel vorkommen, weil junge Arbeitskräfte, die sich noch unsicher über ihre Fähigkeiten und Neigungen sind, besonders häufig wechseln. Dies nennt Johnson (1978) „Job-Shopping". Arbeitsstellen werden als Erfahrungsgüter („experience goods") und Suchgüter („search goods") bezeichnet. Insbesondere Berufsanfänger wechseln zwischen verschiedenen Arbeitsstellen, um *Erfahrungen* bezüglich des Arbeits- und Betriebsalltags zu sammeln und um eine für sie passende Arbeitsstelle zu *finden*. Wenn Beschäftigte einen neuen Job als Erfahrungsgut ansehen (Jovanovic 1979), ist die Qualität des Matches vorher nicht bekannt. Nun geht der Job-Matching-Ansatz davon aus, dass die Stellensuche so lange fortgeführt wird und so lange zwischen verschiedenen Stellen gewechselt wird, bis sich gute Matches ergeben. Wenn jedoch einmal der passende Betrieb und die passende Arbeitsstelle gefunden sind, wird Mobilität seltener werden. „Mit zunehmender Dauer der Betriebszugehörigkeit sinkt die Wahrscheinlichkeit, dass die Entscheidung über die Fortsetzung des Beschäftigungsverhältnisses revidiert wird. Deshalb nimmt die zwischenbetriebliche Mobilität mit der Dauer des Beschäftigungsverhältnisses ab" (Bellmann/Bender 1997: 682). Die stabilisierende Wirkung der Betriebszugehörigkeitsdauer und die abnehmenden Betriebswechselraten bei längerer Beschäftigungszeit werden mit einer abnehmenden Bedeutung der Informationsasymmetrie zwischen Arbeitgeber und Arbeitnehmer erklärt (Gerlach/Stephan 2005). Die bessere Qualität einer Stelle und das bessere Zusammenpassen von Arbeitsanforderungen, Qualifikationen und Interessen werden sich letztlich auch in einem höheren Einkommensniveau widerspiegeln. Auch wenn (mehrere) Jobwechsel gerade zu Beginn des Erwerbsverlaufs sowohl zu Einkommensauf- als auch zu Einkommensabstiegen führen können, wird von Vertretern dieses Ansatzes angenommen, dass durch die wachsende Erfahrung im Berufsleben die Qualität der Matches immer besser wird, so dass der Erwerbs- und Einkommensverlauf insgesamt von Einkommenszuwächsen geprägt ist.

Die Job-Matching-Theorie schließt auf Einkommensgewinne bei Betriebswechseln unter der Voraussetzung, dass Arbeitnehmer und Arbeitsstelle im neuen Betrieb besser zusammenpassen als im vorherigen Betrieb. Vorteil der Matching-Theorie im Vergleich zur Suchtheorie ist, dass sie nicht nur den Arbeitsuchenden in den Blick nimmt, sondern auch die Reaktionen des Arbeitgebers. „Kann er beispielsweise eine Stelle nicht besetzen, so kann er den Arbeitslohn erhöhen und so eine Anstellung attraktiver machen. Zudem beschreibt sie die Möglichkeit, dass ein match wahrscheinlich nie perfekt sein wird und so die Akteure immer einen Anreiz besitzen können, das Arbeitsverhältnis wieder aufzulösen.. (...) Dies führt zur Kündigungen und Entlassungen, die durch unvollständige Informationen der Vertragsparteien vor Abschluss des Arbeitsverhältnisses entstehen" (Franz 1999: 213-216). Allerdings sind die Akteure mit zunehmender Dauer des Arbeitsverhältnisses in der Lage, dessen Qualität besser einzuschätzen. Schlechte Zuordnungen werden daher im Laufe der Zeit mit hoher Wahrscheinlichkeit wieder gelöst, während gute Zuordnungen überleben. Arbeitsplatzmobilitäten werden nach der Matching-Theorie also durch ein schlechtes Zusammenpassen von Arbeitnehmer und Arbeitgeber erklärt, das zur Lösung der vertraglichen Bindung führt. Arbeitsplatzmobilitäten werden demnach insbesondere bei kurzen Betriebszugehörigkeiten (beispielsweise innerhalb oder nach Ablauf der Probezeit) getätigt werden. Bei Personen mit verhältnismäßig langer Betriebszugehörigkeitsdauer geht die Matching-Theorie von einem guten Match aus, die Wahrscheinlichkeit, dass dieser Match von einem der Akteure aufgelöst wird, verringert sich, innerbetriebliche Aufstiege werden die Folge sein.[33]

3.2 Voraussetzungen, Prognosen und „blinde Flecken" der Theorieansätze

Die hier vorgestellten Theorien (Humankapitaltheorie, Segmentationstheorie, Shirking-Ansätze, Suchansätze und Job-Matching-Ansätze) basieren letztlich auf dem neoklassischen Modell. Die neoklassische Theorie geht von der Rationalität der Wirtschaftssubjekte und in ihren Grundmodellen zusätzlich von homogenen Gütern, vollständiger Information, vollständiger Transparenz, vollständigen Verträgen, dem Fehlen von Transaktionskosten und einem Verhalten der Wirtschaftssubjekte als nutzenmaximierende rationale Akteure aus. Die referierten Theorien stellen Weiterentwicklungen der Annahmen dieses Modells dar (siehe Abraham/Hinz 2005: 23). Dies bezieht sich bei der Humankapitaltheorie beispielsweise auf die Annahmen der Homogenität und der beliebigen Teilbarkeit von Arbeit: Während im neoklassischen Grundmodell unterstellt wird, dass alle Arbeitnehmer bezüglich ihrer Fähigkeiten und der von ihnen geleisteten Arbeit gleich sind, geht die Humankapitaltheorie davon aus, dass Arbeitnehmer bezüglich ihres Wissens und ihrer Kenntnisse ungleich sind. Daher stellt sie die Akkumulation von unterschiedlichem Wissen und unterschiedlichen Fähigkeiten durch Humankapitalinvestitionen sowie das Bildungsverhalten in den Vordergrund. Die Segmentationstheorie wiederum betont die Unterschiedlichkeit und Segmentation des allgemeinen (externen) Arbeitsmarkts ebenso wie des Arbeitsmarkts innerhalb von Betrieben, so dass der Marktmechanismus nicht in allen Teilarbeitsmärkten gleichermaßen zum Tragen kommt. Daher wird neben dem Qualifikationsargument, wie es die Humankapitaltheorie vorbringt, dem internen Arbeitsmarkt und internen Mobilitätsketten eine besondere Rolle zugewiesen. Shirking-Ansätze stellen ins Zentrum die Unmöglichkeit, den Inhalt eines Tauschs von Arbeit gegen Entlohnung vollständig in einem Vertrag festzulegen und die Einhaltung dieses Vertrags zu überwachen. Daher werden unterschiedliche Entlohnungspraktiken von Unternehmen betrachtet, die eine Möglichkeit darstellen, die

33 Allerdings werden die Möglichkeiten von Entlassungen durch institutionelle Regelungen wie den Kündigungsschutz reduziert, so dass eine lange Betriebszugehörigkeit nicht allein durch einen ‚guten Match' erklärt werden kann.

Bindung von Arbeitnehmern an den Arbeitgeber zu stabilisieren und die Arbeitsleistung bei niedrigen Kontrollkosten zu sichern. Dadurch wird jedoch gleichzeitig der Annahme des neoklassischen Modells widersprochen, dass die Preise und Löhne völlig flexibel auf eine veränderte Arbeitsmarktlage reagieren. Die Suchtheorie schließlich reduziert Arbeitsverhältnisse nicht auf Tauschakte, in denen Güter ohne Transaktionskosten und simultan getauscht werden, wie es das neoklassische Modell tut, sondern führt Informations- und Transaktionskosten in das Modell ein.

Über den Zusammenhang von Betriebswechseln und den daraus resultierenden Lohnveränderungen treffen die jeweiligen Theorien Voraussagen in zwei verschiedenen Richtungen: Während die Humankapitaltheorie, der Shirking-Ansatz und die Segmentationstheorie bei Betriebswechseln Einkommensverluste prognostizieren, lassen Suchansätze Einkommensgewinne nach Betriebswechseln erwarten. Dies gilt auch für Job-Matching-Ansätze unter der Voraussetzung, dass Arbeitnehmer und Arbeitsstelle nach dem Wechsel besser zusammenpassen.

Der Suchansatz geht davon aus, dass bei regionalen Mobilitäten zusätzliche Mobilitätskosten anfallen und diese mit zunehmender Distanz steigen. Da Arbeitnehmer aus Sicht dieser theoretischen Ansätze als rational handelnde Nutzenmaximierer aufgefasst werden, müssen regionale Betriebswechsel Einkommenssteigerungen mindestens in einer Höhe versprechen, dass die Mobilitätskosten sich amortisieren. Daraus folgt, dass mit steigender Entfernung einer regionalen Mobilität auch Einkommensgewinne wahrscheinlicher werden und höher ausfallen. Häufige Betriebswechsel sprechen laut dem Shirking-Ansatz für eine geringe Produktivität bzw. Motivation des Arbeitnehmers, daher sollten mit zunehmender Häufigkeit von Mobilität Einkommensgewinne seltener zu erreichen sein und Verluste wahrscheinlicher werden.

3.2.1 „Blinde Flecken" – unterbeleuchtete Einflussfaktoren in den Theorien

Die verschiedenen Theorien gewichten Aspekte von Betriebsmobilität und -stabilität unterschiedlich und folgern entsprechend unterschiedliche Einkommenseffekte von Stabilität und Mobilität. Dadurch werden zugleich andere Aspekte des Verhältnisses von Stabilität und Mobilität für den Einkommensverlauf unterbelichtet. Im Folgenden werden Aspekte beleuchtet, die in den jeweiligen Theorien nicht oder kaum berücksichtigt werden. Die wichtigste Unterscheidung bezieht sich auf die Differenzen zwischen freiwilliger und unfreiwilliger Mobilität. Anschließend werden die Unterschiede entlang der klassischen sozioökonomischen Variablen Geschlecht, Bildung und Alter diskutiert. Auch der betriebliche Kontext, der institutionelle Rahmen sowie die allgemeine Konjunkturlage werden in den dargestellten Theorien nur bedingt angesprochen. Zudem sind der regionale Kontext und die regionale Beschäftigungs- und Arbeitsmarktsituation in ihrer Wirkung auf Mobilität und Stabilität sowie auf die individuellen Einkommenschancen zu bedenken. Auch wenn nicht alle diese Aspekte im Rahmen dieser Studie geprüft werden können, sollen die wichtigsten Zusammenhänge kurz diskutiert werden.

3.2.1.1 Freiwillige und unfreiwillige Mobilität

Relativ deutlich ist, dass Kündigungen durch den Arbeitnehmer und Entlassungen durch den Arbeitgeber eine unterschiedliche Wertigkeit für den Erwerbsverlauf eines Beschäftigten haben und im Sinne der Signaltheorie positive oder negative Signale für Arbeitgeber darstellen können, die sowohl bei der Entscheidung für oder gegen eine Einstellung von Bewerbern eine wichtige Rolle spielen als auch bei der Lohnfindung und der Eingruppierung von neuen Arbeitnehmern genutzt werden. Die Signaltheorie (Spence 1973) konzentriert sich auf das Problem der unvollständigen und asymmetrischen Information über die tatsächliche Produktivität eines (potenziellen) Arbeitnehmers bei der Einstellung und während der beruflichen Tätigkeit. D.h. bei der Einstellung und Eingruppierung von Arbeitnehmern greifen Arbeitgeber auf möglichst verlässliche Signale zurück, über die auf Produktivität und Leistungsbereitschaft von Arbeitnehmern geschlossen werden kann. Solche Signale können formale Bildungsabschlüsse, Arbeitszeugnisse, vorherige Einkommenshöhe und sozialer Status in Betrieben, aber auch frühere Betriebswechsel (regional und innerregional), die Anzahl der Betriebswechsel im Erwerbsverlauf, Art und Dauer von Erwerbsunterbrechungen sowie Arbeitslosigkeit und Arbeitslosigkeitsdauer sein.

Dabei ist die Bedeutung von Betriebswechseln und/oder regionalen Mobilitäten, vorheriger Betriebszugehörigkeitsdauer und Arbeitslosigkeit als Signal im Erwerbsverlauf nicht eindeutig. Der Wechsel von Betrieben kann für vielfältige Berufserfahrungen und hohe Flexibilität des Bewerbers sprechen. Mertens und Haas (2000) bezeichnen zudem speziell regionale Mobilität als positives Signal: „Regional mobility in a curriculum vitae signals to the employer flexibility, the ability to adapt a greater willingness to work and is therefore highly estimated by employers. In certain industries, repeated regional moves are the precondition for advancement and rises in income“ (Mertens/Haas 2000: 6). Gleichzeitig können Betriebswechsel jedoch die Erwerbs- und Einkommenschancen auch schwächen: Häufige Betriebswechsel im Erwerbsverlauf können als Signal für Unstetigkeit, mangelnde Arbeitsleistung, Motivation und Qualifikation des Beschäftigten ausgelegt werden und es kann vermutet werden, dass dies Arbeitgeber veranlasst haben könnte, sich von dem Mitarbeiter zu trennen, eine Kündigung auszusprechen oder einen Vertrag nicht zu verlängern. So interpretiert, können sie ein Signal für eine geringe Produktivität des Bewerbers sein und sowohl seine Einstellungs- als auch seine Einkommenschancen in anderen Betrieben verschlechtern.

Insbesondere *Erwerbsunterbrechungen*, die sich aus Mutterschaft und Erziehungsurlaub, Arbeitslosigkeit, Krankheit oder sonstigen Gründen ergeben können, werden nachhaltig negative Effekte auf den Erwerbsverlauf sowie die Einkommensperspektiven zugeschrieben. Eine Unterbrechung der Humankapitalbildung sowie unter Umständen eine Entwertung von Humanvermögen kann die Folge sein, ein verringertes Humankapital könnte sich in Lohnverringerungen bei Wiedereinstiegen in die Erwerbstätigkeit bzw. geringeren Einkommenszuwächsen im Erwerbsverlauf niederschlagen (Beblo/Wolf 2002: 83). Das Veralten von Wissen und Qualifikationen wird häufig durch technischen Fortschritt und Innovationen am Arbeitsplatz begründet, Beschäftigten mit längeren Erwerbsunterbrechungen wird der Umgang mit neuen Geräten und Technologien weniger zugetraut. Besonders eine Unterbrechung von Erwerbstätigkeit durch Arbeitslosigkeit wirkt sich negativ auf den Erwerbsverlauf aus, da Arbeitslosigkeitserfahrungen dem Arbeitgeber eine geringere Arbeitsproduktivität signalisieren (Inkmann et al. 1998: 217f). Speziell bei längerer Arbeitslosigkeit kann von einem negativen Signal ausgegangen werden und potenzielle Arbeitgeber können Sortierprozesse vermuten: „Diese können unterstellen, dass eine Person, die bereits längere Zeit arbeitslos ist, sich entweder gar nicht ernsthaft um eine Arbeit bemüht oder dass sie bereits von andern Arbeitgebern geprüft *(gescreent)* und für ungeeignet befunden wurde" (Ludwig-Mayerhofer 2005: 211). Das erhöht die Wahrscheinlichkeit einer Arbeitskräfteallokation auf einem geringeren Lohnniveau (Windzio 2001: 165), da Berufserfahrung in der Arbeitslosigkeit nicht erworben werden konnte, Humankapital in der Arbeitslosigkeit entwertet wird und die Verhandlungsposition von Arbeitslosen im Vergleich zu Nicht-Arbeitslosen bei Gehaltseinstufungen schwächer ist (Ludwig-Mayerhofer 2005). Die Signalwirkung von Mobilität wird demnach weniger von der (regionalen oder innerregionalen) Mobilitätshäufigkeit und -richtung, sondern eher von der Art des Betriebswechsels sowie den unter Umständen damit verbundenen Erwerbsunterbrechungen, ihrer Dauer und Begründung bestimmt sein.

Die Unterscheidung zwischen freiwilligen Betriebswechseln (ohne Erwerbsunterbrechung), unfreiwilligen Betriebswechseln (verbunden mit Arbeitslosigkeitsphase) und Betriebswechseln aus Nichterwerbstätigkeit heraus ist für die Wirkung von Mobilität auf den Erwerbs- und Einkommensverlauf essenziell. Durch diese Unterscheidung werden auch die gegensätzlichen Prognosen für Einflüsse von Mobilität auf den Einkommensverlauf in den verschiedenen Theorien erklärbar: Während die eine Gruppe von Theorien (Suchtheorie, Job-Matching-Ansatz) freiwillige Betriebswechsel und Kündigungen von Arbeitnehmern fokussiert, rücken die Humankapitaltheorie, Segmentationsansätze und der Shirking-Ansatz Entlassungen und demnach erzwungene Mobilität ins Blickfeld. „Der Lohn nimmt hinsichtlich der Kausalität des Prozesses entgegengesetzte Stellungen ein: einmal ist er der Grund für den Wechsel, dann wieder seine Folge" (Blien/Rudolph 1989: 556).

Im Sinne der Suchtheorie werden Betriebswechsel dann vorgenommen, wenn sich damit eine Verbesserung der Arbeits- und Einkommenssituation erzielen lässt. Für regionale Betriebswechsel kann dieser Theorie zufolge entsprechend angenommen werden, dass nur dann eine regionale Mobilität erfolgt, wenn eine neue Stelle die Amortisierung mindestens der Such- und Mobilitätskosten ermöglicht. Folglich würden Suchtheoretiker für direkte und freiwillige Betriebswechsel immer Einkommensgewinne prognostizieren. Aber auch Arbeitslosigkeit kann unter Umständen nach der Suchtheorie zu Einkommensgewinnen führen, da die Arbeitslosigkeitsphase im Sinne von Suchkosten interpretiert werden kann: In Arbeitslosigkeitsphasen ist eine Informations- und Stellensuche deutlich besser zu organisieren, da arbeitslosen Personen mehr Zeit zur Verfügung steht als beschäftigten Personen (Sesselmeier/Blauermel 1998: 81). Eine längere Suchzeit, die durch eine längere Arbeitslosigkeit ermöglicht wird, könnte folglich in ein stabileres Beschäftigungsverhältnis münden und Einkommenszuwächse im Vergleich zu betriebsstabilen Personen wahrscheinlicher machen.

Für *freiwillige* Betriebswechsel bzw. Betriebswechsel ohne Erwerbsunterbrechungen können Einkommensgewinne erwartet werden. Im Sinne der Suchtheorie wird ein bestehendes Beschäftigungsverhältnis nur dann für eine andere Stelle aufgegeben, wenn sich dieses auch finanziell lohnen wird. Da mit einer regionalen Mobilität die Such- und Mobilitätskosten steigen, wird speziell für den regionalen Betriebswechsel ein hoher positiver Einkommenseffekt prognostiziert. Auch der Humankapitaltheorie zufolge kann auf positive Einkommenseffekte durch direkte und freiwillige Betriebswechsel geschlossen werden, unter der Annahme, dass betriebsspezifisches Kapital auch in anderen Betrieben genutzt werden kann und gerade qualifizierte Beschäftigte von anderen Unternehmen abgeworben werden. Auch können Beschäftigte mit langen und qualifizierten Berufserfahrungen aus verschiedenen Betrieben bei der Einstellung bevorzugt werden, da ihnen Flexibilität, Anpassungsfähigkeit und hohe Motivation unterstellt werden.

Negative Folgen von *unfreiwilligen* Betriebswechseln prognostizieren die Shirking-Ansätze, die Humankapitaltheorie und die Segmentationsansätze; sie würden einen Betriebswechsel, der mit einer Erwerbsunterbrechung und insbesondere mit Arbeitslosigkeit einhergeht, als Entlassung des Beschäftigten interpretieren. Diese Entlassung lässt, folgt man dem Shirking-Ansatz, eine geringere Produktivität des Beschäftigten und ein leistungszurückhaltendes Verhalten vermuten, was sich wiederum als Signal bei der Stellensuche und Lohnfindung negativ auswirkt. Aus der Humankapitaltheorie lässt sich ableiten, dass Beschäftigte mit niedrigerem Humanvermögen eher entlassen werden, da die Leistungsträger an das Unternehmen gebunden werden sollen. Auch im Rahmen der Job-Matching-Theorie spricht eine Entlassung für eine niedrige Produktivität des Beschäftigten und einen Mismatch von Beschäftigtem und betrieblichen Anforderungen.

Direkte und freiwillige Betriebswechsel sollten demnach häufiger zu Einkommensgewinnen führen, während Entlassungen und unfreiwillige Betriebswechsel häufig mit Einkommensverlusten verbunden sein werden.

3.2.1.2 Gender – Haushaltszusammenhang und Familie

Der familiäre Rahmen ist insbesondere für die Erklärung von weiblichen Erwerbs- und Einkommensverläufen wichtig. Durch die stärkere Zuständigkeit für Kindererziehung, Hausarbeit und Pflege wird die weibliche Erwerbstätigkeit in höherem Maße vom Familienkontext, von dem Vorhandensein, der Anzahl und dem Alter der Kinder bestimmt und Frauen werden stärker vor die Vereinbarkeitsproblematik von Familie und Beruf gestellt. Der Familien- und Haushaltskontext ist nicht von der Genderperspektive zu trennen und zur Erklärung unterschiedlicher Erwerbsverläufe, Mobilitätsraten und Einkommensverläufe von Frauen wesentlich.

Gendereffekte zeigen sich in niedrigeren weiblichen Erwerbsquoten sowie der höheren Bedeutung von Teilzeit- und geringfügiger Beschäftigung. Der weibliche Verdienst nimmt häufiger den Stellenwert von familiärem Zuverdienst ein, während die Haupternährerrolle immer noch gewöhnlich von Männern übernommen wird. Auch Erwerbspausen, die durch Familiengründung und Mutterschaft erklärbar sind, prägen weibliche Erwerbsverläufe stärker als die der Männer. Daher werden Aus- und Wiedereinstiege aus und in Beschäftigung, Betriebswechsel sowie Arbeitszeitwechsel (zwischen Teil- und Vollzeitbeschäftigung) bei Frauen häufiger anzutreffen sein und diese diskontinuierlicheren Erwerbsverläufe von Frauen werden stärker durch den Haushaltskontext mitbestimmt sein als bei Männern. Zudem gelingt es Frauen insbesondere nach langen Erwerbspausen nicht immer, in ihren alten Beruf zurückzukehren, so dass sie auch berufliche Wechsel (und häufiger auch Abstiege) zugunsten eines Wiedereinstiegs in Beschäftigung hinnehmen müssen (Holst/Schupp 2004). Das heißt, familiäre Bindungen können insbesondere für Frauen destabilisierend auf den Erwerbsverlauf wirken. Stabilisierend hingegen wirken familiäre Bindungen auf die Ortsbindung. So beeinflussen Hauseigentum (Oswald 1999), Betreuungsmöglichkeiten für Kinder, Pflege von Angehörigen und Familie sowie die Eingebundenheit in soziale Netzwerke Familien stärker und können wirksame regionale Mobilitätsbarrieren darstellen, während Singles ortsunabhängiger sind und häufiger mit einem Betriebswechsel auch die Region und den Wohnort wechseln. Entgegengesetzt argumentieren allerdings Deding und Filges (2003): Sie konnten am Beispiel Dänemarks zeigen, dass für regionale Mobilität familienbedingte Gründe das Hauptmotiv sind. Insbesondere die Familiengründung und die Familienauflösung, wie beispielsweise Scheidungen, führen zu Ortswechseln.

Auch auf den Zusammenhang von Betriebsmobilität und Einkommen nehmen familiäre Bindungen (geschlechtsspezifischen) Einfluss. Wie oben dargestellt, basieren nutzentheoretische Ansätze zur Erklärung von Mobilitätsentscheidungen auf der Überlegung, dass Wohnortwechsel und Umzüge vor allem dann erfolgen, wenn sich eine Verbesserung des Einkommens erzielen lässt. Meist werden hierbei nur Individuen betrachtet, die das Ziel haben, ihr individuelles Einkommen zu maximieren. In der Realität sind Personen jedoch in vielen Fällen in einen Familien- und Haushaltskontext eingebunden, so dass individuelle Entscheidungen immer auch im Rahmen mehrerer Familienmitglieder abgestimmt werden (müssen). Bei Doppelverdienerpaaren ist der Bezugspunkt bei einer Mobilitätsentscheidung nicht das individuelle, sondern das familiäre Einkommen – wenn man die Annahme der monetären Nutzenmaximierung auf Haushalte übertragen möchte, werden Familien dann mobil, wenn die Summe der Migrationsgewinne aller Familienmitglieder die Summe der Verluste aller Familienmitglieder überwiegt (Mincer 1978). So kann es für einen Haushalt sehr wohl rational sein, einen Einkommensverlust eines Partners bei einer regionalen Mobilität in Kauf zu nehmen, wenn der Einkommensgewinn des anderen Partners den Verlust übertrifft.

Es lässt sich prognostizieren, dass der Erwerbsverlauf von Frauen insgesamt diskontinuierlicher und durch häufigere Arbeitsplatzwechsel und Erwerbsunterbrechungen geprägt ist, als dies bei Männern der Fall ist. Weibliche Einkommensverläufe sollten daher ebenfalls diskontinuierlicher sein. Die Betriebswechsel und Erwerbsunterbrechungen haben jedoch einen anderen Stellenwert, insbesondere wenn sie durch familiäre Gründe (wie Familiengründung, Geburt von Kindern, Beendigung von Mutterschutz- und Erziehungszeiten) motiviert sind. Deshalb sollten vor allem Einkommensverluste, die durch lange Erwerbsunterbrechungen oder Arbeitszeitverringerungen zur Anpassung an familiäre Verpflichtungen erklärbar sind, bei Frauen häufiger vorkommen als bei Männern.

3.2.1.3 Bildung

Der Einfluss der Bildung und der Qualifikation auf den Erwerbsverlauf ist in zahlreichen Studien belegt. Personen, die höheren Bildungsschichten angehören, weisen stabilere Erwerbsverläufe auf, sind seltener und kürzer arbeitslos gemeldet (vgl. u.a. Rhein et al. 2005) und auch das Lohnniveau steigt mit der Bildung. Die besseren Arbeitsmarktchancen von höher qualifizierten Beschäftigten werden häufig im Zusammenhang einer sich entwickelnden Wissensgesellschaft diskutiert, in der die Nachfrage nach qualifizierten Beschäftigten steigt, während standardisierte Arbeitsplätze innerhalb der Industrie zunehmend wegfallen und niedrigqualifizierte und unqualifizierte Beschäftigte daher auf ein geringeres Arbeitsplatzangebot treffen. Die wachsende Bedeutung von explizitem und implizitem Wissen führt zu einer Polarisierung von Beschäftigungschancen und -risiken. Die Beschäftigungschancen für Personen, die weder über formale noch über ausreichende ‚weiche' Qualifikationen verfügen, verschlechtern sich daher deutlich. Dies führt zum Teil zu einer dauerhaften Ausgrenzung aus dem Arbeitsmarkt (Erlinghagen 2006).

Das heißt, positive und negative Effekte von Bildung und Ausbildung stehen in engem Zusammenhang mit der ‚Marktposition' der Beschäftigten und der Arbeitsangebot-Nachfrage-Konstellation für verschiedene Berufs- und Qualifikationsgruppen. Ein hohes Qualifikationsniveau bietet nicht automatisch gute Arbeitsmarktchancen, wenn in dem jeweiligen Berufsbereich ein Angebotsüberhang vorhanden ist, und Beschäftigte mit geringen formalen Qualifikationen können gute Arbeitsmarktchancen haben, wenn ein Unterangebot an Arbeitskräften vorliegt (Diebler 2004). Auch wenn sich zum Teil sehr große Unterschiede innerhalb von Bildungsgruppen ergeben, ist der Einfluss von Bildung auf Mobilität, Beschäftigungsstabilität sowie Einkommenshöhe unbestritten.

Die Bedeutung von Qualifikation und Bildung für die Beschäftigungsstabilität wird explizit in der Humankapitaltheorie thematisiert. Die Humankapitaltheorie geht davon aus, dass mit steigenden Eingangsqualifikationen der Beschäftigten (schulische und berufliche Bildung) auch weitere Investitionen in betriebsspezifisches Humanvermögen lohnender sind. Da Investitionen in betriebsspezifisches Kapital, beispielsweise in Form von Weiterbildungen, stabilisierend auf das Beschäftigungsverhältnis wirken und die Betriebsbindung von hochqualifizierten Beschäftigten mit innerbetrieblichen Lohnanreizen gefördert wird, kann gefolgert werden, dass qualifizierte und hochqualifizierte Beschäftigte geringere Mobilitätsraten aufweisen und stärker von innerbetrieblichen Lohnsteigerungen profitieren als unqualifizierte Beschäftigte. Auch aus der Segmentationstheorie lässt sich dieser Bildungseffekt ableiten: Un- und niedrigqualifizierte Beschäftigte sind vor allem in Randsegmenten des Arbeitsmarktes beschäftigt, die mit niedriger Beschäftigungsstabilität und geringeren Einkommenschancen einhergehen.

Allerdings lassen sich aus der Humankapitaltheorie auch positive Effekte von Betriebsmobilität ableiten. Wenn man davon ausgeht, dass betriebsspezifisches Wissen übertragbare Anteile besitzt, werden nicht nur die innerbetrieblichen, sondern auch die externen Arbeitsmarktchancen von hochqualifizierten Beschäftigten verbessert. Leistungsträger und Mitarbeiter mit hochspezialisierten Kenntnissen werden dann durch Lohnanreize von anderen Unternehmen abgeworben, Betriebswechsel können für Beschäftigte mit den entsprechenden Kenntnissen eine Möglichkeit darstellen, berufliche und finanzielle Aufstiege zu erreichen.

Standardisierte Arbeitsplätze und Tätigkeiten mit geringer Einarbeitungszeit, wie sie häufig von Beschäftigten mit niedriger Bildung ausgeübt werden, erfordern geringere Investitionen des Arbeitgebers in betriebsspezifisches Wissen, und auch die Kosten für Personalfluktuation sind niedriger. Das heißt, es ergeben sich aus Arbeitgebersicht weniger Anreize, diese Beschäftigungsverhältnisse stabil zu gestalten und die Stabilität zusätzlich mit Lohnanreizen zu sichern. Für Beschäftigte, die sich eher der Randbelegschaft zurechnen lassen, resultiert daraus eine niedrigere Beschäftigungsstabilität und somit eine höhere Notwendigkeit zu Betriebswechseln. Es ergeben sich auch schlechtere Chancen für innerbetriebliche Einkommenssteigerungen, da diese Personen weniger Möglichkeiten haben, durch innerbetriebliche Förderungen und Weiterbildungsmaßnahmen zu innerbetrieblichen Aufstiegen zu kommen.

Hochqualifizierte Beschäftigtengruppen sind bei einem Betriebswechsel häufiger auch regional mobil und verlegen mit dem Betrieb auch häufiger ihren Wohnort. Auswertungen der deutschen Lebensverlaufsstudie (Brückner/Mayer 1998) für westdeutsche Personen zeigen, dass Beschäftigte mit Hochschulausbildung die regional mobilste Gruppe sind. Dieser Zusammenhang von regionaler Mobilität und Qualifikation wird im Rahmen der Suchtheorie erklärt: Bei hoher Spezialisierung in einem beruflichen Feld ist es zum Erhalt der eigenen Qualifikation notwendiger, den Radius der Jobsuche auszuweiten, da sich innerhalb einer Region wahrscheinlich nur wenige angemessene Angebote finden lassen (Mortensen 1986; Mertens/ Haas 2000). Es wird auch argumentiert, dass mit einer höheren Bildung die Fähigkeit steigt, sich in anderen Umgebungen und regionalen Kontexten zurechtzufinden, so dass Hochqualifizierte sich einen regionalen Wechsel eher zutrauen. Chiswick (2000) und Hunt (2000) bringen vor, dass die Mobilitätskosten für Hochqualifizierte relativ niedriger seien, da sie einen geringeren Anteil des Einkommens umfassen als bei Personen mit niedrigen Einkommen. Das heißt umgekehrt, dass für Beschäftigte mit relativ niedrigem Einkommen Mobilitätskosten, die durch Pendeln oder durch einen Umzug verursacht werden, einen größeren Anteil des verfügbaren Einkommens ausmachen und dass sie sich regionale Mobilität daher schlechter leisten können.[34]

3.2.1.4 Alter

Das Alter ist einer der wichtigsten Einflussfaktoren auf die (regionale und innerregionale) Mobilitätsbereitschaft und -häufigkeit. Studien zeigen, dass die ersten Berufsjahre von häufigen Betriebswechseln geprägt sind, wie es auch die Job-Matching-Ansätze nahe legen. Jüngere Beschäftigte suchen oft noch ihren Platz im Erwerbsleben, so dass ihre regionale und berufliche Mobilität hoch ist (Kempe 1999: 20). Ältere Beschäftigte weisen die geringsten Mobilitätsraten auf, insbesondere die regionale Mobilitätsrate geht mit steigendem Alter zurück. Ein mit dem Alter zusammenhängender Grund für niedrige regionale Mobilität wird in Grund-, Haus- und Wohnungsbesitz gesehen. Zahlreiche Studien haben gezeigt, dass Beschäftigte,

34 Dieser Zusammenhang von Mobilitätskosten und Einkommensniveau wird auch in der Förderung von Umzugskosten usw. bei arbeitslosen Personen reflektiert. Dies basiert auf der Annahme, dass mit der finanziellen Unterstützung von Mobilität die regionale Mobilitätsrate von Niedrigqualifizierten und Arbeitslosen sowie Niedrigeinkommensbeziehern erhöht werden könnte.

die ein eigenes Haus oder eine Wohnung besitzen, weniger bereit sind, für eine neue Arbeitsstelle ihre Region und damit ihre Wohnung aufzugeben (siehe Owen/Green 1997).

Mit zunehmendem Alter steigt nicht nur die Berufserfahrung, auch die Betriebszugehörigkeitsdauer nimmt zu und Erwerbsverläufe werden kontinuierlicher. Im Sinne der Job-Matching-Theorie kann dies als Zeichen für einen guten Match zwischen Arbeitnehmer und Arbeitgeber interpretiert werden, der von beiden Seiten nicht aufgekündigt wird. Zudem wächst mit zunehmender Betriebszugehörigkeitsdauer die Beschäftigungssicherheit innerhalb eines Betriebes, da Kündigungsschutzregelungen besonders langjährige Beschäftigte schützen und die Entlassungskosten für Unternehmen bei Beschäftigten mit langen Zugehörigkeitsdauern hoch sind. Die Annahme liegt nahe, dass auch die sozialen Beziehungen zu Kollegen und Vorgesetzten bei langer Zusammenarbeit besser und vertrauensvoller sind, so dass die sozialen Netzwerke am Arbeitsplatz ebenfalls als Mobilitätsbarriere wirken können.

Im Sinne der Suchtheorie sowie der Humankapitaltheorie werden die Alters- und Berufserfahrungseffekte auf die Betriebswechselrate sowie die regionale Mobilitätsrate dadurch erklärt, dass mit zunehmendem Alter kürzere Erwerbszeiten in einem neuen Betrieb zu erwarten sind. Mobilitätskosten, wie sie beispielsweise bei einer regionalen Mobilität vorkommen, lassen sich nur noch schwer amortisieren. Umgekehrt bedeutet dies, dass die längeren potenziellen Erwerbszeiten von jüngeren Beschäftigten eine längere Amortisierungszeit von Mobilitätskosten ermöglichen und sich daher Entscheidungen für Betriebswechsel und regionale Wechsel eher innerhalb des Erwerbsverlaufs lohnen können.

Das Alter wirkt zudem auf die Einkommensverläufe von Beschäftigten. Insbesondere der Beginn der Berufskarriere ist durch schnelle und zum Teil hohe Einkommenszuwächse gekennzeichnet. Nach einer Etablierung im Beruf und der Realisierung beruflicher Aufstiege werden sowohl der Erwerbsverlauf als auch der Einkommensverlauf kontinuierlicher, und es ergeben sich nur noch moderate Einkommensgewinne. Gleichzeitig liegt die Annahme nahe, dass Betriebswechsel mit zunehmendem Alter und wachsender Berufserfahrung negativere Wirkungen auf den Einkommensverlauf hat.

Da in dieser Studie Berufsanfänger, maximal die ersten elf Jahre des Erwerbsverlaufs betrachtet werden, sollten sowohl Betriebswechsel als auch regionale Mobilitäten bei einem Großteil der Beschäftigten vorkommen und mehrere Mobilitäten innerhalb des Erwerbsverlaufs durchaus zur Normalität gehören. Auch kann für Berufsanfänger angenommen werden, dass durch Betriebswechsel oft Einkommensgewinne erzielt werden können, denn Betriebswechsel sind am Beginn des Erwerbsverlaufs weniger Ausdruck gefährdeter und prekärer Beschäftigung als vielmehr ein Mittel, Erfahrungen im Beruf zu sammeln und darüber auch Aufstiege zu realisieren, wie es die Job-Matching-Theorie annimmt. Aber auch Berufsanfänger wechseln die Arbeitsstellen nicht immer freiwillig, sondern beispielsweise auch, wenn befristete Verträge nicht verlängert werden oder Personalabbau gerade die Beschäftigten mit kurzer Betriebszugehörigkeiten trifft, so dass negative Folgen von Mobilität in Form von Einkommensverlusten durchaus ebenfalls erwartet werden können. Die höhere Befristungsrate von Berufsanfängern wirkt sich nicht nur in einer verstärkten Notwendigkeit von Jobwechseln aus, sondern betrifft auch die innerbetrieblichen Einkommensverläufe. Überträgt man die Annahmen der Humankapitaltheorie auf Beschäftigungsverhältnisse mit kurz- und mittelfristigen Beschäftigungsperspektiven innerhalb eines Betriebs, so werden befristet Beschäftigte weniger von Investitionen in betriebsspezifisches Humankapital und damit auch weniger von innerbetrieblichen Einkommensgewinnen profitieren können (Groß 1999).

3.2.1.5 Betrieblicher Kontext

Berufliche Karriereverläufe hängen nicht nur von individuellen Merkmalen wie der individuellen Leistungsbereitschaft, der Humankapitalausstattung usw. ab, sondern werden auch durch strukturelle Faktoren bestimmt. Ein solcher struktureller Faktor ist die Einbettung von Beschäftigten in einen betrieblichen Kontext: „Organisationen und Betriebe geben in der Regel den unmittelbaren Kontext ab, in dem sich berufliche Biographien vollziehen" (Brüderl et al. 1991: 369; Baron/Bielby 1980).

Der betriebliche Kontext wirkt sowohl auf die Beschäftigungsstabilität als auch auf den Einkommensverlauf von Beschäftigten. Ein wichtiger Einflussfaktor ist die Betriebsgröße, die sich bereits im durchschnittlichen Lohnniveau darstellt. Größere Unternehmen zahlen ihren Beschäftigten meist durchschnittlich höhere Löhne (Beblo/Wolf 2002), so dass es weniger Anreize für Beschäftigte aus diesen Unternehmen gibt, den Betrieb zu verlassen (Gerlach/Hübler 1995), als für Beschäftigte aus kleinen und mittelständischen Unternehmen.

Aber auch interne Arbeitsmärkte sind vor allem in Großbetrieben und -unternehmen ausgeprägt, so dass Aufstiege und Karriereleitern im Sinne von Vakanzketten betriebsintern organisiert werden können. Die Voraussetzung für innerbetriebliche Aufstiege und Beförderungen ist, dass überhaupt Positionen auf den höheren Ebenen der Hierarchie frei sind. Erst dann kann eine innerbetriebliche Entscheidung getroffen werden, welchem Beschäftigten dieser Aufstieg ermöglicht wird (Brüderl et al. 1991: 370). Betrachtet man Aufstiegsprozesse innerhalb eines Betriebs, so zeigt sich, dass insbesondere das Zusammenspiel von betrieblichem Kontext und individuellen Merkmalen für das Verständnis von Erwerbsverläufen wichtig ist. Beispielsweise zeigt die Studie von Brüderl et al. (1991), dass die Aufstiegschancen von Frauen und Ausländern im Aggregat geringer als bei Männern und deutschen Beschäftigten ausfielen, dieser Effekt jedoch mit der Beschäftigung auf verschiedenen Hierarchiestufen zusammenhängt: Während die Benachteiligung der Ausländer mit höheren Hierarchiestufen zunahm, nahm sie bei Frauen mit steigender Hierarchiestufe ab. D. h. der Einfluss von betrieblichen Kontexten auf Erwerbs- und Karriereverläufe von Beschäftigten gestaltet sich nicht für alle Beschäftigtengruppen in gleicher Weise. „Organisations- bzw. betriebsstrukturelle Kontextfaktoren beeinflussen die Karrieredynamik der Beschäftigten zum einen unabhängig von und zusätzlich zu individuellen Merkmalen und zum anderen durch spezifische Formen des Zusammenwirkens und der Interaktion mit individuellen Merkmalen" (Brüderl et al. 1991: 382).

In kleinen und mittleren Unternehmen werden seltener Stellen zu besetzen sein, so dass ein betriebsinternes Hochrücken auf der Karriereleiter nicht immer für alle Beschäftigten gesichert ist. Wenn innerhalb von Betrieben jedoch nur wenige oder keine beruflichen Aufstiegsmöglichkeiten – insbesondere keine mit finanziellen Anreizen unterlegte formalisierte Karriereleiter – zur Verfügung stehen (Diebler 2004: 82), so steigt die Wahrscheinlichkeit, dass karriereorientierte Beschäftigte Aufstiege durch Betriebswechsel anstreben.

In diesem Zusammenhang sind auch innerbetriebliche Reorganisationen und Restrukturierungen von Bedeutung. Das Abflachen von Hierarchien wirkt sich beispielsweise direkt auf die potenziellen innerbetrieblichen Aufstiegsmöglichkeiten aus (Hirsch-Kreinsen 1996: 209), in dem Sinn, dass innerbetriebliche Lohnerhöhungen seltener erreicht werden können und Betriebswechsel attraktiver werden. Es deutet sich an, dass die Möglichkeiten innerbetrieblicher Mobilität im Zeichen „flacher Hierarchien" und veränderter Arbeitsorganisation erodieren (Diebler 2004: 82).

Betriebe können unterschiedliche Mittel einsetzen, um auf konjunkturelle Schwankungen sowie strukturelle Krisen zu reagieren: interne Flexibilisierungsmaßnahmen (Kurzarbeit, Lohnkürzungen etc.), innerbetriebliche Reorganisation von Produktion und Arbeit, Veränderungen der Personalpolitik (Personalrekrutierung, Einstellung und Entlassung von Beschäftigten), Verlagerung der Produktion ins Ausland, Betriebsschließungen. Diese betrieblichen Reaktionen wirken direkt und indirekt auf die Beschäftigungsstabilität und die innerbetrieblichen Einkommensperspektiven.

In einer qualitativen Untersuchung wurden die unterschiedlichen Ursachen für Beschäftigungsstabilität und Betriebszugehörigkeitsdauer sowohl auf der betrieblichen Ebene als auch auf der Beschäftigtenebene behandelt (Diebler 2004). Bei konjunkturellen Schwankungen – so ein Ergebnis – gingen Personalverantwortliche zunächst von einer vorübergehenden Flaute aus, der man mit internen zeitlichen Flexibilisierungsstrategien wie Überstundenabbau, flexiblen Arbeitszeitkonten und Kurzarbeit begegnete (ebd.: 77). Auch wenn innerbetriebliche Flexibilisierungsmaßnahmen sich nicht direkt auf die Beschäftigungsstabilität der Belegschaft auswirken, können sie Einfluss auf den innerbetrieblichen Einkommensverlauf nehmen, wie es beispielsweise bei Kurzarbeit offensichtlich wird. Erst wenn diese kompensatorischen Strategien der Betriebe erschöpft sind, wird auf die extern-numerische Anpassung des Arbeitsvolumens an Auftragsschwankungen über Entlassungen zurückgegriffen. Handelt es sich jedoch um strukturelle und existenzbedrohende Krisen, wo die „Ursache einer grundlegenden, auf absehbare Zeit nicht reversiblen Veränderung in der ‚Umwelt' des Betriebes verortet wurde, abzulesen etwa an einem einschneidenden Rückgang der Nachfrage oder einem Preisverfall als Folge eines härteren Wettbewerbes" (ebd.: 77), so mündete dies über den Beschäftigungsabbau hinaus in neue Strategien, um neue betriebliche Risiken zu minimieren (u.a. Vergabe von Unteraufträgen an externe Unternehmen, Rationalisierung interner Arbeitsabläufe mit Hilfe organisatorischer und technologischer Innovationen sowie Nutzung flexibler Beschäftigungsformen, etwa freier Mitarbeit oder der Befristung von Arbeitsverträgen). Auch wenn sich nicht alle Reorganisationsmaßnahmen und Veränderungen der Arbeitsorganisation direkt auf die Beschäftigungsstabilität und das Lohnniveau auswirken, können negativ bewertete Umstrukturierungsmaßnahmen doch den Wunsch nach einer alternativen Arbeitsstelle verstärken. Beispielsweise kann eine zunehmende Standardisierung von Arbeit den Arbeitsinhalt so weit verändern, dass Beschäftigte den Wunsch entwickeln, in anderen Betrieben nach Alternativen zu suchen.

Auch die subjektive Bewertung von Beschäftigungssicherheit und -perspektiven durch Beschäftigte, beispielsweise bei drohendem Arbeitsplatzabbau, kann eine Suche nach alternativen Beschäftigungsmöglichkeiten motivieren. Alternative Beschäftigungsmöglichkeiten bieten sich jedoch besonders Beschäftigten mit hohem „Marktwert", so dass sich gerade für schrumpfende Betriebe nicht-intendierte Effekte ergeben können: Vorrangig Beschäftigte mit stark nachgefragten Qualifikationen verlassen das Unternehmen (Diebler 2004: 80). Unterschiedliche Entlohnungsmodelle, die Betriebe zur Sicherung der Arbeitsleistung der Beschäftigten nutzen, wirken ebenfalls auf die innerbetrieblichen Einkommenschancen. Leistungsgerechte Bezahlungen, Prämienmodelle und Entlohnung mit variablen Anteilen sowie Vergütung von Mehrarbeit durch finanzielle Abgeltung von Überstunden oder durch Freizeitausgleich berühren direkt die Einkommensperspektiven der Beschäftigten.

3.2.1.6 Institutioneller Kontext – Tarifbindung, industrielle Beziehungen, kulturelle und institutionelle Regulierungen

Der institutionelle Kontext, staatliche Arbeitsmarkt- und Lohnfindungsregulierungen, industrielle Beziehungen, Tarifverträge und gesetzliche Rahmenbedingungen werden in den verschiedenen Arbeitsmarkttheorien kaum beachtet, obwohl sie einen offensichtlichen Einfluss auf das Arbeitsmarktgeschehen ausüben. Institutionelle Rahmenbedingungen wirken sowohl auf die Arbeitsplatzmobilität als auch auf Einkommensdynamiken in unterschiedlicher Art (Davia 2005: 4). Beispielsweise spielen die Kündigungsschutzregelungen eine wesentliche Rolle für die Entlassungsmöglichkeiten und Entlassungskosten wie Abfindungszahlungen sowie für die Einstellungspraktiken von Unternehmen. Neben den Bestimmungen zur Absicherung von Beschäftigungsverhältnissen sind auch gesetzliche Rahmenbedingungen zur Schaffung von flexibilisierten und atypischen Beschäftigungsverhältnissen wie Befristungen, Leih- und Zeitarbeit zu nennen.

> „The more flexible labour markets are, the higher the turnover rates are expected to be, and this may diminish both the expected gain from voluntary loss due to job losses and the wage growth as a result of voluntary movements, given that cumulative mobility has erosive effects on wages. In countries with higher employment protection voluntary movements should be more profitable, being only decided when the new wage implies a higher wage growth than expected in the current position in the labour market." (Davia 2005: 4f)

Weitere Einflussfaktoren sind die soziale Absicherung von Arbeitslosigkeit, die Großzügigkeit von Lohnersatzleistungen und die Dauer, in der eine Arbeitslosigkeitsabsicherung gewährt wird. So wird häufig argumentiert, dass Deutschland durch relativ hohe Standards der Absicherung von Arbeitslosigkeit die Arbeitslosigkeitsdauer verlängert und sich dadurch negativere Einkommensprognosen für Langzeitarbeitslose ergeben könnten (Davia 2005). Diese Standards werden durch die jüngste Arbeitsmarktpolitik jedoch zur Disposition gestellt und im Zuge der Arbeitsmarktreform verändert. Dies betrifft beispielsweise die Begrenzung des Arbeitslosengelds auf maximal ein Jahr. Zusätzlich werden höhere Anforderungen an die aktive Suche nach Beschäftigungsmöglichkeiten seitens der Arbeitslosen gestellt. Beispielsweise zielt die Ausweitung der Zumutbarkeitsregelungen für Beschäftigte im Falle von Arbeitslosigkeit darauf ab, dass Beschäftigte auch Arbeitsstellen außerhalb und unterhalb ihres Qualifikationsniveaus anzunehmen haben, und regionale Mobilitätsbereitschaft wird explizit als zumutbare Anforderung zur Abwendung von Arbeitslosigkeit verankert (Sondermann et al. 2007). Daraus könnten, besonders im Fall von Langzeitarbeitslosigkeit, ein gesteigertes (regionales) Mobilitätsniveau sowie eine zunehmende Einkommensdynamik (und speziell Einkommensverluste) folgen. Insgesamt zielen die neueren Regulierungsaktivitäten in Bezug auf den Arbeitsmarkt auf eine Flexibilisierung. Es sind mehr Möglichkeiten entstanden sind, Beschäftigungsverhältnisse abzuschließen, die nur eine begrenzte Zeitperspektive einschließen. Dazu gehören beispielsweise befristete Beschäftigungsverhältnisse, Leih- und Zeitarbeit, aber auch geförderte Arbeitsmaßnahmen (wie ABM und SAM), die insbesondere im ostdeutschen Arbeitsmarkt breite Anwendung fanden. Die veränderten Beschäftigungsbedingungen treffen besonders neu begonnene Beschäftigungsverhältnisse und damit vor allem Berufsanfänger.

Lohnfindungen werden immer auch über Branchen- und Flächentarife mitbestimmt und somit in Kooperation mit Gewerkschaften und Arbeitgeberinteressengruppen ausgehandelt. Die Eingebundenheit von Betrieben in das Tarifsystem wirkt auf die innerbetriebliche Beschäftigungssicherheit und nimmt Einfluss auf die innerbetrieblichen Einkommenschancen. Tarifbindung wirkt sich stabilisierend auf das Beschäftigungsverhältnis sowie lohnerhöhend aus (Gerlach/Stephan 2005). Innerbetriebliche und zwischenbetriebliche Einkommensverläufe sind demnach auch durch gewerkschaftlich durchgesetzte (bzw. nicht durchgesetzte) Lohnsteigerungen und -anpassungen geprägt und müssen nicht unmittelbar mit Merkmalen des Beschäftigten zusammenhängen oder durch zwischenbetriebliche Mobilitäten hervorgerufen werden. Insbesondere im korporatistischen System Deutschlands lieferte der Flächentarifvertrag den wichtigsten Vergleichsmaßstab für einen zwischenbetrieblichen Arbeitsplatzwechsel; dies umfasst neben den Eingruppierungsregelungen auch die Einordnung in ein Berufsbild:

> „Für diejenigen Arbeitgeber, die Arbeitnehmer auf einem externen Arbeitsmarkt suchen, haben solche überbetrieblichen Eingruppierungsregeln eine doppelte Funktion: zum einen liefern sie aussagefähige Daten über die bisherige berufliche Biographie eines Arbeitnehmers, da eine mehrjährige ununterbrochene Beschäftigung in einer bestimmten Eingruppierung bei bestimmten Arbeitgebern zugleich Rückschlüsse auf die fachliche Leistungsfähigkeit sowie – z.B. in Verbindung mit der Übernahme aus einem Ausbildungsverhältnis – gegebenenfalls über persönliche Leistungsbereitschaft und Loyalität ermöglicht. Zum andern haben sie eine Rationalisierungsfunktion und erleichtern den Abschluss eines neuen Arbeitsvertrages, der relativ problemlos in das bisherige Organisations- und Entgeltgefüge eingepasst werden kann; dies wird unterstrichen durch die Mitbestimmung des Betriebsrats nach § 99 BetrVG, die sich nicht nur auf die Einstellung, sondern auch auf die Eingruppierung bezieht." (Kohte 2002: 55)

Demnach ist es bei zwischenbetrieblichen Wechseln für die Einkommensperspektiven von Bedeutung, ob der Wechsel zwischen zwei Betrieben vonstatten geht, die eine Anbindung an den Flächentarif haben. Auch wenn noch immer der Großteil der Beschäftigten im Rahmen von Flächentarifverträgen arbeitet, zeigt sich doch, dass zunehmend mehr Betriebe aus dem Flächentarif ausscheren, Öffnungsklauseln nutzen und auch untertarifliche Löhne zahlen. Im Jahr 1995 beispielsweise bestand für mehr als 80 Prozent der Beschäftigten in Westdeutschland eine normative oder vertragliche Tarifbindung. Dieser Anteil sank bis zum Jahr 2000 auf ca. 70 Prozent (Kohte 2002: 55). Anders sieht es in Ostdeutschland aus, die dortige Tarifbindung hat sich nach 1990 stark gelockert. Im Jahr 2000 galt nach Daten des Betriebspanels (IAB) nur noch für 55 Prozent der Beschäftigten ein Tarifvertrag, wobei hier normative und vertragliche Formen der Tarifbindung zusammengerechnet wurden (Kohte 2002: 56, vgl. auch Wörsdorfer 2006).

3.2.1.7 Konjunktur

Als wichtige Einflussfaktoren auf Arbeitsplatzmobilität werden zudem die Arbeitslosigkeitsquote und die konjunkturelle Entwicklung benannt. Forschungsergebnisse zeigen, dass sich nicht in erster Linie die Quantität von Mobilität, sondern insbesondere die Struktur von Betriebswechseln durch Arbeitslosigkeit und Konjunkturlage verändert (vgl. Bachmann 2006). Bei wachsender Arbeitslosigkeitsquote steigt der Anteil von unfreiwilligen, d.h. mit Arbeitslosigkeit verbundenen Betriebswechseln, während der Anteil freiwilliger, d.h. direkter Betriebswechsel sinkt. Bei einer angespannten Arbeitsmarktlage entscheiden sich Beschäftigte offensichtlich zugunsten von Beschäftigungsstabilität in ihrem Betrieb. Auch wenn sie mit ihrer Arbeitssituation unzufrieden sind (bzw. sich gerne verändern oder verbessern möchten), stellen sie einen Betriebswechsel in konjunkturell schlechten Zeiten zurück (Diebler 2004: 83). Kündigungsschutzregelungen und lange Betriebszugehörigkeiten führen auch in einer angespannten Arbeitsmarktlage zu einer relativen Beschäftigungssicherheit. Diese müsste bei der Annahme alternativer Jobangebote aufgegeben werden, da in einem neuen Betrieb kurze Betriebszugehörigkeitsdauern und Probezeiten eine unsicherere Beschäftigung bedeuten könnten. Wenn die Anzahl der Angebote alternativer Stellen sinkt, wächst der Wert der eigenen Stelle (Mertens/Haas 2000: 14). Daher werden unter Umständen auch finanziell attraktivere Stellenangebote zugunsten höherer Beschäftigungssicherheit nicht wahrgenommen. Verbessert sich die Arbeitsmarktlage jedoch und die alternativen Stellenangebote mehren sich, so werden nach einer gewissen Zeit Betriebswechsel ‚nachgeholt'. Der Anteil von direkten und freiwilligen Betriebswechseln steigt. Umgekehrt sieht dieser Zusammenhang für unfreiwillige Betriebswechsel aus, die mit einer Arbeitslosigkeitsphase verbunden sind. Bei schlechter Konjunkturlage und hoher Arbeitslosigkeit sind mehr Beschäftigte aufgrund von Personalabbau und betriebsbedingten Kündigungen gezwungen, sich eine neue Stelle in einem anderen Betrieb zu suchen. Die Wiedereinstiegschancen sinken jedoch bei schlechter Arbeitsmarktlage, so dass sich die Stellensuche als schwierig erweist. Erholt sich die Konjunktur und es erfolgt ein Beschäftigungsaufbau, so steigen die Beschäftigungschancen auf dem externen Arbeitsmarkt wieder. Direkte Betriebswechsel werden häufiger und Arbeitslose haben höhere Chancen, wieder eine Beschäftigung zu finden.

3.2.1.8 Regionaler Kontext

Deutschland ist geprägt von regionalen Disparitäten, die sich nicht nur in regional unterschiedlichen Arbeitslosigkeitsniveaus, sondern auch in regional unterschiedlichen Einkommensniveaus widerspiegeln. „Die Einkommens- und Erwerbschancen hängen von der Ausgangssituation und den Entwicklungsbedingungen vor Ort ab und es macht einen großen Unterschied, ob jemand in einer Krisenregion mit einer Arbeitslosigkeitsquote von 15 Prozent oder in einem prosperierenden Gebiet mit 4 Prozent Arbeitslosigkeit eine Arbeitsstelle sucht" (Blien et al. 2001: 50). Die regional unterschiedlichen Arbeitslosenquoten und die damit verbundene unterschiedliche Angebot-Nachfrage-Relation von Arbeitsstellen wirken sich auf die Situation Beschäftigungssuchender und Arbeitsloser aus und begünstigen bzw. verschlechtern die Aussichten, innerhalb einer Region eine gewünschte Anstellung zu finden. Daher liegt die Vermutung nahe, dass die Arbeitssuche in strukturschwachen Regionen auf strukturstärkere Regionen ausgeweitet wird und die Abwanderung aus Krisenregionen eine attraktive Option bei der Stellensuche darstellt. „High regional unemployment coupled with relatively low wages can raise the willingness to become mobile" (Mertens/Haas 2000: 2). Die Entscheidung über eine regionale Mobilität fällt dann positiv aus, „wenn die Nichtmobilität zu einer extrem schlechteren Situation wie längerer Arbeitslosigkeit führen würde" (Mertens/Haas 2000: 2).[35] Empirische Ergebnisse zeigen zudem, dass freiwillige Betriebswechsel und freiwillige Regionswechsel bei steigender regionaler Arbeitslosigkeitsquote unwahrscheinlicher werden, während unfreiwillige Mobilitäten sowohl in Form von Betriebswechseln als auch in Form von Regionswechseln zunehmen. „The results indicate that in Germany regional mobility seems to be more of a necessary evil that is only accepted if there are no suitable alternatives available locally" (Mertens/Haas 2000: 14).

Die regionale Arbeitsmarktsituation wirkt sich nicht nur auf die Beschäftigungschancen, sondern auch auf die Einkommenschancen aus (siehe zum Überblick über die Debatte um eine Lohnkurve MittAB 03/1996). Die Verhandlungsposition von Arbeitnehmern und Gewerkschaften im Rahmen von Gehaltsauseinandersetzungen ist in Zeiten hoher Arbeitslosigkeit und schlechter Konjunktur geschwächt, so dass sich nur schwer Lohnsteigerungen erzielen lassen. Dies gilt sowohl für Gewerkschaften bei Tarifauseinandersetzungen als auch für Beschäftigte und Arbeitslose innerhalb von Betrieben bzw. bei Einstellungsverhandlungen.

3.2.2 Präferenzen und Motive für Betriebswechsel: Die Dominanz von monetären Präferenzen in den Theorien und die doppelte Funktion von Lohn

Die wichtigste Prämisse des neoklassischen Modells ist die Setzung der Arbeitsmarktakteure als rational handelnde Akteure mit eindeutigen Präferenzen. Der Ar-

35 Es ist jedoch irreführend, hier von einer „Entscheidung" zu sprechen, denn die Autoren legen den Mobilitätsbegriff so an, dass Mobilität in jedem Fall erfolgreich ist, da sie nur durch den Start einer neuen Beschäftigung operationalisierbar ist. Das heißt, über Stellensuche und Bewerbungen innerhalb oder außerhalb der Region können keine Aussagen getroffen werden. Es kann also nicht daraus geschlossen werden, dass Arbeitslose keine Bereitschaft zur Mobilität aufweisen, sondern nur, dass sie weniger häufiger Beschäftigungsmöglichkeiten in anderen Regionen aufnehmen.

beitnehmer als ‚homo oeconomicus' maximiert seinen Nutzen, der von Lohneinkommen und Freizeit abhängt, während Unternehmer ihr Handeln primär an der Maximierung ihres Gewinns ausrichten. Diese Prämisse bildet den handlungstheoretischen Kern des ökonomischen Basismodells. Für die Betrachtung von Arbeitsplatzmobilität und regionalen Wechseln kommt daher der Annahme eines lohnmaximierenden Arbeitnehmers und dem erzielbaren Einkommen eine besondere Rolle zu, die im folgenden Abschnitt gesondert dargestellt wird.

Im neoklassischen Modell werden zwar auch nicht-monetäre Nutzenargumente im Handeln von rationalen Akteuren anerkannt, meist beziehen sich Aussagen und Studien jedoch nahezu ausschließlich auf monetäre Aspekte. Die meisten Theorien betrachten als Output von Betriebswechseln die Lohnveränderungen. Schon Ravenstein (1972) hatte am Ende des 19. Jahrhunderts in seinen berühmten „Gesetzen der Wanderung" als wichtigsten Auslöser für Wanderungsströme wirtschaftliche Gründe genannt. Als wichtigstes Motiv der Wanderer sieht er das „Verlangen (...), sich selbst in materieller Hinsicht zu verbessern" (Ravenstein 1972: 83). Auch moderne nutzentheoretische Ansätze zur Erklärung von Migration oder Mobilitätsentscheidungen basieren auf der These, dass Mobilität vor allem dann erfolgt, „wenn sich die potentiellen Migranten davon eine Verbesserung ihres Einkommens, ihrer beruflichen Zukunft oder ihrer sozialen Position versprechen" (Sjaastad 1962).

Dem Lohn kommt hier eine besondere Funktion zu – zum einen werden die Lohnsituation vor dem Betriebswechsel und mögliche Lohnsteigerungen als wichtigstes Motiv für Betriebswechsel angesehen, zum anderen werden die Konsequenzen von Mobilität durch die Lohnveränderungen gemessen. Das Einkommen einer Person kann demnach als Ursache für und zugleich Folge von Mobilität angesehen werden. Gleichzeitig hat der Lohn für die Frage der Job-to-Job-Mobilität eine doppelte Funktion, da sowohl die Lohnzahlung auf dem gegenwärtigen Arbeitsplatz als auch die auf möglichen zukünftigen Arbeitsplätzen entscheidungsrelevant ist (vgl. Vatthauser 1985: 98). Je niedriger der Lohn eines Arbeitnehmers auf seinem aktuellen Arbeitsplatz ist, desto eher wird dieser bestrebt sein, diese Situation zu verändern. Das heißt, es ist anzunehmen, dass innerhalb der gleichen Hierarchiestufe die Besserbezahlten mit größerer Wahrscheinlichkeit im Unternehmen bleiben (vgl. Galizzi/Lang 1998).

Mit dem individuellen Lohn eines Beschäftigten als entscheidungsrelevantem Faktor für Entscheidungen pro oder contra Betriebsmobilität ist auch die relative Einkommensposition, d.h. die eigene Einkommensposition im Vergleich zur Einkommensposition anderer Beschäftigter mit ähnlichem Bildungs-, Berufs- und sozialem Status von Bedeutung. Die Verdienstmöglichkeiten vergleichbarer Arbeitnehmer fungieren als Referenzeinkommen für das eigene Einkommen, nur durch den Vergleich mit anderen Einkommen kann das eigene Gehalt bewertet und beurteilt werden. Dies zeigen etwa die Ergebnisse von Blien und Rudolph (1989) für deutsche Arbeiter und Facharbeiter. Betriebsstabile Arbeiter hatten von vornherein die besser bezahlten Stellen, mit der Höhe des Lohnes sank die Wahrscheinlichkeit von Betriebswechseln. Betriebswechsler, die ihren Arbeitsplatz freiwillig wechselten, konnten Lohngewinne verzeichnen und ihre Einkommensposition im Vergleich zu Betriebsverbleibern verbessern. Auch Klein (1994) zeigte für den Berufseinstieg von Absolventen der Verwaltungswissenschaft an der Universität Konstanz, dass mit der Höhe des Einstiegsgehalts die Betriebszugehörigkeitsdauer zunimmt und die Betriebswechselwahrscheinlichkeit abnimmt. Mobilität wird demnach insbesondere dann freiwillig vorgenommen, wenn eine neue Stelle höhere Löhne bietet und durch den Betriebswechsel die relative Einkommensposition zu anderen Beschäftigten verbessert werden kann. Mobilität bedeutet demnach häufig Anpassungsmobilität an das Einkommensniveau von betriebsstabilen Beschäftigten.

Neben den finanziellen Aspekten sind jedoch noch weitere Faktoren als Grund für einen Betriebswechsel von Bedeutung. „Viele ökonomische Theorien konzentrieren sich bei der Analyse von Mobilität zwischen Arbeitgebern ausschließlich auf den Lohn als relevantes Entscheidungskriterium (...). Dadurch werden andere Determinanten eines Arbeitsplatzwechsels a priori nahezu systematisch ausgeklammert“ (Henneberg/Souza-Poza 2002: 207). Die Ergebnisse einer Untersuchung von potenziellen Stellenwechseln in der Schweiz zeigten, dass die Lohnniveaus – „wie von Ökonomen immer wieder betont – auf die Entscheidung eines Stellenwechsels einwirken, wie wahrscheinlich ein freiwilliger Wechsel des Arbeitgebers tatsächlich ist. Andererseits spielen aber andere, vor allem qualitative Faktoren, wie beispielsweise die Arbeitsbedingungen, die Bereitstellung anspruchsvoller Tätigkeiten, die Arbeitszeitgestaltung, der erwünschte Überstundenabbau oder die Einrichtung von Teilzeitstellen, ebenfalls eine sehr wichtige Rolle für Stellenwechsel. Einen signifikanten Erklärungsbeitrag für potentielle Stellenwechsel und damit umgekehrt auch für den Verbleib im Betrieb leisten subjektive Faktoren. Personen, die ihren eigenen Arbeitsplatz als sicher ansehen, und Arbeitnehmer, die stolz auf ihr Unternehmen sind, sind viel weniger geneigt, ihren Arbeitsplatz zu wechseln. Diese Aussagen gelten sowohl für Männer als auch für Frauen“ (Henneberg/Souza-Poza 2002: 229).

In einer englischen Untersuchung zeigen Gallie et al. (1998: 205), dass bei den Beschäftigten die „job security“ an erster und die Löhne an sechster Stelle der Wichtigkeit rangieren und „that the view held by economists that people are primarily income-maximizers is incorrect“. Für Ostdeutschland wird die Bedeutung von lohnbezogenen und rein materiellen Wechselmotiven gegenüber der Relevanz von Beschäftigungssicherheit ebenfalls in Frage gestellt (Solga et al. 2000).

Das heißt gleichzeitig, dass die Bewertung der Folgen von Mobilität ausschließlich durch Einkommenseffekte nur einen Aspekt darstellt, wenn auch einen wichtigen. Andere Faktoren wie die die Qualität der Arbeit, die subjektive Zufriedenheit sowie positive oder negative Auswirkungen auf das soziale Netzwerk und die Familie werden meist ausgeblendet.

Wichtig ist jedoch, dass auf die Motive für Betriebswechsel nicht ex post aus den Folgen von Mobilität geschlossen werden kann. Aus handlungstheoretischer Sicht liegt der operationalisierbaren Handlung ein Entscheidungsprozess zugrunde, der sich – angewandt auf Betriebswechsel – wie folgt zusammenfassen lässt: Betriebswechsel werden dann vorgenommen, wenn die gegenwärtige Arbeitsplatzsituation negativ bewertet wird und wenn das Individuum alternative Beschäftigungsmöglichkeiten wahrnimmt, die seinen Zielen und Bedürfnissen besser entsprechen. Aber auch Personen, die mit ihrer Beschäftigungssituation unzufrieden sind, müssen keineswegs mit einem Betriebswechsel darauf reagieren. Zum einen können sie sich an die unbefriedigende Situation anpassen, indem sie ihre Ziele oder ihr Anspruchsniveau verändern. Zum anderen können sie ihre Arbeitsplatzsituation innerhalb des Betriebs verändern. Zum dritten trauen sie sich möglicherweise – aus welchen Gründen auch immer – einen Betriebswechsel nicht zu. Und schließlich können die Kosten eines Betriebswechsels und speziell von regionaler Mobilität so hoch sein, dass dieser nicht vorgenommen wird (vgl. dazu Wagner 1989: 24).

3.3 Zusammenfassung und Präzisierung der Forschungsfrage

Die verschiedenen Arbeitsmarkttheorien geben unterschiedliche und auf den ersten Blick widersprüchliche Antworten auf die Frage, wie sich Betriebsstabilität bzw. Betriebsmobilität auf die Einkommensperspektiven von Beschäftigten auswirkt. Während die Humankapitaltheorie, Segmentationsansätze und Shirking-Ansätze hauptsächlich Einkommenseinbußen nach Betriebsmobilität annehmen, lassen Suchansätze und Job-Matching-Ansätze vor allem Einkommensgewinne nach Betriebsmobilität wahrscheinlich erscheinen. Wie kommt es zu den unterschiedlichen Prognosen der einzelnen Ansätze?

Wie schon beschrieben, können statische und dynamische Ansätze unterschieden werden (Naticchioni/Panigo 2004). Während statische Ansätze wie beispielsweise der Suchansatz ausschließlich die Einkommensveränderungen zum Zeitpunkt eines Betriebswechsels betrachten und betriebsinterne Einkommensveränderungen aus der Betrachtung ausschließen, legen dynamische Arbeitsmarktansätze vor allem Gewicht auf die innerbetrieblichen Erwerbs- und Einkommensverläufe von Beschäftigten. Durch die Betonung des internen Arbeitsmarkts werden die Qualifikation und die Bedeutung von betriebsspezifischem Wissen für die Einkommens- und Aufstiegschancen (Humankapitaltheorie), die Bedeutung der Integration in das betriebliche Sozialgefüge (Segmentationstheorie) sowie die Verbindung zwischen betrieblicher Ausgestaltung von Kontrolle, Sicherung von Arbeitsleistung und Motivation und betrieblicher Lohngestaltung (Shirking-Ansätze) thematisiert.

Gemeinsam ist den dynamischen Arbeitsmarkttheorien die Prämisse, dass Arbeitgeber und Betriebe an langfristigen Beschäftigungsperspektiven der Mitarbeiter interessiert sind. Sie versuchen vor allem die Leistungsträger und qualifizierten Beschäftigten an den Betrieb zu binden und diese langfristige Betriebsbindung mit relativ hohen Löhnen, innerbetrieblichen Aufstiegsmöglichkeiten und Einkommenssteigerungen zu belohnen. Ein Austritt aus einem Betrieb bedeutet demnach im Lichte dieser Ansätze vor allem den Verlust von innerbetrieblichen Privilegien, die in einem neuen Betrieb erst wieder erarbeitet werden müssen. Zudem lässt sich aus diesen Ansätzen folgern, dass gerade die motivierten und leistungsbereiten Mitarbeiter (Shirking-Ansätze), die qualifizierten Mitarbeiter (Humankapitaltheorie) und/oder die in das Sozialgefüge des Betriebes integrierten Mitarbeiter (Segmentationstheorie) lange Betriebszugehörigkeitsdauern aufweisen. Umgekehrt würde dies bedeuten, dass betriebsmobilen Beschäftigten mehrheitlich aufgrund leistungszurückhaltenden Verhaltens oder geringer Qualifikation durch den Betrieb gekündigt wird, dass sie also tendenziell unfreiwillig den Betrieb wechseln. Folglich sind Einkommenseinbußen auch durch einen Selektionseffekt der betriebsmobilen Beschäftigten zu erklären.

Im Unterschied dazu fokussieren Suchansätze und Job-Matching-Ansätze vor allem auf das Zustandekommen von Arbeitsverträgen und ihre Ausgestaltung. Sie basieren direkt auf dem Standardmodell der Mikroökonomie, dem zufolge die Arbeitsmarktparteien – Arbeitgeber und Arbeitnehmer – als rational handelnde und nutzenmaximierende Akteure zu verstehen sind. Grundannahme der Suchtheorie und der Job-Matching-Ansätze ist, dass Beschäftigte einen möglichst guten Tausch ihrer Arbeitskraft gegen Entlohnung auf dem Arbeitsmarkt erzielen wollen, dass sie also immer dann einen Anreiz haben, den Betrieb zu wechseln, wenn ihnen eine höhere Entlohnung in einem anderen Betrieb angeboten wird. Dies bedeutet, dass sich Beschäftigten mit guten Arbeitsmarkteigenschaften Möglichkeiten bieten, in anderen Betrieben, d.h. auf dem externen Arbeitsmarkt, einen besseren Match zu erzielen. Betriebswechsel erscheinen hier als Mittel, Aufstiege und Einkommensgewinne zu erlangen, so dass die Suchtheorie dazu neigt, Einkommensgewinne nach Betriebswechseln zu prognostizieren.

Für die Hypothesenbildung bedeutet dies, dass Betriebsmobilität sowohl zu Einkommensgewinnen als auch zu Einkommensverlusten für die Beschäftigten führen kann. Ob Betriebswechsel Gewinne oder Verluste für die Beschäftigten nach sich ziehen, wird vor allem durch eine Unterscheidung von freiwilligen und unfreiwilligen Mobilitäten – bzw. von Kündigungen durch den Arbeitnehmer aufgrund besserer Jobmöglichkeiten versus Entlassungen durch den Arbeitgeber – verständlich. Kündigt ein Arbeitnehmer seine Stelle zugunsten einer neuen Beschäftigung in einem anderen Betrieb, so wird dieser Betriebswechsel häufig aufstiegsorientiert sein und meist auch mit Gehalts- und Lohngewinnen einhergehen. Diese Möglichkeit ist im Sinne der Segmentationstheorie unter Berücksichtigung der hohen Bedeutung des berufsfachlichen Segments in der Bundesrepublik vor allem bei berufsfachlich ausgebildeten Arbeitnehmern und berufsadäquaten Betriebswechseln gegeben. Dabei ist im Sinne der Suchtheorie davon auszugehen, dass bei regionalen Mobilitäten höhere Einkommensgewinne die Folge sein werden als bei Mobilitäten innerhalb der Arbeitsmarktregion. Da bei regionalen Mobilitäten höhere Kosten durch Umzüge oder Pendeln hinzukommen, sollten sich diese Kosten durch ein höheres Einkommen amortisieren lassen, ansonsten würden Beschäftigte nicht einen regionalen Wechsel ihrer Arbeitsstelle in Kauf nehmen. Betriebswechsel jedoch, die unfreiwillig vorgenommen und durch eine Arbeitslosigkeitsphase unterbrochen werden, werden eher zu Einkommensverlusten führen. Arbeitslosigkeit und Entlassungen durch den Arbeitgeber können im Sinne der Signaltheorie als Zeichen für geringe Qualifikation, Leistungsbereitschaft und Motivation der Arbeitssuchenden ausgelegt werden und dementsprechend die Chancen auf hohe Entlohnung verringern.

Für *betriebsstabile* Erwerbsverläufe lassen sich weniger sprunghafte als vielmehr in erster Linie kontinuierliche Einkommenssteigerungen annehmen. Diese werden vor allem qualifizierten und hochqualifizierten Beschäftigten zugute kommen. Entsprechend der Humankapitaltheorie streben Betriebe danach, ihre Belegschaften innerbetrieblich zu qualifizieren und mit den betriebsspezifischen Abläufen und Techniken vertraut zu machen, um Produktivitätsvorteile zu generieren. Da sich die Investition in betriebsspezifisches Kapital eines Arbeitnehmers umso mehr lohnt, je höher das allgemeine Kapital eines Mitarbeiters bereits ist, werden vor allem Qualifizierte und Hochqualifizierte von innerbetrieblichen Weiterbildungs- und Qualifizierungsmaßnahmen profitieren. Diese werden dann durch innerbetriebliche Lohnerhöhungen und berufliche Aufstiege an den Betrieb gebunden, um sicherzustellen, dass sich die Investitionen in betriebsspezifisches und berufliches Kapital der Mitarbeiter für den Betrieb auszahlen. Niedrigqualifizierte und Beschäftigte an Arbeitsstellen mit kurzer Anlernzeit sind schneller über den externen Arbeitsmarkt zu rekrutieren und erscheinen daher stärker ersetzbar als Beschäftigte mit spezifischen Kenntnissen und Qualifikationen. Sie werden geringere innerbetriebliche Aufstiegschancen erhalten, in geringerem Maße von Weiterbildungsmaßnahmen profitieren und eher den Randbelegschaften zugeordnet werden.

Einige Aspekte zur Erklärung von innerbetrieblichen und zwischenbetrieblichen Einkommensverläufen werden – wie die Ausführungen in diesem Kapitel zeigten – in den verschiedenen Arbeitsmarkttheorien eher wenig bzw. nur bedingt angesprochen. So unterscheiden sich die Erwerbsverläufe von Frauen und Männern noch immer sehr stark voneinander. Betriebsmobilität im Erwerbsverlauf von Frauen hat häufig andere Gründe und auch andere Folgen für den Einkommensverlauf, als das bei Männern der Fall ist. Erwerbspausen und damit verbundene Betriebswechsel sind bei weiblichen Beschäftigten stärker durch Familien- und Erziehungszeiten erklärbar und seltener aufstiegsorientiert, als dies bei Männern der Fall ist. Regionale Mobilität und daraus resultierende Einkommensverluste werden bei Frauen häufig durch ihre Rolle als „tied mover" (Mincer 1978) erklärbar. Wegen der Familienzeiten sind Erwerbslücken nicht nur häufiger und länger als bei Männern, weibliche Erwerbsverläufe sind auch öfter durch berufliche Wechsel und Verringerung der Arbeitszeit zugunsten von familiären Aufgaben geprägt, so dass sie häufiger mit Einkommensverlusten einhergehen.

Auch das Alter und die Erwerbsphase eines Beschäftigten nehmen deutlichen Einfluss auf die Häufigkeit von Betriebswechseln sowie die Wirkung von Betriebsmobilität – diese Hypothese folgt unter anderem aus den Annahmen der Job-Matching-Theorie. Zu Beginn des Erwerbslebens sind Arbeitgeberwechsel noch relativ häufig und wirken sich eher positiv auf das Einkommen aus. Mit steigender Berufserfahrung jedoch kann Betriebsmobilität im Sinne der Signaltheorie ein negatives Signal bedeuten, betriebsspezifisches Wissen kann durch einen Arbeitgeberwechsel entwertet werden und angestammte Anwartschaften auf Senioritätsrechte im Betrieb können beim Wechsel verloren gehen. Negative Folgen von Betriebsmobilität sollten sich daher mit steigender Berufserfahrung stärker zeigen als im Rahmen der hier vorgelegten Untersuchung, die sich mit Berufsanfängern befasst. Die Auswertung von Erwerbsverläufen von Berufsanfängern sollte also positivere Folgen von Betriebsmobilität zum Ergebnis haben als eine Untersuchung, die Personen mit langer Berufserfahrung einbezieht.

Der regionale Aspekt wird in den vorgestellten Arbeitsmarkttheorien kaum angesprochen. Für die hier vorgelegte Arbeit ist vor allem eine Differenzierung zwischen Ost- und Westdeutschland bedeutsam. Diese beiden Teile Deutschlands unterscheiden sich noch immer sehr deutlich voneinander. In den neuen Bundesländern ist nach wie vor die Arbeitslosigkeitsquote höher und das Lohnniveau niedriger als in den alten; dazu kommt als Besonderheit der grundlegende Umbau der Produktions- und Arbeitsorganisation seit dem Systemzusammenbruch in Ostdeutschland. Vor allem aber spielt Flexibilität in den Erwerbsverläufen von ostdeutschen Arbeitnehmern und Arbeitnehmerinnen eine größere Rolle, und die Betriebswechsel sind in Ostdeutschland stärker als in Westdeutschland durch kurz- und mittelfristige Beschäftigungsperspektiven und Arbeitslosigkeit zu erklären. Betriebswechsel sind also in Ostdeutschland weniger als Mittel zur Erreichung von beruflichen *Aufstiegen* zu verstehen, wie es in Westdeutschland häufiger der Fall ist, sondern stärker im Sinne einer Notwendigkeit, den eigenen Erwerbsverlauf zu *erhalten*. Mithin kann erwartet werden, dass Betriebsmobilität in den neuen Bundesländern eine deutlich negativere Wirkung auf die Einkommensperspektiven ausübt als in den alten Bundesländern. Die höheren Lohnsteigerungsraten in Ostdeutschland insbesondere zu Beginn der neunziger Jahre sollten allerdings die Einkommensverläufe von Beschäftigten innerhalb des ostdeutschen Arbeitsmarkts insgesamt positiv beeinflussen. Es ist also davon auszugehen, dass im Vergleich zu betriebsstabilen Beschäftigten in Westdeutschland Stayer in Ostdeutschland stärker von innerbetrieblichen Einkommenssteigerungen profitieren konnten. Dies bedeutet, dass Ostdeutschland vor allem in den ersten Jahren nach der Wiedervereinigung insgesamt höhere Einkommenssteigerungsraten aufweisen sollte als Westdeutschland. Die

Einkommensperspektiven von betriebsstabilen und betriebsmobilen Beschäftigten sollten sich in Ostdeutschland jedoch stärker voneinander unterscheiden als in Westdeutschland, da betriebsmobile Beschäftigte in Ostdeutschland aufgrund von Arbeitslosigkeit, häufigen Betriebswechseln und einer geringen Zahl von Alternativangeboten auf dem ostdeutschen Arbeitsmarkt häufiger Einkommensverluste hinnehmen müssen, um die eigene Erwerbstätigkeit zu sichern.

Institutionelle Rahmenbedingungen wie das korporatistische System der Arbeitsbeziehungen, die Gewährung von Lohnersatzleistungen, das Vorhandensein bzw. die Abwesenheit von Mindestlöhnen usw. werden in den jeweiligen Arbeitsmarkttheorien ebenfalls kaum thematisiert, auch wenn diese für das Verständnis der Erwerbs- und Einkommensverläufe in Deutschland sicherlich eine bedeutende Rolle spielen. Ebenso dürften betriebliche Personal- und Entlohnungspolitiken auf die Strukturierung von Erwerbs- und Einkommensverläufen erheblichen Einfluss ausüben, werden aber in der Literatur kaum angesprochen und können auch im Rahmen dieser Untersuchung nicht berücksichtigt werden, da Daten dazu fehlen.

Aus der theoretischen Betrachtung des Zusammenhangs von Betriebsmobilität bzw. Betriebsstabilität und Einkommensverläufen, wie sie in diesem Kapitel vorgenommen wurde, ergibt sich jedoch eines deutlich: Betriebsmobilität bzw. -stabilität kann nicht *an sich* als Zeichen für gelingende bzw. misslingende Erwerbsintegration gelten. Sowohl Stabilität als auch Mobilität können sowohl positive als auch negative Folgen für den Einkommensverlauf haben und demnach sowohl als Chance als auch als Risiko verstanden werden. Um positive und negative Folgen von Mobilität und Stabilität zu verstehen, ist eine möglichst genaue Abbildung der Kontextbedingungen notwendig, die idealerweise sowohl die Gründe für Stabilität und Destabilität beinhaltet als auch sozioökonomische, regionale, institutionelle und betriebliche Faktoren umfasst.

4 Daten und Methoden

4.1 Überblick

Im Mittelpunkt dieser Studie steht die These, dass die Chancen und Risiken von Betriebsmobilität und -stabilität erst durch ihren Ertrag am Arbeitsmarkt bewertet werden können. Zwei wesentliche Annahmen werden getroffen: Eine Beurteilung von Mobilität wird erst durch einen Vergleich mit Betriebsstabilität möglich; sowohl Betriebstabilität als auch Betriebsmobilität enthalten sowohl Chancen als auch Risiken für Beschäftigte.

Die Folgen von Betriebsmobilität und -stabilität können anhand verschiedener Kriterien operationalisiert werden, wie der Einkommenssituation, der Beschäftigungssicherheit, der subjektiven Bewertung der Arbeitsplatzsituation bzw. der subjektiven Zufriedenheit. Im Rahmen dieser Studie werden die Konsequenzen von Betriebsstabilität und -mobilität ausschließlich mittels einer Betrachtung individueller Einkommensverläufe gemessen. Zwar stellen individuelle Einkommenszuwächse und Einkommensverluste nur ein mögliches Kriterium zur Bewertung der Folgen von Betriebsmobilität bzw. Betriebsstabilität dar, doch bietet sich dieses Kriterium als relativ einfach messbar an. Zudem kann das Einkommen für die Bewertung der Erwerbsintegration als zentral angesehen werden, da der Hauptzweck einer Erwerbstätigkeit die Einkommenserzielung ist und das Einkommen wiederum ein wesentlicher Faktor für die individuelle und familiäre Wohlstandsposition ist.

Zieht man zur Beurteilung der Folgen von Mobilität und Stabilität die Einkommenszuwächse bzw. -verluste als Kriterium heran, so ist es nicht ausreichend, ausschließlich die Einkommensveränderungen zum Zeitpunkt der Betriebsmobilität zu betrachten. Der Zeitpunkt des Betriebswechsels stellt nur einen kleinen Ausschnitt der Erwerbsbiografie von betriebsmobilen Beschäftigten dar, vorherige und nachfolgende innerbetriebliche Einkommensverläufe werden bei einer solchen Beschränkung ausgeblendet. Denn die Einkommensentwicklung von betriebsmobilen Beschäftigten ist im Zeitverlauf sowohl innerbetrieblich (durch berufliche Auf- und Abstiege sowie tarifliche Lohnerhöhungen) als auch zwischenbetrieblich (durch innerregionale und überregionale Mobilität) bestimmt.

Daher ist es notwendig, die Einkommensveränderungen sowohl für betriebsmobile als auch für betriebsstabile Beschäftigte an *allen* Punkten des Erwerbsverlaufs nachzuzeichnen, innerbetriebliche *und* zwischenbetriebliche Einkommensveränderungen zu berücksichtigen, diese im Einkommensverlauf zu verfolgen und aufzusummieren. Um den gesamten Erwerbs- und Einkommensverlauf zu erfassen, konzentriert sich die Auswertung auf Berufsanfänger in Ost- und Westdeutschland und betrachtet die ersten drei bis elf Jahre im Erwerbsverlauf seit 1991. Nur durch die Auswahl von Berufsanfängern kann sichergestellt werden, dass der *gesamte* Erwerbsverlauf, also alle Betriebswechsel und Einkommensveränderungen einbezogen werden können. Zudem ist gerade der Berufsanfang sowohl von häufigen Einkommensgewinnen als auch von häufigen Betriebswechseln geprägt. Bei Berufsanfängern haben die Folgen von Mobilität für den Einkommensverlauf im Übrigen eine besonders hohe Bedeutung, was ihre weitere Karriere betrifft.

Mobilität ist ein vielschichtiger Vorgang, der eine Reihe von Dimensionen umfasst. Diese können sich unterschiedlich stark und in unterschiedlicher Weise auf den Einkommensverlauf auswirken. So kann ein Betriebswechsel freiwillig vorgenommen werden oder einen Wiedereinstieg aus der Arbeitslosigkeit bzw. Beschäftigungslosigkeit darstellen. Mobilität kann regional oder innerregional vonstatten gehen, mit einem Betriebswechsel kann auch ein gleichzeitiger beruflicher Wechsel verbunden sein. Um die Risiken und Chancen von Mobilität zu messen, ist es daher notwendig, Betriebswechsel sehr differenziert zu erfassen. Als Vergleichsmaßstab für die Bewertung von betriebsmobilen Erwerbsverläufen bieten sich betriebsstabile Erwerbsverläufe an. Aber auch die Betriebsstabilität ist nicht einfach als positive Referenzfolie zu interpretieren, können doch lange Verweildauern innerhalb eines Betriebs auch auf fehlende Chancen in anderen Betrieben verweisen und durch Alternativlosigkeit auf dem externen Arbeitsmarkt entstehen. Zudem bedeutet Betriebsstabilität nicht in allen Aspekten Stabilität: Innerhalb innerbetrieblicher Beschäftigung und in internen Arbeitsmärkten kann beispielsweise der Arbeitszeitumfang geändert oder können berufliche Veränderungen erreicht werden. Daher müssen auch innerbetriebliche Mobilitäten differenziert betrachtet werden.

Wenn man sich nun mit der Frage beschäftigt, wie Mobilität oder Betriebsverbleib auf den Einkommensverlauf wirkt, sollte zudem unterschieden werden, für *welche* Beschäftigten sich Mobilität bzw. Stabilität lohnt bzw. Risiken birgt. Denn beides muss nicht für alle Beschäftigtengruppen in gleicher Weise der Fall sein. Daher ist es notwendig, die Einkommensverläufe getrennt für verschiedene Beschäftigtengruppen zu betrachten.

Der Schwerpunkt dieser Untersuchung liegt auf dem regionalen Kontext, in dem Mobilität getätigt wird. Insbesondere eine Trennung zwischen Ost- und Westdeutschland erscheint unabdingbar, denn durch die höhere Arbeitslosigkeitsrate in Ostdeutschland sind im ostdeutschen Arbeitsmarkt mehr Personen gezwungen, betriebsmobil zu sein, und sie weisen diskontinuierlichere Erwerbsverläufe auf als ihre Kollegen in Westdeutschland. Regionale Betriebswechsel ostdeutscher Beschäftigter, speziell Wechsel von Ost- nach Westdeutschland haben aufgrund der besseren Arbeitsmarktsituation und der höheren Einkommensperspektiven im Westen einen besonderen Stellenwert. Denn das durchschnittliche Lohnniveau der neuen und der alten Bundesländer unterscheidet sich erheblich, und auch die Lohnsteigerungsraten fallen in beiden Teilen Deutschlands unterschiedlich aus. D.h. nicht nur die unterschiedlichen Erwerbsverläufe, sondern auch die unterschiedlichen Einkommensverläufe machen eine Trennung zwischen Ost- und Westdeutschland erforderlich.

Um diese unterschiedlichen Aspekte des Zusammenhangs von Betriebsstabilität bzw. -mobilität und Einkommen empirisch zu messen, wird ein differenziertes methodisches Design benötigt. Die Art der Messung sowie das methodische Design haben einen hohen Einfluss auf die Ergebnisse und ihre Interpretation. Im folgenden Kapitel wird das methodische Vorgehen einschließlich der Operationalisierungen der einzelnen Variablen detailliert vorgestellt und begründet.

4.2 Datenbasis

Als Datenbasis wird die aktualisierte regionalisierte Beschäftigtenstichprobe IABS-R01[36] herangezogen, mit der die Erwerbs- und Einkommensverläufe der Jahre 1992-2001 für Ost- und Westdeutschland lückenlos verfolgt werden können (Hamann et al. 2004). Mobilität und ihre Folgen für die Einkommensentwicklung werden sowohl deskriptiv als auch mittels ereignisanalytischer Verfahren ausgewertet. Durch

36 Die IAB-Regionalstichprobe zeichnet für den Zeitraum von 1975 bis 2001 die Erwerbs- und Leistungsempfangsverläufe von 2 Prozent aller sozialversicherungspflichtig Beschäftigten mit oft tagesgenauen und regional differenzierten Informationen nach. Diese Informationen stammen aus der so genannten Beschäftigten- und Leistungsempfängerhistorik (BLH), die wiederum selbst aus zwei Datenquellen gespeist wird. Die Hauptdatenquelle ist die Beschäftigtenhistorik des Instituts für Arbeitsmarkt- und Berufsforschung. Ihre rechtliche Grundlage ist das mit Wirkung vom 1. Januar 1973 eingeführte und seit dem 1. Januar 1991 auf Ostdeutschland ausgedehnte integrierte Meldeverfahren zur Kranken-, Renten- und Arbeitslosenversicherung, das durch das Kürzel DEÜV (früher DEVO/ DÜVO) bezeichnet ist. Es verlangt von den Arbeitgebern Meldungen für alle sozialversicherungspflichtig beschäftigten Arbeitnehmer an die Sozialversicherungsträger. Die Beschäftigtenhistorik erfasst alle Arbeiter und Angestellten sowie alle Auszubildenden, soweit sie nicht von der Sozialversicherungspflicht befreit sind. Seit der Änderung des Meldeverfahrens zum 1. April 1999 werden auch geringfügig Beschäftigte und mithelfende Familienangehörige erfasst. Nicht in der Datenbasis enthalten sind u.a. Beamte, Selbstständige und ordentliche Studierende (vgl. Cramer 1985). Jedes Jahr, in dem ein Beschäftigungsverhältnis für eine Person existiert, ist durch mindestens eine Meldung abgebildet, welche die Information aus verschiedenen Merkmalen enthält. Die Daten werden von den Krankenkassen aufgenommen, von der Bundesagentur für Arbeit in einer laufenden Datei gesammelt und anschließend vom IAB in eine Historikdatei integriert. Zu den Daten aus der Beschäftigtenhistorik wurden die entsprechenden Informationen aus der Leistungsempfängerhistorik des IAB hinzugespielt. Diese erfasst Zeiträume, in denen Personen Lohnersatzleistungen von der Bundesagentur für Arbeit beziehen. Die Leistungen beinhalten Arbeitslosengeld, Arbeitslosenhilfe und Unterhaltsgeld. Da der Leistungsanspruch von der Erfüllung gesetzlicher Voraussetzungen abhängt, werden Arbeitslosigkeitsperioden, in denen die Voraussetzungen nicht vorliegen (z. B. fehlende Bedürftigkeit im Falle der Arbeitslosenhilfe oder Nichterfüllung der Anwartschaftszeit beim Arbeitslosengeld), auch nicht berichtet.

dieses Vorgehen können die Einkommenschancen von betriebsstabilen und -mobilen Personen sowohl kurzfristig als auch langfristig verglichen und schließlich unterschiedliche Konsequenzen von Mobilität für verschiedene Beschäftigtengruppen identifiziert werden.

4.2.1 *Auswahl der Personen – Bildung der Stichprobe*

Die Untersuchung konzentriert sich auf Berufsanfänger (Männer und Frauen) aus Ost- und Westdeutschland, die zwischen 1992 und 1999 ihre berufliche Tätigkeit begannen. Berufsanfänger wurden gewählt, da bei ihnen die vollständigen bisherigen Erwerbs- und Einkommensverläufe beobachtet werden können und da bei ihnen ausgeschlossen werden kann, dass nicht erfasste Ereignisse im Erwerbsverlauf wie Arbeitslosigkeit, Mobilität oder Einkommensgewinne bzw. -verluste Einfluss auf die Ergebnisse nehmen. Zudem spielen gerade zu Beginn der beruflichen Tätigkeit berufliche und regionale Mobilität sowie Einkommensmobilität eine besonders große Rolle und prägen den weiteren Erwerbs- und Einkommensverlauf (Dietrich/Hinz 2005). Wem schon beim Berufsbeginn ein stabiler Erwerbsverlauf gelingt, der hat auch in späteren Jahren geringere Arbeitslosigkeitsrisiken zu tragen (Bender/Dietrich 2001). Auch für die späteren Einkommensperspektiven ist der Berufseintritt entscheidend. Wer schon in den ersten Berufsjahren berufliche Aufstiege realisieren kann, der hat auch im weiteren Karriereverlauf gute Aufstiegschancen (Rosenbaum 1984).

Ab Beginn einer Erwerbstätigkeit wurden die Erwerbsverläufe sowie eventuelle Arbeitslosigkeitsphasen bis zur letzten möglichen Meldung 31.12.2001 verfolgt, so dass sich höchstens elf und mindestens drei Jahre im Erwerbsverlauf lückenlos mit der IABS-R01 verfolgen lassen. Es wurden die Jahre 1992 bis 2001 der ostdeutschen und westdeutschen Stichprobe ausgewertet. Die Auswertung der beiden Stichproben wurde getrennt vorgenommen, da in Ostdeutschland nach dem Systemzusammenbruch und dem damit verbundenen Strukturwandel der ostdeutschen Wirtschaft und des Arbeitsmarkts Erwerbsverläufe in besonders hohem Maße durch Betriebswechsel, Arbeitslosigkeit und regionale Mobilität geprägt sind. Daraus ergeben sich – im Zusammenspiel mit der Annäherung der Löhne in Ostdeutschland an Westniveau bis 1996 – sehr unterschiedliche Einkommensverläufe und -perspektiven für ost- und westdeutsche Beschäftigte.

Für die ostdeutsche Stichprobe gilt die Sonderbedingung, dass aufgrund der wahrscheinlichen Rechtszensierung durch Beginn der Stichprobe mit dem 1.1.1992 die erste Beschäftigung *nach* dem 1.1.1992 gemeldet sein musste.[37] Da für ostdeut-

37 Würde man für die ostdeutsche Stichprobe wie bei der westdeutschen Stichprobe als Eintrittsdatum den 1.1.1992 festlegen, so könnte nicht sichergestellt werden, dass es sich um Berufsanfänger handelt. Denn alle Beschäftigungsepisoden beginnen mit diesem Datum, so dass Einstiege in eine Be-

sche Berufsanfänger die erste Beschäftigungsmeldung weniger genau erfasst werden konnte, sollte so das offensichtliche Problem der Linkszensierung vermindert werden. Durch diese Beschränkung konnte das Alter bei der ersten Beschäftigung zwischen Ost und West angeglichen werden und zugleich eine Angleichung der Beginnjahre zwischen ost- und westdeutscher Stichprobe erreicht werden. Berufsanfänger, deren erste erfasste Beschäftigungsmeldung im Jahr 2000 oder 2001 gemeldet wurde, wurden nicht berücksichtigt, da ihre Berufstätigkeit maximal ein oder zwei Jahre umfasst hätte und somit nur ein sehr kleiner Ausschnitt des Erwerbsverlaufs hätte ausgewertet werden können.

4.2.1.1 Die Operationalisierung der ersten Beschäftigung

Die Operationalisierung der ersten Beschäftigungsperiode einer Person sollte sicherstellen, dass es sich bei der ersten Beschäftigung nicht um eine sehr kurzfristige Beschäftigung (z.B. Ferienjob) handelt, da das Gehalt der ersten Beschäftigungsperiode den ersten Referenzlohn für die Betrachtung der späteren Einkommensentwicklung darstellt. Als Mindestdauer einer ersten Beschäftigung wurde eine zusammenhängende Beschäftigungszeit von drei Monaten definiert, die im Folgenden als Beschäftigungsperiode benannt wird.

Als Beschäftigungsperiode wird eine Beschäftigungsmeldung oder eine Abfolge von Beschäftigungsmeldungen angesehen, die sich aus regulärer Beschäftigung gegen Entgelt und Weiterbeschäftigung ohne Entgelt zusammensetzen kann. Sie gilt als beendet, wenn die Beschäftigung in einen Leistungsbezug oder in eine Bildungsphase übergeht. Eine Beschäftigungsperiode gilt ebenso als beendet, wenn die nachfolgende Beschäftigungsmeldung mehr als ein halbes Jahr später erfolgt, d.h. die Lücke zwischen zwei Beschäftigungsmeldungen größer als 182 Tage ist. Wenn die Lücke zur nächsten Beschäftigungsmeldung größer als ein halbes Jahr ist, die nächste Beschäftigungsmeldung jedoch im gleichen Betrieb erfolgt, dann wird dies nicht als Beendigung der Beschäftigungsperiode gewertet. Eine Beschäftigungsperiode ist demnach definiert durch eine Anzahl von Beschäftigungsmeldungen, sowohl von regulärer Beschäftigung als auch von Weiterbeschäftigung, die bis zu einem halben Jahr unterbrochen werden kann. Sie ist nicht an einen Betrieb gebunden und kann sich durchaus in verschiedenen Betrieben abspielen.

Die erste Beschäftigung muss folgende Kriterien erfüllen, um in die Einkommensentwicklung einbezogen zu werden:

schäftigung nicht von betriebsstabilen Beschäftigungsepisoden (vor dem 1.1.1992) unterschieden werden könnten.

- Wenn der erste Beschäftigungsblock in der Summe der Beschäftigungsmeldungen kürzer als drei Monate ist, dann wird dieser Beschäftigungsblock nicht als erste Beschäftigung gewertet.
- Wenn der erste Beschäftigungsblock nach dieser Vorgehensweise ausscheidet, wird geprüft, ob der zweite Beschäftigungsblock die oben genannten Kriterien erfüllt und daher als erste Beschäftigungsmeldung angesehen werden kann. Dies wird sukzessive bei allen Beschäftigungsblöcken geprüft, bis ein Beschäftigungsblock mindestens drei Monate zusammenhängende Beschäftigungszeiten umfasst. Weist eine Person keinen Beschäftigungsblock auf, der diesen Kriterien entspricht, so wird sie aus der Analyse ausgeschlossen.[38]

Bei 10,1 Prozent der Berufsanfänger musste der erste Beschäftigungsblock aufgrund zu kurzer Beschäftigungszeiten aus der Analyse ausgeschlossen werden. D.h. 89,9 Prozent der Personen weisen in ihrer ersten erfassten Beschäftigung eine Beschäftigungszeit von mindestens drei Monaten auf. Bei 98,45 Prozent der ausgewählten Personen kann spätestens ab dem zweiten Beschäftigungsblock die Beobachtung der Einkommen angesetzt werden. (Diese Verteilung ist in der ost- und der westdeutschen Stichprobe ähnlich.)

4.2.1.2 Die Operationalisierung von Berufsanfängern – Altersgrenzen

Neben dem Kriterium der ersten erfassten Beschäftigungsmeldung wurden zur Operationalisierung der Berufsanfänger je nach erreichtem Qualifikationsniveau differenzierte Altersgrenzen[39] zugrunde gelegt. Dadurch wurde sichergestellt, dass Beschäftigte mit langen Erwerbslücken nicht als Berufsanfänger operationalisiert werden und in die Auswahl gelangen. Eine breite Definition der Altersgrenzen für den Berufseintritt ist vor allem aufgrund der heterogenen Übergänge von Ausbildung in den Arbeitsmarkt in den verschiedenen Bildungsgruppen notwendig. Auch innerhalb der einzelnen Qualifikationsgruppen nimmt die Streuung des Eintrittsalters immer mehr zu, wobei dieser Effekt für Jugendliche ohne beruflichen Abschluss besonders zu beobachten ist (Hillmert 2001).

---

38 Insbesondere bei den ostdeutschen Personen lässt sich nicht feststellen, ob und wie lange sie vor dem Erhebungszeitpunkt 1.1.1992 beschäftigt waren oder nicht. Durch diese Linkszensierung der Daten wird die Dauer des ersten Beschäftigungsblocks häufig unterschätzt werden. Trotzdem wurde auch bei ostdeutschen Beschäftigten das Kriterium von mindestens drei Monaten Beschäftigungszeit beibehalten, da das erste erfasste Gehalt als Referenzlohn in der späteren Einkommensbetrachtung fungiert.

39 Die Altersangaben wurden mit Hilfe des Geburtsjahrs approximiert. Bei Beschäftigten, die bei ihrer ersten erfassten Meldung unter 16 Jahre alt waren, liegt keine Geburtsjahrangabe vor. Die Variable GEBJAHR wird in diesen Fällen mit der Angabe 90 versehen. Für diese Personen wurde angenommen, dass sie 15 Jahre alt waren.

Tabelle 4.1: Altersgrenzen zur Operationalisierung der Berufsanfänger je nach Qualifikation

fehlende Bildungsangabe in der ersten Beschäftigungsmeldung	15-32
unbekannter Bildungsabschluss	15-32
keine Berufsausbildung, kein Abitur	15-24
abgeschlossene Berufsausbildung, kein Abitur	17-26
keine Berufsausbildung, Abitur	18-25
Berufsausbildung, Abitur	19-27
Fachhochschulabschluss	21-30
Hochschulabschluss	23-32

Die Altersverteilung zwischen der ostdeutschen und der westdeutschen Stichprobe ist sehr ähnlich. Zudem zeigt sich in dem Median des Alters je nach Bildungsstand bei der ersten erfassten Beschäftigungsmeldung die erwartete Altersverteilung. Mit steigenden Bildungsabschlüssen steigt auch das Alter des Eintretens in die Erwerbstätigkeit.

Tabelle 4.2: Median des Alters bei der ersten Beschäftigungsmeldung je nach Herkunft der Person und Qualifikation

Bildungsabschluss bei der ersten Beschäftigungsmeldung	Gesamt	westdeutsche Person	ostdeutsche Person
fehlende Bildungsangabe	22	22	20
unbekannter Bildungsabschluss	23	23	23
keine Berufsausbildung, kein Abitur	20	20	20
Berufsausbildung, kein Abitur	21	21	21
keine Berufsausbildung, Abitur	22	22	21
Berufsausbildung, Abitur	23	23	22
Fachhochschulabschluss	26	26	26
Hochschulabschluss	28	28	27

4.2.1.3 Die Zuordnung von Beschäftigten zur ost- bzw. westdeutschen Stichprobe

Die Zuordnung einer Person zur ostdeutschen bzw. westdeutschen Stichprobe kann durch das Merkmal Ost-West-Herkunft (OW_KTO) erfolgen, das den ersten erfassten Meldeort einer Person als Herkunft einer Person definiert. Da Wanderungswellen von Ost- nach Westdeutschland auch schon Ende 1990 und 1991 – also vor dem Beginn des Erhebungszeitraums 1992 – stattfanden, kann durch dieses Merkmal die Herkunft einer Person nicht immer eindeutig bestimmt werden. Wenn z.B. eine ostdeutsche Person im Jahr 1990 in die alten Bundesländer zog und dort eine Arbeitsstelle antrat, so wird sie in ihrer ersten erfassten Beschäftigungsmeldung in Westdeutschland gemeldet und als westdeutsche Person erfasst werden. Ebenfalls werden z.B. ostdeutsche Auszubildende, die in einem westdeutschen Betrieb ihre Ausbildung absolvieren, als westdeutsche Lehrlinge geführt werden, wenn sie nicht vor ihrer Lehre eine Beschäftigungsmeldung in Ostdeutschland aufweisen. Der Anteil von ostdeutschen Personen wird daher wahrscheinlich unterschätzt werden; bei einem Teil der als westdeutsch markierten Personen wird es sich um ostdeutsche Personen handeln.

Von dem kontobezogenen Ost-West-Merkmal unterscheidet sich das meldungsbezogene Ost-West-Merkmal OW_KNZ, welches den aktuellen Meldeort in West- bzw. Ostdeutschland angibt. Bei einem regionalen Wechsel unterscheiden sich beide Merkmale. Durch die vorgenommene Auswahl der Fälle wurden zum Teil die ersten Zeilen von Personen abgeschnitten, für Personen der ostdeutschen Stichprobe insbesondere dann, wenn die ersten Zeilen einen Leistungsbezug oder eine Bildungsphase beschrieben bzw. der erste erfasste Beschäftigungsblock weniger als drei Monate Beschäftigungszeit enthielt. In der westdeutschen Stichprobe wurden insbesondere Meldungen vor dem Jahr 1992 außer Acht gelassen. Dies hat zur Folge, dass schon in der ersten Meldung der gezogenen Stichprobe Personen mit ostdeutscher Herkunft in Westdeutschland gemeldet sind und umgekehrt.

Tabelle 4.3: Meldeort der ersten Beschäftigungsmeldung in West- und Ostdeutschland je nach Herkunft der Person

		Meldeort der ersten Meldung in				
		Westdeutschland		Ostdeutschland		Gesamt
westdeutsche Person	% →	102425	98,8	1292	1,2	*103717*
	% ↓		97,5		5,2	*80,0*
ostdeutsche Person	% →	2660	10,2	23326	89,8	*25986*
	% ↓		2,5		94,8	*20,0*
Gesamt		105085	81,0	24618	19,0	*129703*

IABS-R01 1992 bis 2001: eigene Berechnungen.

10 Prozent der ostdeutschen Personen waren schon vor Beginn der Stichprobenziehung regional mobil und weisen ihre erste Meldung innerhalb des westdeutschen Arbeitsmarktes auf. Westdeutsche Personen sind sehr viel seltener innerhalb Ostdeutschlands gemeldet, nur 1,2 Prozent der westdeutschen Stichprobe sind zu Beginn der Beobachtung durch einen ostdeutschen Betrieb gemeldet worden. Durch die größere Anzahl von westdeutschen Personen in der gesamten Stichprobe machen diese Personen einen Anteil von 5,2 Prozent (in der ersten erfassten Zeile) des ostdeutschen Arbeitsmarktes aus.

4.2.2 *Kurze Beschreibung der Stichprobe – Unterschiede zwischen Ost- und Westdeutschland*

Unterschiede zwischen der ost- und westdeutschen Stichprobe zeigen sich insbesondere in der Bildungsverteilung sowie in der Arbeitslosigkeitsquote.

Tabelle 4.4: Überblick über die Stichprobe

	Gesamt		West-Herkunft		Ost -Herkunft	
	N	%	N	%	N	%
Geschlecht						
männlich	69233	53,4	55403	53,4	13830	53,2
weiblich	60470	46,6	48314	46,6	12156	46,8
Gesamt	129703	100,0		100,0		100,0
Bildung bei erster erfasster Beschäftigungsmeldung						
unbekannt/missing	21119	16,3	16938	16,3	4181	16,1
ohne Berufsausbild.	24017	18,5	20727	20,0	3290	12,7
mit Berufsausbild.	73093	56,4	56571	54,5	16522	63,6
Uni/FH	11474	8,8	9481	9,1	1993	7,7
Bildung bei letzter Meldung nach Korrektur						
unbekannt/missing	8362	6,4	7004	6,8	1358	5,2
ohne Berufsausbild.	24980	19,3	21736	21,0	3244	12,5

IABS-R01 1992 bis 2001: eigene Berechnungen

In beiden Stichproben ist der Anteil der Beschäftigten mit Berufsausbildung dominant vertreten. In Ostdeutschland liegt er jedoch um knapp 10 Prozentpunkte höher. Dementsprechend sind in der westdeutschen Stichprobe mehr Personen mit

Hochschulausbildung sowie mehr Personen ohne Berufsausbildung vertreten. Letzteres könnte am höheren Anteil von Berufsanfängern mit Migrationshintergrund und ausländischer Staatsbürgerschaft in Westdeutschland liegen.[40]

Ein Teil der Berufsanfänger holt im Erwerbsverlauf noch Bildungsabschlüsse nach, was sich in steigenden Anteilen von Hochschulabsolventen sowie Beschäftigten mit Berufsausbildung zeigt. Vor allem aber konnte durch die Korrektur der Bildungsangaben (siehe Kapitel 4.6.4) der Anteil der Personen mit unbekannter bzw. fehlender Bildungsangabe sowohl in der west- als auch in der ostdeutschen Stichprobe verringert werden.

Die höhere Arbeitslosigkeitsrate in den neuen Bundesländern zeigt sich sehr deutlich. Nahezu 50 Prozent der ostdeutschen Personen in der Stichprobe waren mindestens einmal arbeitslos gemeldet, verglichen mit nur 30 Prozent der westdeutschen Personen. Ostdeutsche Personen sind häufiger mehrmals von Arbeitslosigkeit betroffen, die Hälfte aller ostdeutschen Personen mit Arbeitslosigkeitserfahrung weist zwei oder mehr Leistungsbezugsphasen auf. Mehrmalige Arbeitslosigkeit betrifft in der westdeutschen Stichprobe nur ein Drittel der Erwerbsverläufe mit Arbeitslosigkeit.

4.3 Operationalisierung der Einkommensmobilität

Im Folgenden wird ein kurzer Überblick über methodische Vorgehensweisen gegeben, die in verschiedenen Studien zum Zusammenhang von Mobilität und Einkommensverlauf angewendet wurden. Es werden exemplarisch einige Studien und ihr methodisches Design vorgestellt und Vor- und Nachteile des Designs diskutiert. Darauf aufbauend wird das eigene Untersuchungsdesign begründet. Da in dieser Untersuchung die Bewertung von Betriebsstabilität und Betriebsmobilität am Einkommensverlauf gemessen wird, besitzt die Messung von Einkommensveränderungen durch Einkommenszuwächse bzw. -verluste als abhängige Variable einen zentralen Stellenwert für das Untersuchungsdesign.

---

40 Deskriptive Auswertungen haben gezeigt, dass insbesondere Beschäftigte, die der Kategorie „Nichtdeutsch" in der Beschäftigtenstichprobe zugeordnet wurden, in den Bildungskategorien „unbekannte/fehlende Bildung" und „ohne Berufsausbildung" vertreten sind. Daher könnte es nahe liegen, die Auswertung ausschließlich auf ‚deutsch-gemeldete' Beschäftigte zu beschränken. Eine Selektion von Beschäftigten mit deutscher Staatsbürgerschaft ist mit der Beschäftigtenstichprobe jedoch nicht möglich. In der ostdeutschen Stichprobe wurde aufgrund von Datenschutzgründen auf das Merkmal NATION verzichtet, so dass eine Auswahl sich nur auf die westdeutsche Stichprobe beziehen könnte und daher auch ein Selektionseffekt in der ostdeutschen Stichprobe zu erwarten wäre.

4.3.1 *Messarten der Einkommensmobilität*

In den letzten Jahren wurden vermehrt Anstrengungen getätigt, den Einfluss von Mobilität auf den Einkommensverlauf zu untersuchen. Dabei konzentrieren sich Studien zumeist auf die unterschiedlichen Einkommens*zuwächse* betriebsmobiler bzw. betriebsstabiler Beschäftigter, während die unterschiedliche (relative oder absolute) Einkommens*höhe* beider Gruppen relativ selten untersucht wird. Um den Einfluss der Betriebsmobilität bzw. -stabilität auf den Einkommensverlauf zu messen, werden unterschiedliche Methoden angewendet, die je unterschiedliche Effekte in den Blick nehmen können und daher unterschiedliches Analysepotenzial beinhalten. Im Folgenden werden exemplarisch einige Vorgehensweisen vorgestellt und auf dieser Basis das eigene methodische Design begründet.

Einige Studien konzentrieren sich ausschließlich auf die Messung von Einkommensveränderungen nach einem Betriebswechsel, d.h. das Gehaltsniveau vor einem betrieblichen Wechsel wird dem Gehalt nach dem Wechsel gegenübergestellt. Aus den absoluten oder relativen Einkommensveränderungen werden die monetären Folgen von Mobilität abgeleitet. Ein solches empirisches Vorgehen kann als *statisches Design* (Naticchioni/Panigo 2004) bezeichnet werden und findet sich beispielsweise bei Keith und McWilliams (1997; 1999), Bartel und Borjas (1981), Mincer (1986), Topel und Ward (1992), Loprest (1992) und Antel (1983). Dieses Vorgehen ermöglicht es auch, die Höhe von Einkommensveränderungen differenziert nach Mobilitätsarten (beispielsweise freiwillige und unfreiwillige Mobilität) sowie getrennt für verschiedene Beschäftigtengruppen zu betrachten und die Anteile von Einkommensgewinnern und -verlierern an den Betriebswechslern zu quantifizieren.

Innerbetriebliche Einkommens- und Erwerbsverläufe werden bei diesen Designs jedoch nicht untersucht. Es werden nur unmittelbare Einkommensfolgen von Mobilität dargestellt, mittelfristige und langfristige Einkommensfolgen (im weiteren Erwerbsverlauf und innerhalb des neuen Betriebs) werden nicht betrachtet. Denn der erfasste Einkommenseffekt bezieht sich nur auf einen Zeitpunkt der Erwerbsbiografie, nämlich den des Betriebswechsels. Dieses Vorgehen ermöglicht es folglich nicht, die Einkommensverläufe von betriebsmobilen mit denen von betriebsstabilen Beschäftigten zu vergleichen oder Einkommenseffekte von Mobilität im Vergleich zu Betriebsstabilität zu werten. Eine solche Wertung wäre nur dann gerechtfertigt, wenn Einkommensverläufe *allein* durch zwischenbetriebliche Einkommensveränderungen geprägt wären und man davon ausgehen könnte, dass sich keine innerbetriebliche Einkommensveränderungen ergeben. Eine solche Annahme treffen beispielsweise die Suchtheorie und die Job-Matching-Theorie (Naticchioni/Panigo 2004). Gerechtfertigt wäre ein solches Vorgehen ebenfalls, wenn man davon ausgehen könnte, dass sich innerbetriebliche Einkommensverläufe von betriebsmobilen und betriebsstabilen Beschäftigten nicht unterscheiden würden, d.h. dass betriebsmobile Beschäftigte *innerhalb* der Betriebe, in denen sie vor und nach dem Betriebswechsel arbeiten, beispielsweise die gleichen Einkommenszuwächse erhalten wie betriebsstabile Beschäftigte.

Dieser Annahme widersprechen jedoch die Segmentationstheorie und die Humankapitaltheorie, denen zufolge der Zugang zu innerbetrieblichen Einkommenssteigerungen sich je nach Qualifikation und je nach Beschäftigungsdauer unterscheidet. Aus dieser Prämisse wäre zu folgern, dass sich die innerbetrieblichen Einkommenssteigerungen betriebsstabiler Beschäftigter von den Einkommensentwicklungen derjenigen Beschäftigten unterscheiden, die erst neu in dem Betrieb mit einer Beschäftigung beginnen, denn letztere verfügen über eine geringere Betriebszugehörigkeitsdauer. Möchte man die Effekte von Mobilität und Stabilität vergleichend betrachten und bewerten, ist ein *Vergleich von betriebsstabilen und betriebsmobilen Einkommensverläufen* notwendig. Er erfordert es, sowohl innerbetriebliche als auch zwischenbetriebliche Einkommenseffekte in die Analyse einzubeziehen. Für einen solchen Vergleich werden Längsschnittangaben zu Erwerbs- und Einkommensverläufen benötigt.

Zum Thema „*inner*betriebliche Einkommensverläufe" schlägt Brüderl (1990) ein Verfahren vor, mittels dessen der Informationsgehalt von Längsschnittangaben zu Einkommen adäquat ausgenutzt werden kann. Ausgangspunkt seiner Überlegungen ist, dass Einkommensverläufe aus zwei Komponenten bestehen: „einerseits aus Zeitdauern und andererseits aus Lohnsprüngen. Ein effizientes Analyseverfahren muss beide Komponenten berücksichtigen" (Brüderl 1990: 214). Zur Illustration untersucht er anhand zweier Verfahren die Lohnmobilität innerhalb eines Betriebs. Die Auswertung basiert auf anonymisierten Personaldaten eines bundesdeutschen Maschinenbaubetriebs.[41] Aufgrund der Datenauswahl können sehr differenzierte Analysen zur innerbetrieblichen Lohnmobilität berechnet werden, die Datenlage ermöglicht jedoch nur die Betrachtung des Erwerbsverlaufs innerhalb dieses einen Betriebs. Das heißt, der Einkommensverlauf vor dem Wechsel in den Betrieb, der Einkommenseffekt des Einstiegs in den Betrieb sowie der Einkommensverlauf nach Verlassen des Betriebs können nicht nachvollzogen werden, so dass keine Effekte von Betriebsmobilität in die Analyse eingehen.[42] Trotzdem liefert diese Studie wichtige Hinweise zu methodischen Verfahren, die Längsschnittanalysen zum Thema Einkommensmobilität fruchtbar machen können.

In einem ersten Verfahren berechnet Brüderl (1990) eine OLS-Regression, die den durchschnittlichen jährlichen Lohnzuwachs als Verhältnis zwischen dem letzten

41 Ausgewertet werden Personaldaten von Arbeitern, die im Zeitraum 1976-1984 in den Betrieb eintraten oder wieder eintraten, d.h. sie konnten durchgehend oder auch nur für eine gewisse Zeitspanne in diesem Betrieb beschäftigt sein. Bei den Daten handelt es sich um Längsschnittdaten mit Panelcharakter, da Informationen über die Arbeiter für das Ende eines jedes Jahres vorliegen. Es konnten Daten für 3.362 Personen ausgewertet werden.

42 Ausgewertet wurden nur Einsteiger in den Betrieb, dabei kann es sich um Berufseinsteiger, um Wiedereinsteiger oder um Betriebswechsler handeln. Aufgrund des Datenmaterials ist eine Trennung der unterschiedlichen Arten des Einstiegs in den Betrieb nicht möglich.

beobachteten und dem ersten beobachteten Lohn logarithmiert und durch die Beobachtungszeit dividiert. In einem zweiten Design verwendet er ein zweistufiges Verfahren, welches durch die Überführung der Personendaten in Lohnepisoden[43] einen Episodendatensatz zum Ergebnis hat. Im ersten Schritt wird die Zeitdauer bis zu einer Lohnveränderung mittels ereignisanalytischer Verfahren ausgewertet, im zweiten Schritt werden die erreichten Lohnveränderungen mittels OLS-Regressionen berechnet. Das heißt, dass neben der unterschiedlichen Höhe der durchschnittlichen Lohnzuwachsraten verschiedener Beschäftigtengruppen auch die durchschnittliche Wartezeit bis zu einem Lohnsprung betrachtet werden kann.[44]

Um einen Vergleich von Einkommensverläufen betriebsstabiler und betriebsmobiler Beschäftigter vorzunehmen, ist es notwendig, sowohl innerbetriebliche als auch zwischenbetriebliche Lohnveränderungen zu betrachten und den unterschiedlichen Einkommensverläufen gerecht zu werden. Ein häufig angewandtes Verfahren stellen ökonometrische Ansätze dar, die sich auf die von Mincer (1974) hergeleitete Lohngleichung beziehen. Die Lohngleichung schätzt den Lohnsatz als Funktion der gesamten Erwerbserfahrung sowie der Anzahl der Ausbildungsjahre. Um die Effekte von Betriebsmobilität und -stabilität auf Einkommenszuwächse zu schätzen, wurde die Lohngleichung in vielfältiger Weise modifiziert und angepasst (Beblo/Wolf 2002).[45] Dies betrifft insbesondere die Messung von Betriebszugehörigkeitsdauer und Berufserfahrung sowie den Einbezug von Betriebswechseln und Arbeitslosigkeitsphasen. Trotz unterschiedlicher Modellspezifikationen ist diesen Berechnungen gemein, dass sie durchschnittliche Wachstumsraten des Einkommens betrachten und die Wachstumsraten von innerbetrieblichen Einkommen mit zwischenbetrieblichen Einkommensveränderungen vergleichen. Gottschalk beispielsweise nimmt die durchschnittliche jährliche Wachstumsrate (des logarithmierten Einkommens) innerhalb eines Betriebs als Vergleichsmaßstab für durchschnittliche Wachstumsraten bei Betriebswechseln (unterschieden nach freiwilliger und unfreiwilliger Mobilität).[46] Vorteil dieser Methode ist, dass die durchschnittlichen positiven und negati-

43 Eine Lohnepisode ist definiert als der Zeitraum, in dem der Lohn einer Person konstant ist (Brüderl 1990: 219).

44 Weil ausschließlich innerbetriebliche Einkommensverläufe betrachtet werden, sind meist Einkommenserhöhungen und Aufstiege in der Hierarchie des betrachteten Betriebes zu beobachten. Innerbetriebliche Einkommensabstiege sind relativ selten und werden daher aus der Analyse ausgeschlossen (Brüderl et al. 1991: 376).

45 Eine Übersicht unterschiedlicher Modellspezifikationen findet sich bei Davia 2005. Flinn (1986) und Davia (2005) beziehen sich speziell auf Berufsanfänger, Topel und Ward (1992) betrachten sowohl den Effekt zurückliegender Mobilität auf das aktuelle Lohnniveau als auch den Einfluss zurückliegender Einkommenssteigerungen auf die aktuelle Entscheidung für Betriebswechsel, Mertens (1997) untersucht insbesondere industrielle und berufliche Mobilität, Gottschalk (2001) betrachtet speziell Abwärtsmobilität und unterscheidet wie Perticara (2002) zwischen freiwilligen und unfreiwilligen Jobwechseln.

46 Eine freiwillige Mobilität bezeichnet in dieser Analyse einen direkten Wechsel zwischen zwei Arbeitgebern, während ein unfreiwilliger Betriebswechsel durch eine Meldung ohne Erwerbstätigkeit un-

ven Einkommenseffekte von Betriebsmobilität und Betriebsstabilität für verschiedene Beschäftigtengruppen betrachtet werden können. Die durchschnittlichen Wachstumsraten sind jedoch nicht geeignet, die durchaus hohe Streuung von Einkommensveränderungen sichtbar zu machen, die sich sowohl innerhalb als auch zwischen Betrieben ergeben kann. Beispielsweise kann eine positive durchschnittliche Einkommenswachstumsrate in der Gruppe der betriebsmobilen Beschäftigten bedeuten, dass betriebsmobile Beschäftigte *durchschnittlich* häufigere und höhere Einkommensgewinne verzeichnen, als dies bei betriebsstabilen Beschäftigten der Fall ist. Der Anteil der Betriebsmobilen, die durch eine Betriebsmobilität Einkommensverluste hinnehmen mussten, wird aufgrund der Durchschnittsbildung aber nicht sichtbar.

Einen weiteren Ansatz zur methodischen Messung legen Blien und Rudolph (1989) vor: Mit Daten der Beschäftigtenstichprobe wurden Erwerbsverläufe sowie die Einkommensentwicklung von westdeutschen vollzeitbeschäftigten Arbeitern zwischen 1976 und 1983 untersucht.[47] Erfasst wurden die Einkommensveränderungen durch einen Vergleich der Einkommen zwischen 1976 und 1983. Die Einkommensveränderungen wurden für verschiedene Beschäftigtengruppen differenziert betrachtet: Betriebsstabile Beschäftigte waren von 1976 bis 1983 innerhalb eines Betriebs beschäftigt, betriebsmobile Beschäftigte wiesen innerhalb dieses Zeitraums mindestens einen Betriebswechsel auf. Zudem wurde die Gruppe der Betriebswechsler je nach Länge der Erwerbsunterbrechungen differenziert: Als freiwilliger Betriebswechsel wurde eine Erwerbsunterbrechung von unter 31 Tagen angesehen, als unfreiwilliger Wechsel ein Wechsel mit Erwerbsunterbrechung über 31 Tage.[48] Der Vergleich der Einkommensangaben zweier Zeitpunkte ermöglicht es, sowohl die absolute Einkommenshöhe am Beginn und Ende des betrachteten Zeitraums für die unterschiedlichen Wechslertypen zu vergleichen als auch die Einkommenszuwächse nach Betriebsstabilität und -mobilität zu differenzieren. Bedeutsamer ist jedoch der *relative* Einkommenszuwachs, der misst, wie sich die relative Einkom-

terbrochen wurde. Die unfreiwilligen Wechsel stellen wahrscheinlich Arbeitslosigkeitsphasen dar (Gottschalk 2001: 8).

47 Die Auswertungen beschränken sich auf durchweg Vollzeit arbeitende abhängig Beschäftigte. Zudem wurden nur deutsche und männliche Arbeiter berücksichtigt, die 1976 als einfache Arbeiter oder Facharbeiter in den Wirtschaftszweigen Bergbau/Energie, Verarbeitendes Gewerbe, Bau und Handel beschäftigt waren. Betrachtet wurden nur die Geburtsjahrgänge 1920-1955. Dadurch beschränken sich die Autoren auf die Kerngruppe von Arbeitskräften. (Zur Begründung der Auswahl siehe Blien/Rudolph 1989: 557). Zudem wurden die Daten in eine Bestandskohorte und eine Zugangskohorte getrennt. Die Bestandskohorte besteht aus Beschäftigten, die ganzjährig im Jahr 1976 beschäftigt waren. Aufgrund der Linkszensierung der Daten ist die komplette Betriebszugehörigkeitsdauer in dem ersten Betrieb nicht bekannt. Die Zugangskohorte besteht aus Arbeitern, die im Laufe des Jahres 1976 ein neues Beschäftigungsverhältnis begonnen haben und bei denen daher die komplette mögliche Betriebszugehörigkeitsdauer betrachtet werden kann (ebd.: 558).

48 Die Gruppe der unfreiwilligen Betriebswechsel wurde differenziert in kürzere Erwerbsunterbrechungen zwischen 31 und 180 Tagen und längere Erwerbsunterbrechungen über 180 Tage.

mensposition der Wechsler gegenüber der Gruppe der Betriebsstabilen im betrachteten Zeitraum verändert. Er zeigt an, ob beispielsweise ein höherer Einkommenszuwachs von Betriebswechslern gleichbedeutend mit einem höheren Gehaltsniveau ist, ob also Betriebswechsler durchschnittlich mehr verdienen als Betriebsstabile. Die Ergebnisse deuten allerdings in die entgegengesetzte Richtung: Betriebswechsler haben von Beginn an niedrigere Löhne. Höhere Einkommenszuwächse von (freiwillig) betriebsmobilen Beschäftigten gestatten es diesen, eine Anpassung an das Gehaltsniveau der betriebsstabilen Beschäftigten zu erreichen und den bestehenden Lohnabstand aufzuholen, nicht jedoch, dieses Niveau zu übertreffen. Es wird deutlich, dass neben Einkommenszuwächsen auch die absolute Höhe des Gehaltsniveaus zur Interpretation der Wirkungen von Mobilität und Stabilität auf das Einkommen von Bedeutung ist.

Was bedeutet dies nun für eine effektive Messung der Einkommenseffekte von Betriebsmobilität und -stabilität? Wie in der exemplarischen Darstellung einiger methodischer Verfahren gezeigt wurde, liegt die Hauptschwierigkeit in der Vergleichbarkeit von betriebsstabilen und betriebsmobilen Einkommensverläufen.

Ein betriebsstabiler Einkommensverlauf bezieht sich ausschließlich auf Gehaltsangaben aus einer Beschäftigung in einem Betrieb und wird insbesondere durch kontinuierliche, relativ geringe Lohnsteigerungen geprägt sein. Dennoch können innerbetriebliche Veränderungen wie berufliche Mobilität oder Wechsel des Arbeitszeitumfangs das Gehaltsniveau auch sprunghaft nach oben oder unten schnellen lassen. D.h. auch die Betriebsstabilität bedeutet nicht immer Kontinuität, sondern ist ebenfalls durch (innerbetriebliche) Mobilität geprägt. Auch innerhalb von Betrieben können sich – wie bei Betriebswechseln – sowohl kontinuierliche als auch sprunghafte Einkommensveränderungen ergeben.

Betriebsmobile Erwerbsverläufe sind neben innerbetrieblichen Lohnveränderungen (in mindestens zwei Betrieben) auch durch einen zwischenbetrieblichen Lohnunterschied geprägt, der nur auf einen Zeitpunkt bezogen ist. Dieser Einkommensunterschied zwischen einer Beschäftigung in Betrieb A und Betrieb B führt meist zu höheren Lohnsprüngen, als sie innerhalb von Betrieben zu beobachten sind.

Die Unterschiede betriebsstabiler und betriebsmobiler Einkommensverläufe sind jedoch nicht nur durch diesen ‚zwischenbetrieblichen Effekt' zu erklären. Auch die *innerbetrieblichen* Einkommensverläufe von betriebsstabilen und -mobilen Beschäftigten können sich unterscheiden. Beschäftigte beispielsweise, die innerhalb ihres Betriebs kaum Aufstiegschancen haben und daher von innerbetrieblichen Lohnsteigerungen wenig profitieren, werden sich nach besseren Alternativen umsehen und eher mit einem Betriebswechsel reagieren, während Beschäftigte mit guten innerbetrieblichen Aufstiegschancen und Einkommensperspektiven seltener mobil sein werden. Es ist auch zu erwarten, dass Beschäftigte mit geringerer Arbeitsleistung im Betrieb, die letztlich zu einer Kündigung und einer unfreiwilligen Mobilität führen könnte, weniger Lohnsteigerungen innerhalb des verlassenen Betriebs verzeichnen konnten als Beschäftigte, deren hohe Produktivität sich in längerer Betriebszugehörigkeit darstellt. In diesem Falle wären also schon *vor* einer Mobilität geringere innerbetriebliche Lohnsteigerungen für betriebsmobile Beschäftigte in Betrieb A als für betriebsstabile Beschäftigte im selben Betrieb zu vermuten. Andererseits ist auch ein gegenteiliger Effekt denkbar: Wenn gerade die Leistungsträger eines Betriebes von anderen Betrieben abgeworben werden, so sollte sich dies – neben positiven Einkommenseffekten zum Zeitpunkt des Betriebswechsels – auch schon vorher in höheren innerbetrieblichen Einkommenssteigerungen im verlassenen Betrieb bemerkbar machen.

Auch bei Betriebswechslern ist also, wie bei betriebsstabilen Personen, der Einkommensverlauf auch durch innerbetriebliche Einkommensverläufe geprägt, und die innerbetrieblichen Einkommensverläufe von betriebsmobilen Beschäftigten können sich von denen betriebsstabiler Personen unterscheiden. Daher sind positive und negative Einkommensverläufe von betriebsmobilen Beschäftigten nicht ohne weiteres ausschließlich auf den Mobilitätseffekt zurückzuführen. Folglich müssen neben zwischenbetrieblichen Lohnsprüngen auch für Betriebswechsler innerbetriebliche Einkommensveränderungen betrachtet werden, die Effekte des zwischenbetrieblichen Wechsels müssen von innerbetrieblichen Einkommenseffekten im verlassenen bzw. neuen Betrieb unterschieden werden. Sowohl für Betriebswechsler als auch für Betriebsstabile ist es notwendig, die Einkommensveränderungen an allen Punkten des Erwerbsverlaufs nachzuzeichnen, sowohl innerbetriebliche als auch zwischenbetriebliche Einkommensveränderungen zu betrachten und diese im Einkommensverlauf zu verfolgen. Dadurch wird es möglich, neben kurzfristigen Einkommensfolgen von Mobilität (nach einem Betriebswechsel) auch mittel- und langfristige Einkommenseffekte zu untersuchen.

Die Betrachtung von Einkommenszuwächsen bzw. -verlusten liefert nur *ein* Kriterium zur Beurteilung von Einkommensverläufen. Auch die Einkommenshöhe (absolut oder relativ) ist zur Wertung von betriebsmobilen und betriebsstabilen Einkommensverläufen wichtig (Blien/Rudolph 1989). Dem wird im Folgenden durch die Betrachtung der relativen Einkommensposition Rechnung getragen (vgl. 4.6.2).

Neben der Höhe und dem Auftreten von Lohnsprüngen ist insbesondere die Zeitdauer bis zu einem Lohnsprung für die Betrachtung von Einkommensverläufen von Bedeutung, wie es Brüderl (1990) in seiner Untersuchung zeigt. Um den Informationsgehalt der Längsschnittangaben zu Einkommensverläufen auszuschöpfen, bieten sich ereignisanalytische Verfahren an. Sie ermöglichen es, neben der Definition eines Zielzustands bzw. Ereignisses (hier Einkommensgewinn bzw. -verlust) die Zeit bis zum Erreichen des Zielzustandes auszuwerten. Der Definition des Zielzustands sowie der Differenzierung des Erwerbsverlaufs bis zum Erreichen des Zielzustands kommt im Rahmen von Ereignisanalysen eine besondere Rolle zu. Dies wird im Folgenden näher erläutert und begründet.

4.3.2 Operationalisierung von Einkommensmobilität – Methodisches Design

Im Folgenden schlage ich ein methodisches Design vor, um die Vergleichbarkeit von betriebsstabilen und -mobilen Einkommensverläufen zu gewährleisten und die Folgen von Betriebsstabilität und -mobilität adäquat zu messen. Anders als in den bisher vorgestellten Verfahren werden in dieser Untersuchung sowohl innerbetriebliche als auch zwischenbetriebliche Einkommensveränderungen im Vergleich zum Einstiegslohn prozentual aufsummiert, bis die Differenz zwischen aktuellem Lohn und Einstiegslohn eine bestimmte Grenze überschritten hat. Das heißt, es muss eine Einkommenszuwachs- bzw. Einkommensverlustgrenze definiert werden, deren Überschreiten als Einkommensereignis (Gewinn bzw. Verlust) aufgefasst werden kann. Dieses Ereignis bzw. dieser Zielzustand kann dann ereignisanalytisch als abhängige Variable fungieren.

4.3.2.1 Definition von Einkommensereignissen

Von einem Einkommensereignis wird gesprochen, wenn sich das aktuelle Gehalt im Vergleich zum Referenzlohn (= Einstiegslohn) um mindestens 20 Prozent unterscheidet[49] und dieses Gehaltsniveau mindestens drei Monate bezogen wird. Von einem Einkommensgewinn wird gesprochen, wenn das aktuelle Gehalt um mindestens 20 Prozent über dem Referenzlohn liegt, ein Einkommensverlust liegt vor, wenn das aktuelle Gehalt mindestens 20 Prozent geringer ausfällt. Ist ein Einkommensereignis eingetreten, so wird das ereignisauslösende Gehalt zum neuen Referenzlohn und die Einkommensberechnung beginnt von neuem.

Das jeweilige Gehalt der unterschiedlichen Beschäftigungsmeldungen wird in einer Einkommensepisode so lange prozentual im Vergleich zum Referenzlohn gemessen, bis ein Einkommensereignis eintritt, d.h. bis es sich um mindestens 20 Prozent vom Referenzlohn unterscheidet. Mit dem Eintreten eines Einkommensgewinns bzw. -verlusts beginnt eine neue Einkommensepisode, und die Summierung von Einkommenszuwächsen anhand des neuen Referenzlohns (= ereignisauslösendes Gehalt) beginnt von neuem, bis ein weiterer Verlust bzw. Gewinn opera-

49 Die relativ hohe Einkommensgewinn- bzw. -verlustgrenze verhindert, dass (relativ kurzfristige) Zeiten mit häufigen Überstunden einen operationalisierten Gewinn zur Folge haben. Darüber hinaus wurde die Einkommenszuwachs- bzw. -verlustgrenze von 20 Prozent gewählt, da gerade bei Berufsanfängern relativ schnelle und hohe Einkommensgewinne zu erreichen sind und Einkommenszuwächse und -verluste zum Teil sehr sprunghaft sind. Zudem führen die häufigen Betriebswechsel der Berufsanfänger zu sehr häufigen und abwechselnden Einkommensauf- und -abstiegen auf niedrigerem Niveau. Eine niedrigere Einkommensgewinn- und verlustgrenze würde demnach den Einfluss von Mobilität auf den Einkommensverlauf überschätzen. Zudem ermöglicht es die relativ hohe Einkommenszuwachs- bzw. -abstiegsgrenze, einen längeren Erwerbsverlauf zu berücksichtigen und auf diese Weise direkte *und* indirekte Folgen von Mobilität und Betriebsverbleib zu beobachten.

tionalisiert werden kann. Sollte keine prozentuale Einkommensveränderung von mindestens plus oder minus 20 Prozent zu operationalisieren sein, so ist die Einkommensepisode zensiert und der Beobachtungszeitraum von drei bis maximal elf Jahren wird ohne (weiteres) Einkommensereignis beendet. Diese Einkommensepisoden sind dementsprechend relativ konstant, Einkommenszuwächse und -verluste streuen zwischen minus 19 und plus 19 Prozent im Vergleich zum Referenzlohn.

Die unterschiedlichen Folgen von Mobilität für verschiedene Beschäftigtengruppen können sowohl höhere Gewinnchancen als auch höhere Verlustrisiken beinhalten. Um diese Differenzierung methodisch umzusetzen, werden bei dieser Operationalisierung der Einkommensmobilität *für jeden Beschäftigten* Verluste und Gewinne betrachtet, auf die Berechnung einer durchschnittlichen Wachstumsrate wird verzichtet. Dadurch wird es möglich, sowohl die Anteile der Beschäftigten auszuweisen, für die Mobilität einen Einkommensgewinn zur Folge hat, als auch die Anteile der Beschäftigten, für die eine Betriebsmobilität sich in einem Einkommensverlust auswirkt.

Die Operationalisierung orientiert sich demnach an Einkommensepisoden. Der Erwerbsverlauf innerhalb der Einkommensepisode kann nach unterschiedlichen Kriterien differenziert werden und als unabhängige Variable in ein ereignisanalytisches Modell eingefügt werden. Eine Einkommensepisode kann komplett durch betriebsstabile Beschäftigung geprägt sein, d.h. alle Einkommensangaben entstammen einem Betrieb, oder durch Betriebswechsel geprägt sein, so dass ihnen Gehaltsangaben mehrerer Betriebe zugrunde liegen. Auch Einkommensepisoden, die durch Erwerbsunterbrechungen wie beispielsweise Arbeitslosigkeit geprägt sind, lassen sich von denen unterscheiden, die durchgängige Beschäftigungszeiten aufweisen.

Wichtiger Vorteil dieses Verfahrens ist es, dass die Beschäftigungszeit bis zu einem Einkommensereignis betrachtet und dargestellt werden kann. D.h. es ist möglich zu messen, wie lange verschiedene Beschäftigtengruppen auf einen Einkommensgewinn bzw. -verlust von mindestens 20 Prozent warten müssen. Zudem kann zu jedem Zeitpunkt innerhalb der Einkommensepisode die Wahrscheinlichkeit für einen Einkommensgewinn bzw. -verlust berechnet werden, und die unterschiedlichen Arten von Betriebsmobilität können als zeitveränderliche Kovariate eingefügt werden. Der Effekt von Mobilität kann also zeitgenau dargestellt werden. So kann der Einkommenseffekt eines Betriebswechsels direkt und zum Zeitpunkt eines Betriebswechsels betrachtet werden und er kann von nachfolgenden innerbetrieblichen Lohnveränderungen im zweiten Betrieb unterschieden werden.

Abbildung 4.1: Schematische Darstellung der Operationalisierung von Einkommensereignissen

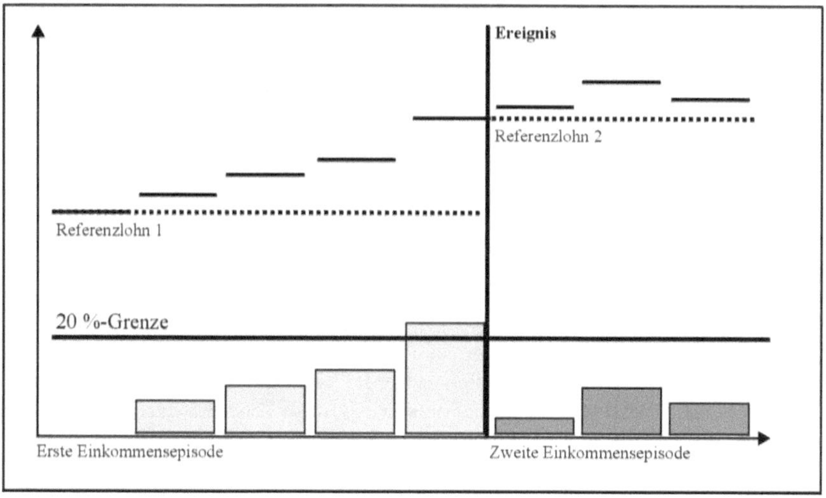

Am Beginn des dargestellten Einkommensverlaufs bezieht der Beschäftigte ein Einstiegsgehalt von 81 DM/Tag. Das Einstiegsgehalt fungiert für den weiteren Einkommensverlauf als Referenzlohn. Die weiteren Einkommensmeldungen stellen leichte Steigerungen des Gehalts dar. Die vierte Gehaltsmeldung von 102 DM/Tag ergibt einen Einkommensgewinn von 27,5 Prozent im Vergleich zum Referenzlohn. Dadurch wird ein Einkommensereignis ausgelöst, das Gehalt von 102 DM/Tag wird zum neuen Referenzlohn und die Ereignisberechnung beginnt von neuem. Da die prozentuale Differenz der weiteren Gehaltsmeldungen im Vergleich zum neuen Referenzlohn die Mindestgrenze von plus bzw. minus 20 Prozent nicht überschreitet, wird kein weiteres Einkommensereignis mehr operationalisiert. Der hier dargestellte Einkommensverlauf weist demnach zwei Einkommensepisoden auf, die erste Episode wird mit einem Gewinn abgeschlossen, die zweite ist zensiert, es wird kein weiteres Ereignis erreicht.

Die Berechnung von Einkommensereignissen erfolgte in mehreren Schritten (siehe ausführliche Darstellung im Anhang). Gewertet wurde nur Einkommen aus regulärer Tätigkeit in sozialversicherungspflichtiger Beschäftigung.[50] Die Einkommensangaben wurden entsprechend dem gültigen Wertebereich (Geringfügigkeitsgrenze und Pflichtversicherungsgrenze) beschnitten.

Einkommen, die mindestens 80 Prozent der oberen Pflichtversicherungsgrenze erreichen, wurden nach dem Verfahren von Gartner (2005) geschätzt.[51] Gehalts-

50 Die Entgeltinformation ergibt sich aus dem gemeldeten Bruttoentgelt geteilt durch die Kalendertage, für die das Beschäftigungsverhältnis bestand.

51 Es handelt sich um 5280 Einkommensangaben. 97 Prozent davon entstammen Knappschaftsangaben und wurden mit der Angabe 400 kodiert. Da für diese Fälle letztlich keine Angaben über die tatsächliche Lohnhöhe vorliegen, wurde auf die Schätzung der Einkommen verzichtet. Zudem handelte es sich meist um relativ kurzfristige Erwerbszeiträume und meist folgte nach einer solch hohen Einkommens-

angaben wurden ab 1999 in D-Mark umgerechnet und je nach Bezugsjahr auf Basis von 1995 inflationiert. Einkommen aus kurzfristiger Beschäftigung (unter 31 Tagen) wurde mit zusammenhängenden Gehaltsmeldungen verrechnet (zur Verrechnung von kurzfristigen Gehaltsmeldungen siehe ebenfalls ausführlich den Anhang).

4.3.2.2 Die Differenzierung des Erwerbsverlaufs innerhalb einer Einkommensepisode

Die Operationalisierung der Einkommensmobilität, die hier als aufsummierter Gewinn bzw. Verlust von mindestens 20 Prozent definiert wurde, verfolgt den Einkommensverlauf unabhängig von verschiedenen Erwerbszuständen, Ereignissen im Erwerbsverlauf und der Beschäftigungszeit. Die Beschäftigungssituation sowie die Ereignisse des Erwerbsverlaufs innerhalb einer Einkommensepisode können jedoch als zeitveränderliche Kovariate betrachtet werden, so dass bei jeder Beschäftigungsmeldung je nach Beschäftigungssituation sowie je nach Zustandswechsel (beispielsweise Betriebswechsel oder innerbetriebliche berufliche Mobilität) die Wahrscheinlichkeit geprüft werden kann, ob ein Einkommensereignis erreicht wird.

Den einfachsten Fall stellen *betriebsstabile Einkommensepisoden* dar. Beschäftigte, die dieser Kategorie zugeordnet wurden, waren von Beginn bis Ende der Einkommensepisode in ein und demselben Betrieb beschäftigt.[52] Innerhalb der betriebsstabilen Beschäftigung wurden als innerbetriebliche Mobilität definiert: eine berufliche Mobilität (Wechsel der Berufskennziffer, der sowohl Auf- als auch Abstieg bedeuten kann) und ein Arbeitszeitwechsel (Vollzeit-Teilzeit und umgekehrt).

Als *betriebsmobile Einkommensepisoden* werden Erwerbsverläufe bezeichnet, die mindestens einen Betriebswechsel[53] innerhalb der Einkommensepisode aufweisen. Dieser Betriebswechsel kann unmittelbar vor dem Erreichen des Einkommensereignisses stattgefunden haben (direkte Mobilität) oder eine längere Zeit zurückliegen (indirekte Mobilität). Er wird differenziert nach innerregionaler und regionaler Mobilität, nach Ziel und Richtung der regionalen Mobilität, nach freiwilliger und unfrei-

---

angabe wieder eine Angabe mit demselben Einkommen wie vor diesem ‚Sprung'. Würde man das von Gartner vorgeschlagene Verfahren der Schätzung der Einkommen in diesen Fällen anwenden, würde der Anteil von Einkommensaufstiegen und anschließenden Einkommensabstiegen überschätzt. In diesen Fällen wurde die vorherige Einkommensangabe angenommen. Nach Gartners Verfahren geschätzt wurden demnach nur 112 Einkommensangaben.

52 Technisch bedeutet dies, dass sich der Betriebsnummernzähler seit der ersten Meldung der Einkommensepisode bis zum Ende (Erreichen eines Einkommensereignisses bzw. Zensierung) nicht ändert. Die Beschäftigung innerhalb eines Betriebs konnte jedoch durchaus durch Zeiten von Weiterbeschäftigung ohne Bezüge (Erziehungsurlaub, Krankheit über sechs Wochen usw.) oder Erwerbslosigkeit mit Wiederbeschäftigung in dem ursprünglichen Betrieb (Recall) unterbrochen werden. Auch diese Fälle wurden also unter der betriebsstabilen Beschäftigung subsumiert.

53 Zur Operationalisierung von Betriebswechseln siehe 4.4.

williger Mobilität, nach gleichzeitiger beruflicher Mobilität sowie nach Wechsel des Arbeitszeitumfangs.

Der *Restkategorie* werden Einkommensepisoden zugeordnet, die von sehr kurzfristigen Betriebswechseln (mit einer Beschäftigungszeit unter drei Monaten in dem neuen Betrieb) sowie Betriebswechseln in nichtsozialversicherungspflichtige Tätigkeiten (wie geringfügige Beschäftigung und Bildungsphasen innerhalb des dualen Systems) geprägt sind. Bei diesen Erwerbsverläufen handelt es sich um hochgradig diskontinuierliche und brüchige Erwerbsverläufe, die sowohl durch häufige Betriebswechsel als auch durch häufige Arbeitslosigkeitsphasen gekennzeichnet sind und durch jüngere und geringqualifizierte Beschäftigte im Niedriglohnbereich dominiert werden.

Die unterschiedlichen Erwerbsverläufe innerhalb von Einkommensepisoden werden exemplarisch in der folgenden Grafik verdeutlicht:

Abbildung 4.2: Exemplarische Erwerbsverläufe innerhalb einer Einkommensepisode

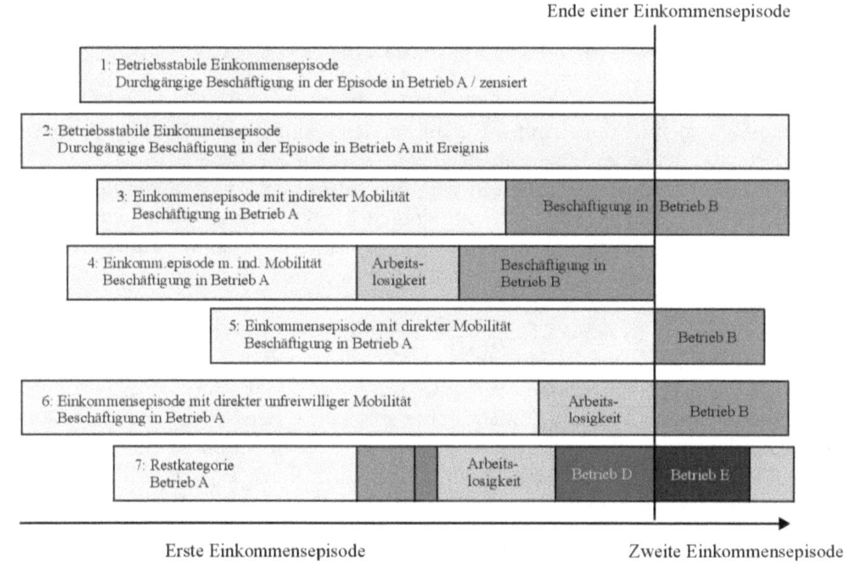

Die ersten beiden Einkommensepisoden (*Balken 1 und 2*) beschreiben betriebsstabile Episoden. Während die Episode 1 zensiert ist (der erfasste Erwerbsverlauf geht weder in einen Gewinn noch in einen Verlust über), erreicht die zweite betriebsstabile Einkommensepisode ein Einkommensereignis.

Balken 3 und 4 werden der Kategorie ‚indirekte Mobilität' zugeteilt. Innerhalb des Erwerbsverlaufs der Einkommensepisode fand zwar ein Betriebswechsel statt, dieser Betriebswechsel führte jedoch nicht direkt zu einem Einkommensereignis. Die ereignisauslösende Gehaltsmeldung fand im zweiten Betrieb statt, so dass die Einkommensverläufe sowohl aufsummierte Einkommenssteigerungen innerhalb des ersten und zweiten Betriebs als auch zwischenbetriebliche Einkommensveränderungen aufweisen. Einkommensverläufe, die durch indirekte Mobilität geprägt sind, stellen eine Mischform von betriebsstabilen und betriebsinstabilen Einkommensepisoden dar: Ein mögliches Einkommensereignis findet – wie bei betriebsstabilen Einkommensepisoden – innerbetrieblich statt, zugleich ist der Erwerbsverlauf – ebenso wie bei betriebsmobilen Erwerbsverläufen – durch mindestens einen Betriebswechsel geprägt.

Bei Einkommensepisoden mit direkter Mobilität (*Balken 5 und 6*) ist ein mögliches Einkommensereignis direkt mit einem Betriebswechsel verbunden, das heißt, die ereignisauslösende Gehaltsmeldung ist die erste Gehaltsmeldung des neuen Betriebs. Während die Episode 5 einen direkten Betriebswechsel zwischen zwei Betrieben darstellt, ist der Betriebswechsel in Episode 6 mit einer Arbeitslosigkeit verbunden.

Balken 7 zeigt einen typischen Erwerbsverlauf der Restkategorie. Kriterium für diese Kategorie sind sehr kurzfristige Betriebswechsel. D.h. die Beschäftigungszeit in einem neuen Betrieb beträgt nicht länger als drei Monate.

4.3.2.3 Wie entsteht ein innerbetrieblicher und wie ein zwischenbetrieblicher Einkommensgewinn?

Die Operationalisierung der Einkommensmobilität bezieht sich auf aufsummierte Einkommenszuwächse bzw. Einkommensverluste, die meist mehrere Beschäftigungs- und Gehaltsangaben umfassen und sowohl innerbetriebliche als auch zwischenbetriebliche Einkommensveränderungen einbeziehen. Was steht nun inhaltlich hinter einem innerbetrieblichen Einkommensgewinn bzw. -verlust und wie wird ein zwischenbetriebliches Einkommensereignis erreicht?

Die Einkommenszuwachsberechnung bezieht sich auf die Entgeltinformationen, die sich aus dem gemeldeten Bruttoentgelt geteilt durch die Kalendertage der jeweiligen Beschäftigungsmeldung ergeben. Das heißt, die Basis der Einkommensberechnungen sind nicht etwa Stundenlöhne, sondern die Berechnungen beziehen sich auf das gemeldete Bruttogehalt, das in der Zeit einer Beschäftigungsmeldung ausgezahlt wurde.[54] In diesem Gehalt können bezahlte Überstunden, Leistungsprämien, tarifliche Zuschläge, Weihnachtsgeld usw. enthalten sein.

Dies bedeutet, dass innerbetriebliche Einkommensauf- und -abstiege unterschiedlich interpretiert werden können. Innerbetriebliche Einkommensaufstiege können beispielsweise durch tarifliche Lohnerhöhungen, durch berufliche Aufstiege oder durch Gehaltserhöhungen entstehen. Sie können auch durch ein hohes Maß an bezahlten Überstunden und Mehrarbeit verursacht sein. Aber auch die Veränderung von betrieblichen Entlohnungsmodellen kann sowohl Einkommensauf- als auch -abstiege hervorrufen. Wenn beispielsweise variable und leistungsbezogene Entgeltmodelle als Grundlage der betrieblichen Entgeltgestaltung eingeführt werden, so ist das Einkommen der Beschäftigten stärker als bisher von der Einhaltung von Zielvorgaben und dem Unternehmenserfolg abhängig. Dementsprechend können sowohl innerbetriebliche Gewinne als auch Verluste häufiger werden. Auch die Gestaltung der betriebli-

54 Bei einer ganzjährigen Beschäftigung handelt sich demnach um das Bruttojahresgehalt.

chen Arbeitszeitmodelle sowie die Entgeltung von Mehrarbeit und von Überstunden wirken auf die innerbetrieblichen Einkommensperspektiven von Beschäftigten. Wird innerhalb des Betriebes die Arbeitszeitgestaltung verändert und beispielsweise Vertrauensarbeitszeit eingeführt, so werden vormals finanziell abgegoltene Überstunden nicht mehr ausgezahlt, so dass sich das Bruttoentgelt verringert.[55] Kurzarbeitszeitphasen wirken sich ebenfalls negativ auf das Einkommen aus. Auch würde ein Ausscheren des Unternehmens aus dem Flächentarif oder eine Nutzung von Öffnungsklauseln sich wahrscheinlich negativ auf die Einkommen der Beschäftigten auswirken, insofern die Löhne nicht mehr von Erhöhungen im Rahmen des Flächentarifvertrags profitieren oder Stundenlöhne unterhalb der tariflichen Entlohnung gezahlt werden. Ein weiterer Grund für ungünstige Einkommensperspektiven innerhalb des Betriebs könnte sich durch innerbetriebliche Reorganisationsmaßnahmen wie das Abflachen von Hierarchieebenen ergeben, da vormals mögliche innerbetriebliche Aufstiege samt den damit häufig verbundenen Einkommensgewinnen nunmehr weniger Beschäftigten zugänglich sind (Diebler 2004). Auch stabile Einkommen können, wenn eine Anpassung an die Inflationsraten nicht erfolgt, letztlich zu Einkommensverlusten führen – dies wird jedoch aufgrund der relativ geringen Inflation der letzten Jahre nicht ausreichen, um einen Einkommensverlust von mindestens 20 Prozent auszulösen.

Zwischenbetriebliche Einkommensveränderungen setzen sich aus innerbetrieblichen Einkommensangaben und einem Lohnunterschied zwischen zwei Betrieben zusammen. Auch hinter diesem zwischenbetrieblichen Lohnunterschied können mehrere Aspekte stehen. So kann vermutet werden, dass beispielsweise ein Einkommensgewinn durch einen beruflichen Aufstieg begleitet wird und dieser Aufstieg letztlich auch die Motivation für den Stellenwechsel war. Auch ein generell höheres Gehaltsniveau im neuen Betrieb (beispielsweise bei einem Wechsel von einem mittelständischen Unternehmen in einen Großbetrieb, bei einem Wechsel von ländlichen Gebieten in urbane Zentren, in denen üblicherweise höhere Löhne gezahlt werden, und bei einem Wechsel in einen tariflich gebundenen Betrieb) kann ausschlaggebend für einen Einkommensgewinn sein. Unterschiedliche Entlohnungsmodelle in den jeweiligen Betrieben können ebenfalls ein Grund für einen zwischenbetrieblichen Einkommenseffekt sein. Wenn beispielsweise in einen Betrieb gewechselt wird, in dem sowohl ein dreizehntes Monatsgehalt als auch Überstunden gezahlt werden, so verbessern sich die Einkommensperspektiven auch unabhängig von zwischenbetrieblichen beruflichen Aufstiegen. Analog können solche Entlohnungsunterschiede zwischen den Betrieben auch als Grund für zwischenbetriebliche Einkommensabstiege angeführt werden.

55 Direkte Lohnkürzungen sowie unbezahlte Mehrarbeit versteht beispielsweise Gesine Stephan als Formen der innerbetrieblichen Einkommenskürzung (Stephan 2006).

4.4 Die Operationalisierung der Mobilität

In den verschiedenen vorliegenden Untersuchungen wird Mobilität – zum Teil aufgrund unterschiedlicher Datenbasis – sehr unterschiedlich gemessen, es werden dabei unterschiedliche Aspekte von Mobilität erfasst. Mobilität im Erwerbsverlauf kann sich auf verschiedene Arten von Wechseln zwischen zwei Zuständen beziehen: auf den Wechsel des Betriebs, des Arbeitsplatzes, des Berufs usw. So kann sich die Messung von Mobilität auf berufliche Mobilität konzentrieren und somit innerbetriebliche und zwischenbetriebliche Mobilität enthalten (Velling 1995), während bei anderen Autoren der Wechsel des Betriebs als Kriterium zur Messung von Mobilität genutzt wird (beispielsweise: Haas 2000; Blien et al. 2007). Bei zwischenbetrieblichen Mobilitäten kann zudem zwischen regionalen und innerregionalen Mobilitätsformen unterschieden werden, wobei als Kriterium für eine regionale Mobilität entweder der Wechsel des Arbeitsorts bzw. Betriebsorts oder des Wohnorts herangezogen werden kann.

In der hier vorgelegten Studie werden unterschiedliche Formen der Mobilität gemessen. Die wichtigste Art der Mobilität stellt im Zusammenhang der Fragestellung ein Betriebswechsel dar. Die Messung eines Betriebswechsels wird durch einen Wechsel des Betriebsnummernzählers operationalisiert[56] und bezieht sich auf einen Betriebswechsel in eine sozialversicherungspflichtige Beschäftigung. Das heißt, ein Betriebswechsel in geringfügige Beschäftigung oder die Aufnahme einer Ausbildung wird nicht als Betriebswechsel angesehen. Als weiteres Kriterium wurde eine Mindestbeschäftigungszeit von drei Monaten in dem neuen Betrieb festgelegt; Betriebswechsel mit sehr kurzen Beschäftigungszeiten, wie sie beispielsweise durch Ferienjobs oder Nebenjobs gegeben sein können, werden also nicht als vollwertige Betriebswechsel betrachtet. (Diese Wechsel werden in der Restkategorie zusammengefasst.)

Eine erfolgreiche Stellensuche, die in eine Anstellung in einem neuen Betrieb mündet, ist Voraussetzung für einen Betriebswechsel. Personen mit freiwilligem Betriebswechsel (Mobilität ohne Erwerbsunterbrechung) konnten ihre Erwerbstätigkeit lückenlos fortsetzen, während bei Betriebswechseln, die aus der Arbeitslosigkeit hervorgehen, eine operationalisierte Mobilität im obigen Sinne einen erfolgreichen Wiedereinstieg in das Erwerbssystem bedeutet (Haas 2000). Insbesondere in den neuen Bundesländern, und hier vor allem bei geringqualifizierten Beschäftigten, gelingt der Wiedereinstieg in das Erwerbssystem aus einer Arbeitslosigkeitsphase jedoch nur schwer. Geringere Betriebswechselquoten von geringqualifizierten Be-

56 Die Betriebsnummer wird den Arbeitgebern von den Arbeitsagenturen zugeteilt. Dies ist insofern problematisch, als einerseits dieselbe Arbeitsstätte mehrere Betriebsnummern besitzen kann, andererseits mehrere Arbeitsstätten zu einem Betrieb zusammengefasst sein können. Auch bei Inhaber- und Rechtsformwechsel kann es vorkommen, dass neue Betriebsnummern vergeben werden und insofern ein Betriebswechsel von Arbeitnehmern vorgetäuscht wird (Velling/Bender 1994, Fußnote 7). In dieser Untersuchung wird diese Problematik vernachlässigt und von einem Betriebswechsel ausgegangen, sobald sich der Betriebsnummernzähler ändert.

schäftigten sollten dementsprechend auch als geringere Wiedereinstiegschancen in eine sozialversicherungspflichtige Beschäftigung interpretiert werden.

4.4.1 Regionale und innerregionale Betriebswechsel

Betriebswechsel können sowohl innerhalb einer Region als auch regional vollzogen werden. Als Kriterium für die Messung regionaler Betriebswechsel kann der Wohnort oder der Betriebsort genutzt werden, und es können unterschiedliche Definitionen von Regionen (etwa Kreise, Gemeinden, Arbeitsmarktregionen oder Bundesländer) zugrunde liegen.

In dieser Untersuchung wird die Operationalisierung regionaler und innerregionaler Mobilität anhand der Regionenkennziffer vorgenommen. Im ersten Schritt wurde, falls bei einer Beschäftigungsmeldung die Regionenkennziffer fehlte, die vorherige Regionenkennziffer der entsprechenden Person angenommen. Dadurch wurde verhindert, dass aufgrund fehlender Werte ein regionaler Wechsel operationalisiert wird.[57] Um einheitlichere Regionen zu bilden, die auch das Arbeitsmarktgeschehen adäquater abbilden, wurde im zweiten Schritt die Regionenkennziffer auf Basis des Jahres 1995 in Arbeitsmarktregionen umgewandelt, wobei gegebenenfalls mehrere Regionenkennziffern zusammengefasst wurden (Blien et al. 1991).

Die Regionenkennziffer einer Person wird in der IABS-R01 durch den Betriebsort und nicht durch den Wohnort der Person gebildet. Ein Wechsel der Regionenkennziffer (bei gleichzeitigem Betriebswechsel) bedeutet also einen Wechsel des Betriebsorts, nicht unbedingt jedoch des Wohnorts. Eine regionale Mobilität kann, muss aber nicht zwingend mit dem Wechsel des Wohnorts verbunden sein, wenn beispielsweise eine zunehmende Entfernung zwischen Wohn- und Betriebsort durch Pendeln überbrückt wird. Mit einer regionalen Mobilität muss die Entfernung zwischen Wohnort und Betriebsort nicht zwingend zunehmen. Wenn beispielsweise eine Person, die bisher relativ weite Entfernungen bis zum Betriebsort gependelt ist, in einen anderen Betrieb wechselt (regionale Arbeitsplatzmobilität), kann der neue Betrieb unter Umständen näher am Wohnort liegen als vorher. Insbesondere bei Ost-West- und West-Ost-Wechseln zeigen sich relativ große Anteile von Rückmobilität, so dass hier zumindest subjektiv möglicherweise keine regionale Mobilität weg von zu Hause, sondern zurück zum Lebensmittelpunkt vorliegt.

Zusätzlich wird nach Start- und Zielregion einer betrieblichen Mobilität unterschieden. Es wird somit nicht nur zwischen innerregionalen Betriebswechseln (innerhalb der Arbeitsmarktregion) und regionaler Mobilität differenziert, sondern es wird zusätzlich unterschieden, ob ein regionaler Wechsel aus einem ost- oder einem

---

57 Dadurch könnte jedoch unter Umständen die Zeit in Region A bei einem Wechsel in Region B überschätzt werden, wenn der fehlende Wert eigentlich die erste Meldung in Region B darstellt.

westdeutschen Betrieb gestartet wurde und in welcher Region der neue Betrieb liegt. Dadurch können Betriebswechsel innerhalb eines Bundeslands, in ein anderes Bundesland und Betriebswechsel zwischen Ost- und Westdeutschland voneinander getrennt werden.

4.4.2 *Freiwillige und unfreiwillige Mobilität, Lücke-Mobilität*

Eine der wichtigsten Unterscheidungen von Mobilitäten bezieht sich auf die Differenzierung zwischen freiwilligen und unfreiwilligen Betriebswechseln.

Als Kennzeichen für diese Unterscheidung wird eine mögliche vorangegangene Arbeitslosigkeit[58] herangezogen. Erfolgt ein Betriebswechsel nach einer Arbeitslosigkeitsphase, so wird sie als unfreiwillige Mobilität angesehen. Es wird davon ausgegangen, dass der Betriebswechsel erfolgte, um die Arbeitslosigkeit zu beenden. Wird ein Betriebswechsel vollzogen, ohne dass die Person vorher eine Arbeitslosigkeitsphase erlebte bzw. ohne dass sie eine Erwerbsunterbrechung aufwies, wird von einem nahtlosen und freiwilligen Wechsel der Arbeitsstelle ausgegangen.

Bei freiwilligen Betriebswechseln wird unterstellt, dass Beschäftigte ihrem Betrieb gekündigt und z.B. aufgrund besserer Arbeitsbedingungen oder höherer Entlohnung eine Arbeitsstelle in einem neuen Betrieb angenommen haben. D.h. ein freiwilliger Betriebswechsel ist meist das Resultat einer Stellensuche von einem bestehenden Arbeitsplatz aus. Für freiwillige Betriebswechsel wird häufig angenommen, dass die Motivation für den Stellenwechsel aufstiegsorientiert ist und dass der Betriebswechsel in der Regel Einkommensverbesserungen nach sich zieht (Haas 2000: 4). Aber es können durchaus auch andere Motive für einen Stellenwechsel eine Rolle spielen. So können Beschäftigte drohenden Kündigungen oder Betriebsschließungen zuvorkommen wollen. Konflikte im Arbeitsalltag sowie Konflikte mit Kollegen und Vorgesetzten können ebenfalls ein Motiv für eine Kündigung und einen Stellenwechsel darstellen.

Im Gegensatz zu freiwilligen Betriebswechseln ist eine unfreiwillige Mobilität das Resultat einer Stellensuche aus einer Arbeitslosigkeit heraus. Bei unfreiwilligen Betriebswechseln wird meist davon ausgegangen, dass der Arbeitnehmer entlassen wurde, sei es aufgrund geringer Leistung des Arbeitnehmers oder aufgrund von Betriebsschließungen und betriebsbedingtem Personalabbau.

Letztlich ist die Trennung von freiwilligen und unfreiwilligen Betriebswechseln durch das Kriterium einer vorangegangenen Arbeitslosigkeit unzureichend. Die Operationalisierung von freiwilliger und unfreiwilliger Mobilität vermag nur grob zwischen Entlassungen und Kündigungen zu unterscheiden und kann nur bedingt

---

58 Als Arbeitslosigkeit wird ein Leistungsbezug aus der Arbeitslosenversicherung angesehen, der mindestens 31 Tage andauern muss.

über die Motive des Betriebswechsels oder über den tatsächlich empfundenen Grad der ‚Freiwilligkeit' einer Mobilität Aussagen machen. Für eine umfassende quantitative Untersuchung musste diese Schwäche jedoch in Kauf genommen werden.

Neben freiwilligen und unfreiwilligen Mobilitäten wurden Betriebswechsel, die mit einer Meldelücke einhergehen, unterschieden. Solche Meldelücken können beispielsweise durch unbezahlten Urlaub, lange Krankheit, fehlenden Anspruch auf Versicherungsleistungen aus der Sozialversicherung aufgrund eigener Kündigung oder zu kurzer Beitragszahlung, nicht gemeldete Arbeitslosigkeit, Wehrpflicht, Selbstständigkeit, Mutterschutz und Elternzeit sowie Bildungsphasen außerhalb des dualen Systems entstehen.

In Anlehnung an die Operationalisierung von Anette Haas (2000)[59] werden demnach unter einer freiwilligen Mobilität lückenlose Betriebswechsel (mit einer Beschäftigungslücke von höchstens 31 Tagen und ohne Leistungsbezug) gefasst, während unfreiwillige Mobilitäten mit einer Arbeitslosigkeitsphase (mit Leistungsbezug) verbunden sind. Ist der Betriebswechsel mit Erwerbslosigkeit ohne Leistungsbezug bzw. mit ungemeldeten Zeiten von über 31 Tagen verbunden, so spreche ich von Lücke-Mobilität.

4.4.3 Berufliche Mobilität

Ein möglicher Berufswechsel wird als weitere Kategorie gemessen. Grundsätzlich könnte vermutet werden, dass im Falle von gleichzeitigen Betriebs- und Berufswechseln Abstiege häufiger wären, da für diese Gruppe die humankapitaltheoretische Annahme eines Verlusts von spezifischem Humankapital bei Mobilität stärker zutreffen wird als bei reinen Betriebswechseln. Vor allem wenn es sich um berufliche Wechsel in ausbildungsfremde Tätigkeiten handelt, sollte dies in der Regel mit geringeren Löhnen und damit Einkommensabstiegen verbunden sein (Seibert 2007). Operationalisierbar ist ein Berufswechsel als Änderung in der Berufskennziffer[60] (Velling/Bender 1994). Allerdings erlaubt die Änderung der Berufskennziffer keine Differenzierung zwischen beruflichen Auf- und Abstiegen, so dass gegensätzliche Einflüsse von beruflicher Mobilität auf die Einkommensentwicklung erwartet werden können. Berufliche Mobilität wurde differenziert in innerbetriebliche und zwischenbetriebliche berufliche Mobilität.

---

59 Anette Haas (2000) unterschied ebenfalls drei unterschiedliche Mobilitätsarten: erstens direkte Betriebswechsel mit einer Beschäftigungslücke von höchstens 31 Tagen ohne Bezug von Arbeitslosengeld oder -hilfe (Leistungsbezug), zweitens Betriebswechsel nach Arbeitslosigkeit *mit* Leistungsbezug und drittens Betriebswechsel nach Beschäftigungsunterbrechung *ohne* Leistungsbezug von über einem Monat.

60 Der Berufswechsel wird anhand des Wechsels des Dreistellers der ausgeübten Berufsordnung (328 Berufe, Klassifizierung der Berufe der Bundesagentur für Arbeit) gemessen.

4.4.4 *Anzahl von Betriebswechseln im Erwerbsverlauf*

Als weiteres Mobilitätsmerkmal wird die Anzahl der beobachteten Betriebswechsel im Erwerbsverlauf betrachtet. Bei dem Zähler von Betriebswechseln wird nicht zwischen regionalen und innerregionalen Mobilitäten unterschieden.

4.5 Die Konstruktion der Dauervariablen bis zu einem Ereignis

Neben deskriptiven Analysen wurden multivariate Ereignisanalysen durchgeführt. Um Ereignisanalysen sinnvoll berechnen zu können, ist die Dauer von Beginn einer Episode bis zum Erreichen eines Ereignisses (Einkommensgewinn bzw. -verlust) zu bestimmen. Die Dauer wurde als sozialversicherungspflichtige Beschäftigungszeit in Tagen operationalisiert, sie rechnet also von Beginn der Episode bis zum Erreichen des Ereignisses die Tage in sozialversicherungspflichtiger Beschäftigung auf. Zeiten in Erwerbslosigkeit, Arbeitslosigkeit, Mutterschutz oder Bildung wurden demnach nicht eingerechnet. Wird ein Ereignis erreicht und die Person geht in ein zweites Einkommensereignis über, so beginnt die Dauerberechnung wie auch die Einkommensberechnung von neuem.

Um die sozialversicherungspflichtige Beschäftigungszeit bis zu einem Einkommensereignis zu berechnen, wurde sowohl kurzfristigen Einkommensbezügen Rechnung getragen (siehe Anhang) als auch die Dauer von Betriebsverbleibern besonders behandelt. Eine Einkommensveränderung innerhalb des Betriebs ist nicht meldepflichtig, so dass eine innerbetriebliche Lohnveränderung meist erst durch die Jahresmeldung oder aufgrund anderer meldepflichtiger Änderungen sichtbar wird. Dies bedeutet, dass für Betriebsverbleiber ein Einkommensereignis im Sinne der Operationalisierung zeitlich nicht exakt nachverfolgt werden kann und die Betriebszeit bis zu einem Einkommensereignis meist überschätzt wird. Im Gegensatz dazu wird bei einem Betriebswechsel, der direkt ein Einkommensereignis auslöst, das neue Ereignis in der ersten Beschäftigungszeile des neuen Betriebs zeitgenau erfasst. Um die daraus resultierenden Verzerrungen der Erwerbszeit bis zu einem Ereignis zu minimieren, wurde bei der Summierung von innerbetrieblichen Erwerbszeiten bei Eintreten eines Ereignisses nur die Hälfte der Erwerbszeit der vorherigen Beschäftigungsmeldung angenommen.[61] Dies bedeutet z.B. für einen innerbetrieblichen Einkommensgewinn, der mit der Jahresmeldung am 1.1.1995 operationalisiert wurde, dass bei einer vorherigen Jahresmeldung im selben Betrieb das Ereignis am 30.6.1994 angenommen wird. Läge eine Beschäftigungsmeldung in diesem Betrieb vom

61 Ein ähnliches Verfahren wendet auch Brüderl (1990) an. Wenn am Ende eines Jahres ein anderer Lohn als im vorigen Jahr gemessen wird, so wird angenommen, dass der Lohnsprung zur Jahresmitte erfolgte (ebd.: 219).

1.10.1994 bis zum 31.12.1994 vor, so würde das Ereignis mit dem 15.11.1994 approximiert werden.[62]

4.6 Operationalisierung weiterer Variablen

4.6.1 Arbeitszeit

Die Arbeitszeit eines Beschäftigten wird nur relativ grob durch die Beschäftigtenstatistik erfasst und erlaubt nur eine Trennung von Vollzeit- und Teilzeitverträgen. Gerade hinter Teilzeitverträgen (Arbeitszeitumfang unterhalb der normalen wöchentlichen Vollzeittätigkeit) können sich sehr unterschiedliche vertragliche und tatsächliche Arbeitszeitumfänge verbergen. Diese konnten aufgrund der Datenbasis nicht berücksichtigt werden, Veränderungen in der Arbeitszeit werden daher nur relativ grob durch den Wechsel von einer Teilzeit- in eine Vollzeitbeschäftigung und umgekehrt differenziert.

4.6.2 Relative Einkommensposition

Die relative Einkommensposition einer Person beschreibt das Einkommensniveau im Vergleich zu Beschäftigten derselben Bildungsgruppe am Beginn der jeweiligen Einkommensepisode und wurde getrennt für die neuen und die alten Bundesländer bestimmt. Sie wurde berechnet anhand der Differenz des eigenen Gehalts zum Einkommensmedian der Referenzgruppe und des Referenzjahrs. Das heißt, die Differenz des individuellen Einkommens zum Median der Vergleichsgruppe wurde in Abhängigkeit vom jeweiligen Kalenderjahr, vom Bildungsstand und getrennt nach Ost und West gebildet. Der Median des Gehalts wurde (anhand der kompletten Stichprobe mit allen Altersgruppen) durch den Median von Vollzeiterwerbstätigen in sozialversicherungspflichtiger Beschäftigung am Stichtag 30. Juni eines Kalenderjahrs getrennt nach Bildungsgruppen und getrennt nach Ost und West berechnet. Das Gehalt wurde nach den Sozialversicherungspflichtgrenzen beschnitten, in D-Mark umgerechnet und nach dem Basisjahr 1995 inflationiert.

Die relative Einkommensposition wurde bei Episodenbeginn für Vollzeiterwerbstätige in sozialversicherungspflichtiger Beschäftigung als Differenz des individuellen Gehalts zum Median der Einkommen der Referenzgruppe berechnet und in sechs Differenzkategorien zusammengefasst. Teilzeitbeschäftigte wurden gesondert ausgewiesen, da für sie keine relative Einkommensposition zu bestimmen ist.[63]

62 Nähere Hinweise zur Operationalisierung der Dauervariablen siehe Anhang.

63 Die Bestimmung der relativen Einkommensposition von Teilzeitbeschäftigten setzt genaue Angaben zum Arbeitszeitumfang voraus, die in der IABS-R01 nicht vorliegen.

4.6.3 Alter

Auf die Betrachtung des Alters wurde verzichtet, da durch die bildungsgruppenspezifischen Altersgrenzen, die zur Operationalisierung der Berufsanfänger genutzt wurden, das Alter einer Person stark mit der Bildung korrelieren würde und Alterseffekte nicht von Bildungseffekten getrennt werden könnten.

4.6.4 Bildung

Die Bildungsangaben in der Beschäftigtenstichprobe sind zum Teil durch hohe Fehlerquoten gekennzeichnet. Daher wurde bei fehlenden Bildungsangaben in einer Beschäftigungsmeldung die vorherige Bildungsangabe angenommen und fortgeschrieben, bis erneut eine gültige Bildungsangabe vorlag. Die Angaben wurden in drei Qualifikationsgruppen zusammengefasst: Personen mit unbekannter oder fehlender Bildung wurden mit Personen ohne Berufsausbildung in der Kategorie „niedrige Qualifikation“ zusammengeführt. Beschäftigte mit Berufsausbildung (mit und ohne Abitur) stellen die mittlere Bildungsgruppe dar (mittlere Qualifikation). Hochqualifizierte Beschäftigte umfassen Hochschul- und Fachhochschulabsolventen (hohe Qualifikation).

4.6.5 Arbeitslosigkeit (Anzahl von Arbeitslosigkeiten im Erwerbsverlauf)

Eine Arbeitslosigkeit wurde dann gewertet, wenn sich ein Leistungsbezug aus der Arbeitslosigkeitsversicherung von mehr als 31 Tagen ergab. Das heißt, sehr kurze Arbeitslosigkeitsbezüge von unter einem Monat wurden nicht im Zähler von Arbeitslosigkeitsphasen im Erwerbsverlauf berücksichtigt.

4.7 Vor- und Nachteile des Untersuchungsdesigns

Die tagesgenauen Angaben zu Erwerbs- und Leistungsbezugszeiten in der Beschäftigtenstichprobe ermöglichen es, Erwerbs- und Einkommensverläufe sehr detailliert abzubilden. Die Erwerbs- und Einkommensverläufe von sozialversicherungspflichtig Beschäftigten können zudem über einen relativ langen Zeitraum betrachten werden. So ist es möglich, Betriebsverbleiber und Betriebswechsler an allen Punkten ihres Erwerbsverlaufs zu identifizieren und sowohl Erwerbs- als auch Einkommensverläufe verschiedener Beschäftigtengruppen sehr präzise darzustellen. Allerdings lassen sich mittels der Beschäftigtenstatistik nur Erwerbszeiten innerhalb sozialversicherungspflichtiger Beschäftigung auswerten, so dass geringfügige Beschäftigung (bis 1999) sowie selbstständige Tätigkeiten nicht betrachtet werden können. Auch beschränkt sich die Meldung von Arbeitslosigkeit in der Beschäftigtenstichprobe auf den Leistungsbezug aus der Arbeitslosigkeitsversicherung. Nicht gemeldete Arbeitslosigkeit und Arbeitslosigkeit ohne Leistungsbezugsberechtigung (insbesondere bei Langzeitarbeitslosigkeit) wird durch die Beschäftigtenstatistik nicht erfasst. Dadurch entstehen Meldelücken, die auf der Basis der IABS-R01 nicht näher bestimmt werden können. Bei diesen kann es sich um Bildungstätigkeiten außerhalb des dualen Systems, Mutterschaft oder Elternzeit, Arbeitslosigkeit ohne Leistungsbezug, Selbstständigkeit, Krankheit (über sechs Wochen) oder sonstiges handeln.

Vorteil der regionalisierten Beschäftigtenstichprobe ist die kleinräumige Erfassung von Regionen, die es zulässt, Betriebswechsel nach Ziel und Herkunft der Mobilität zu differenzieren. Die große Fallzahl von Personen in dieser Stichprobe, die einen Umfang von 2 Prozent aller sozialversicherungspflichtig Beschäftigten in Deutschland ausmacht, ermöglicht es darüber hinaus, sowohl nach Beschäftigtengruppen als auch nach Regionen differenzierte Auswertungen zu tätigen.

Allerdings sollen auch die Nachteile des Datenmaterials für die vorliegende Auswertung nicht verschwiegen werden. Durch das Meldeverfahren werden einige für die Sozialwissenschaften wichtige Merkmale von Personen nicht erfasst. Hier ist insbesondere der Haushaltskontext von Beschäftigten zu nennen. Denn gerade Mobilitätsentscheidungen werden im Kontext von Familien getroffen und die eigene Erwerbstätigkeit wird in Abstimmung mit dem Haushaltskontext geplant. Eine Untersuchung dieses Merkmals würde eine relativ gute Datenbasis des Haushaltszusammenhangs, der Haushaltseinkommen sowie eine eindeutige Zuordbarkeit von Partnern benötigen, die in der Beschäftigtenstichprobe nicht gegeben ist.[64]

Auch genauere Angaben zur vertraglichen Ausgestaltung von Beschäftigungsverhältnissen wären im Rahmen dieser Untersuchung wünschenswert gewesen. Insbesondere die Unterscheidung von befristeten und unbefristeten Verträgen hätte sich als erklärungskräftiges Merkmal für inner- und zwischenbetriebliche Einkommensverläufe erweisen können. Zudem sind Angaben über die Arbeitszeitgestaltung sowie den Arbeitszeitumfang in der Beschäftigtenstichprobe nur bedingt vorhanden. Es lassen sich nur Teilzeit- und Vollzeitbeschäftigung voneinander trennen, diese Kategorien sagen jedoch – aufgrund zunehmender Arbeitszeitflexibilisierung – immer weniger über tatsächliche Arbeitszeiten aus (Kratzer et al. 2005).

Auch betriebliche Variablen konnten in diesem Untersuchungsdesign nicht berücksichtigt werden. Das heißt, die Einkommensverläufe werden hier nahezu ausschließlich durch individuelle und regionale Merkmale erklärt, betriebliche Einflüsse wie beispielsweise unterschiedliche Entlohnungsmodelle müssen ausgeblendet bleiben.

---

64 Da die Einträge der Variable Familienstand und die Angaben zur Kinderzahl nicht mehr direkt von den Krankenkassen gemeldet werden, von hohen Fehlerquoten betroffen waren oder gänzlich fehlten, wurden diese Variablen aus dem Datensatz entfernt. Eine sinnvolle Auswertung wäre mit diesen Variablen nicht durchführbar gewesen.

5 Deskriptive Ergebnisse

In diesem Kapitel werden die wichtigsten deskriptive Ergebnisse zum Thema Mobilität und Einkommen in Ost- und Westdeutschland dargestellt, bevor im folgenden Kapitel die Ergebnisse der multivariaten Modellrechnungen erörtert werden.

Welche Konsequenzen Mobilitäten im Erwerbsverlauf für die individuellen Einkommensperspektiven haben, hängt nicht nur mit der Art der Mobilität zusammen (innerbetriebliche versus zwischenbetriebliche Mobilität sowie Veränderungen des Berufs, der Arbeitszeit, der Region usw.), sondern auch damit, welche Personen betriebsmobile bzw. betriebsstabile Erwerbsverläufe aufweisen. Im ersten Schritt wird im Folgenden die Struktur der in dieser Untersuchung operationalisierten Mobilität getrennt für Ost- und Westdeutschland vorgestellt. Im zweiten Schritt wird der Frage der positiven bzw. negativen Selektion von betriebsmobilen bzw. -stabilen Personen nachgegangen.

Anschließend werden Zusammenhänge zwischen Mobilität und Einkommensverläufen in einem ersten Überblick deskriptiv dargestellt.

5.1 Betriebsmobilität und Betriebsstabilität

5.1.1 Wer wird mobil?

Die Studien zur Entwicklung der Beschäftigungsstabilität und zur Quantität von Mobilität auf dem deutschen Arbeitsmarkt, wie sie im zweiten Kapitel vorgestellt wurden, haben gezeigt, dass sowohl niedrigqualifizierte als auch hochqualifizierte Beschäftigte Betriebswechsel vornehmen, diese jedoch einen unterschiedlichen Stellenwert für die Beschäftigten haben. Speziell niedrigqualifizierte Beschäftigte sehen sich mit der Notwendigkeit konfrontiert, immer wieder neue Beschäftigungen zu finden, da sie eine sinkende Chance auf langfristige betriebsinterne Beschäftigungsperspektiven haben. Betriebswechsel sind für Beschäftigte mit fehlenden oder geringen Qualifikationen häufig durch den Verlust des Arbeitsplatzes motiviert und ein Arbeitgeberwechsel wird häufiger durch eine Arbeitslosigkeitsphase unterbrochen. Aber auch die Erwerbsverläufe von jungen und hochqualifizierten Beschäftigten sind durch häufige Betriebswechsel geprägt. In den ersten Berufsjahren von Akademikern stellen Betriebswechsel nicht nur ein relativ normales Mittel dar, Karrieremöglichkeiten auf dem externen Arbeitsmarkt zu nutzen und berufliche Erfahrungen in verschiedenen betrieblichen und beruflichen Kontexten zu sammeln. Auch die höheren Befristungsraten von Akademikern – befristete Arbeitsverhältnisse sind bei ihnen teilweise zur ‚normalen' Beschäftigungsform nach dem Berufseinstieg geworden – erhöhen die Notwendigkeit, sich immer wieder neu zu orientieren und Beschäftigungsmöglichkeiten in anderen Unternehmen und Betrieben zu suchen. Das heißt, auch Akademiker wechseln nicht immer freiwillig den Betrieb, durch ihre generell höheren Arbeitsmarktchancen gelingt es ihnen im Vergleich zu niedrigqualifizierten Beschäftigten jedoch häufiger, Arbeitslosigkeit durch nahtlose Betriebswechsel abzuwenden bzw. nach kurzen Arbeitslosigkeitsphasen den Wiedereinstieg in Beschäftigung zu schaffen.

Da in dieser Studie die ersten (drei bis elf) Jahre des Erwerbsverlaufs betrachtet werden, kann man erwarten, dass die Beschäftigtengruppe der betriebsmobilen Arbeitnehmer sehr heterogen zusammengesetzt ist. Sowohl niedrigqualifizierte als auch hochqualifizierte Beschäftigte sind häufiger mobil, die Mobilität hat jedoch für diese beiden Gruppen je spezifische Bedeutung im Erwerbsverlauf. Zudem kann erwartet werden, dass sich die Bedeutung von Mobilität auch aufgrund der unterschiedlichen Arbeitsmarktlage stark nach Ost- und Westdeutschland unterscheidet.

Zur Beantwortung der Frage, welche Personengruppen betriebsmobil sind, ist es weiterführend, die Anzahl der Betriebswechsel im betrachteten Erwerbsverlauf und die Art der Betriebswechsel zu berücksichtigen. Daher folgt ein kurzer deskriptiver Überblick über die Mobilitätsquoten von Männern und Frauen sowie je nach Bildungsstand, der eine Prüfung der Frage erlaubt, ob es sich bei den mobilen bzw. immobilen Beschäftigten um eine positiv oder negativ ausgewählte Beschäftigtengruppe handelt, d.h. ob sie sich in Eigenschaften unterscheiden, die – neben einem Betriebswechseleffekt – positiv bzw. negativ auf die Einkommenschancen wirken. Auf der Basis der Beschäftigtenstichprobe können nur Geschlechtsunterschiede sowie Differenzierungen je nach Qualifikationsgruppe vorgenommen werden, die jeweils getrennt für Ost- und Westdeutschland bzw. für ostdeutsche und westdeutsche Personen betrachtet werden können.[65] Es werden verschiedene Kriterien angesetzt: Zuerst werden die Anzahl der Betriebswechsel insgesamt sowie die Anzahl der regionalen Betriebswechsel im betrachteten Erwerbsverlauf dokumentiert. Diese geben Auskunft darüber, welche Beschäftigtengruppen Betriebswechsel aufweisen und ob die Erwerbsverläufe durch mehrmalige Betriebswechsel geprägt sind. Wie im zweiten Kapitel jedoch deutlich geworden ist, ist ein Betriebswechsel nicht einfach als Diskontinuitäts- oder Prekaritätsmerkmal zu interpretieren, sondern kann sehr unterschiedliche Hintergründe haben (Schäper et al. 2000). Aus diesem Grunde werden auch die Anteile von freiwilligen und unfreiwilligen Betriebswechseln, die Anzahl von Arbeitslosig-

65 Haushalts- und Familienzusammenhang, Familienstand und Anzahl der Kinder, Variablen, die insbesondere für die Betrachtung von Frauenerwerbstätigkeit förderlich wären, liegen in den Daten nicht vor. Auch weitere Merkmale der beruflichen Stellung können aus demselben Grund nicht berücksichtigt werden.

keitsphasen im Erwerbsverlauf sowie die Quartile der Betriebszugehörigkeitsdauer dargestellt. Sie erlauben es abzuschätzen, ob Betriebsmobilität ein Anzeichen für diskontinuierliche bzw. prekäre Erwerbsverläufe ist.

Tabelle 5.1: Stabilitätsmerkmale von westdeutschen und ostdeutschen Personen

	Stabilitätsmerkmale			
	Anzahl der Betriebswechsel			
	0	1	2	3+
westdeutsche Person	41,8	30,0	16,7	11,5
ostdeutsche Person	35,9	30,8	18,1	15,2
	Anzahl der regionalen Betriebswechsel			
	0	1	2	3+
westdeutsche Person	72,8	18,4	6,6	2,2
ostdeutsche Person	65,2	22,4	8,8	3,7
	Anzahl der Arbeitslosigkeitsphasen			
	0	1	2	3+
westdeutsche Person	70,5	18,6	6,7	4,2
ostdeutsche Person	50,3	25,1	13,3	11,3
	Struktur der Betriebswechsel			
	freiwillig	unfreiwillig	Meldelücke	
westdeutsche Person	58,7	18,6	22,7	
ostdeutsche Person	48,1	34,2	17,7	
	Quartile der Betriebszugehörigkeit in Tagen			
	25	50	75	
westdeutsche Person	121	333	787	
ostdeutsche Person	131	333	729	

IABS-R01 1992 bis 2001: eigene Berechnungen

Wie aus der Darstellung des Forschungsstands in Kapitel 2 hervorgeht, sind speziell jüngere Beschäftigte häufiger betriebs- und berufsmobil und weniger ortsgebunden als ältere Beschäftigte. Dass die Beschränkung auf Berufseinsteiger in dieser Untersuchung eine Selektion von hochmobilen Beschäftigten zur Folge hat, zeigt sich in den hohen Mobilitätsraten in der Stichprobe.

Eigene Berechnungen dokumentieren, dass der Wechsel von Betrieben und Arbeitsstellen für den größten Teil der west- und ostdeutschen Berufsanfänger ein normales Ereignis im Erwerbsverlauf darstellt (vgl. Tabelle 5.1). Während 58 Prozent der westdeutschen Personen mindestens einen Betriebswechsel und 27 Prozent mindestens einen regionalen Betriebswechsel aufweisen, liegt die Quote in der ostdeutschen Stichprobe mit 64 Prozent bzw. 35 Prozent etwas höher. Dementsprechend häufiger sind innerhalb der ostdeutschen Stichprobe auch mehrmalige Wechsel des Betriebs. Dass diese häufigere Betriebswechselhäufigkeit von ostdeutschen Beschäftigten Ausdruck von höheren Arbeitsmarktrisiken ist, wird unter anderem, daran deutlich, dass ein höherer Anteil ostdeutscher Berufsanfänger einmal oder mehrmals im erfassten Erwerbsverlauf arbeitslos wird. Während nur 30 Prozent der westdeutschen Berufsanfänger eine oder mehrere Arbeitslosigkeitsphasen aufweisen, gilt das für jeden zweiten ostdeutschen Berufsanfänger. Dementsprechend häufiger sind in Ostdeutschland Betriebswechsel mit Arbeitslosigkeit verbunden – während in Westdeutschland nur 19 Prozent der Betriebswechsel als unfreiwillig bezeichnet werden können, liegt der Anteil in Ostdeutschland nahezu doppelt so hoch. Ebenso zeigen die Quartile der Betriebszugehörigkeit für Westdeutschland durchschnittlich etwas längere Zugehörigkeitsdauern als für Ostdeutschland. Dadurch werden die Ergebnisse anderer Studien (Ketzmerick 2002; Struck/Köhler 2004; Diewald/Sill 2004) bestätigt, die gezeigt haben, dass die angespannte Arbeitsmarktlage in Ostdeutschland nicht nur zu einer erhöhten Flexibilität auf dem Arbeitsmarkt geführt hat, sondern dass diese vor allem mit dem Risiko unfreiwilliger Mobilität und gestiegenen Arbeitslosigkeitsrisiken für die Beschäftigten einhergeht.

Wenn wir die Stabilitäts- und Diskontinuitätsmerkmale differenziert nach Geschlecht betrachten, so zeigen sich insgesamt nur schwach ausgeprägte Unterschiede zwischen Männern und Frauen in Ost- und Westdeutschland (vgl. Tabelle 5.2). Die deskriptiven Ergebnisse dieser Studie, die ja ausschließlich die Erwerbsverläufe von Berufsanfängern betrachtet, bestätigen auf den ersten Blick die Ergebnisse anderer Studien nicht (vgl. etwa Beblo/Wolf 2002, Holst/Schupp (2004). Weibliche Berufsanfänger wechseln nicht häufiger den Betrieb und weisen weniger häufig regionale Betriebswechsel auf als Männer. Im Gegenteil – auch wenn der hier dargestellte Gendereffekt nur schwach ausgeprägt ist, zeigt sich, dass Männer häufiger mobil sind als Frauen. Auch mehrmalige Betriebswechsel im Erwerbsverlauf sind in größerer Zahl bei Männern zu beobachten. Dies gilt sowohl für ost- als auch für westdeutsche Beschäftigte.

Dieser Befund, aber auch die niedrigeren Anteile von Arbeitslosigkeitsphasen sprechen für kontinuierlichere Erwerbsverläufe von Frauen, denn im Erwerbsverlauf weisen mehr Männer mindestens eine Arbeitslosigkeitsphase auf, und sie sind auch bei den mehrmals Arbeitslosen stärker vertreten als Frauen. Dementsprechend größer ist der Anteil der männlichen Beschäftigten, die unfreiwillige Mobilitäten aufweisen, während Frauen, wenn sie den Betrieb wechseln, dies eher freiwillig tun, d.h. einen nahtlosen Wechsel vornehmen. Dieser Geschlechtseffekt ist jedoch nahezu ausschließlich bei westdeutschen Berufsanfängern zu beobachten, während in der ostdeutschen Stichprobe die Geschlechtsunterschiede nur gering ausgeprägt sind. Die Betrachtung der Quartile der Betriebszugehörigkeitsdauer in Tagen zeigt, dass auch die Betriebszugehörigkeitsdauern von Frauen im Vergleich zu Männern höher sind.

Tabelle 5.2: Stabilitätsmerkmale von westdeutschen und ostdeutschen Personen je nach Geschlecht

	Stabilitätsmerkmale							
	westdeutsche Person				**ostdeutsche Person**			
	Anzahl von Betriebswechseln							
	0	1	2	3+	0	1	2	3+
Mann	40,9	29,7	17,1	12,3	33,5	29,6	18,3	18,6
Frau	43,3	30,3	16,2	10,2	38,6	32,2	17,8	11,4
	regionale Betriebswechsel							
	0	1	2	3+	0	1	2	3+
Mann	71,2	19,0	7,2	2,6	61,4	23,3	10,2	5,1
Frau	74,6	17,7	5,9	1,8	69,4	21,3	7,1	2,2
	Anzahl der Arbeitslosigkeitsphasen							
	0	1	2	3+	0	1	2	3+
Mann	67,5	19,1	7,7	5,7	46,2	25,3	14,3	14,2
Frau	73,8	18,1	5,5	2,6	55,0	24,7	12,1	8,2

	Struktur der Betriebswechsel					
	freiwillig	unfreiwillig	Meldelücke	freiwillig	unfreiwillig	Meldelücke
Mann	55,6	20,7	23,7	47,1	34,1	18,9
Frau	62,6	15,9	21,5	49,6	34,1	16,0
	Quartile der Betriebszugehörigkeitsdauer in Tagen					
	25	50	75	25	50	75
Mann	109	288	726	115	274	638
Frau	147	364	878	172	364	879

IABS-R01 1992 bis 2001: eigene Berechnungen

Die sich ergebende relative Kontinuität der weiblichen Erwerbsverläufe könnte durch die Beschränkung des Samples auf Berufsanfänger entstehen. Wenn Frauen erst nach einer mehrjährigen Erwerbsphase Familien gründen, würde die Familienphase hier aufgrund des beschränkten Beobachtungszeitraums (von drei bis elf Jahren Erwerbstätigkeit) unter Umständen nicht erfasst. Allerdings kann dieser Befund auch darauf verweisen, dass gerade der Anteil der Frauen, die im Beobachtungszeitraum eine Familie gründen und ihre Erwerbstätigkeit zugunsten einer Erziehungszeit aufgeben, aus dem Sample ausscheiden, weil der Beobachtungszeitraum von drei bis elf Jahren nicht ausreicht, um einen Wiedereinstieg in die Erwerbstätigkeit zu erfassen. Die längeren Erwerbsunterbrechungen von Frauen durch Familien- und Erziehungszeiten könnten somit dazu führen, dass speziell Frauen mit langen und stabilen Erwerbsverläufen überproportional im Sample verbleiben und ein Teil der Diskontinuität von weiblichen Erwerbsverläufen aufgrund des begrenzten Beobachtungszeitraums nicht erfasst wird. Eine dritte Interpretation könnte darin bestehen, dass zunehmend auch bei familiär bedingten Erwerbspausen nach einem Erziehungsurlaub frühzeitig die Beschäftigung im Betrieb wieder aufgenommen wird, beispielsweise unter Verringerung des Arbeitszeitumfangs, um die Doppelbelastung von Familie und Beruf in den Griff zu bekommen. Denn gerade bei weiblichen Erwerbsverläufen spielt die Arbeitszeit eine wichtige Rolle, da der Erwerbsumfang eine der wichtigsten Determinanten der Vereinbarkeit von Familie und Beruf darstellt. Es ist also möglich, dass sich hinter den längeren Betriebszugehörigkeitsdauern von Frauen vermehrte innerbetriebliche Arbeitszeitwechsel verbergen, die hier nicht dargestellt wurden.

Tabelle 5.3: Wechsel des Arbeitszeitmodells bei Betriebswechseln je nach Geschlecht und je nach Herkunft der Mobilität aus Ost- und Westdeutschland

	Mobilität aus Westdeutschland		**Mobilität aus Ostdeutschland**	
	Mann	**Frau**	**Mann**	**Frau**
Vollzeit – Vollzeit	88,6	75,6	90,1	66,1
Teilzeit – Teilzeit	1,8	6,6	1,5	9,9
Vollzeit – Teilzeit	3,5	8,7	3,2	11,9
Teilzeit – Vollzeit	6,1	9,1	5,1	12,1
	100,0	100,0	100,0	100,0

IABS-R01 1992 bis 2001: eigene Berechnungen

Wenn man nun Betriebswechsel von Männern und Frauen näher betrachtet, zeigt sich, dass Frauen bei einem Betriebswechsel häufiger zwischen Vollzeit- und Teilzeitniveau wechseln als Männer (vgl. Tabelle 5.3). Betriebsmobilität bei Frauen ist häufiger mit Arbeitszeitwechseln verbunden. So ist bei 18 Prozent der Betriebswechsel aus Westdeutschland, die von Frauen durchgeführt wurden, auch ein

Wechsel zwischen Vollzeit und Teilzeit (und umgekehrt) festzustellen. In Ostdeutschland liegt der Anteil sogar bei 24 Prozent. (Einen solchen Wechsel des Arbeitszeitmodells nehmen im Vergleich nur 10 Prozent der Männer in Westdeutschland und 8 Prozent der Männer in Ostdeutschland vor.).

Eine höhere Teilzeitquote von westdeutschen Arbeitnehmerinnen im Vergleich zu ihren ostdeutschen Kolleginnen bestätigt sich hier jedoch nicht. So wechseln 76 Prozent der Frauen im Westen zwischen zwei Vollzeitstellen, jedoch nur 66 Prozent der Frauen im Osten. Es wird sich hier zum großen Teil um ‚unfreiwillige' Teilzeit handeln, da die Erwerbsorientierung von ostdeutschen Frauen höher ist und sie weniger bereit sind, aufgrund familiärer Verpflichtungen ihre Berufstätigkeit aufzugeben oder zu reduzieren.

Tabelle 5.4: *Wechsel des Arbeitszeitmodells bei Betriebswechsel bei Frauen je nach vorherigem Erwerbszustand und je nach Herkunft der Mobilität aus Ost- und Westdeutschland*

	Mobilität aus Westdeutschland			**Mobilität aus Ostdeutschland**		
	freiwillig	unfreiwillig	Lücke	freiwillig	unfreiwillig	Lücke
Vollzeit – Vollzeit	67,6	15,1	17,3	54,8	31,8	13,4
Teilzeit – Teilzeit	55,3	12,3	32,4	57,4	24,1	18,5
Vollzeit – Teilzeit	44,1	23,5	32,4	30,0	52,5	17,6
Teilzeit – Vollzeit	43,9	18,0	38,1	33,9	39,8	26,3

IABS-R01 1992 bis 2001: eigene Berechnungen

Tatsächlich ist der Wechsel von einer Vollzeit- in eine Teilzeitstelle bei 52,5 Prozent der Frauen in Ostdeutschland durch eine vorangegangene Arbeitslosigkeit motiviert und kann daher als ‚unfreiwillig' angesehen werden (vgl. Tabelle 5.4). Nur 30 Prozent der Wechsel von Vollzeit in Teilzeit vollzogen sich bei Frauen in Ostdeutschland nahtlos zwischen zwei Betrieben und werden daher hier als freiwillig angesehen. In Westdeutschland liegt dieser Anteil wesentlich höher: 44 Prozent der Wechsel von einer Vollzeit- in eine Teilzeitstelle geschehen freiwillig. Dagegen sind nur bei 23,5 Prozent dieser Betriebswechsel mit Wechsel aus Vollzeit in Teilzeit Arbeitslosigkeitsphasen vorangegangen. Der schwierigeren Arbeitsmarktlage, der ostdeutsche Beschäftigte gegenüber stehen, wird demnach bei ostdeutschen Frauen häufiger durch Wechsel in Teilzeit begegnet. Wenn keine adäquate Vollzeitstelle auf dem Arbeitsmarkt zur Verfügung steht, sind ostdeutsche Frauen häufiger gezwungen, ihre Erwerbstätigkeit durch niedrigere Arbeitszeitniveaus zu sichern. Bei den neuen Stellen dürfte es sich nicht nur um reguläre, sozialversicherungspflichtige Teilzeitstellen, sondern auch um Arbeitsbeschaffungsmaßnahmen (ABM) handeln, die in Westdeutschland weit weniger Anwendung fanden (Alda 2005).

Dass Betriebswechsel als Merkmal flexibler Erwerbsverläufe nicht gleichbedeutend mit Prekarität oder Zeichen für einer niedrigeren Qualität der Erwerbsbeteiligung sein müssen, zeigt sich deutlich an den unterschiedlichen Erwerbsverläufen je nach Bildungsgruppe (vgl. Tabelle 5.5).

Die Gruppe der Niedrigqualifizierten weist im Vergleich zu den anderen Bildungsgruppen die geringsten Mobilitätsraten auf. Nur knapp 50 Prozent von ihnen wechseln innerhalb des Erhebungszeitraums mindestens einmal den Betrieb. Höhere Wechselraten weisen qualifizierte und hochqualifizierte Beschäftigte auf (62 Prozent). Vor allem die regionalen Mobilitätsraten wachsen mit steigendem Bildungsabschluss. Während nur 19 Prozent der westdeutschen Beschäftigten mit geringer Qualifikation mindestens einen regionalen Wechsel aufweisen, sind es bei Beschäftigten mit Universitäts- oder Fachhochschulabschluss (hohe Qualifikation) 41 Prozent.

Die geringere Betriebswechselrate bei unqualifizierten Beschäftigten bedeutet jedoch nicht, dass sie kontinuierlichere Erwerbsverläufe aufweisen. Denn ein Betriebswechsel bedeutet ja eine *erfolgreiche* Stellensuche bei einem neuen Betrieb, sei es nun aus einer bestehenden Beschäftigung oder aus einer Arbeitslosigkeitsphase heraus. Eher scheint sich hier der Befund von Erlinghagen (2006) auch für die Berufsanfänger zu bestätigen: Geringqualifizierte gehen mehrfach in die Arbeitslosigkeit über und schaffen häufig (zumindest innerhalb der Beobachtungszeit) den Wiedereinstieg in eine Beschäftigung nicht, so dass sich für sie kein Betriebswechsel operationalisieren lässt. Dies zeigt sich in den durchweg höheren Arbeitslosigkeitsraten von Geringqualifizierten sowie in der durchweg kürzeren durchschnittlichen Beschäftigungszeit.[66] 35 Prozent der westdeutschen und 49 Prozent der ostdeutschen Beschäftigten der unteren Bildungskategorie weisen mindestens eine Arbeitslosigkeit auf. Bei den hochqualifizierten Beschäftigten sind es in Westdeutschland nur 16 Prozent, in Ostdeutschland beträgt der Anteil 24 Prozent.

Auch die Anteile von freiwilligen und unfreiwilligen Mobilitäten sprechen für die unterschiedliche Qualität von Betriebswechseln je nach Bildungsgruppe. So liegt der Anteil von direkten und freiwilligen, d.h. nahtlosen Betriebswechseln von geringqualifizierten Beschäftigten in Westdeutschland bei 46 Prozent und in Ostdeutschland bei 40 Prozent, während er bei Hochqualifizierten in beiden Teilen Deutschlands 20 Prozentpunkte höher liegt. Die deskriptiven Ergebnisse bestätigen demnach die Bildungsspezifität von Erwerbschancen und zeigen deutlich den positiven Einfluss von hoher Qualifikation auf dem Arbeitsmarkt (Reinberg/Hummel 2005).

---

66 Die geringere Beschäftigungsstabilität von Berufsanfängern ohne berufliche Abschlüsse erklärt sich unter anderem durch die Beschäftigungsbedingungen, unter denen sich ihre ersten Erwerbsjahre gestalten. Sie sind überwiegend in Form atypischer Beschäftigung mit instabilen und häufig befristeten Beschäftigungsverhältnissen beschäftigt (Giesecke/Groß 2002). Zudem wechseln sie häufig zwischen kurzen Beschäftigungszeiten, arbeitsmarktpolitischen Maßnahmen und Bildungszeiten (Lex 1997).

Tabelle 5.5: Stabilitätsmerkmale von westdeutschen und ostdeutschen Personen im Vergleich

	Stabilitätsmerkmale							
Qualifikation	**westdeutsche Person**				**ostdeutsche Person**			
	Anzahl der Betriebswechsel							
	0	1	2	3+	0	1	2	3+
geringe Qualifikation	51,5	27,0	13,2	8,3	52,6	25,6	12,3	9,5
mittlere Qualifikation	38,0	30,6	18,0	13,4	31,9	31,7	19,2	14,3
hohe Qualifikation	38,8	34,1	17,6	9,5	35,0	33,8	20,0	11,2
	regionale Betriebswechsel							
	0	1	2	3+	0	1	2	3+
geringe Qualifikation	81,1	13,6	4,1	1,2	75,9	16,8	5,1	2,3
mittlere Qualifikation	71,6	18,8	7,1	2,5	63,4	23,1	9,3	4,2
hohe Qualifikation	59,1	28,3	9,8	2,8	58,0	26,9	11,7	3,4
	Anzahl der Arbeitslosigkeitsphasen							
	0	1	2	3+	0	1	2	3+
geringe Qualifikation	65,5	20,7	8,2	5,6	50,9	27,0	12,7	9,4
mittlere Qualifikation	70,3	18,7	6,8	4,2	47,1	25,4	14,5	13,0
hohe Qualifikation	83,9	12,9	2,4	0,8	75,9	18,2	4,3	1,6
	Struktur der Betriebswechsel							
	freiwillig	unfreiwillig	Lücke		freiwillig	unfreiwillig	Lücke	
geringe Qualifikation	46,4	22,0	31,6		40,4	33,3	26,3	
mittlere Qualifikation	61,9	18,6	19,5		47,6	16,1	36,3	
hohe Qualifikation	66,4	23,5	10,1		64,0	19,2	16,7	
	Quartile der Betriebszugehörigkeitsdauer in Tagen							
	25	50	75		25	50	75	
geringe Qualifikation	86	195	462		101	240	485	
mittlere Qualifikation	150	365	910		137	346	759	
hohe Qualifikation	220	544	1057		242	546	1093	

IABS-R01 1992 bis 2001: eigene Berechnungen

5.1.2 Wer wird regional mobil?

Im Folgenden wird regionale Mobilität gesondert betrachtet. Neben dem Ziel einer regionalen Mobilität kann auch die Herkunft einer Mobilität differenziert werden. Unterschieden werden hier regionale Mobilitäten mit Ausgangspunkt West- bzw. Ostdeutschland. Dann wird – je nach Zielregion – unterschieden, ob ein regionaler Wechsel innerhalb des (westdeutschen bzw. ostdeutschen) Bundeslands verbleibt, ob das Bundesland verlassen wird oder ob darüber hinaus zwischen Ost- und Westdeutschland gewechselt wird.

Tabelle 5.6: Ziel und Richtung von Betriebswechseln je nach Herkunft der Mobilität aus Ost- und Westdeutschland

	Mobilität aus Westdeutschland		**Mobilität aus Ostdeutschland**	
	Häufigkeit	Prozent	Häufigkeit	Prozent
innerregionale Mobilität	68935	62,7	16717	56,6
innerhalb des Bundeslands	24141	22,0	5164	17,5
zwischen Bundesländern	13932	12,7	3402	11,5
West-Ost/Ost-West	2969	2,7	4269	14,4
Gesamt	109977	100,0	29552	100,0

IABS-R01 1992 bis 2001: eigene Berechnungen

Die Mehrzahl der Betriebswechsel stellen innerregionale Betriebswechsel dar (vgl. Tabelle 5.6). 63 Prozent der Betriebswechsel aus Westdeutschland werden innerhalb der Arbeitsmarktregion getätigt, bei 37 Prozent wird neben dem Betrieb auch die Region gewechselt. Meistens wird jedoch das Bundesland nicht verlassen und nur sehr selten wird von einem west- in einen ostdeutschen Betrieb gewechselt.

Eine höhere Bedeutung haben regionale Mobilitäten in Ostdeutschland. Auch wenn hier die Mehrzahl der regionalen Mobilitäten innerhalb einer ostdeutschen Arbeitsmarktregion geschieht, sind doch immerhin 43 Prozent der Betriebswechsel mit Ausgangspunkt Ostdeutschland regionale Mobilitäten. Die höhere regionale Mobilitätsrate geht jedoch nahezu ausschließlich auf das Konto der Betriebswechsel von Ost- nach Westdeutschland. 14 Prozent aller Betriebswechsel aus Ostdeutschland führen demnach in einen westdeutschen Betrieb, während regionale Mobilität innerhalb von Ostdeutschland eine geringere Bedeutung hat als innerhalb von Westdeutschland. Dies zeigt die hohe Zugkraft des westdeutschen Arbeitsmarkts für Berufsanfänger des ostdeutschen Arbeitsmarkts.

Dieser Befund wird bestätigt, wenn man die Mobilitäten mit Herkunft Westdeutschland je nach Herkunft der betriebsmobilen Person betrachtet. D.h. unterschieden wird hier nach Mobilitäten mit Herkunft Ost- und Westdeutschland (der Ausgangsbetrieb wurde in Ost- bzw. Westdeutschland gemeldet) sowie Mobilitäten ost- und westdeutscher Personen (vgl. Tabelle 5.7).

Tabelle 5.7: Mobilität je nach Herkunft der mobilen Personen sowie je nach Herkunft aus Ost- und Westdeutschland

		westdeutsche Personen	**ostdeutsche Personen**	**Gesamt**
Mobilitäten aus	% →	94,7	5,3	100,0
Westdeutschland	% ↓	96,7	18,2	78,8
Mobilitäten aus	% →	12,0	88,0	100,0
Ostdeutschland	% ↓	3,3	81,8	21,2

IABS-R01 1992 bis 2001: eigene Berechnungen

Wegen des hohen Anteils von ostdeutschen Personen, die zum Teil noch vor einer ersten (erfassten) Beschäftigung oder während des Erwerbsverlaufs in den westdeutschen Arbeitsmarkt gewechselt sind, bewegt sich ein Teil der ostdeutschen Personen in den alten Bundesländern. 18 Prozent der Betriebswechsel von ostdeutschen Personen werden aus einem westdeutschen Betrieb gemeldet, während nur 3 Prozent der westdeutschen Personen einen Betriebswechsel aus einem ostdeutschen Betrieb aufweisen.

Differenziert man zusätzlich nach der Richtung der Mobilität, so zeigt sich, dass knapp die Hälfte aller Wechsel von West- nach Ostdeutschland von ostdeutschen Beschäftigten durchgeführt wurde. Dabei handelt es sich also um Rückmobilität. Dies bedeutet zudem, dass die Betriebswechsel von westdeutschen Berufsanfängern nur zu gut 1 Prozent in einen ostdeutschen Betrieb führten.[67] Der ostdeutsche Arbeitsmarkt ist demnach als Alternative für westdeutsche Beschäftigte bedeutungslos, ein Ausgleich zwischen beiden Teilen Deutschlands lässt sich nicht erkennen.

67 Selbst dieser Anteil wird wahrscheinlich noch überschätzt, da ein Teil der ostdeutschen Berufsanfänger noch vor einer ersten Beschäftigung aufgrund von Bildung oder aufgrund eines Familienumzugs in den Westen gezogen ist und daher als westdeutsche Person gemeldet wurde. Die Operationalisierung der Herkunft von Personen in der IABS-R01 wird durch die Regionenkennziffer der ersten Meldung gebildet. Wenn diese erste Meldung aus einem westdeutschen Betrieb stammt, kann nicht nachvollzogen werden, ob diese Person in Ost- oder Westdeutschland aufgewachsen ist oder nicht.

Tabelle 5.8: Mobilität je nach Ziel und Richtung der Mobilität, je nach Herkunft der mobilen Personen sowie je nach Herkunft der Mobilität aus Ost- und Westdeutschland

Mobilitäten aus Westdeutschland		**westdeutsche Personen**		**ostdeutsche Personen**		**Gesamt**
innerregionale Mobilität	% →	95,7		4,3		100,0
	% ↓	63,3	61,2	51,7	9,4	62,7
innerhalb des Bundeslands	% →	97,2		2,8		100,0
	% ↓	22,5	21,8	11,8	2,1	22,0
zwischen Bundesländern	% →	95,3		4,7		100,0
	% ↓	12,7	12,3	11,4	2,1	12,7
West-Ost	% →	51,2		48,8		100,0
	% ↓	1,5	1,4	25,1	4,6	2,7
		100,0		100,0		
Mobilitäten aus Ostdeutschland						
innerregionale Mobilität	% →	9,3		90,7		100,0
	% ↓	43,8	1,4	58,3	47,7	56,6
innerhalb des Bundeslands	% →	6,1		93,9		100,0
	% ↓	8,9	0,3	18,6	15,3	17,5
zwischen Bundesländern	% →	16,0		84,0		100,0
	% ↓	15,3	0,5	11,0	9,0	11,5
Ost-West	% →	26,4		73,6		100,0
	% ↓	31,9	1,0	12,1	9,9	14,4
		100,0	100,0	100,0	100,0	

IABS-R01 1992 bis 2001: eigene Berechnungen

Wie die Forschung zur regionalen Mobilitätsbereitschaft von arbeitslosen Beschäftigten gezeigt hat, sind diese entgegen nahe liegenden Vermutungen weniger häufig regional mobil als beispielsweise höherqualifizierte Beschäftigte. Die Struktur der Betriebswechsel, differenziert nach freiwilligen (nahtlosen), unfreiwilligen (mit einer Arbeitslosigkeitsphase verbundenen) und mit einer Erwerbslücke verbundenen Betriebswechseln, zeigt erstaunlich wenig Einfluss von vorangegangener Arbeitslosigkeit auf die Richtung der Mobilität (vgl. Tabelle 5.9).

Tabelle 5.9: Ziel und Richtung der Mobilität je nach Art der Mobilität und Herkunft der Mobilität aus Ost- und Westdeutschland

	Mobilität aus Westdeutschland			Mobilität aus Ostdeutschland		
	freiwillig	un-freiwillig	Lücke	freiwillig	un-freiwillig	Lücke
in der Arbeitsmarktregion	63,9	62,0	60,1	55,9	59,4	53,0
innerhalb des Bundeslands	21,4	22,7	22,9	17,2	18,4	16,3
zwischen Bundesländern	12,4	11,4	14,4	12,2	10,0	12,5
West-Ost/Ost-West	2,3	3,9	2,7	14,7	12,2	18,2
Gesamt	100,0	100,0	100,0	100,0	100,0	100,0

IABS-R01 1992 bis 2001: eigene Berechnungen

Insbesondere für Westdeutschland lässt sich kein Effekt von Arbeitslosigkeitsphasen auf die Richtung der regionalen Mobilität nachweisen. D.h. arbeitslose Beschäftigte sind genauso häufig regional mobil wie Direktwechsler und auch die Richtung der Mobilität unterscheidet sich kaum nach freiwilliger und unfreiwilliger Mobilität. Für Westdeutschland lässt sich also weder ein positiver noch ein negativer Effekt von Arbeitslosigkeit auf die regionale Mobilitätsrate nachweisen. Das Bild in Ostdeutschland weist sogar der Vermutung entgegengesetzte Züge auf: So verbleiben unfreiwillige Betriebswechsel häufiger innerhalb der Arbeitsmarktregion und freiwillige Betriebswechsel stellen häufiger eine regionale Mobilität dar. Ähnliche Ergebnisse finden sich auch in den Auswertungen von Anette Haas (2000): Direkte Betriebswechsel in Ostdeutschland stellen häufiger regionale Betriebswechsel dar, während unfreiwillige Mobilitäten dort häufiger innerhalb der Arbeitsmarktregion verbleiben. Aus diesem überraschendem Befund kann aber nicht geschlossen werden, dass arbeitslose Beschäftigte weniger bereit wären, regional mobil zu sein und ihre Arbeitsplatzsuche auf andere Regionen auszuweiten. Ebenso plausibel ist es anzunehmen, dass arbeitslose Beschäftigte trotz regional ausgeweiteter Bewerbungen weniger häufig eine neue Stelle finden als bereits beschäftigte Erwerbstätige. Aufgrund der höheren Einkommensperspektiven und der höheren Beschäftigungsstabilität in Westdeutschland verfügen auch Beschäftigte in ostdeutschen Betrieben über einen Anreiz, sich aus einer bestehenden Beschäftigung in westdeutschen Betrieben zu bewerben. Denn die hier operationalisierten Betriebswechsel werden an einer neuen Beschäftigung, dass heißt an einer erfolgreichen Arbeitsplatzsuche und dem Wiedereinstieg in Beschäftigung gemessen. Aussagen über die Häufigkeit von Arbeitsplatzsuchen oder nicht erfolgreichen Bewerbungen lassen sich demnach nicht treffen. Für eine geringere Mobilitätsbereitschaft arbeitsloser Beschäftigter sprechen jedoch die Daten des Instituts für Arbeitsmarkt- und Berufsforschung, die im Rahmen einer Befragung zur Struktur der Arbeitslosigkeit im Jahr 2000 erhoben wurden. Demnach würden Arbeitslose eher Abstriche im Einkommen als einen Wechsel des Wohnorts in Kauf nehmen. Einen Wohnortwechsel schließen im Osten 66 Prozent und im Westen 61 Prozent der Arbeitslosen aus (Brixy/Christensen 2002: 1). Die geringere Bereitschaft der Ostdeutschen zum Umzug, die im Jahr 2000 ermittelt wurde, erklären die Autoren vor dem Hintergrund der hohen Mobilitätsraten nach der Wende. „Die mobilitätsbereiten Menschen sind zu einem erheblichen Teil bereits abgewandert" (ebd.).

Tabelle 5.10: Ziel und Richtung der Mobilität je nach Qualifikation und Herkunft der Mobilität aus Ost- und Westdeutschland

	Mobilität aus Westdeutschland		
Betriebswechsel ...	geringe Qualifikation	mittlere Qualifikation	hohe Qualifikation
in der Arbeitsmarktregion	69,2	63,1	43,9
im Bundesland	19,1	22,5	25,1
zwischen Bundesländern	9,9	11,6	26,6
West-Ost	1,8	2,8	4,3
Gesamt	100,0	100,0	100,0
	Mobilität aus Ostdeutschland		
Betriebswechsel ...	geringe Qualifikation	mittlere Qualifikation	hohe Qualifikation
in der Arbeitsmarktregion	56,7	58,3	41,3
im Bundesland	13,5	17,9	20,0
zwischen Bundesländern	11,6	10,9	17,2
Ost-West	18,2	13,0	21,5
Gesamt	100,0	100,0	100,0

IABS-R01 1992 bis 2001: eigene Berechnungen

Das stärkste Argument dafür, dass regional mobile Beschäftigte eine positiv ausgewählte Gruppe sind, stellen die höheren regionalen Mobilitätsraten von qualifizierten und hochqualifizierten Beschäftigten dar. Der Zusammenhang von Qualifikation und regionaler Mobilitätsrate bestätigt sich im Rahmen der deskriptiven Auswertungen (vgl. Tabelle 5.10).

Höhere Bildungsschichten weisen die höchste Neigung auf, neue Arbeitsstellen in anderen Regionen zu suchen. Dies gilt insbesondere bei den Betriebswechseln aus Westdeutschland. So stellen mehr als 56 Prozent der Betriebswechsel von Akademikern regionale Mobilitäten dar, während dieser Anteil bei unqualifizierten Beschäftigten nur gut 30 Prozent beträgt. Akademiker nehmen auch weitere Entfernungen auf sich: 27 Prozent der Betriebswechsel von Akademikern finden zwischen westdeutschen Bundesländern statt, und immerhin 4 Prozent nehmen eine Beschäftigung in Ostdeutschland auf. In Ostdeutschland ist dieser Bildungseffekt geringer ausgeprägt als in Westdeutschland: Auch in Ostdeutschland stellen Akademiker die regional mobilste Gruppe, die untere Bildungsgruppe ist aber ebenfalls relativ häufig regional mobil und weist im Vergleich zur mittleren Bildungsgruppe höhere regionale Mobilitätsraten auf.

Untersuchungen regionaler Mobilität je nach Geschlecht liegen speziell für ostdeutsche Beschäftigte vor. Die entsprechenden Studien berichten, dass speziell junge Frauen ihren Heimatort verlassen, um eine Bildung oder eine Erwerbstätigkeit aufzunehmen, und sich dadurch eine starke geschlechtsspezifische Abwanderung für ostdeutsche Regionen ergibt. Der Wechsel in den westdeutschen Arbeitsmarkt wird von jungen Frauen dominiert, so etwa Steiner et. al. 2004. Dieser geschlechtsspezifische Effekt lässt sich durch die deskriptiven Ergebnisse meiner Untersuchung nicht decken (vgl. Tabelle 5.11).

Tabelle 5.11: Ziel und Richtung der Mobilität je nach Geschlecht und Herkunft der Mobilität aus Ost- und Westdeutschland

	Mobilität aus Westdeutschland		**Mobilität aus Ostdeutschland**	
	männlich	weiblich	männlich	weiblich
in der Arbeitsmarktregion	61,3	64,4	55,0	58,9
im Bundesland	22,6	21,2	17,7	17,2
zwischen Bundesländern	13,0	12,2	11,8	11,1
West-Ost/Ost-West	3,1	2,2	15,5	12,9
Gesamt	100,0	100,0	100,0	100,0

IABS-R01 1992 bis 2001: eigene Berechnungen

Frauen sind diesen Daten zufolge weniger häufig regional mobil und auch der Wechsel von Ost- nach Westdeutschland wird eher von Männern dominiert. Dieser Befund scheint zunächst im Widerspruch zu anderen Untersuchungen zu stehen. Er wird jedoch verständlich, wenn man die unterschiedlichen Operationalisierungen von Mobilität betrachtet. Ein Teil der weiblichen Mobilität ist durch die Aufnahme beruflicher Bildung begründet (Kempe 2001: 208) während ostdeutsche Männer eher eine Ausbildung in ihrer Umgebung finden können. Ausbildungsmobilität kann jedoch durch die Beschäftigtenstatistik nicht erfasst werden, so dass ein Teil der weiblichen Mobilität aus Ostdeutschland in der vorliegenden Untersuchung nicht auftaucht.[68] Nimmt man die deskriptiven Ergebnisse zu geschlechtsspezifischer Mobilität mit den Ergebnissen von Steiner et al. (2004) zusammen, so verweist dies darauf, dass Frauen früher im Erwerbsverlauf regional mobil sind als Männer, die erst nach einer beruflichen Ausbildung und nach einer ersten Beschäftigung die regionale Mobilität ‚nachholen'.

Zusammenfassend lässt sich festhalten, dass sowohl Betriebswechsel als auch regionale Mobilitäten bei Männern häufiger sind. Dies gilt hauptsächlich für Ostdeutschland. Der letztere Befund liegt offenbar darin begründet, dass Frauen schon früher im Erwerbsverlauf mobil waren, insbesondere zur Aufnahme einer beruflichen Bildung. Unabhängig von der Geschlechterdifferenzierung ist jedoch zu resümieren: Ob es sich bei der Gruppe der Betriebsmobilen um eine positive oder negative Auswahl von Beschäftigtengruppen handelt oder nicht, lässt sich nur bedingt feststellen.

5.2 Die Wirkungen von Betriebsmobilität und -stabilität auf das Einkommen

In diesem Kapitel werden die wichtigsten deskriptiven Ergebnisse für die Wirkungen von Betriebsmobilität bzw. -stabilität auf den Einkommensverlauf dargestellt. Wie der Überblick über den Forschungsstand in Kapitel 2 gezeigt hat, lassen sich sowohl positive als auch negative Effekte von Betriebsmobilität auf das Einkommen zeigen und es ergeben sich starke Interaktionseffekte je nach Art der Mobilität sowie je nach sozioökonomischen Merkmalen. Um die Effekte von Mobilität und Stabilität auf den Einkommensverlauf zu zeigen, ist demnach eine sehr differenzierte Darstellung erforderlich, die nur bedingt durch deskriptive Auswertungen möglich ist. Daher werden hier nur einige zentrale Ergebnisse skizziert, bevor die unterschiedlichen Effekte in den multivariaten Modellen im Zusammenhang betrachtet werden.

Durch die Anpassung der ostdeutschen Löhne an Westniveau ergaben sich in Ostdeutschland zunächst durchweg höhere Lohnsteigerungsraten, so dass vermutet werden kann, dass sich die Einkommensverläufe in Ostdeutschland stark von denen in Westdeutschland unterscheiden und ostdeutsche Einkommensverläufe stärker

68 Wie u.a. Steiner et al. 2004 zeigen, verlassen Frauen oft schon nach der Schule Ostdeutschland und beginnen in Westdeutschland Ausbildungen (so dass es sich um Bildungsmobilitäten handelt), oder ihre erste Stelle nach der Ausbildung befindet sich in Westdeutschland. Ostdeutsche Männer absolvieren häufiger ihre Ausbildung in ostdeutschen Betrieben und wechseln erst später im Erwerbsverlauf nach Westdeutschland. Bildungsmobilitäten und sehr frühe regionale Mobilitäten nach Westdeutschland können aufgrund der hier angewendeten Operationalisierung der Mobilität jedoch nicht erfasst werden, da die Bedingung für das Vorliegen einer regionalen Mobilität von Ost- nach Westdeutschland, mindestens eine Beschäftigungsmeldung in Ostdeutschland, in diesen Fällen nicht erfüllt wird.

durch Gewinne gekennzeichnet sein werden als Einkommensverläufe in Westdeutschland. Daher werden in einem ersten Schritt die unterschiedlichen Einkommensverläufe von Berufsanfängern in Ost- und Westdeutschland deskriptiv dargestellt. Zudem wird für beide Teile Deutschlands betrachtet, welche Gruppen in Ost- und Westdeutschland Einkommensgewinne bzw. -verluste aufweisen und bei welchen Gruppen das Einkommen mehrheitlich stabil blieb.

Anschließend werden die Einkommensverläufe nach betriebsmobilen und betriebsstabilen Erwerbsverläufen differenziert, um einen ersten Überblick über die Einkommenschancen mobiler bzw. stabiler Beschäftigter in Ost- und Westdeutschland zu erhalten. Aufgrund der besonderen Struktur der Betriebswechsel und der schlechteren Arbeitsmarktlage in den neuen Bundesländern kann vermutet werden, dass der Einfluss von Betriebsmobilität auf die Einkommensrisiken und -chancen in Ostdeutschland von demjenigen in Westdeutschland divergiert. Auch hier wird untersucht, welche Beschäftigtengruppen durch Mobilität bzw. Stabilität profitieren können und bei welchen Gruppen die Risiken überwiegen. Um die verschiedenen Einflüsse von Mobilität und Stabilität genauer ins Auge fassen zu können, wurde zudem unterschieden, ob ein Betriebswechsel freiwillig oder unfreiwillig vorgenommen wurde und welche unterschiedlichen Konsequenzen dies für den Einkommensverlauf hat.

5.2.1 Einkommensverläufe in den ersten Jahren des Erwerbsverlaufs in Ost- und Westdeutschland – Wo gibt es die besseren Einkommensperspektiven?

Oben wurde bereits ausgeführt, dass aufgrund des Anpassungsprozesses der ostdeutschen Löhne an Westniveau in den neunziger Jahren Berufsanfänger in dieser Zeit innerhalb des ostdeutschen Arbeitsmarkts schneller und häufiger Einkommensgewinne erzielen konnten und nur wenige Beschäftigte in den neuen Bundesländern Einkommensverluste hinnehmen mussten. Insbesondere bis Mitte der neunziger Jahre sollten nahezu alle ostdeutschen Beschäftigten von den Lohnsteigerungen profitieren können, so dass beispielsweise Qualifikationseffekte in Ostdeutschland geringer ausfallen sollten als in Westdeutschland. Gegen diese These sprechen andererseits die höheren Arbeitslosigkeitsraten in Ostdeutschland, die sich negativ auf die erzielbaren Einkommen von Beschäftigten auswirken sollten (Bellmann/Blien 1996), sowie der höhere Anteil ostdeutscher Betriebe, die außerhalb des Flächentarifvertrags stehen und zum Teil untertarifliche Löhne ausbezahlen.

Um die Einkommensperspektiven in Ost- und Westdeutschland in einem ersten Schritt deskriptiv zu überprüfen, wurden die Gewinn- und Verlustanteile am Ende einer Einkommensepisode im Erwerbsverlauf ausgewertet. D.h. es wird betrachtet, wie viele Einkommensepisoden in Ost- und Westdeutschland in einen Einkommensgewinn bzw. -verlust übergehen und bei wie vielen Episoden kein Gewinn bzw. Verlust operationalisiert werden konnte – wie viele Einkommensverläufe innerhalb des Beobachtungszeitraums also relativ stabil blieben (zensierte Episoden). Da sich regionale Wechsel zwischen Ost- und Westdeutschland (und umgekehrt) stark auf die Einkommensverläufe auswirken, wurde Episoden, die sowohl Gehaltsmeldungen aus Ost- als auch aus Westdeutschland umfassen, gesondert ausgewiesen. Davon unterschieden wurden Episoden, die alle Einkommensmeldungen aus Westdeutschland (Episoden aus Westdeutschland) bzw. aus Ostdeutschland bezogen (Episoden aus Ostdeutschland).

Tabelle 5.12: Anteil Zensierungen, Verluste und Gewinne je nach Episodenart[69]

	Zensiert	**Verlust**	**Gewinn**
Episode in Westdeutschland	36,90	18,44	44,66
Episode in Ostdeutschland	37,14	20,72	42,14
West-Ost	21,90	41,07	37,03
Ost-West	14,61	11,50	73,89

IABS-R01 1992 bis 2001: eigene Berechnungen

Wie die deskriptive Auswertung der Anteile von Zensierungen, Einkommensgewinnen und -verlusten zeigt, können Berufsanfänger innerhalb Westdeutschlands geringfügig häufiger einen Einkommensgewinn erreichen als ihre Kollegen innerhalb Ostdeutschlands (vgl. Tabelle 5.12). Die Lohnanpassung an Westniveau und die durchschnittlich höheren Lohnsteigerungen in Ostdeutschland führten folglich nicht zu verbesserten Einkommensgewinnchancen für Berufsanfänger in Ostdeutschland. Während knapp 45 Prozent der Einkommensepisoden von Berufsanfängern innerhalb des westdeutschen Arbeitsmarkts in einen Einkommensgewinn übergingen, liegt dieser Anteil bei ostdeutschen Einkommensepisoden nur bei 42 Prozent. Insgesamt zeigen

69 Ausgewertet wurde hier das Ende einer Einkommensepisode. Es können drei unterschiedliche Zielzustände unterschieden werden: Eine Einkommensepisode kann durch ein Ereignis, das nach Verlust oder Gewinn differenziert wird, abgeschlossen werden oder zensiert sein. Von einem Verlust wird gesprochen, wenn das aktuelle Gehalt um mindestens 20 Prozent unter dem Referenzlohn liegt. Ein Gewinn bezeichnet demnach eine Einkommensepisode, in der das aktuelle Gehalt das Referenzeinkommen um mindestens 20 Prozent angestiegen ist. Zensierte Episoden beschreiben Einkommensverläufe, bei denen kein Ereignis operationalisiert werden konnte, d.h. diese Einkommensverläufe verzeichnen keinen Einkommensverlust bzw. -gewinn von mindestens 20 Prozent. Sie können als stabil gelten. Unterschieden werden vier unterschiedliche Einkommensarten: Eine Einkommensepisode in Westdeutschland bezieht alle Einkommensangaben innerhalb der Episode aus Erwerbstätigkeit in Westdeutschland. Analoges gilt für Einkommensepisoden in Ostdeutschland. Die Episoden West-Ost und Ost-West umfassen sowohl Einkommensangaben aus ost- als auch aus westdeutschen Betrieben. Sie sind demnach immer durch eine regionale Mobilität zwischen den alten und neuen Bundesländern geprägt.

sich jedoch – auf den ersten Blick – nur geringe Unterschiede zwischen Einkommensverläufen von Berufsanfängern im West-Ost-Vergleich.

Die besten Chancen, Einkommen zu verbessern, bieten sich durch den Wechsel von einem ostdeutschen in einen westdeutschen Betrieb. Das deutlich höhere Gehaltsniveau in Westdeutschland führt bei 74 Prozent der Einkommensepisoden, die von den neuen in die alten Bundesländer führen, zu einem Einkommensgewinn. Der Wechsel von einem westdeutschen in einen ostdeutschen Betrieb geht wie erwartet häufig mit einem Einkommensverlust einher. Allerdings können immerhin 37 Prozent der Beschäftigten einen solchen Wechsel, trotz des generell niedrigeren Lohnniveaus in Ostdeutschland, für Gewinne nutzen.

Die insgesamt hohen Einkommensgewinnchancen von Berufsanfängern zeigen sich vor allem am Beginn des Erwerbsverlaufs. Dies zeigt sich, wenn wir zusätzlich nach Episodenzahl differenzieren.

Tabelle 5.13: Anteil Zensierungen, Verluste und Gewinne je nach Episodenart und Episodenzahl

	Zensiert	**Verlust**	**Gewinn**
	Einkommensepisoden in Westdeutschland		
1. Episode	29,56	18,23	52,21
2. Episode	41,11	18,52	40,37
3. Episode	45,41	18,38	36,20
	Einkommensepisoden in Ostdeutschland		
1. Episode	30,46	21,10	48,44
2. Episode	39,89	20,53	39,58
3. Episode	44,56	20,16	35,28
	Einkommensepisoden mit Wechsel West-Ost		
1. Episode	18,79	39,15	42,06
2. Episode	22,17	43,74	34,09
3. Episode	26,69	41,29	32,02
	Einkommensepisoden mit Wechsel Ost-West		
1. Episode	10,08	10,29	79,63
2. Episode	17,96	12,08	69,96
3. Episode	19,17	13,20	67,63

IABS-R01 1992 bis 2001: eigene Berechnungen

Innerhalb Westdeutschlands kann mehr als die Hälfte der Berufsanfänger ihr Einstiegsgehalt um mindestens 20 Prozent aufbessern, und auch innerhalb Ostdeutschlands liegt der Anteil der Einkommensgewinner in der ersten Episode mit 48 Prozent ähnlich hoch (vgl. Tabelle 5.13). Nur bei rund 30 Prozent der Berufsanfänger kann innerhalb der Beobachtungszeit keine Einkommensveränderung operationalisiert werden – ihr Einkommensniveau verbleibt während der Beobachtungszeit relativ stabil. Die positiven Einkommensperspektiven gelten jedoch nicht für alle Berufsanfänger: In Westdeutschland verlieren 18 Prozent, in Ostdeutschland 21 Prozent der Berufsanfänger im Vergleich zum Einstiegsgehalt erheblich an Einkommen und beenden die erste Einkommensepisode mit einem Verlust.

Mit zunehmender Berufserfahrung werden die Einkommensverläufe stabiler. Dies zeigt sich in dem steigenden Anteil von zensierten Einkommensepisoden, d.h. ein zunehmender Anteil der betrachteten Beschäftigten kann bei steigender Episodenzahl keinen weiteren Einkommensgewinn erreichen. Der Anteil der Einkommensverlierer bleibt mit rund 20 Prozent jedoch relativ konstant. Das heißt, die Wahrscheinlichkeit von Einkommensabstiegen bleibt (relativ) unabhängig von zunehmender Berufserfahrung hoch, während sich mit zunehmender Berufserfahrung die Wahrscheinlichkeit von Gewinnen verringert.

5.2.1.1 Welche Beschäftigtengruppen gewinnen und welche verlieren?

Neben der Anpassung der Löhne an Westniveau ist die Lohnentwicklung in Ostdeutschland durch eine zunehmende Lohn- und Einkommensungleichheit gekennzeichnet. Diese fortschreitende Lohnspreizung lässt vermuten, dass nicht alle Beschäftigtengruppen in gleicher Weise von Lohnsteigerungen profitieren können und sich eine Schere zwischen Einkommensgewinnern und -verlierern öffnet. Die Ergebnisse von Möller (2005) weisen darauf hin, dass die Lohnspreizung tendenziell für Frauen ausgeprägter ist als für Männer und für niedrigqualifizierte höher als für (hoch-)qualifizierte Beschäftigte.

Ein Geschlechtseffekt lässt sich anhand der deskriptiven Ergebnisse jedoch nicht bestätigen (vgl. Tabelle 5.14). Frauen weisen sowohl in Ost- als auch in Westdeutschland ähnliche Einkommensgewinn- und -verlustchancen auf wie Männer. Die bekannte geschlechtsspezifische Einkommensbenachteiligung scheint für Berufsanfänger (noch) nicht zuzutreffen, sondern erst im Erwerbsverlauf durch die Übernahme von familiären Rollen, weibliche Erwerbsunterbrechungen und geringere Arbeitszeiten von Frauen zu entstehen (Datenreport 2003: 117).

Tabelle 5.14: Anteil Zensierungen, Verluste und Gewinne je nach Geschlecht

Geschlecht	Zensiert	Verlust	Gewinn
	Einkommensepisoden in Westdeutschland		
Mann	35,97	18,34	45,69
Frau	38,02	18,56	43,42
	Einkommensepisoden in Ostdeutschland		
Mann	37,04	21,21	41,75
Frau	37,25	20,17	42,59
	Einkommensepisoden mit Wechsel West-Ost		
Mann	22,24	41,18	36,58
Frau	21,32	40,88	37,80
	Einkommensepisoden mit Wechsel Ost-West		
Mann	14,51	11,07	74,42
Frau	14,78	12,26	72,96

IABS-R01 1992 bis 2001: eigene Berechnungen

Zwar kann eine geschlechtsspezifische Lohnspreizung bei Berufsanfängern nicht belegt werden, doch der starke Einfluss der Qualifikation auf die Einkommensperspektiven in Ost- und Westdeutschland wird durch die deskriptive Auswertung bestätigt.

Insgesamt zeigt sich der bekannte positive Effekt von Qualifikation und Bildung auf die Einkommensposition. Mit steigender Bildung verbessern sich auch die Einkommensperspektiven. Dieser Befund gilt sowohl in Ost- als auch in Westdeutschland, ist in den neuen Bundesländern jedoch stärker ausgeprägt (vgl. Tabelle 5.15). In Ostdeutschland sind die Einkommensgewinnchancen für hochqualifizierte Beschäftigte sehr viel höher als für andere Bildungsgruppen und sogar höher als für hochqualifizierte Beschäftigte in Westdeutschland. Hochqualifizierten Beschäftigten bot der ostdeutsche Arbeitsmarkt demnach überproportional hohe Einkommenszuwächse an, während Geringqualifizierte von Einkommensgewinnen deutlich geringer profitieren konnten.

Tabelle 5.15: Anteil Zensierungen, Verluste und Gewinne je nach Qualifikation

Qualifikation	Zensiert	Verlust	Gewinn
	Einkommensepisoden in Westdeutschland		
geringe Qualifikation	36,32	23,32	40,36
mittlere Qualifikation	36,98	17,44	45,58
hohe Qualifikation	38,00	11,03	50,97
	Einkommensepisoden in Ostdeutschland		
geringe Qualifikation	39,60	23,88	36,52
mittlere Qualifikation	36,97	20,88	42,15
hohe Qualifikation	33,83	13,70	52,48
	Einkommensepisoden mit Wechsel West-Ost		
geringe Qualifikation	17,53	48,45	34,02
mittlere Qualifikation	20,59	44,39	35,01
hohe Qualifikation	32,19	18,73	49,08
	Einkommensepisoden mit Wechsel Ost-West		
geringe Qualifikation	12,32	16,91	70,77
mittlere Qualifikation	14,21	11,13	74,65
hohe Qualifikation	19,48	6,83	73,69

IABS-R01 1992 bis 2001: eigene Berechnungen

Der Wechsel von West- nach Ostdeutschland birgt insbesondere für Beschäftigte der mittleren und unteren Bildungskategorie Risiken. Nahezu die Hälfte der Beschäftigten, die von einem westdeutschen in einen ostdeutschen Betrieb wechseln, muss einen Einkommensverlust hinnehmen, und nur ca. ein Drittel kann das Gehalt verbessern. Für Akademiker ist der Wechsel in einen ostdeutschen Betrieb weit weniger risikoreich. Sie weisen ebenso hohe Gewinnanteile auf, wie sie bei Akademikern innerhalb des westdeutschen Arbeitsmarkts zu beobachten sind. Auch die Verlustanteile sind bei hochqualifizierten West-Ost-Wechslern nur geringfügig höher. Dies bestätigt die These, dass gerade westdeutsche Akademiker durch Lohnanreize für eine Tätigkeit in den neuen Bundesländern geworben wurden; trotz niedrigeren Lohnniveaus scheint der ostdeutsche Arbeitsmarkt für Akademiker aus Westdeutschland Möglichkeiten des Einkommensaufstiegs zu bieten. Bei regionalen Wechseln in umgekehrter Richtung – von Ost nach West – ist der Bildungseffekt wesentlich geringer ausgeprägt. In allen Bildungsgruppen mündeten über 70 Prozent der Episoden mit Wechsel Ost-West in einem Einkommensgewinn. Nur bei den Einkommensverlusten zeigen sich, wie erwartbar, höhere Risiken von niedrigqualifizierten Beschäftigten in höheren Einkommensverlustanteilen.

Besonders aussagekräftig werden die bildungsspezifischen Einkommensverläufe, wenn wir das Ende der Beobachtungszeit und nicht – wie oben – das Ende einer Einkommensepisode betrachten. In diesem Fall wird der bisherige Einkommensverlauf stärker bilanziert als innerhalb der Einkommensepisode (vgl. Tabelle 5.16): In der gesamten Beobachtungszeit können sowohl Auf- als auch Abstiege vorkommen, wenn sich jedoch Auf- und Abstiege abwechseln und der Einkommensverlauf sehr diskontinuierlich ist, werden unter Umständen Einkommensgewinne wieder zurückgenommen und das Gehaltsniveau erhöht sich in geringerem Maße als angenommen. Dies ist besonders bei geringqualifizierten Beschäftigten der Fall. Während 40 Prozent der geringqualifizierten Beschäftigten innerhalb Westdeutschlands eine Einkommensepisode mit einem Gewinn abschließen können (vgl. Tabelle 5.15), verzeichnen nur knapp 37 Prozent auch am Ende der Beobachtungszeit einen Einkommensgewinn von über 20 Prozent, und 38 Prozent mussten im Vergleich zum Einstiegsgehalt Einkommensverluste hinnehmen, 16 Prozent gar Einkommensverluste von über 20 Prozent. Deutlich werden auch die besseren Chancen von Hochqualifizierten – nur 17 Prozent beenden die Beobachtungszeit mit einem Einkommensverlust, nur 7 Prozent mit einem hohen Einkommensverlust von über 20 Prozent. Knapp 83 Prozent der Einkommensverläufe von westdeutschen Hochqualifizierten sind durch Einkommensaufstiege geprägt, und 63 Prozent gelingt es, über 20 Prozent mehr im Vergleich zum Einstiegsgehalt zu erhalten. Die bildungsspezifischen Einkommenschancen werden in Ostdeutschland noch deutlicher. Doppelt so viele Akademiker wie Geringqualifizierte in Ostdeutschland beenden den Beobachtungszeitraum mit einem Einkommensgewinn von mindestens 20 Prozent.

Tabelle 5.16: Einkommensgewinne und -verluste am Ende des Beobachtungszeitraums je nach Qualifikationsgruppe

Qualifikation	unter 20 %	-20 bis 0 %	0 bis 20 %	über 20 %
	Episode mit Endmeldung in Westdeutschland			
niedrige Qualifikation	15,9	22,3	25,3	36,6
mittlere Qualifikation	11,1	13,8	25,8	49,3
hohe Qualifikation	6,8	10,4	20,0	62,8
	Episode mit Endmeldung in Ostdeutschland			
niedrige Qualifikation	16,1	25,1	28,3	30,5
mittlere Qualifikation	13,7	19,4	24,8	42,0
hohe Qualifikation	8,1	10,5	21,3	60,1

IABS-R01 1992 bis 2001: eigene Berechnungen

5.2.2 Betriebsstabilität versus Betriebsmobilität und die Auswirkungen auf den Einkommensverlauf – Erster Überblick

Nun ist deskriptiv zu prüfen, wie Mobilität auf den Einkommensverlauf wirkt und ob sich die Einkommensverläufe von betriebsmobilen und betriebsstabilen Beschäftigten unterscheiden. Im ersten Schritt wird – wie schon oben – das Ende einer Einkommensepisode betrachtet. Auch hier werden die unterschiedlichen Anteile an Gewinnen, Verlusten und Zensierungen ausgewiesen. Am Ende der Episode kann der Erwerbsverlauf danach unterschieden werden, ob innerhalb des Erwerbsverlaufs der betrachteten Episode ein Betriebswechsel vorlag oder ob es sich um einen betriebsstabilen Erwerbsverlauf handelt. Betriebsstabile Personen beziehen alle Gehaltsmeldungen aus einem Betrieb und waren innerhalb der Einkommensepisode in nur einem Betrieb beschäftigt. Betriebsmobile Personen weisen innerhalb der ausgewerteten Einkommensepisode mindestens einen Betriebswechsel auf.[70] Es wird hier nicht unterschieden, ob der Betriebswechsel unmittelbar vor dem Einkommensereignis stattfand (direkte Mobilität) oder ob er länger zurückliegt (indirekte Mobilität).[71] Nach der letzten erfassten Mobilität (innerhalb der Episode) wird unterschieden, ob der Betriebswechsel innerregional oder regional getätigt wurde. Da sich die Einkommenseffekte von Betriebswechseln zwischen Ost- und Westdeutschland und umgekehrt stark von anderen regionalen Mobilitäten unterscheiden, werden diese weiterhin in einer eigenen Kategorie erfasst. Davon unterschieden werden in der Restkategorie Erwerbsverläufe, die durch sehr kurzfristige Betriebswechsel oder durch Bildungsmobilität geprägt waren.

Der Anteil der jeweiligen Erwerbsverlaufskategorien in West- und Ostdeutschland dokumentiert, dass nahezu die Hälfte aller Beschäftigten betriebsstabil beschäftigt wird (vgl. Tabelle 5.17). In Westdeutschland liegt der Anteil von betriebsstabilen Personen bei 48 Prozent und in Ostdeutschland bei 45 Prozent. Ein Viertel der Erwerbsverläufe ist durch einen Betriebswechsel innerhalb der Arbeitsmarktregion, ca. 13 Prozent durch eine regionale Mobilität innerhalb des westdeutschen bzw. innerhalb des ostdeutschen Arbeitsmarkts geprägt. Einen Sonderfall bilden die ‚grenzüberschreitenden' Mobilitäten. Immerhin 7 Prozent der Episoden aus Ostdeutschland weisen einen Betriebswechsel aus einem ostdeutschen in einen westdeutschen Betrieb auf, während nur 1 Prozent aller Episoden aus Westdeutschland durch eine West-Ost-Mobilität geprägt ist.

Die folgende Tabelle zeigt eine erste Auswertung von Erwerbsverläufen betriebsmobiler und betriebsstabiler Personen in ihren Wirkungen auf die Einkommensentwicklung.

70 Circa 80 Prozent der betriebsmobilen Einkommensepisoden weisen genau einen Betriebswechsel innerhalb der Episode auf. Dementsprechend können bei 20 Prozent der betriebsmobilen Episoden zwei und mehr Betriebswechsel beobachtet werden.

71 Zur Trennung von direkten und indirekten Mobilitäten siehe Abbildung 4.2.

Tabelle 5.17: Auswertung des Endes der jeweiligen Einkommensepisode je nach Mobilität und Ost- und Westdeutschland

	Zensiert	Verlust	Gewinn	Anteil
	Einkommensepisoden aus Westdeutschland			
Betriebsverbleib	46,8	14,1	39,1	47,5
innerregionale Mobilität[72]	24,8	21,2	54,0	24,8
regionale Mobilität	23,4	20,1	56,5	12,6
West-Ost-Mobilität	21,9	41,1	37,0	1,1
Restkategorie	38,0	26,7	35,4	14,0
	Einkommensepisoden aus Ostdeutschland			
Betriebsverbleib	46,0	15,6	38,4	44,7
innerregionale Mobilität	27,9	24,4	47,7	24,2
regionale Mobilität	23,4	23,8	52,8	12,6
Ost-West-Mobilität	14,6	11,5	73,9	6,9
Restkategorie	37,1	29,5	33,4	11,6

IABS-R01 1992 bis 2001: eigene Berechnungen

Deutlich ist erkennbar, dass Erwerbsverläufe betriebsmobiler Personen höhere Einkommensgewinnanteile aufweisen als Erwerbsverläufe betriebsstabiler Personen. Auch wenn ein Großteil der diskontinuierlichen Erwerbsverläufe mit Gewinnen einhergeht, zeigen sich doch auch die Risiken von Betriebswechseln in höheren Einkommensverlustrisiken. D.h. diskontinuierliche Erwerbsverläufe gehen mit diskontinuierlichen Einkommensverläufen einher, die sich sowohl in höheren Einkommensgewinnanteilen als auch in höheren Verlustanteilen betriebsmobiler Beschäftigter darstellen. Mobilität ist demnach auf den ersten Blick sowohl chancen- als auch risikoreich für Beschäftigte.

Ein klarer Unterschied zeigt sich zwischen betriebsmobilen Einkommensepisoden aus Ost- und Westdeutschland. Mobilität ‚lohnt' sich innerhalb Ostdeutschlands deutlich weniger häufig als in Westdeutschland. So münden beispielsweise Erwerbsverläufe mit innerregionalen Betriebswechseln in Westdeutschland zu 54 Pro-

72 Der geringere Anteil von Zensierungen bei betriebsmobilen Einkommensepisoden bedeutet nicht, dass jeder (nicht-zensierte) Betriebswechsel in ein Ereignis überginge. Die Mobilitätskategorien umfassen jeweils einfache und mehrfache Betriebswechsel sowie direkte und indirekte Mobilitäten. Circa 20 Prozent der Personen weisen mehrere Betriebswechsel vor einem Ereignis auf, ohne dass aus diesen einzelnen Betriebswechseln eine Einkommensveränderung folgte. Es wird nicht jeder Betriebswechsel ausgewertet, da mehrmals mobile Personen dann mehrfach in die Auswertung eingingen, Betriebsverbleiber dagegen nur einmal.

zent in einen Einkommensgewinn, in Ostdeutschland hingegen nur zu 48 Prozent. Auch sind die Anteile der Einkommensverluste nach Betriebswechseln innerhalb Ostdeutschlands deutlich höher als in Westdeutschland. Insgesamt bestätigt sich, dass Mobilität im Osten stärker durch Risiken geprägt ist als im Westen: Die Gewinnchancen mobiler Personen im Vergleich zu betriebsstabilen Personen sind im Osten schwächer ausgeprägt, und dort müssen mehr betriebsmobile Personen einen Einkommensverlust hinnehmen.

Vergleicht man regionale und innerregionale Mobilitäten in den Einkommensfolgen, so zeigen sich in Westdeutschland kaum Unterschiede; dort ist es für den Einkommensverlauf nicht entscheidend, ob ein Betriebswechsel innerregional oder regional durchgeführt wird. In Ostdeutschland scheinen regionale Betriebswechsel jedoch häufiger mit Gewinnen einherzugehen. Das gilt noch weit mehr, wenn in einen westdeutschen Betrieb gewechselt wurde. Der Wechsel der Region ‚lohnt' sich in Ostdeutschland gegenüber dem innerregionalen Betriebswechsel also häufiger.

Die Restkategorie fasst Erwerbsverläufe zusammen, die durch sehr kurzfristige Betriebswechsel und häufige Betriebswechsel sowie häufige Wechsel zwischen Beschäftigung und Arbeitslosigkeit gekennzeichnet sind. Sie können in hohem Maße als diskontinuierlich bezeichnet werden. Beschäftigte, die dieser Kategorie zugeordnet wurden, zeigen prekäre Einkommensverläufe und weisen die geringsten Gewinnchancen auf. Dies gilt sowohl für Einkommensverläufe in Ost- als auch in Westdeutschland.

Auch wenn betriebsstabile Beschäftigte weniger Gewinne verzeichnen können als betriebsmobile Personen, kann man daraus nicht schließen, dass sich Betriebsstabilität nicht lohnt. Denn auch die Einkommensverlustrisiken sind niedriger. Insgesamt erweisen sich Einkommensverläufe von betriebsstabilen Personen als stabiler, was sich deutlich in dem höheren Anteil von Zensierungen zeigt. Die (positive) Wirkung des Betriebsverbleibs kann als Schutz vor Einkommensverlusten – bei doch noch erheblichen Einkommensgewinnmöglichkeiten durch innerbetriebliche Aufstiege – interpretiert werden. Dies gilt insbesondere im Ost-West-Vergleich. Denn der Betriebsverbleib wirkt sowohl in Ost- als auch in Westdeutschland in gleicher Weise stabilisierend auf das Einkommen und auch die Gewinn- und Verlustchancen von betriebsstabilen Personen sind in beiden Teilen Deutschlands gleich. D.h. die insgesamt niedrigeren Einkommensgewinnchancen in Ostdeutschland, die schon oben deutlich wurden, werden nahezu ausschließlich durch diskontinuierliche Erwerbsverläufe und Betriebsmobilität ausgelöst. Trotzdem kann Betriebsstabilität in Ostdeutschland nicht durchweg positiv gewertet werden. Denn tarifliche Lohnsteigerungen, die im Zuge der Lohnanpassungen an Westniveau für Ostdeutschland ja durchweg höher ausfielen, sollten gerade betriebsstabilen Beschäftigten zugute gekommen sein, so dass höhere Gewinnchancen von betriebsstabilen Beschäftigten in Ostdeutschland im Vergleich zu westdeutschen Stayern zu erwarten gewesen wären. Es ist zu vermuten, dass die geringere Anbindung von ostdeutschen Betrieben an den Flächentarif sowie die häufigere Nutzung von betrieblichen Öffnungsklauseln in entgegengesetzter Richtung wirkt.[73]

Zudem wurden hier Einkommenszuwächse und -verluste betrachtet, nicht aber die absolute Einkommenshöhe. Die Stabilität des Einkommens für die verschiedenen Gruppen kann jedoch abschließend nur anhand der Höhe des Einkommens bewertet werden (siehe auch 5.2.6).

5.2.2.1 Mobilität im Erwerbsverlauf – Unterscheidung je nach Episodenzahl

Ob die Wirkung von Mobilität auf das Einkommen je nach Erwerbsphase und Berufserfahrung unterschiedlich ausfällt, wird durch die Differenzierung von Mobilität und Stabilität je nach Einkommensepisode untersucht.

Wie die deskriptiven Auswertungen der Gewinn- und Verlustchancen in den unterschiedlichen Einkommensepisoden gezeigt haben, wird mit zunehmender Berufserfahrung der Einkommensverlauf stabiler und weitere Gewinne können nicht oder nur noch kaum ereicht werden. In der ersten Episode hingegen ist der Anteil an konstanten Einkommensverläufen sehr gering und alle Beschäftigten weisen hohe Gewinnanteile auf. Das heißt, gerade der Berufsstart zeichnet sich durch Aufwärtsmobilität aus.

Auch wenn die Episoden aller Beschäftigten mit zunehmender Berufserfahrung stabiler werden, gilt dies speziell für betriebsstabile Beschäftigte (vgl. Tabelle 5.18). Während in der ersten Einkommensepisode 49 Prozent der betriebsstabilen Beschäftigten in Westdeutschland und 47 Prozent in Ostdeutschland einen innerbetrieblichen Einkommensgewinn erreichen können, sind es in der zweiten Episode nur noch ca. 35 Prozent und in der dritten nur noch ca. 30 Prozent. Insgesamt zeigen sich kaum Unterschiede in den Gewinnchancen und Verlustrisiken betriebsstabiler Beschäftigung im Ost-West-Vergleich. In beiden Teilen Deutschlands flacht mit zunehmender Erwerbserfahrung der Einkommensverlauf betriebsstabiler Beschäftigter ab und wird insgesamt stabiler.

Anders sieht es mit betriebsmobilen Beschäftigten aus. Die Risiken und Chancen von diskontinuierlichen Erwerbsverläufen bleiben relativ unabhängig von der Berufserfahrung bestehen. Betrachtet man den Anteil der Einkommensverluste bei innerregionaler und regionaler Mobilität, so liegt dieser in Westdeutschland konstant zwischen 20 und 22 Prozent und in Ostdeutschland zwischen 23 und 25 Prozent, also etwas höher. Die Einkommensgewinnchancen bleiben mit zunehmender Berufserfahrung betriebsmobiler Beschäftigter ebenfalls auf hohem Niveau stabil. Positive Wirkungen regionaler Mobilität im Vergleich zur innerregionalen Mobilität

73 Die Tarifbindung und die Nutzung von Öffnungsklauseln lässt sich im Rahmen dieser Studien nicht prüfen, da aus Datenschutzgründen keine betrieblichen Merkmale in der IABS-R01 zur Verfügung stehen.

sind insgesamt nur schwach ausgeprägt und ebenfalls nur am Beginn des Erwerbsverlaufs von Berufsanfängern deutlicher.

Tabelle 5.18: Auswertung des Endes der jeweiligen Einkommensepisode je nach Mobilität, Episodenzahl und Ost- und Westdeutschland

	Erste Episode			**Zweite Episode**			**Dritte Episode**		
	Einkommensepisoden aus Westdeutschland								
	=	–	+	=	–	+	=	–	+
Betriebsverbleib	36,9	14,3	48,7	50,7	14,0	35,3	57,4	13,4	29,1
innerregionale Mobilität	20,4	20,5	59,2	28,8	21,9	49,3	29,7	21,9	48,3
regionale Mobilität	18,0	19,1	62,9	27,5	21,1	51,4	30,1	21,5	48,4
West-Ost	18,8	39,1	42,1	22,2	43,7	34,1	26,7	41,3	32,0
Rest	37,0	25,4	37,6	39,7	27,3	32,9	40,0	27,9	32,1
	Einkommensepisoden aus Ostdeutschland								
	=	–	+	=	–	+	=	–	+
Betriebsverbleib	36,6	16,6	46,8	48,9	15,2	35,8	54,8	14,5	30,6
innerregionale Mobilität	24,6	24,3	51,1	29,7	24,8	45,5	31,3	24,8	44,0
regionale Mobilität	19,6	22,3	58,1	24,8	25,1	50,1	29,6	25,0	45,3
Ost-West	10,1	10,3	79,6	18,0	12,1	70,0	19,2	13,2	67,6
Rest	36,6	27,7	35,6	37,6	29,8	32,5	38,1	32,0	29,9

IABS-R01 1992 bis 2001: eigene Berechnungen
= Zensierte Episode; – Einkommensverlust; + Einkommensgewinn

Zusammenfassend kann man feststellen, dass Betriebsstabilität häufig mit Einkommensstabilität einhergeht und innerbetriebliche Einkommensaufstiege vor allem am Beginn der Berufslaufbahn möglich sind. Betriebsmobile und diskontinuierliche Erwerbsverläufe gehen mit diskontinuierlichen Einkommensverläufen einher: Betriebsmobilität zieht sowohl Gewinne als auch Verluste nach sich. In welchen Fällen dies jedoch Gewinne und in welchen Fällen es Verluste bedeutet, kann nur durch eine differenziertere Betrachtung von Mobilitäten im Zusammenhang mit anderen sozioökonomischen Merkmalen abgeschätzt werden. Daher werden im nächsten Schritt die Mobilitätsarten differenzierter dargestellt, um diejenigen Unterscheidungsmerkmale von Betriebswechseln herauszuarbeiten, die für die Erklärung von negativen und positiven Einkommensfolgen für Beschäftigte wichtig sind. Zunächst wird speziell auf den bildungsspezifischen Einfluss von Mobilität eingegangen.

5.2.2.2 Die Wirkung von Mobilität je nach Bildungsstand

Die verschiedenen Theorien zum Verhältnis von Mobilität und den daraus resultierenden Einkommensveränderungen legen Interaktionseffekte zwischen Mobilität und Bildung nahe. Es können also unterschiedliche Konsequenzen von Mobilität für verschiedene Bildungsgruppen erwartet werden. Das würde bedeuten, dass Betriebswechsel unter Umständen für hohe Qualifikationsgruppen positivere Einkommenseffekte hat, während für unqualifizierte Beschäftigte stärker die Risiken von Mobilität zum Tragen kommen. Daher wird deskriptiv unterschieden, welche Folgen Mobilität und Stabilität je nach Bildungsgruppe hat.

Tabelle 5.19: Anteile von zensierten Episoden und Art von Ereignis je nach Mobilität und Bildungsstand am Ende des ersten Ereignisses in Westdeutschland

Einkommensepisoden aus Westdeutschland			
	Zensiert	**Verlust**	**Gewinn**
		hohe Qualifikation	
Betriebsverbleib	44,2	10,7	45,1
innerregionale Mobilität	31,4	11,5	57,1
regionale Mobilität	25,5	9,7	64,8
West-Ost-Mobilität	32,2	18,7	49,1
Restkategorie	41,2	16,6	42,2
		mittlere Qualifikation	
Betriebsverbleib	47,0	13,6	39,4
innerregionale Mobilität	26,4	19,4	54,2
regionale Mobilität	24,6	19,5	55,9
West-Ost-Mobilität	20,6	44,4	35,0
Restkategorie	34,8	27,1	38,1
		geringe Qualifikation	
Betriebsverbleib	47,6	17,0	35,4
innerregionale Mobilität	19,1	28,0	52,9
regionale Mobilität	18,0	30,1	51,9
West-Ost-Mobilität	17,5	48,4	34,0
Restkategorie	40,8	27,4	31,9

IABS-R01 1992 bis 2001: eigene Berechnungen

Für den westdeutschen Arbeitsmarkt lässt sich zeigen, dass bei Akademikern die Risiken von Betriebswechseln keine große Rolle spielen (vgl. Tabelle 5.19). Einkommensverluste werden im Vergleich zur Betriebsstabilität nur geringfügig häufiger, Einkommensgewinne wesentlich häufiger als bei anderen Qualifikationsgruppen erreicht. Für hochqualifizierte Berufsanfänger scheinen Betriebswechsel ein Mittel darzustellen, berufliche Aufstiege zu erreichen. Dies verweist darauf, dass sie den externen Arbeitsmarkt, der durch Arbeitsangebote in anderen Betrieben zur Verfügung steht, für die eigene berufliche Karriere und für Aufstiege nutzen können. Dies gilt überraschenderweise auch für Mobilitätsziele auf dem ostdeutschen Arbeitsmarkt: Selbst bei einem Wechsel von einem westdeutschen in einen ostdeutschen Betrieb können knapp 50 Prozent der Akademiker Gewinne erzielen, und nur bei 19 Prozent geht ein Wechsel von West- nach Ostdeutschland mit einem Einkommensverlust einher. Aber auch innerbetrieblich bieten sich Akademikern zumindest am Beginn des Erwerbsverlaufs gute Aufstiegsmöglichkeiten. 45 Prozent können in der ersten Episode innerhalb des Betriebs Einkommensgewinne erzielen und nur 11 Prozent müssen einen innerbetrieblichen Einkommensverlust hinnehmen.

Mit sinkendem Bildungsabschluss treten die Risiken von Betriebsmobilität deutlicher zu Tage. Der Anteil von Einkommensverlusten steigt bei betriebsmobilen Beschäftigten niedrigerer Bildungsgruppen deutlich im Vergleich zu betriebsstabilen Beschäftigten. Aber auch bei der mittleren und unteren Bildungsgruppe gilt, dass aufgrund von Mobilität im Vergleich zum Betriebsverbleib nicht nur Einkommensverluste, sondern auch Einkommensgewinne wahrscheinlicher werden, Mobilität neben Risiken also auch Chancen eröffnet. Der ostdeutsche Arbeitsmarkt bietet der mittleren und unteren Bildungsgruppe aus Westdeutschland jedoch kaum Gewinnchancen, und Betriebswechsel in einen ostdeutschen Betrieb führen bei Beschäftigten mit mittlerer oder geringer Qualifikation viel häufiger zu Einkommensverlusten als bei Akademikern.

Der für Westdeutschland dargestellte Bildungseffekt gilt auch in Ostdeutschland: Je höher die Qualifikation, umso stärker wirken Betriebswechsel positiv auf den Einkommensverlauf (vgl. Tabelle 5.20). Betriebswechsel innerhalb des ostdeutschen Arbeitsmarkts bergen mehr Risiken als innerhalb des westdeutschen Arbeitsmarkts, und der Anteil von Einkommensverlusten ist in Ostdeutschland bei allen Bildungsgruppen höher. Auch ist der positive Effekt von Mobilität in Bezug auf Einkommensgewinn im Vergleich zum Betriebsverbleib wesentlich geringer ausgeprägt als in Westdeutschland.

Insgesamt unterscheiden sich die Einkommensperspektiven von Akademikern innerhalb Westdeutschlands kaum von den Einkommensperspektiven hochqualifizierter Beschäftigter des ostdeutschen Arbeitsmarkts. Stärkere Unterschiede zeigen sich im Ost-West-Vergleich der mittleren und unteren Bildungsgruppe. Ostdeutsche Berufsanfänger mit mittlerer und niedriger Bildung können im Vergleich zu ihren westdeutschen Kollegen den Berufsbeginn weniger häufig für Einkommensgewinne nutzen und für sie lohnt sich Mobilität deutlich seltener.

Tabelle 5.20: Anteile von zensierten Episoden und Art von Ereignis je nach Mobilität und Bildungsstand am Ende des ersten Ereignisses in Ostdeutschland

Einkommensepisoden aus Ostdeutschland			
	Zensiert	**Verlust**	**Gewinn**
		hohe Qualifikation	
Betriebsverbleib	39,4	12,4	48,2
innerregionale Mobilität	27,7	14,6	57,6
regionale Mobilität	22,1	13,9	64,1
Ost-West-Mobilität	19,5	6,8	73,7
Restkategorie	30,5	25,7	43,8
		mittlere Qualifikation	
Betriebsverbleib	46,9	15,4	37,7
innerregionale Mobilität	28,6	24,4	47,0
regionale Mobilität	24,2	23,8	52,0
Ost-West-Mobilität	14,2	11,1	74,6
Restkategorie	33,3	30,5	36,2
		geringe Qualifikation	
Betriebsverbleib	46,6	18,4	35,0
innerregionale Mobilität	24,0	29,3	46,7
regionale Mobilität	19,5	33,4	47,1
Ost-West-Mobilität	12,3	16,9	70,8
Restkategorie	46,9	27,7	25,4

IABS-R01 1992 bis 2001: eigene Berechnungen

5.2.3 Die Betrachtung von Betriebswechseln – Liegt es wirklich an der Betriebsmobilität?

Nachdem die ersten Ergebnisse gezeigt haben, dass Einkommensepisoden, die durch einen Betriebswechsel geprägt sind, sowohl höhere Gewinn- als auch höhere Verlustraten aufweisen, werden nun die Einflüsse von unterschiedlichen Mobilitätsarten differenzierter betrachtet.

Um positive oder negative Einflüsse von Mobilitäten abschätzen zu können, ist es wichtig, ob ein Einkommensereignis tatsächlich durch den Betriebswechsel ausgelöst wurde oder ob es nach einem Betriebswechsel durch innerbetriebliche Einkommenssteigerungen innerhalb des neuen Betriebs hervorgerufen wurde. Denn auch Einkommensverläufe von betriebsmobilen Beschäftigten verzeichnen nicht nur zwischenbetriebliche, sondern auch innerbetriebliche Einkommensveränderungen (innerhalb mindestens zweier Betriebe). Das heißt, ein mögliches Einkommensereignis von betriebsmobilen Beschäftigten muss nicht unmittelbar mit einem Betriebswechsel zusammenhängen, ein möglicher Einkommenseffekt ist nicht eindeutig auf einen Einkommenssprung durch einen Betriebswechsel zurückzuführen. Zudem können durchaus mehrere Betriebswechsel innerhalb einer Einkommensepisode stattgefunden haben, bis schließlich ein aufsummierter Einkommensgewinn bzw. -verlust von 20 Prozent beobachtet werden konnte bzw. der Erwerbsverlauf durch den beschränkten Beobachtungszeitraum beendet wurde (Zensierung). Mehrere Betriebswechsel vor Beendigung der Einkommensepisode bzw. vor Erreichen eines Einkommensereignisses liegen bei 18 Prozent der Episoden aus Westdeutschland und bei 20 Prozent der Episoden aus Ostdeutschland vor. Das heißt, auch wenn ein Großteil der Einkommensgewinne und -verluste in irgendeiner Form mit Mobilität zusammenhängt, führen doch viele Betriebswechsel nicht direkt zu einem Einkommensereignis, sondern wirken sich nicht oder erst später auf den Einkommensverlauf aus.

Daher werden im Folgenden Betriebswechsel *zum Zeitpunkt der Mobilität* betrachtet und geprüft, ob sich unmittelbar nach einem Betriebswechsel ein Einkommensgewinn oder -verlust ergibt. In diesen Fällen ist das erste Gehalt aus dem neuen Betrieb die ereignisauslösende Gehaltsmeldung und die neue Beschäftigung wird mit einem höheren oder niedrigeren Lohnniveau begonnen.[74] Das heißt, anders als oben wird nicht das Ende einer Einkommensepisode ausgewertet, sondern der Zeitpunkt einer Mobilität wird als ‚Messpunkt' angesetzt. Dadurch ist es möglich, die Betriebswechsel nach Herkunft und Ziel des Betriebswechsels sowie nach freiwilliger und unfreiwilliger Mobilität zu differenzieren. Es ist jedoch auf dieser Basis nicht möglich, einen sinnvollen Vergleich mit betriebsstabilen Beschäftigten anzustellen. Einen Vergleich der verschiedenen Einflüsse von Betriebsstabilität und Betriebsmobilität unter Berücksichtigung der Interaktionseffekte mit anderen Merkmalen ermöglichen erst die multivariaten Betrachtungen (Kapitel 6).

---

74 Natürlich konnten auch in diesen Fällen bereits im verlassenen Betrieb Einkommensveränderungen und insbesondere Einkommensgewinne innerbetrieblich aufsummiert werden, die zum Ereignis beitragen. Da das Einkommensereignis jedoch zeitlich direkt mit dem Betriebswechsel zusammenhängt, wird davon ausgegangen, dass ein Gewinn oder ein Verlust auf den Betriebswechsel zurückzuführen ist.

5.2.3.1 Mobilität je nach und Ziel und Herkunft der Mobilität

Da mehrere Betriebswechsel innerhalb einer Einkommensepisode sowie Betriebswechsel, die erst mittelfristig zu einem Einkommensereignis führen, recht häufig sind, relativiert sich das Bild der Folgen von Mobilität für den Einkommensverlauf: Insgesamt führen nur 47 Prozent der Betriebswechsel unmittelbar zu einem Einkommensereignis.

Dabei ergeben sich relativ wenige Unterschiede zwischen innerregionalen und regionalen Mobilitäten (vgl. Tabelle 5.21). In Westdeutschland zeigen sich nur geringe positive Einflüsse von regionaler Mobilität: Der Anteil der Einkommensgewinne bei regionalen Betriebswechseln, die aus dem Bundesland führen, liegt nur um 5 Prozentpunkte höher als bei innerregionalen Betriebswechseln. Da insbesondere höher qualifizierte Beschäftigte regional mobil sind, könnten die höheren Gewinnraten durch die höheren Bildungsabschlüsse der regional mobilen Beschäftigten begründet sein. In Anbetracht dessen hätte man durchaus einen höheren positiven Einfluss regionaler Mobilität erwarten können, das Ergebnis sollte also nicht überbewertet werden.

Tabelle 5.21: Anteile von Zensierungen, Verlusten und Gewinnen zum Zeitpunkt des Betriebswechsels je nach Ziel und Richtung der Mobilität im Ost-West-Vergleich

Mobilität aus Westdeutschland			
	Zensiert	*Verlust*	*Gewinn*
in der Arbeitsmarktregion	54,4	13,0	32,6
im Bundesland	51,9	13,2	34,9
zwischen Bundesländern	50,1	12,3	37,6
West-Ost	47,8	28,7	23,5
Mobilität aus Ostdeutschland			
	Zensiert	*Verlust*	*Gewinn*
in der Arbeitsmarktregion	57,9	13,7	28,3
im Bundesland	57,8	13,9	31,3
zwischen Bundesländern	50,9	15,4	33,6
Ost-West	35,3	7,4	57,3

IABS-R01 1992 bis 2001: eigene Berechnungen

In Ostdeutschland zeigt sich ein ähnlicher – wenn auch geringerer – positiver Effekt von regionaler Mobilität *innerhalb* Ostdeutschlands, aber auch Einkommensverluste werden durch regionale Mobilität innerhalb Ostdeutschlands geringfügig wahrscheinlicher.

Einen hohen Effekt haben jedoch Wechsel *zwischen* den neuen und alten Bundesländern: Der Wechsel von Westdeutschland in einen ostdeutschen Betrieb ist mit hohen Verlustrisiken versehen. Knapp 30 Prozent der Betriebswechsel führen zu einem Einkommensverlust und nur 23 Prozent zu einem Gewinn. Betriebswechsel nach Ostdeutschland werden zur Hälfte von Ostdeutschen durchgeführt, so dass es sich häufig um Rückmobilitäten handelt. Speziell für sie gilt, dass die Rückkehr nach Ostdeutschland häufiger mit Verlusten verbunden ist als für westdeutsche Beschäftigte. Zugunsten einer Stelle in der ‚Heimat' nehmen ostdeutsche Beschäftigte auch Einkommensverluste hin, während westdeutsche Beschäftigte kaum nach Ostdeutschland wechseln, wenn sie nicht mindestens ihr Lohnniveau halten können.

Bei einem Ost-West-Wechsel hingegen führt das höhere Lohnniveau in Westdeutschland nahezu sicher zu Einkommensgewinnen. 57 Prozent der Betriebswechsel gehen direkt in einen Gewinn über und nur 7 Prozent der Wechsler erleiden einen Verlust.

Mit Ausnahme der Betriebswechsel zwischen den neuen und alten Bundesländern zeigen sich jedoch kaum Unterschiede zwischen regionaler und innerregionaler Mobilität, und die Zunahme der räumlichen Distanz von Betriebswechseln führt nicht zu höheren Einkommensgewinnchancen. Dies widerspricht den Hypothesen der Suchtheorie, die davon ausgeht, dass Beschäftigte nur dann regional mobil werden, wenn die höheren Mobilitätskosten durch ein höheres Gehalt ausgeglichen werden können.

5.2.3.2 Freiwillige Mobilität, unfreiwillige Mobilität und Mobilität aus einer Meldelücke

Eine der wichtigsten Trennungen in der Wirkung von Mobilität auf den Einkommens- und Erwerbsverlauf bezieht sich auf die Unterscheidung von freiwilligen und unfreiwilligen Mobilitäten. Ein Großteil der unterschiedlichen Prognosen bezüglich des Zusammenhangs von Mobilität und Einkommensperspektiven in den verschiedenen theoretischen Ansätzen ist darauf zurückzuführen, dass freiwillige und unfreiwillige Mobilität, Kündigungen und Entlassungen unterschiedlich gewichtet werden.

Insbesondere für einen Ost-West-Vergleich ist die Differenzierung zwischen freiwilliger und unfreiwilliger Mobilität für die Erklärung der Einkommensunterschiede unverzichtbar. Gerade in Ostdeutschland bedeutet die höhere Arbeitslosigkeit, dass Betriebswechsel häufig durch den Verlust des Arbeitsplatzes veranlasst werden bzw. vorgenommen werden, um einer Kündigung oder einer Betriebsschließung zuvorzukommen. Direkte und freiwillige Betriebswechsel haben eine geringere Bedeutung innerhalb des ostdeutschen Arbeitsmarktgeschehens.

> „Die fehlenden aufwärtsgerichteten und lateralen Mobilitätswege führten zu einer Verdrängung von oben nach unten, von der kein Wirtschaftsbereich verschont geblieben ist. (...) Gemeinsam mit dem Arbeitslosigkeitsrisiko dominierten vertikale Abwärtsbewegungen, während Aufstiege und direkte Betriebswechsel seltener wurden. Dies ist im Wesentlichen der Tatsache geschuldet, dass die Mobilität der Ostdeutschen durch betriebsbedingte Entlassungen von abhängig Beschäftigten verursacht wurde" (Solga et al. 2000: 256).

Es ist demnach davon auszugehen, dass die niedrigeren Einkommenschancen am ostdeutschen Arbeitsmarkt, die sich bei der deskriptiven Auswertung gezeigt haben, durch die höhere regionale Arbeitslosigkeit sowie den höheren Anteil von unfreiwilligen Betriebswechseln erklärt werden können.

Die negativen Wirkungen unfreiwilliger Mobilität auf den Einkommensverlauf bestätigen sich anhand der deskriptiven Analyse deutlich: Während nur ca. 8 Prozent der freiwilligen und nahtlosen Betriebswechsel einen Einkommensverlust nach sich ziehen, sind es bei unfreiwilligen Betriebswechseln 20 Prozent (vgl. Tabelle 5.22). Das heißt, eine neue Beschäftigung nach einer Arbeitslosigkeitsphase ist bei 20 Prozent der Betriebswechsler mit einem Einkommensverlust verbunden. Diese negative Wirkung von unfreiwilligen Betriebswechseln ist in Ost- und Westdeutschland gleichermaßen zu beobachten. Unfreiwillige Betriebswechsel sind innerhalb des westdeutschen wie innerhalb des ostdeutschen Arbeitsmarkts gleich risikoreich. Die insgesamt schlechtere Arbeitsmarktlage in Ostdeutschland führt nicht zu höheren Einkommensverlustrisiken. Dagegen zeigen sich negative Folgen von unfreiwilligen Betriebswechseln in Ostdeutschland im Vergleich zu Westdeutschland in geringeren Einkommensgewinnchancen. Während innerhalb Westdeutschlands immerhin 30 Prozent der Betriebswechsler trotz Arbeitslosigkeitsphase einen Gewinn in dem neuen Betrieb erreichen konnten, sind es innerhalb des ostdeutschen Arbeitsmarktes nur 27 Prozent.

Betrachtet man die Wirkung von freiwilliger und unfreiwilliger Mobilität auf das Einkommen, so scheint die Differenz kaum in unterschiedlichen Gewinnchancen, sondern fast ausschließlich in unterschiedlichen Verlustwahrscheinlichkeiten begründet zu sein. So weisen in Westdeutschland knapp 33 Prozent der *freiwilligen* Betriebswechsel einen Gewinn aus, der Anteil der Gewinne durch *unfreiwillige* Mobilität liegt nur um zweieinhalb Prozentpunkte darunter. Im Zusammenhang mit den wesentlich höheren Verlustrisiken durch unfreiwillige Mobilität bedeutet dies, dass nach einem freiwilligen Betriebswechsel das Einkommensniveau häufiger stabil bleibt.[75] Dagegen wirken sich unfreiwillige Betriebswechsel tendenziell so aus, dass die neue Beschäftigung nach einer Arbeitslosigkeit für viele Beschäftigte das Risiko birgt, zugunsten eines Wiedereinstiegs in Beschäftigung auf erhebliche Einkom-

75 Oder der durch den Betriebswechsel entstandene Einkommenssprung ist nicht hoch genug, um direkt einen Einkommensgewinn auszulösen.

mensanteile verzichten zu müssen. Andererseits gelingt es durchaus einem Teil der Beschäftigten, die Arbeitssuche zu nutzen, um Gewinne in einer neuen Beschäftigung zu erzielen.

Tabelle 5.22: Anteile von Zensierungen, Verlusten und Gewinnen zum Zeitpunkt einer Mobilität, differenziert nach freiwilliger und unfreiwilliger Mobilität sowie Mobilität aus einer Meldelücke

	Zensiert	Verlust	Gewinn
	Betriebswechsel in Westdeutschland		
freiwillige Mobilität	59,1	8,4	32,5
Mobilität aus Lücke	41,1	18,8	40,1
Arbeitslosigkeit	49,6	20,3	30,1
	Betriebswechsel in Ostdeutschland		
freiwillige Mobilität	62,3	8,0	29,8
Mobilität aus Lücke	46,5	18,5	34,9
Arbeitslosigkeit	53,0	20,0	26,9
	Betriebswechsel West-Ost		
freiwillige Mobilität	57,1	19,0	23,8
Mobilität aus Lücke	37,3	33,1	29,7
Arbeitslosigkeit	39,0	43,3	17,7
	Betriebswechsel Ost-West		
freiwillige Mobilität	39,4	5,1	55,5
Mobilität aus Lücke	26,2	10,0	63,9
Arbeitslosigkeit	35,4	9,4	55,2

IABS-R01 1992 bis 2001: eigene Berechnungen

5.2.3.3 Freiwillige und unfreiwillige Mobilität je nach Bildungsstand

Wie oben beschrieben wurde, können speziell Akademiker Betriebswechsel für Einkommensgewinne nutzen, bei ihnen führt Betriebsmobilität kaum zu Einkommensverlusten. Im Gegensatz dazu haben sich für die unteren Bildungsgruppen vor allem die Risiken von Mobilität gezeigt. Nun ist zu prüfen, ob die negativeren Folgen von Betriebswechseln bei der unteren Bildungsgruppe durch die höhere Betroffenheit von Arbeitslosigkeit und damit die Notwendigkeit, aus der Arbeitslosigkeit einen

Betriebswechsel vorzunehmen, erklärt werden kann, oder ob dieser Bildungseffekt unabhängig von der Art der Mobilität bestehen bleibt.

Betriebswechsel aus Westdeutschland

Wenn Betriebswechsel freiwillig vorgenommen werden, kommt es seltener zum Erreichen eines Einkommensereignisses. Das heißt, der freiwillige Wechsel der Arbeitsstelle geht meist einher mit konstanteren Einkommensverläufen (vgl. Tabelle 5.23).

Tabelle 5.23: Einkommenseffekte von freiwilliger und unfreiwilliger Mobilität je nach Bildungsstand in Westdeutschland

%→	**unfreiwillige Mobilität**			**freiwillige Mobilität**		
	=	–	+	=	–	+
			hohe Qualifikation			
innerregionale Mobilität	42,3	21,3	36,4	62,0	5,5	32,6
regionale Mobilität	37,9	11,7	50,4	58,0	5,0	37,0
West-Ost-Mobilität	48,4	14,5	37,1	63,3	10,0	26,6
			mittlere Qualifikation			
innerregionale Mobilität	54,1	18,8	27,1	62,5	7,4	30,1
regionale Mobilität	50,7	18,6	30,7	59,5	8,4	32,1
West-Ost-Mobilität	39,8	43,8	16,4	55,7	21,3	23,0
			geringe Qualifikation			
innerregionale Mobilität	43,9	25,1	31,0	51,0	12,1	37,0
regionale Mobilität	43,4	25,1	31,5	46,7	13,5	39,8
West-Ost-Mobilität	30,6	54,8	14,5	55,7	20,1	24,1

IABS-R01 1992 bis 2001: eigene Berechnungen
= Zensierte Episode; – Einkommensverlust; + Einkommensgewinn
Mobilität aus eienr Meldelücke wird hier nicht dargestellt

Aus einer Arbeitslosigkeitsphase eine neue Stelle zu suchen, führt bei Akademikern im Vergleich zu nahtlosem Betriebswechsel sowohl zu höheren Anteilen von Einkommensverlusten als auch zu höheren Anteilen von Einkommensgewinnen. Dieser sowohl positive als auch negative Effekt von Arbeitslosigkeit auf die Einkommensentwicklung bei Akademikern kann unterschiedlich interpretiert werden. Die Suchtheorien interpretieren eine Arbeitslosigkeitsphase als Investition in die Arbeitssuche. In einer Arbeitslosigkeitsphase kann eine Suche nach einer Beschäftigung besser organisiert werden, es können mehr Informationen über alternative Stellen eingeholt werden als unter den Bedingungen einer Beschäftigung (Sesselmeier/Blauermel 1998: 81). So ließen sich im Sinne der Suchtheorie die höheren Einkommensgewinnanteile bei unfreiwillig mobilen Akademikern erklären. Ebenfalls im Sinne der Suchtheorie könnte man die höheren Gewinnanteile von Akademikern nach einer regionalen Mobilität verstehen. Die höheren Mobilitätskosten, die bei einem regionalen Wechsel anfallen, müssen durch das neue Gehalt mindestens ausgeglichen werden, ansonsten würden rational handelnde Beschäftigte nicht bereit sein, diese Kosten zu übernehmen, würden also nicht regional mobil werden. Auch im Sinne der Signaltheorie könnte man diesen Befund interpretieren: Bei hochqualifizierten Berufsanfängern wird eine Arbeitslosigkeitsphase von Arbeitgebern kaum als negatives Signal gewertet (Spence 1973). Ein Grund könnte die meist kürzere Arbeitslosigkeitsdauer von Akademikern im Vergleich zu unqualifizierten Beschäftigten sein.

In der mittleren und unteren Bildungsgruppe lassen sich jedoch keine positiven Effekte von unfreiwilligen Mobilitäten im Vergleich zu freiwilligen Mobilitäten feststellen: Vor allem die Anteile von Einkommensverlusten steigen mit geringerem Bildungsniveau, auch die Anteile von Einkommensgewinnen bleiben deutlich hinter denjenigen bei freiwilliger Mobilität zurück. Eine längere Suchzeit nach Beschäftigung und verbesserte Möglichkeiten der Stellensuche wirken sich für die mittlere und niedrige Bildungsgruppe nicht positiv aus. Auch die regionale Mobilität führt nicht zu wesentlich besseren Einkommensgewinnchancen bei Beschäftigten mittlerer und geringer Qualifikation. Diese Befunde sprechen gegen die Annahmen der Suchtheorie. Eine mögliche Erklärung liegt in der durchschnittlich längeren Arbeitslosigkeitsdauer von geringer qualifizierten Beschäftigten. Bei einer längeren Arbeitslosigkeitsdauer wird nicht mehr das vorherige Gehalt, sondern die Lohnersatzleistungen in Form von Arbeitslosengeld und -hilfe zum Maßstab der Bewertung der Einkommensperspektiven von Stellenangeboten, so dass es durchaus rational sein kann, ein niedrigeres Einkommensniveau in Kauf zu nehmen, um der Arbeitslosigkeit zu entkommen. Ebenfalls könnte Arbeitslosigkeit und speziell eine längere Arbeitslosigkeitsdauer im Sinne der Signaltheorie bei Beschäftigten mittlerer und niedriger Qualifikationsgruppen stärker als negatives Signal bei einer Neuanstellung bewertet werden. Eine Entlassung durch vorherige Arbeitgeber sowie eine lange Arbeitslosigkeitsdauer könnten als Hinweis verstanden werden, dass der entsprechende Arbeitnehmer sich im früheren Betrieb weniger leistungsfähig oder leistungsbereit gezeigt hat oder nicht über entsprechende Qualifikationen und Kompetenzen verfügt.

Insgesamt sind die *negativen* Effekte von unfreiwilligen Betriebswechseln in Form von höheren Einkommensverlustanteilen sehr eindeutig. Dass hier ein starker Bildungseffekt vorliegt, zeigt der Vergleich der verschiedenen Bildungsgruppen untereinander. Während 12 Prozent der arbeitslosen Akademiker nach einem regionalen Betriebswechsel einen Einkommensverlust hinnehmen müssen, sind es bei den geringqualifizierten Beschäftigten 25 Prozent.

Betriebswechsel aus Ostdeutschland

Auch in Ostdeutschland zeigen sich die negativen Wirkungen unfreiwilliger Mobilität deutlich (vgl. Tabelle 5.24). In allen Bildungsgruppen findet sich – wie auch in Westdeutschland – ein höherer Anteil von Einkommensverlusten nach einer unfreiwilligen Mobilität.

Tabelle 5.24: Einkommenseffekte von freiwilliger und unfreiwilliger Mobilität je nach Bildungsstand in Ostdeutschland

%→	**unfreiwillige Mobilität**			**freiwillige Mobilität**		
	=	–	+	=	–	+
			hohe Qualifikation			
innerregionale Mobilität	46,9	14,5	38,5	63,6	5,9	30,5
regionale Mobilität	47,5	15,6	36,9	55,9	6,6	37,5
Ost-West-Mobilität	28,9	6,0	65,1	46,1	3,8	50,1
			mittlere Qualifikation			
innerregionale Mobilität	55,3	19,2	25,6	64,6	7,7	27,7
regionale Mobilität	51,6	21,0	27,3	59,9	8,2	32,0
Ost-West-Mobilität	35,6	9,5	55,0	37,5	5,0	57,5
			geringe Qualifikation			
innerregionale Mobilität	48,3	22,5	29,2	59,7	10,1	30,3
regionale Mobilität	45,6	26,0	28,4	57,4	11,9	30,7
Ost-West-Mobilität	37,3	10,1	52,6	41,3	7,5	51,2

IABS-R01 1992 bis 2001: eigene Berechnungen
= Zensierte Episode; – Einkommensverlust; + Einkommensgewinn

In diesem Punkt lassen sich kaum Unterschiede zwischen Ost- und Westdeutschland erkennen. So weisen freiwillig mobile Akademiker innerhalb des ostdeutschen Arbeitsmarkts dieselben Gewinn- und Verlustrisiken auf wie Akademiker in Westdeutschland. Ist ein Betriebswechsel allerdings mit Arbeitslosigkeit verbunden, so müssen Akademiker innerhalb des ostdeutschen Arbeitsmarkts häufiger einen Einkommensverlust hinnehmen und können seltener einen Gewinn erzielen als ihre Kollegen innerhalb Westdeutschlands. Auch sind bei der Gruppe der Akademiker in Ostdeutschland nur geringfügig positive Wirkungen von unfreiwilliger Mobilität zu sehen. Lediglich bei der innerregionalen Mobilität wirkt eine verlängerte Suchzeit in der Arbeitslosigkeit leicht positiv, was sich in höheren Gewinnanteilen gegenüber freiwilliger Mobilität zeigt.

Auch bei einem Vergleich der mittleren Bildungsgruppe lassen sich kaum Unterschiede zwischen dem ostdeutschen und westdeutschen Arbeitsmarkt ausmachen. Lediglich geringfügig häufigere Verlustanteile bei dieser Beschäftigtengruppe nach einer unfreiwilligen Mobilität innerhalb des ostdeutschen Arbeitsmarkts sind zu erkennen.

Geringqualifizierte Beschäftigte weisen im Westen bei unfreiwilligen ebenso wie bei freiwilligen Betriebswechseln im Vergleich zum Osten geringere Anteile an Zensierungen auf. Bei ihnen sind sowohl Gewinne als auch Verluste häufiger als bei geringqualifizierten Beschäftigten innerhalb des ostdeutschen Arbeitsmarkts. Einkommensverläufe von betriebsmobilen Personen der unteren Bildungsgruppe sind demnach innerhalb Ostdeutschlands etwas konstanter als im Westen. Dies ist jedoch nicht unbedingt positiv zu bewerten, da ein konstantes Einkommensniveau in Ostdeutschland einen Verbleib auf niedrigem Niveau bedeutet.

5.2.4 Die mittelfristigen Folgen von Betriebswechseln

Wie die obige Betrachtung deutlich gemacht hat, führt nur ca. die Hälfte aller Betriebswechsel direkt und unmittelbar zu einem Einkommensgewinn bzw. -verlust. In der anderen Hälfte der Fälle ist der Einstieg eine neue betriebliche Beschäftigung nicht unmittelbar mit einer Einkommensveränderung verbunden. Wie sehen aber die innerbetrieblichen Einkommensverläufe *nach* dem Einstieg in den neuen Betrieb aus? Einkommensverläufe, die nicht direkt zu einem Einkommensereignis geführt haben, werden in der Folge unter die Kategorie der indirekten Mobilität subsumiert. Hier ist der Einkommensverlauf zwar durch mindestens eine Betriebsmobilität geprägt, aber es wird nicht unmittelbar mit dem Einstiegsgehalt im neuen Betrieb ein Einkommensgewinn bzw. -verlust ausgelöst. Allerdings können sich durch innerbetriebliche Einkommenszuwächse bzw. -verluste im zweiten Betrieb Gewinne bzw. Verluste ergeben. Wie bei den betriebsstabilen Einkommensverläufen handelt es sich hier um innerbetriebliche Lohnveränderungen, die nur mittelbar mit dem Betriebswechseleffekt zusammenhängen. Daher ist ein Vergleich von Einkommensverläufen nach einem Betriebswechsel mit Einkommensverläufen von betriebsstabilen Personen besonders interessant. Erhalten Neueinsteiger dieselben Lohnsteigerungen wie betriebsstabile Personen, die schon länger in einem Betrieb arbeiten, oder unterscheiden sich die innerbetrieblichen Einkommensperspektiven von Neueinsteigern und Beschäftigten mit längerer Betriebszugehörigkeit? Lassen sich also auch mittelfristige Einkommenseffekte von Betriebsmobilität feststellen? Oben wurde gezeigt, dass diskontinuierlichere Erwerbsverläufe mit diskontinuierlicheren Einkommensverläufen einhergehen. Davon ausgehend könnte man vermuten, dass dies auch bei der Kategorie der indirekten Mobilität zutrifft und die entsprechenden Einkommensverläufe im Vergleich zu betriebsstabilen höhere Gewinn- und Verlustanteile aufweisen. Andererseits kann man auf der Basis von Segmentationsansätzen argumentieren, dass Neueinsteiger in einem Betrieb zunächst der Randbelegschaft zugeordnet werden und daher geringere Lohnsteigerungen erzielen können als Beschäftigte der Kernbelegschaft. Dies würde sich in geringeren Anteilen von Einkommensgewinnen bei Beschäftigten, die der indirekten Mobilität zugeordnet wurden, niederschlagen. Es ist aber auch denkbar, von höheren Gewinnchancen auszugehen, da neben innerbetrieblichen Einkommenssteigerungen zusätzlich der Einkommenseffekt des Betriebswechsels aufsummiert wird. Wenn ein Einkommenszuwachs durch einen Betriebswechsel nicht hoch genug war, um direkt einen Einkommensgewinn auszulösen, könnten zusätzliche innerbetriebliche Lohnsteigerungen im zweiten Betrieb schneller und wahrscheinlicher Einkommensgewinne ermöglichen. Dies wäre beispielsweise dann der Fall, wenn sich nach Ablauf der Probezeit herausstellt, dass eine Personalentscheidung zugunsten eines Beschäftigten gerechtfertigt war, und Anforderungen des Arbeitsplatzes mit der Qualifikation des Bewerbers einen guten ‚Match' ergeben. Dies sollte sich in Form von Gehaltserhöhungen für den Beschäftigten positiv auswirken.

Die Auswertung setzt im Folgenden wieder am Ende einer Einkommensepisode an. Betrachtet werden jedoch nur Einkommensverläufe, die entweder komplett betriebsstabil waren oder eine Betriebsmobilität aufwiesen, die nicht direkt zu einem Einkommensereignis führte (indirekte Mobilität; siehe auch Abb. 4.2).

Im Ergebnis zeigen sich kaum Unterschiede zwischen betriebsstabilen Erwerbsverläufen und solchen, die durch zurückliegende Betriebswechsel gekennzeichnet sind. Das gilt speziell für westdeutsche Einkommensepisoden. Mittelfristig negative Einkommensfolgen von Betriebsmobilität – wie sie die Segmentationsansätze nahe legen – lassen sich deskriptiv nicht nachweisen (vgl. Tabelle 5.25).

Anders jedoch in Ostdeutschland. Dort wirkt sich eine vergangene Mobilität negativ aus, der Anteil von Zensierungen steigt und der Anteil von Gewinnen sinkt im Vergleich zu betriebsstabilen Personen. Es deuten sich demnach auch mittelfristige negative Folgen von Betriebswechseln in Ostdeutschland für den Einkommensverlauf an. Dieser Effekt ist bei indirekten innerregionalen Betriebswechseln in Ostdeutschland besonders stark zu sehen. Im Vergleich zur Betriebsstabilität (innerhalb eines ostdeutschen Betriebs) zeigen sich deutlich höhere Anteile an Zensierungen sowie geringere Anteile an Gewinnen. Auch wenn dieser Effekt bei regionaler Mobilität innerhalb Ostdeutschlands nicht so stark ausgeprägt ist, ist auch hier der Anteil von Beschäftigten, die nach dem Einstieg in eine Beschäftigung von innerbetrieblichen Lohnsteigerungen profitieren konnten, geringer, als das bei betriebsstabilen Beschäftigten der Fall ist. Die Chancen, nach einem Betriebswechsel Teil der

Kernbelegschaft zu werden und innerbetriebliche Einkommenssteigerungen zu erreichen, sind demnach in Ostdeutschland geringer ausgeprägt als in Westdeutschland.[76]

Tabelle 5.25: Anteile von Zensierungen, Verlusten und Gewinnen am Ende der Einkommensepisode je nach Betriebsverbleib und indirekter Mobilität im Ost-West-Vergleich

%→	**Zensiert**	**Verlust**	**Gewinn**
		Einkommensepisoden in Westdeutschland	
Betriebsverbleib	46,79	14,09	39,11
ind. innerreg. Mobilität	48,44	14,03	37,53
ind. regionale Mobilität	48,11	13,46	38,43
		Einkommensepisoden in Ostdeutschland	
Betriebsverbleib	45,99	15,59	38,41
ind. innerreg. Mobilität	53,64	17,37	28,99
ind. regionale Mobilität	49,43	15,72	34,84
		Einkommensepisoden mit Wechsel West-Ost	
ind. regionale Mobilität	50,48	20,85	28,67
		Einkommensepisoden mit Wechsel Ost-West	
ind. regionale Mobilität	45,07	15,07	39,86

IABS-R01 1992 bis 2001: eigene Berechnungen

5.2.5 Interaktionseffekte zwischen den Einkommensepisoden

In den bisherigen Auswertungen wurden lediglich Einflüsse von Betriebsstabilität und Betriebsmobilität in der *aktuellen* Einkommensepisode auf ihren Einkommenseffekt geprüft. Damit wurden insbesondere kurz- und mittelfristige Konsequenzen von Mobilität für die Einkommensverläufe von Beschäftigten untersucht. Allerdings können sich auch langfristige Konsequenzen von Mobilität ergeben, die erst sichtbar werden, wenn man über die aktuelle Einkommensepisode hinausgeht.

Auch *vorherige* Einkommensgewinne und -verluste sollten bei der Betrachtung aktueller Einkommensübergänge in den Blick genommen werden, da z.B. zurückliegende Einkommensverluste erneute Einkommensverluste wahrscheinlicher werden

76 Ein Effekt, der durch die höhere Anzahl von unfreiwilligen Mobilitäten in Ostdeutschland beeinflusst wird.

lassen könnten. Die verschiedenen Einkommensepisoden sind somit nicht unabhängig voneinander zu betrachten, Mobilitäts- und Einkommenserfahrungen aus vorherigen Episoden können Einfluss auf aktuelle Einkommenschancen und -risiken ausüben.

Um die Einflüsse der vorherigen Einkommensepisoden auf ihren Einkommenseffekt zu prüfen, wurden in der deskriptiven Analyse die zweite und die dritte Einkommensepisode betrachtet. Untersucht wird erstens der Einfluss von Mobilität in der vorherigen Einkommensepisode auf Einkommensereignisse der folgenden Einkommensepisode, um auch langfristige Folgen von Betriebsmobilität für den Einkommensverlauf einbeziehen zu können. Zweitens wird der Interaktionseffekt von vorherigen Auf- bzw. Abstiegen auf weitere Einkommensereignisse untersucht. Unterschieden wird auch hier wieder zwischen Ost- und Westdeutschland.

5.2.5.1 Vorangegangene Mobilität und Betriebsstabilität

Wenden wir uns zunächst der zweiten Einkommensepisode zu. Hier können nicht nur Betriebsstabilität und Betriebsmobilität innerhalb dieser Episode auf ihren Einkommenseffekt geprüft werden, es kann auch unterschieden werden, ob die *erste* Episode von Betriebsstabilität oder -mobilität geprägt war.

Insgesamt zeigt sich, dass die Unterscheidung nach Mobilität bzw. Betriebsverbleib in der vorherigen Einkommensepisode nur geringe Auswirkungen auf aktuelle Gewinnchancen bzw. Verlustrisiken hat (vgl. Tabelle 5.26). Wichtiger ist, ob in der *aktuellen* Episode ein Betriebwechsel oder ein Betriebsverbleib vorliegt. Einkommensverläufe, die in der zweiten Episode durch Betriebsverbleib gekennzeichnet sind, sind insgesamt stabiler als jene, die in der zweiten Episode einen Betriebswechsel aufweisen. Der Anteil von Zensierungen (= konstante Einkommensverläufe) ist bei Personen, die in der zweiten Episode betriebsstabil beschäftigt waren, mit ca. 50 Prozent relativ hoch, während er bei Erwerbsverläufen mit Mobilität in der zweiten Episode nur bei ca. 30 Prozent liegt.

Welchen Einfluss haben nun vorangegangene Mobilitätsereignisse? Betrachten wir zuerst betriebsstabile Erwerbsverläufe der zweiten Episode. Personen, die sowohl in der ersten als auch in der zweiten Episode betriebsstabil beschäftigt waren, haben ihre Karriere seit Berufsbeginn vollständig innerhalb eines Betriebs verbracht, während sich bei der Vergleichsgruppe nach einem Betriebswechsel am Beginn der Karriere (Mobilität in der ersten Episode) eine Phase der Betriebsstabilität anschließt. Erstere haben leicht bessere innerbetriebliche Gewinnchancen, während vormals betriebsmobile Beschäftigte einen geringfügig niedrigeren Anteil von innerbetrieblichen Gewinnen aufweisen. Dieser leicht negative Effekt von Mobilität zeigt sich etwas stärker in Ostdeutschland.

Tabelle 5.26: Anteile von Zensierungen, Verlusten und Gewinnen am Ende der zweiten Einkommensepisode je nach Mobilitätsereignissen in der ersten Episode

	Zensiert	**Verlust**	**Gewinn**	**insgesamt**
		Episoden aus Westdeutschland		
Betriebsverbleib in zweiter Episode				
BV + BV	47,27	15,06	37,67	23,10
Mob + BV	53,51	12,99	33,50	24,52
Mobilität in zweiter Episode				
BV + Mob	31,12	19,40	49,48	11,69
Mob + Mob	29,96	22,39	47,64	19,57
		Episoden aus Ostdeutschland		
Betriebsverbleib in zweiter Episode				
BV + BV	44,48	15,87	39,65	21,83
Mob + BV	51,63	14,77	33,59	23,80
Mobilität in zweiter Episode				
BV + Mob	26,50	19,99	53,51	12,63
Mob + Mob	28,59	23,16	48,25	22,26

IABS-R01 1992 bis 2001: eigene Berechnungen

Betrachtet man nun Erwerbsverläufe, die in der zweiten Episode einen Betriebswechsel aufweisen, so kann wiederum unterschieden werden, ob die Betreffenden vormals betriebsstabil beschäftigt waren oder auch in der ersten Episode schon einmal den Betrieb gewechselt haben. Auch hier wird erkennbar, dass betriebsstabile Beschäftigung sich eher lohnt und mehrmalige Betriebswechsel sich leicht negativ auf die weiteren Einkommensperspektiven auswirken. Und auch hier lassen sich langfristig negative Effekte von Betriebsmobilität stärker in Ostdeutschland zeigen als in Westdeutschland.

In der *dritten* Episode kann nun weiter differenziert werden: nicht nur nach Betriebsstabilität und -mobilität in der zweiten, sondern auch in der ersten Episode. Auch hier ist zur Erklärung von Einkommensverläufen aktuelle Mobilität bzw. Stabilität bedeutsamer als vorangegangene (vgl. Tabelle 5.27). Und doch sind leicht negative Effekte mehrmaliger Mobilität im Erwerbsverlauf erkennbar, die wiederum in Ostdeutschland stärker ausgeprägt sind als in Westdeutschland (vgl. Tabelle 5.28). Während bei Episoden in Westdeutschland komplett betriebsstabile Beschäftigte einen Gewinnanteil von 32 Prozent aufweisen, liegt dieser Anteil bei Beschäftigten mit zurückliegenden Betriebswechseln in der ersten *und* zweiten Episode bei 25 Prozent. Allerdings weisen letztere auch leicht geringere Anteile an innerbetrieblichen Einkommensverlusten auf, so dass die Interpretation denkbar erscheint, ein Teil der innerbetrieblichen Lohnsteigerungen sei durch den Betriebswechseleffekt vorweggenommen worden.

Tabelle 5.27: Anteile von Zensierungen, Verlusten und Gewinnen am Ende der dritten Einkommensepisode je nach vorherigen Mobilitätsereignissen in Westdeutschland

	Zensiert	**Verlust**	**Gewinn**	**insgesamt**
	Betriebsverbleib in der aktuellen Einkommensepisode			
BV + BV + BV	52,75	15,05	32,20	13,39
Mob + BV + BV	56,71	13,77	29,52	10,97
BV + Mob + BV	60,06	11,43	28,51	7,73
Mob + Mob + BV	62,34	12,13	25,53	11,68
	Mobilität in der aktuellen Einkommensepisode			
BV + BV + Mob	35,62	18,17	46,22	4,92
Mob + BV + Mob	33,17	21,97	44,86	6,02
BV + Mob + Mob	35,37	19,24	45,39	5,09
Mob + Mob + Mob	32,75	22,26	44,99	8,70

IABS-R01 1992 bis 2001: eigene Berechnungen

Tabelle 5.28: Anteile von Zensierungen, Verlusten und Gewinnen am Ende der dritten Einkommensepisode je nach vorherigen Mobilitätsereignissen in Ostdeutschland

	Zensiert	**Verlust**	**Gewinn**	**insgesamt**
	Betriebsverbleib in der aktuellen Einkommensepisode			
BV + BV + BV	49,21	14,94	35,85	13,34
Mob + BV + BV	53,02	14,09	32,89	11,13
BV + Mob + BV	56,78	14,41	28,81	7,43
Mob + Mob + BV	59,16	14,58	26,26	11,62
	Mobilität in der aktuellen Einkommensepisode			
BV + BV + Mob	29,95	20,05	50,00	5,28
Mob + BV + Mob	30,00	20,75	49,25	6,60
BV + Mob + Mob	33,02	19,44	47,54	5,32
Mob + Mob + Mob	31,41	23,62	44,96	10,39

IABS-R01 1992 bis 2001: eigene Berechnungen

Deutlicher zeigen sich langfristig negative Effekte von Betriebsmobilität bei jenen Erwerbsverläufen, die in der dritten Episode betriebsmobil waren: Mehrmalige Mobilität führt zu leicht geringeren Einkommensgewinnchancen und höheren Verlustrisiken. Schlechtere Einkommensperspektiven von häufig betriebsmobilen Beschäftigten sind vor allem in Ostdeutschland deutlich zu erkennen.

5.2.5.2 Wie wirkt sich die vorherige Art des Ereignisses auf weitere Ereignisse aus?

Nun ist der Einfluss vorheriger *Einkommensereignisse* auf die weiteren Gewinn- und Verlustchancen zu prüfen: Erhöhen frühere Verlusterfahrungen die Wahrscheinlichkeit, weitere Verluste erleiden zu müssen? Sind Einkommensverläufe durch das Matthäus-Prinzip „wer hat, dem wird gegeben" zu charakterisieren, d.h. weisen Personen, die zu Beginn der Berufskarriere Einkommensgewinne hatten, auch die besten Chancen auf, im weiteren Erwerbsverlauf ihr Einkommen zu verbessern (Rosenbaum 1984)?

Wie schon oben werden zunächst die Einkommensgewinn- und -verlustanteile in der zweiten Episode nach früheren Einkommensereignissen differenziert, bevor die dritte Episode untersucht wird.

Zweite Episode

Die zweite Episode des Einkommensverlaufs kann danach unterschieden werden, ob die erste Episode durch einen Einkommensgewinn oder -verlust abgeschlossen wurde.

Beschäftigte in Westdeutschland, die schon in der ersten Einkommensepisode einen Einkommensgewinn verbuchen konnten, weisen zu ca. 47 Prozent kein weiteres Ereignis auf, d.h. ihre Einkommensposition verbleibt nach dem Gewinn stabil (vgl. Tabelle 5.29). Diese Beschäftigten gehen damit nicht in eine dritte Episode ein. Etwa ein Fünftel dieser Gruppe erlebt einen Verlust, ein knappes Drittel kann einen zweiten Gewinn erreichen.

Ostdeutsche Einkommensgewinner haben höhere Risiken, nach einem ersten Gewinn wieder an Einkommen zu verlieren, der Anteil von zensierten Einkommensepisoden liegt mit 43 Prozent um ca. 3 Prozentpunkte niedriger und der Anteil von Einkommensverlusten mit 24 Prozent um ca. 3 Prozentpunkte höher als bei den westdeutschen Gewinnern. Schlechtere Chancen Ostdeutscher, ihr Einkommen zu verbessern, zeigen sich dann, wenn die erste Episode durch einen Verlust geprägt ist. Während es im Westen 65 Prozent der ‚Erstverlierer' gelingt, in der zweiten Episode den Verlust der ersten Episode auszugleichen, gilt das in Ostdeutschland nur für 62 Prozent.

Tabelle 5.29: Anteile von Zensierungen, Verlusten und Gewinnen in der zweiten Episode je nach Gewinn bzw. Verlust in der ersten Episode

	Zensiert	Verlust	Gewinn	Insgesamt
	Episoden aus Westdeutschland			
Gewinn bei erstem Ereignis	46,55	21,56	31,89	74,35
Verlust bei erstem Ereignis	24,62	10,69	64,69	25,65
	Episoden aus Ostdeutschland			
Gewinn bei erstem Ereignis	43,30	24,37	32,33	68,85
Verlust bei erstem Ereignis	27,81	10,30	61,89	31,15

IABS-R01 1992 bis 2001: eigene Berechnungen

Dass die Chancen, Einkommensverluste der ersten Episode im weiteren Erwerbsverlauf wieder auszugleichen, bildungsspezifisch ausfallen, zeigt sich am Beispiel der zweiten Episode sowohl in Ost- als auch in Westdeutschland deutlich (vgl. Tabelle 5.30): Geringqualifizierte tragen nicht nur ein insgesamt höheres Einkommensverlustrisiko, sie haben auch geringere Chancen, einen Verlust wieder rückgängig zu machen. So können in dieser Gruppe nur knapp 58 Prozent in Westdeutschland und 53 Prozent in Ostdeutschland einen Einkommensverlust der ersten Episode in der zweiten durch einen Gewinn ausgleichen, während dies drei Vierteln der Hochqualifizierten in Ost- und Westdeutschland gelingt. Die Geringqualifizierten laufen im Vergleich mit den höheren Bildungsgruppen auch die höchsten Risiken, einen weiteren Verlust erleiden zu müssen, der Anteil der doppelten Verlierer ist mit 13 Prozent in Westdeutschland und 17 Prozent in Ostdeutschland relativ hoch. Ein schlechter Start ins Berufsleben kann demnach von Beschäftigten ohne berufliche Ausbildung nur schwer wieder wettgemacht werden.

Anders bei Beschäftigten der mittleren und hohen Qualifikationsgruppe. Von ihnen muss von vornherein ein geringerer Teil einen Einkommensverlust in den ersten Berufsjahren in Kauf nehmen, und ein schlechter Start kann meist direkt nach einem Verlust wieder aufgeholt werden. Ein zweites Mal Einkommen zu verlieren trifft nur auf einen kleinen Teil der Beschäftigten zu. Gleichzeitig haben Beschäftigte mit hohen Bildungsabschlüssen gute Chancen, ihren Einkommensgewinn zu halten oder gar zu verbessern. Während es nur 28 Prozent der Geringqualifizierten in Westdeutschland und 27 Prozent in Ostdeutschland nach einem ersten Gewinn gelingt, einen zweiten Gewinn folgen zu lassen, ist der Anteil der doppelten Gewinner bei Hochqualifizierten mit 38 Prozent in Westdeutschland und 46 Prozent in Ostdeutschland deutlich höher.

Tabelle 5.30: Anteile von Zensierungen, Verlusten und Gewinnen in der zweiten Episode je nach Gewinn bzw. Verlust in der ersten Episode und je nach Qualifikation

	Zensiert	Verlust	Gewinn	Insgesamt
	Episoden aus Westdeutschland			
	niedrige Qualifikation			
Gewinn bei erstem Ereignis	41,7	29,9	28,4	65,8
Verlust bei erstem Ereignis	28,9	13,4	57,7	34,2
	mittlere Qualifikation			
Gewinn bei erstem Ereignis	47,6	20,5	31,9	75,9
Verlust bei erstem Ereignis	22,8	9,5	67,6	24,1
	hohe Qualifikation			
Gewinn bei erstem Ereignis	49,5	12,2	38,3	84,7
Verlust bei erstem Ereignis	18,2	6,7	75,1	15,3
	Episoden aus Ostdeutschland			
	niedrige Qualifikation			
Gewinn bei erstem Ereignis	42,0	31,1	26,9	63,2
Verlust bei erstem Ereignis	32,9	16,7	53,4	36,7
	mittlere Qualifikation			
Gewinn bei erstem Ereignis	44,1	27,8	31,1	67,9
Verlust bei erstem Ereignis	27,2	9,7	63,1	32,1
	hohe Qualifikation			
Gewinn bei erstem Ereignis	38,8	15,5	45,7	81,7
Verlust bei erstem Ereignis	18,5	7,0	74,6	18,3

IABS-R01 1992 bis 2001: eigene Berechnungen

Dritte Episode

In der dritten Einkommensepisode sind nur noch Erwerbsverläufe von Beschäftigten enthalten, die sowohl in der ersten als auch in der zweiten Episode einen Gewinn bzw. einen Verlust ‚erlebten'. Da – wie die vorherige Analyse gezeigt hat – nach einem Gewinn häufig das Einkommen stabil bleibt und kein weiteres Ereignis mehr erreicht wird, fallen überproportional erfolgreiche Beschäftigte aus der Betrachtung heraus.

Entsprechend können Beschäftigte, die sowohl in der ersten als auch in der zweiten Episode Gewinne erzielen konnten, kaum ein drittes Mal ihr Einkommen verbessern, ihr hohes Einkommen meist jedoch halten (vgl. Tabelle 5.31). Auch sind die Risiken von solch erfolgreichen Berufsanfängern relativ gering ausgeprägt: 21 Prozent im Westen und 24 Prozent im Osten müssen nach zwei Einkommensgewinnen einen Verlust hinnehmen.

Tabelle 5.31: Anteile von Zensierungen, Verlusten und Gewinnen in der dritten Episode je nach Gewinn bzw. Verlust in der zweiten und ersten Episode

	Zensiert	Verlust	Gewinn	Insgesamt
		Episoden aus Westdeutschland		
Gewinn + Gewinn	58,36	20,92	20,72	39,26
Verlust + Gewinn	43,11	23,28	33,61	28,49
Gewinn + Verlust	31,49	12,54	55,97	27,51
Verlust + Verlust	28,70	6,88	64,41	4,73
		Episoden aus Ostdeutschland		
Gewinn + Gewinn	52,92	23,95	23,14	33,96
Verlust + Gewinn	43,57	25,31	31,12	30,61
Gewinn + Verlust	34,32	11,61	54,08	29,94
Verlust + Verlust	22,45	5,90	71,66	5,49

IABS-R01 1992 bis 2001: eigene Berechnungen

Interessant sind die Unterschiede zwischen Beschäftigten, die nach dem ersten Verlust in der zweiten Episode einen Gewinn erzielten, und jenen, die nach einem ersten Gewinn in der zweiten Episode in einen Verlust übergingen. War das vorherige Ereignis ein Verlust, so wird dieser meist danach wieder durch einen Gewinn ausgeglichen, und ein weiterer Verlust wird unwahrscheinlich. War das vorletzte (hier: erste) Ereignis ein Verlust, so werden zwar Gewinne noch immer relativ häufig erreicht, aber der Anteil an Verlusten liegt höher als bei doppelten Gewinnern. Nach dem Ausgleich des Einkommensverlusts aus der ersten Episode folgt demnach bei etwa einem Viertel der Beschäftigten ein erneuter Verlust, so dass das Gehaltsniveau im Vergleich zum Einstiegsgehalt nicht langfristig verbessert werden konnte.

Auch wenn die Gruppe der doppelten Verlierer im Osten und Westen mit rund 5 Prozent relativ klein ist und die Anteile von nachfolgenden Gewinnen mit 64 Prozent im Westen und 72 Prozent im Osten relativ hoch liegen, können doch knapp 29 Prozent der doppelten Verlierer im Westen und 22 Prozent im Osten kein weiteres Einkommensereignis mehr erreichen und verbleiben auf ihrer niedrigen

Einkommensposition (dies bedeutet mindestens ein Absinken des Lohnniveaus von 36 Prozent im Vergleich zum Einstiegsgehalt). Immerhin 6 Prozent müssen sogar einen weiteren Abstieg fürchten und verdienen demnach nur noch 51 Prozent (oder weniger) des Einstiegslohns.

5.2.6 Anpassungsmobilität?

Bisher wurden ausschließlich individuelle Einkommenszuwächse und Einkommensverluste betrachtet. Die individuellen Chancen, das eigene Gehalt zu verbessern, bzw. die individuellen Risiken, auf Teile des Einkommens verzichten zu müssen, sind sicherlich zentral für die Bewertung der eigenen Karriere. Was bisher jedoch nicht betrachtet wurde, ist die Höhe des Gehaltsniveaus *im Vergleich zu anderen Beschäftigten.* Diese ist jedoch ebenfalls von Bedeutung für die Bewertung von Chancen und Risiken durch Betriebsmobilität und -stabilität. Würden stabile Einkommensverläufe ohne wesentliche Einkommenszuwächse mit einem überdurchschnittlich hohen Einkommensniveau einhergehen, so wären sie durchaus positiv zu bewerten. Ein hohes Einstiegsgehalt würde in diesem Fall spätere Einkommensgewinne schon vorwegnehmen, Einkommensstabilität könnte für die erfolgreiche Erhaltung der hohen Gehaltsposition sprechen. Dies spielt auch für die Bewertung von Betriebsmobilität und Betriebsstabilität eine wesentliche Rolle. Bedeuten die höheren Einkommensgewinnchancen von betriebsmobilen Berufsanfängern, dass sie ihre Einkommensposition im Vergleich zu betriebsstabilen Beschäftigten verbessern können? Sind Einkommenszuwächse durch Betriebsmobilität als Anpassungsmobilität zu werten, die das eigene Gehalt dem von betriebsstabilen Beschäftigten anzugleichen vermag, wie es die Ergebnisse von Blien und Rudolph (1989) nahe legen, oder verfügen Einkommensgewinner auch über ein höheres Gehaltsniveau?

Die relative Einkommensposition bei der ersten Beschäftigung

In einem ersten Schritt wurden die Anfangsgehälter von betriebsmobilen und betriebsstabilen Beschäftigten betrachtet. Wie sowohl Davia (2005) als auch Klein (1994) gezeigt haben, verfügen betriebsstabile Beschäftigte von Anfang an über höhere Löhne. Ihnen ist es schon beim Einstieg in das Berufsleben gelungen, eine gute Arbeitsstelle mit relativ hohem Gehalt zu finden. Dieses hohe Anfangsgehalt hat spätere potenzielle Einkommensaufstiege teilweise schon vorweggenommen, es ist deshalb nicht unbedingt negativ zu werten, wenn die innerbetrieblichen Einkommensgewinne im Vergleich zu zwischenbetrieblichen Einkommensgewinnen niedriger liegen. Im Gegensatz dazu war das Anfangsgehalt von später betriebsmobilen Beschäftigten geringer, Betriebswechsel aufgrund besserer Einkommensperspektiven in anderen Betrieben und die damit verbundenen Einkommensgewinne konnten das Gehaltsniveau dem von betriebsstabilen Beschäftigten, die schon von Beginn an besser bezahlt wurden, angleichen, jedoch kaum darüber hinaus verbessern. Einkommensgewinne wären in diesem Fall als Anpassungsmobilität zu werten – sie sind zwar für den individuellen Einkommensverlauf durchaus positiv, Einkommensstabilität von betriebsstabilen Personen wäre dann jedoch ebenso positiv zu werten, da diese Stabilität auf einem hohen Gehaltsniveau basiert.

Ausgewertet wurde hier die relative Einkommensposition von Beschäftigten auf Basis des Anfangsgehalts. Die relative Einkommensposition misst das individuelle Gehaltsniveau im Vergleich zu anderen Beschäftigten der eigenen Bildungsgruppe und gibt Auskunft über die Positionierung einer Person in der Lohnhierarchie der jeweiligen Bildungsgruppe. In diesem Fall wird demnach gemessen, auf welcher Position Beschäftigte ihren Berufsverlauf beginnen.

Tabelle 5.32: Die relative Einkommensposition des Anfangsgehalts je nach Mobilitätsart

	Teilzeit	**-50 %**	**-50 bis -30 %**	**-30 bis -10 %**	**-10 % +**
			Erwerbsverläufe in Westdeutschland		
Betriebsstabilität	12,9	19,4	28,6	27,3	11,8
Betriebsmobilität	10,9	20,8	34,5	24,8	9,0
West-Ost-Mobilität	10,1	21,6	30,1	24,3	13,9
Restkategorie	19,7	29,0	27,0	17,3	7,0
			Erwerbsverläufe in Ostdeutschland[77]		
Betriebsstabilität	13,1	19,2	23,2	23,7	20,7
Betriebsmobilität	11,6	16,5	28,0	25,5	18,4
Ost-West-Mobilität	11,9	14,9	28,4	27,4	17,4
Restkategorie	14,7	23,8	26,6	21,2	13,7

IABS-R01 1992 bis 2001: eigene Berechnungen

Tatsächlich zeigt sich, dass betriebsstabile Beschäftigte einer höheren Einkommensposition zugeordnet wurden und schon ihr Anfangsgehalt einem relativ hohen Ein-

77 Der größere Anteil von Beschäftigten in Ostdeutschland mit einer hohen relativen Einkommensposition erklärt sich aus der geringen Einkommensspanne in Ostdeutschland. Es besteht dort ein geringerer Abstand zwischen den einzelnen Kategorien. Dies bedeutet also nicht, dass ostdeutsche Beschäftigte im Vergleich zu westdeutschen Beschäftigten über höhere Löhne verfügen.

kommensniveau entspricht (vgl. Tabelle 5.32). Sie konnten also schon von Anfang an einen relativen guten ‚Match' erzielen, ihre Betriebsstabilität ist Ausdruck relativ guter Arbeitsstellen. Beschäftigte, die am Beginn ihrer Karriere relativ früh den Betrieb wechseln, haben ihre Karriere mit relativ geringer Einkommensposition begonnen, sie verfügten im Vergleich zu betriebsstabilen Beschäftigten über niedrigere Löhne.

Beschäftigte, die schon in der ersten Episode von einem westdeutschen in einen ostdeutschen Betrieb wechselten, wurden schon in Westdeutschland relativ gut bezahlt und waren schon relativ hoch in der Lohnhierarchie eingestiegen. Dies bestätigt die These, dass in den ersten Jahren nach der Wende junge, hochqualifizierte Nachwuchskräfte in ostdeutsche Betriebe gewechselt sind, um dort ihre Karriere voranzutreiben. Bei einem Wechsel von Ost- nach Westdeutschland hingegen lässt sich dieser Effekt nicht zeigen. Ost-West-Wechsler verfügen über ähnliche Anfangsgehälter wie betriebsstabile Beschäftigte. Dies hängt damit zusammen, dass alle Bildungsgruppen und sowohl arbeitslose als auch bereits beschäftigte Arbeitnehmer in den Westen zogen. Sowohl in West- als auch in Ostdeutschland wird die schwierige Situation von Beschäftigten, die der Restkategorie zugeordnet wurden, deutlich. Ihre Erwerbsverläufe sind vor allem durch sehr häufige Ein- und Austritte in und aus Erwerbsarbeit sowie sehr kurzfristige Beschäftigungszeiten in den neuen Betrieben geprägt. Sie beginnen ihre Erwerbstätigkeit häufiger als andere in Teilzeitbeschäftigung, verdienen schon am Anfang sehr wenig und tragen zudem – wie die zuvor vorgestellten deskriptiven Ergebnisse gezeigt haben – noch höhere Einkommensverlustrisiken als andere Beschäftigungsgruppen.

Die relative Einkommensposition am Ende der ersten Einkommensepisode

Wie verändert sich die relative Einkommensposition am Ende der ersten Episode, zu dem Zeitpunkt also, wenn die ersten Berufserfahrungen gesammelt wurden und ein erster Einkommensgewinn oder -verlust erreicht bzw. die Episode zensiert beendet wurde?

Deutlich wird, dass die meisten Berufsanfänger die ersten Jahre des Berufsverlaufs nutzen können, um innerhalb der Lohnhierarchie aufzusteigen (vgl. Tabelle 5.33). Waren beispielsweise in Westdeutschland zu Beginn der Erwerbstätigkeit nur 12 Prozent der betriebsstabilen Beschäftigten der höchsten Einkommensgruppe zugeordnet worden, so sind es am Ende der ersten Episode 34 Prozent. Der Anteil von Teilzeitbeschäftigung geht zurück, bessere Einkommenschancen können daher teilweise auch durch die Aufstockung von Teilzeit in Vollzeit erklärt werden. Waren bei der ersten Beschäftigungsmeldung knapp 13 Prozent der Berufsanfänger in Teilzeit beschäftigt, sind es nun nur noch knapp 6 Prozent.[78] Insbesondere bei betriebsmobilen Beschäftigten lässt sich feststellen, dass ein Wechsel von Teilzeitbeschäftigung in Vollzeitbeschäftigung vorgenommen wurde. Zumindest ein Teil der hohen Einkommensgewinne betriebsmobiler Beschäftigter, wie sie in den deskriptiven Ergebnissen aufscheinen, ist daher durch einen Arbeitszeitwechsel erklärlich.

Tabelle 5.33: Die relative Einkommensposition am Ende der ersten Episode je nach Mobilitätsart

	Teilzeit	**-50 %**	**-50 bis -30 %**	**-30 bis -10 %**	**-10 % +**
			Erwerbsverläufe in Westdeutschland		
Betriebsstabilität	8,5	15,1	16,3	25,8	34,3
Betriebsmobilität	2,6	14,8	24,11	29,7	28,8
West-Ost-Mobilität	2,0	18,3	22,7	25,8	34,3
Restkategorie	6,5	30,4	27,7	21,3	14,0
			Erwerbsverläufe in Ostdeutschland		
Betriebsstabilität	9,1	16,6	16,7	21,0	36,5
Betriebsmobilität	3,4	13,1	23,0	27,4	33,1
Ost-West-Mobilität	2,2	11,9	28,0	33,2	24,8
Restkategorie	5,1	21,8	27,1	25,8	20,2

IABS-R01 1992 bis 2001: eigene Berechnungen

Auch wenn unter den Betriebsstabilen ein geringerer Anteil in der ersten Episode Einkommensgewinne erreichen kann als unter den betriebsmobilen Beschäftigten, sind betriebsstabile Beschäftigte nicht nur am Beginn ihrer Karriere, sondern auch nach den ersten Jahren der Berufserfahrung durchschnittlich besser bezahlt als betriebsmobile Beschäftigte. Insbesondere für Westdeutschland lässt sich zeigen, dass betriebsmobile Beschäftigte im Vergleich zu betriebsstabilen Beschäftigten keinen höheren Platz in der Lohnhierarchie erreichen konnten. Während nach Abschluss der ersten Einkommensepisode 34 Prozent der betriebsstabilen Beschäftigten mindestens 90 Prozent des Medians verdienen, sind nur 29 Prozent der betriebsmobilen Beschäftigten schon so weit in der Lohnhierarchie aufgestiegen.

78 Die Teilzeitquoten betreffen vor allem geringqualifizierte und hochqualifizierte Beschäftigte. Für die mittlere Bildungsgruppe spielt Teilzeitbeschäftigung nur eine geringe Rolle.

Unterscheidung nach Art des Ereignisses

Insgesamt verbessert sich die Einkommensposition betriebsmobiler Beschäftigter im Vergleich zu betriebstabilen Beschäftigten im Erwerbsverlauf also nicht. Allerdings gibt es sowohl bei den betriebsstabilen als auch bei den betriebsmobilen Beschäftigten sehr unterschiedliche Einkommensverläufe. So sind betriebsstabile Erwerbsverläufe in der ersten Episode besonders durch Zensierungen geprägt – bei immer noch relativ häufigen Einkommensgewinnen –, während betriebsmobile Erwerbsverläufe sowohl häufiger in Einkommensgewinne als auch häufiger in Einkommensverluste übergehen. Einkommensverläufe von betriebsmobilen Beschäftigten sind demnach diskontinuierlicher. Wie wirken nun Einkommensgewinne und -verluste bei betriebsstabilen und betriebsmobilen Beschäftigten auf die Einkommensposition, und welche Einkommensposition haben zensierte Einkommensverläufe?

Im Folgenden werden Betriebsstabilität und Betriebsmobilität[79] zusätzlich je nach Art des Einkommensereignisses in der ersten Episode differenziert und die am Ende der ersten Episode erreichte relative Einkommensposition dargestellt.

Es wird deutlich, dass innerbetriebliche Verluste häufig mit Teilzeitbeschäftigung einhergehen, während dies bei Verlusten infolge von Mobilität nicht der Fall ist (vgl. Tabelle 5.34). Es bietet sich die Interpretation an, dass innerbetriebliche Verluste durch geringere Arbeitszeiten, etwa aufgrund von Kurzarbeit, aber auch von Teilzeitbeschäftigung hervorgerufen werden. Verluste bei Betriebswechseln können hingegen nicht durch Arbeitszeitverkürzungen erklärt werden. Vergleicht man betriebsstabile und betriebsmobile Beschäftigung, so zeigt sich, dass innerbetriebliche Einkommensaufstiege zu einer höheren Einkommensposition führen als zwischenbetriebliche Einkommensgewinne. In Westdeutschland gelingt es Betriebsmobilen jedoch besser als in Ostdeutschland, das eigene Gehalt an betriebsstabile Einkommen anzupassen.

Einkommensverluste wirken sowohl bei innerbetrieblichen Verläufen als auch bei zwischenbetrieblichen Wechseln deutlich negativ auf die relative Einkommensposition. Ein Verlust am Beginn der Karriere bedeutet demnach, dass Beschäftigte auf der untersten Position der Lohnhierarchie vorn vorne beginnen müssen. Da mehr betriebsmobile Beschäftigte einen Einkommensverlust hinnehmen müssen, trifft dies Betriebswechsler stärker als Stayer.

79 Die Restkategorie wurde hier nicht dargestellt, Ost-West- und West-Ost-Wechsler wurden in der Gruppe der Betriebsmobilen zusammengefasst.

Tabelle 5.34: Die relative Einkommensposition je nach Mobilität und Stabilität sowie je nach Art des Einkommensereignisses

	Teilzeit	-50 %	-50 bis -30 %	-30 bis -10 %	-10 % +
Erwerbsverläufe in Westdeutschland					
			Betriebsstabilität		
Verlust	15,9	52,1	16,4	11,3	4,2
Zensierung	10,1	14,3	23,7	29,2	22,6
Gewinn	9,6	8,2	16,7	27,9	37,6
			Betriebsmobilität		
Verlust	3,7	43,9	33,2	15,8	3,5
Zensierung	3,1	10,0	28,5	35,6	22,9
Gewinn	2,5	7,2	22,3	33,9	34,0
Erwerbsverläufe in Ostdeutschland					
	Teilzeit	**-50 %**	**-50 bis -30 %**	**-30 bis -10 %**	**-10 % +**
			Betriebsstabilität		
Verlust	12,1	48,1	18,9	12,8	8,1
Zensierung	10,8	15,5	25,5	24,5	23,7
Gewinn	11,1	9,1	14,3	21,7	43,8
			Betriebsmobilität		
Verlust	2,6	31,6	36,0	21,3	8,5
Zensierung	3,9	7,5	30,5	32,9	25,3
Gewinn	2,9	10,7	19,6	30,1	36,4

IABS-R01 1992 bis 2001: eigene Berechnungen

6 Multivariate Ergebnisse

6.1 Vorgehen

Die in Kapitel 5 vorgestellten deskriptiven Ergebnisse werden im Folgenden in mehreren multivariaten Modellen geprüft. Vorteil multivariater Verfahren ist, dass verschiedene Einflüsse eines Sets unabhängiger Variablen auf die abhängige Variable simultan geschätzt werden können. Es werden ereignisanalytische Verfahren angewandt (auch Verweildaueranalysen bzw. Verlaufsdatenanalysen; siehe Allison 1984; Blossfeld/Rohwer 2002; Collett 1994, Yamaguchi 1991, Diekmann/Mitter 1990) und so genannte Piecewise-Constant-Exponentialmodelle durch das statistische Softwarepaket TDA geschätzt.[80] Piecewise-Constant-Exponentialmodelle bieten sich immer dann an, wenn über die Form der Zeitabhängigkeit der Übergangsraten keine Hypothesen vorliegen. In diesem Fall kann das Modell flexibel zur Exploration eingesetzt werden (Blien et al. 2007).

Geschätzt wurden Competing-Risk-Modelle, in denen zwei unterschiedliche Zielzustände als Ereignisse unterschieden wurden:

- *Einkommensgewinn* (das Referenzeinkommen, welches durch die erste Gehaltsmeldung der jeweiligen Episode gebildet wurde, erhöht sich um mindestens 20 Prozent)
- *Einkommensverlust* (das Referenzeinkommen verringert sich um mindestens 20 Prozent).

6.1.1 Zur Logik von Ereignisanalysen und zur Interpretation der Ergebnisse

Allen unterschiedlichen Modellen der Ereignisanalysen gemeinsam ist, dass sie diskrete Ereignisse, die im Verlauf der Existenz einer Analyseeinheit vorkommen, beobachten und die Stärke des Einflusses von verschiedenen Faktoren schätzen, die die Wahrscheinlichkeit des Eintritts eines solchen Ereignisses determinieren können. „Genauer gesagt beschäftigt sich die Ereignisanalyse mit folgender Frage: Unter welchen Bedingungen steigt oder sinkt die Wahrscheinlichkeit, dass eine Analyseeinheit zu einem spezifischen Zeitpunkt ihrer Existenz ein Ereignis ‚erlebt', das in

80 Dieses Softwarepaket lässt sich kostenlos über das Internet beziehen (http://www.stat.ruhr-uni-bochum.de/tda.html).

ihrer bisherigen Existenz noch nicht eingetreten ist?" (Beck 2005). Die vorliegende Untersuchung befasst sich in diesem Sinn konkret mit der Frage, unter welchen Bedingungen Beschäftigte ihr Einkommen innerhalb des Erwerbsverlaufs erheblich verbessern konnten und unter welchen Bedingungen ein erheblicher Verlust eintrat. Besonderes Augenmerk wird auf Veränderungen im Erwerbsverlauf gelegt: Betriebswechsel, regionale Wechsel, berufliche Wechsel sowie Arbeitslosigkeit und Erwerbspausen.

> „Häufig spricht man auch davon, dass die Ereignisanalyse das ‚Risiko' des Eintritts eines Ereignisses schätzt. Die Bezeichnung Risiko ist insofern korrekt, da die zentrale statistische Größe der Ereignisanalyse (...) nicht der mathematischen Definition einer Wahrscheinlichkeit entspricht. Die Ereignisanalyse ist also ein Längsschnitt-Verfahren. Sie berücksichtigt nicht nur den Zeitverlauf, bis eine Analyseeinheit den Eintritt eines Ereignisses erlebt, sondern kann auch Veränderungen der Analyseeinheit, die im Zeitverlauf stattfinden, sowie Veränderungen in der Umwelt einbeziehen. Die Ereignisanalyse trägt somit dem dynamischen Charakter Rechnung, der sozialen Entitäten im Allgemeinen zu Eigen ist und ein typisches Merkmal der Existenz moderner Organisationen darstellt." (Beck 2005)

Angewandt auf das Thema dieser Studie, die Messung der Einflüsse von Betriebsmobilität und -stabilität auf die Einkommensverläufe, sind Ereignisanalysen ein geeignetes Instrument, Veränderungen im Erwerbsverlauf zu ihrem jeweiligen Zeitpunkt in ihren Wirkungen auf die Einkommensübergänge in Gewinne bzw. Verluste zu schätzen, da Mobilitätsprozesse als zeitveränderliche Kovariaten in die Modelle eingefügt werden können.

Innerhalb einer Einkommensepisode kann eine Person unterschiedliche Erwerbszustände aufweisen. Nach einer Phase betriebsstabiler Beschäftigung kann der Betrieb gewechselt werden und eine erneute Phase betriebsstabiler Beschäftigung im zweiten Betrieb folgen. Durch die Methode der Ereignisanalyse wird zum Zeitpunkt jeder Gehaltsmeldung geprüft, ob im Vergleich zum Einstiegsgehalt ein Einkommensgewinn oder ein Einkommensverlust erreicht wird. Es wird nun geschätzt, welchen Einfluss der Erwerbszustand der Person als unabhängige Variable auf das Risiko eines Einkommensereignisses hat. D.h. während der betriebsstabilen Beschäftigung im ersten Betrieb wird bei jeder neuen Gehaltsmeldung aus dem Betrieb geschätzt, wie das Risiko zugunsten eines Einkommensereignisses ausfällt. Sobald der Betrieb gewechselt wird, wird das durch den Betriebswechsel hervorgerufene Risiko eines Ereignisses zum Zeitpunkt der ersten Gehaltsmeldung des neuen Betriebs geschätzt. Sollte ein Betriebswechsel nicht unmittelbar zu einem Einkommensereignis führen, wird das Risiko der betreffenden Person zugunsten eines Ereignisses innerhalb des zweiten Betriebs bei jeder neuen Gehaltsmeldung durch die Variable indirekte Mobilität geschätzt.

Im Folgenden wird eine vereinfachte Form der Darstellung der Modelle gewählt: Es werden ausschließlich die Signifikanzen sowie die so genannten Alphakoeffizienten der jeweiligen Kovariaten (Tuma 1985) dargestellt.[81]

Der Alphaeffekt wird mit Hilfe der Formel

$$\Delta r = (\exp(coeff) - 1) \cdot 100\%$$

gebildet (vgl. auch Blossfeld/Hamerle 1989). Er ist zu interpretieren als prozentuale Veränderung der Übergangsrate, wenn sich der Wert der Kovariate um eine Einheit verändert (Blossfeld/Rower 1995: 92).

Beispielsweise zeigt die *Anzahl der Betriebswechsel* in Modell 1.1.1 (s.u.) einen signifikanten Effekt zugunsten des Risikos, einen Einkommensverlust zu erleben. Der Koeffizient beträgt 0,02. Rechnet man ihn in den Alphakoeffizienten um, so ergibt sich ein Wert von (exp(0,02) – 1) · 100 % = 2,02. Dies kann folgendermaßen interpretiert werden: Die Rate zugunsten eines Einkommensverlusts steigt für jeden weiteren zurückliegenden Betriebswechsel um 2,02 Prozent. Im Vergleich zu jenen Beschäftigten, die keinen Betriebswechsel im Erwerbsverlauf aufweisen, tragen Beschäftigte mit genau einer zurückliegenden Betriebsmobilität ein um 2,02 Prozent höheres Risiko eines Einkommensverlusts.

Bei den Einkommensverlustrisiken der verschiedenen *Bildungsgruppen*, die hier an der Referenzkategorie der mittleren Bildungsgruppe gemessen werden, ergibt sich ein Koeffizient von 0,27 für Beschäftigte der unteren Bildungsgruppe. Dies bedeutet, dass Beschäftigte ohne Berufsausbildung ein um 31 Prozent höheres Risiko tragen als Beschäftigte mittlerer Qualifikation, in einen Einkommensverlust überzugehen.

6.1.2 Die unterschiedlichen Modelle im Überblick

Im ersten Schritt wurde ein Modell für Gesamtdeutschland berechnet, um zu untersuchen, ob sich die Einkommensgewinnchancen bzw. -verlustrisiken in Ost- und Westdeutschland voneinander unterscheiden (*Modell 0*).

Im zweiten Schritt wurden differenzierte Berechnungen getrennt nach Ost- und Westdeutschland durchgeführt. In diesen Modellen wird geprüft, welchen Einfluss Betriebsstabilität und Betriebsmobilität in Ost- und Westdeutschland auf den Einkommensverlauf ausüben und ob diese Effekte für Ost- und Westdeutschland unterschiedlich ausfallen. Es wurden verschiedene Modelle berechnet:

81 Die vollständigen Modelle stehen im Anhang zur Verfügung.

In *Modell 1* wurden die Mobilitätsvariablen für die ersten drei Einkommensepisoden in einfacher Variante eingefügt. Betrachtet wurden die Kategorien *direkte innerregionale Mobilität, direkte regionale Mobilität, West-Ost-Mobilität, indirekte Mobilität, Betriebsstabilität* sowie die *Restkategorie*.

In *Modell 2* wurde zusätzlich der Interaktionseffekt von Mobilitätsart und Bildung in das Modell eingesetzt. Dieses Modell untersucht die Frage, ob Mobilität für verschiedene Bildungsgruppen unterschiedliche Chancen bzw. Risiken birgt. Anhand der mittleren Bildungsgruppe (Beschäftigte mit Berufsausbildung) wird geprüft, ob Betriebsstabilität bzw. Betriebsmobilität für niedrig- und hochqualifizierte Beschäftigte unterschiedliche Einkommenschancen bzw. -risiken birgt. Schon bei den deskriptiven Auswertungen deutete sich an, dass Mobilitätsereignisse im Lebenslauf für hochqualifizierte Beschäftigte weitaus chancenreicher sind als für niedrigqualifizierte Arbeitnehmer. Diese deskriptiven Ergebnisse sind im multivariaten Modell zu prüfen.

Vorteil der Fokussierung auf Berufsanfänger ist die Möglichkeit, den vollständigen Einkommensverlauf seit Berufseintritt darzustellen. Daher macht es Sinn, auch die verschiedenen Einkommensepisoden getrennt voneinander zu betrachten. Dies geschieht im dritten bis fünften Modell. *Modell 3* stellt die erste Einkommensepisode seit Berufsbeginn dar, d.h. es wird der Einkommensverlauf seit dem Einstiegsgehalt betrachtet, bis sich im Vergleich zum Einstiegsgehalt ein Einkommensverlust oder -gewinn von mindestens 20 Prozent ergibt. Wie der Einkommensverlauf sich nach einem ersten Ereignis weiter verhält, wird in *Modell 4*, das die zweite Einkommensepisode, und. in *Modell 5*, das die dritte Einkommensepisode umfasst, geprüft. Bei Beschäftigten, die eine dritte Einkommensepisode aufweisen, liegen mindestens zwei Einkommensereignisse vor, die Beschäftigten weisen längere Beschäftigungszeiten auf. Durch die Trennung der einzelnen Einkommensepisoden kann geprüft werden, ob Mobilität in den verschiedenen Stadien des Erwerbsverlaufs einen unterschiedlichen Einfluss auf die Einkommensrisiken hat und ob sich die Wirkung von Mobilität je nach Bildungsgruppe und je nach Erwerbsphase unterscheidet. Zusätzlich kann der Einfluss von früheren Einkommensgewinnen bzw. -verlusten und von Mobilitätsereignissen in früheren Einkommensepisoden untersucht werden.

Die Modelle werden jeweils getrennt für West- und Ostdeutschland berechnet. Diese Trennung spiegelt sich in der zweiten Ziffer der jeweiligen Modelle wider, d.h. die Modelle 1.1 bis 5.1 beziehen sich auf Westdeutschland, die Modelle 1.2 bis 5.2 auf Ostdeutschland. Die dritte Ziffer schließlich gibt an, für welches Ereignis das Risiko berechnet wurde; eine 1 steht für das Risiko eines Einkommensverlusts, eine 2 für das ‚Risiko' eines Einkommensgewinns. Beispielsweise zeigt das Modell 1.1.1 die Risiken eines Einkommensverlusts für westdeutsche Beschäftigte in Modell 1 an, das Modell 5.2.2 die Chancen eines Einkommensgewinns für ostdeutsche Beschäftigte in Modell 5.

Außerdem wurden Modelle getrennt für die verschiedenen Bildungsgruppen berechnet. Sie stehen im Anhang zur Verfügung. Diese Berechnungen dienen dem besseren Verständnis der bildungsspezifischen Wirkungen und ergänzen die deskriptiven Ergebnisse. Resultate dieser Modelle werden nicht in einem eigenen Kapitel dargestellt, sondern fließen in die Interpretation der Modelle 1 bis 5 ein.

6.2 Einkommenschancen und -risiken in Ost- und Westdeutschland

Im grundlegenden Modell (*Modell 0*) wurden alle Einkommensverläufe (der ersten drei Episoden) betrachtet und geprüft, ob sich die Einkommensgewinnchancen und -verlustrisiken in Ost- und Westdeutschland – unabhängig von Mobilitätsereignissen – grundlegend unterscheiden. Die Referenzgruppe bilden Einkommensverläufe, die alle Gehalts- und Beschäftigungsmeldungen ausschließlich aus Betrieben in Westdeutschland bezogen. Die zu untersuchende Frage lautet, ob Erwerbs- und Einkommensverläufe innerhalb des ostdeutschen Arbeitsmarkts Einkommenschancen und -risiken aufweisen, die sich signifikant von den Erwerbs- und Einkommensverläufen innerhalb des westdeutschen Arbeitsmarkts unterscheiden.

Die höheren Lohnsteigerungsraten innerhalb des ostdeutschen Arbeitsmarkts im Rahmen der Anpassung der Löhne an Westniveau führen nicht zu höheren Einkommensgewinnchancen in Ostdeutschland. Im Gegenteil, die Chance, als Berufsanfänger in Ostdeutschland einen Einkommensgewinn zu erzielen, liegt um 20,7 Prozent unter den Chancen von Berufsanfängern des westdeutschen Arbeitsmarkts. Der ostdeutsche Arbeitsmarkt bietet demnach Berufsanfängern trotz höherer Lohnsteigerungsraten geringere Aufstiegs- und Einkommensgewinnchancen als der westdeutsche Arbeitsmarkt. Eine Möglichkeit für ostdeutsche Berufsanfänger, diese Einkommensbenachteiligung im Vergleich zu ihren westdeutschen Arbeitskollegen auszugleichen, bietet der Wechsel in einen westdeutschen Betrieb. Dieser Wechsel führt fast sicher zu einem Einkommensgewinn. Es ist also nicht erstaunlich, dass der westdeutsche Arbeitsmarkt eine hohe Anziehungskraft für ostdeutsche Beschäftigte hat und ein relativ großer Anteil der ostdeutschen Berufsanfänger in den alten Bundesländern Jobmöglichkeiten angenommen hat.

Allerdings ergaben sich für einen Teil der von Ost nach West wechselnden Beschäftigten auch höhere Verlustrisiken, d.h. ein höheres Risiko eines Einkommensverlusts als für westdeutsche Beschäftigte. Trotz des hohen Lohnniveaus in Westdeutschland tragen ostdeutsche Beschäftigte also – neben den höheren Gewinnchancen – auch höhere Einkommensverlustrisiken. D.h. nicht für alle Beschäftigte des ostdeutschen Arbeitsmarktes ‚lohnt' sich ein Wechsel in finanzieller Hinsicht. Ob diese unterschiedlichen Einkommenschancen ostdeutscher Beschäftigter bildungsspezifisch ausgeprägt sind, wird in den folgenden Modellen geprüft.

Tabelle 6.1: Einkommensverläufe in Ost- und Westdeutschland

	Einkommensverlust			Einkommensgewinn		
	coeff[82]	alpha	Sig.	coeff	alpha	Sig.
Periode 1: bis ein halbes Jahr Beschäftigung	-8,14		1,000	-7,28		1,000
Periode 2: halbes bis ein Jahr Beschäftigung	-8,38		1,000	-7,25		1,000
Periode 3: ein bis zwei Jahre Beschäftigung	-8,60		1,000	-7,45		1,000
Periode 4: zwei bis vier Jahre Beschäftigung	-8,77		1,000	-7,50		1,000
Periode 5: über vier Jahre Beschäftigung	-8,85		1,000	-7,61		1,000
Ost- und Westdeutschland: Referenzgruppe: Episode innerhalb Westdeutschlands						
Episode innerhalb Ostdeutschlands	-0,04	-3,56	0,998	-0,23	-20,67	1,000
Episode West- nach Ostdeutschland	1,42	315,62	1,000	0,30	34,99	1,000
Episode Ost- nach Westdeutschland	0,38	45,83	1,000	1,28	258,69	1,000
Bildung: Referenzgruppe: mittlere Qualifikation						
niedrige Qualifikation	0,47	60,45	1,000	0,02	1,57	0,979
hohe Qualifikation	-0,27	-23,34	1,000	0,29	34,18	1,000
Geschlecht: Referenzgruppe: männliche Beschäftigte						
weibliche Beschäftigte	-0,02	-1,89	0,963	-0,08	-7,93	1,000

IABS-R01 1991 bis 2001: eigene Berechnungen

Umgekehrt ist der Wechsel von einem westdeutschen in einen ostdeutschen Betrieb häufig mit einem Einkommensverlust verbunden, so dass der ostdeutsche Arbeitsmarkt nur wenig attraktiv für Beschäftigte des westdeutschen Arbeitsmarkts ist. Dass die starke Abwanderung junger Beschäftigter aus den neuen Bundesländern nicht durch eine entsprechende Zuwanderung aus Westdeutschland ausgeglichen wurde und wird, ist demnach nicht verwunderlich. Aber auch hier zeigt sich: Ein Teil der Wechsel von West- nach Ostdeutschland weist höhere Gewinnchancen auf, als sie innerhalb des westdeutschen Arbeitsmarkts gegeben sind. Wie die deskriptiven Ergebnisse gezeigt haben, konnten speziell hochqualifizierte Beschäftigte von einem Wechsel in einen ostdeutschen Betrieb profitieren, so dass davon ausgegangen werden kann, dass Fachkräfte aus westdeutschen Betrieben mit relativ hohen

82 Bei den periodenspezifischen Angaben werden die Koeffizienten und nicht die Alphaeffekte dargestellt, um auch die Berechnung der Basisrate zu ermöglichen.

Löhnen zu einem Betriebswechsel motiviert wurden. Ob sich dieser bildungsspezifische Aspekt auch multivariat zeigt, wird ebenfalls in den folgenden Modellen geprüft.

Neben dieser Unterscheidung von ost- und westdeutschen Erwerbsverläufen wurden zusätzlich die Einflüsse von Geschlecht und Bildung auf die Einkommensverläufe untersucht.

Bei der *Bildung* fungieren als Referenzkategorie Berufsanfänger der mittleren Qualifikationsstufe – sie weisen Berufsausbildungen (mit und ohne Abitur) auf und haben meist eine Ausbildung innerhalb des dualen Systems oder auf Fachschulen absolviert. Davon unterschieden wurden in der unteren Bildungsgruppe Beschäftigte, die keinen berufsbildenden Abschluss aufweisen, und in der oberen Bildungsgruppe hochqualifizierte Beschäftigte, die über eine abgeschlossene (Fach-)Hochschulausbildung verfügen. Der Einfluss der Bildung auf die Einkommenschancen zeigt sich sehr deutlich: Je niedriger die Bildung, umso höher sind die Risiken eines Einkommensverlusts ausgeprägt, und je höher der Bildungsabschluss, umso größer sind die Chancen, dass Einkommensgewinne erzielt werden können. Ob sich diese bildungsspezifischen Einkommenschancen in Ost- und Westdeutschland unterscheiden und welche Rolle Mobilität für die einzelnen Bildungsgruppen spielt, wird im nächsten Schritt untersucht.

Auch auf die Geschlechtseinflüsse soll an dieser Stelle nur kurz eingegangen werden, da sie in den folgenden Modellen differenzierter betrachtet werden. Insgesamt zeigen sich nur geringfügig unterschiedliche Einkommensgewinnchancen von Männern und Frauen: Frauen tragen eine um 8 Prozent geringere Chance, in einen Einkommensgewinn überzugehen, als ihre männlichen Kollegen.

6.3 Der Einfluss von Mobilität und Stabilität auf die Einkommenschancen und -risiken

6.3.1 Die Trennung von ostdeutschen und westdeutschen Modellen

In einem zweiten Schritt wurden getrennte Modelle für ostdeutsche und westdeutsche Erwerbsverläufe berechnet. Dadurch kann untersucht werden, ob Betriebsstabilität bzw. -mobilität in Ost- und Westdeutschland einen unterschiedlichen Effekt auf die Einkommensperspektiven hat und ob die Einkommensgewinnchancen differenziert nach Bildung und Geschlecht im Ost-West-Vergleich variieren.

Berechnet wurden Ereignisanalysen für die ersten drei Einkommensepisoden getrennt nach Ost- und Westdeutschland. Als Grundgesamtheit der westdeutschen Modelle wurden alle Einkommensverläufe gewählt, die ihren Ausgangsort auf dem westdeutschen Arbeitsmarkt haben, bei denen also die erste Beschäftigungsmeldung der jeweiligen Episode aus einem westdeutschen Betrieb erfolgte. Ab dieser Beschäftigungsmeldung werden die Einkommens- und Erwerbsverläufe so lange verfolgt, bis entweder ein Einkommensereignis (Gewinn oder Verlust von mindestens 20 Prozent im Vergleich zur ersten Gehaltsmeldung) oder die letzte erfasste Meldung erreicht wurde (Zensierung). Wenn eine Person innerhalb dieser Einkommensepisode in einen ostdeutschen Betrieb wechselte, wurde auch der Einkommens- und Erwerbsverlauf in Ostdeutschland untersucht, so dass auch in den Modellen mit Ausgangsort Westdeutschland durchaus ostdeutsche Einkommensangaben vorliegen können. Ebenso wurden als Grundgesamtheit der ostdeutschen Modelle alle Erwerbsverläufe gewählt, bei denen die erste Einkommensmeldung der jeweiligen Episode aus einem ostdeutschen Betrieb stammte.

6.3.2 Differenzierung der Mobilität innerhalb des multivariaten Modells

Als Referenzkategorie für die Differenzierung nach Mobilitätsarten wurde der *direkte innerregionale Betriebswechsel* gewählt. Es handelt sich hier um Betriebswechsel innerhalb einer Arbeitsmarktregion, die auf ihre unmittelbaren, zeitlich direkt mit der Mobilität verbundenen Einkommensfolgen hin untersucht werden. Es wird geprüft, ob der innerregionale Betriebswechsel zu einem Einkommensereignis führt, nämlich entweder zu einem Einkommensgewinn oder zu einem Einkommensverlust, d.h. ob sich das erste Gehalt in dem neuen Betrieb um mindestens 20 Prozent vom Referenzeinkommen zu Beginn der Episode unterscheidet. In diesem Fall wird davon ausgegangen, dass das Einkommensereignis direkt auf den Betriebswechsel zurückzuführen ist. Circa 46 Prozent aller innerregionalen Betriebswechsel in Westdeutschland und 42 Prozent aller innerregionalen Betriebswechsel in Ostdeutschland führen direkt zu einem Einkommensverlust bzw. -gewinn.

Davon unterschieden werden *regionale* Mobilitäten (innerhalb Ost- bzw. Westdeutschlands) und Mobilitäten *zwischen West- und Ostdeutschland*, die ebenfalls zum Zeitpunkt des Betriebswechsels auf ihre Einkommensfolgen geprüft werden.[83]

Aus der obigen Feststellung zu den direkten Einkommensfolgen innerrregionaler Mobilität geht hervor, dass 54 Prozent der (innerregionalen) Betriebswechsel in West- und 58 Prozent in Ostdeutschland *nicht* direkt und unmittelbar zu einem Einkommensgewinn bzw. -verlust führen. In diesen Fällen werden die Erwerbsverläufe von betriebsmobilen Beschäftigten in der Kategorie der *indirekten Mobilität* wei-

83 Vorteil der Referenzkategorie *direkte innerregionale Mobilität* ist, dass die unterschiedlichen Einflüsse von verschiedenen Mobilitätsarten wie direkter regionaler Mobilität und Ost-West-Mobilität mit der innerregionalen Mobilität verglichen werden können. Würde man den Betriebsverbleib als Referenzkategorie wählen, so würden die unterschiedlichen Mobilitätsarten alle im Vergleich zum Betriebsverbleib in ihren Einkommensfolgen gemessen, es könnte jedoch nicht abgeschätzt werden, ob beispielsweise die innerregionale Mobilität im Vergleich zur regionalen Mobilität einen signifikant unterschiedlichen Einfluss auf die Einkommensrisiken bzw. -chancen ausübt.

tergeführt und es wird geprüft, ob später innerhalb des neuen Betriebs ein Einkommensgewinn oder -verlust erreicht wird. Ein solches Ereignis wird also innerbetrieblich in dem zweiten (oder weiteren) Betrieb erlangt, es steht nicht in direktem Zusammenhang mit dem Betriebswechsel. Etwa 13 Prozent (in Westdeutschland) bzw. 17 Prozent der Einkommensereignisse (in Ostdeutschland) sind mit einer solchen indirekten Mobilität verbunden, d.h. in der betreffenden Episode fand wenigstens ein Betriebswechsel statt, er stand aber nicht in direktem zeitlichem Zusammenhang mit dem Einkommensgewinn oder -verlust.

Betriebswechsel werden also als zeitveränderliche Kovariaten in das Modell eingefügt. Durch die Variable direkte Mobilität (hier Referenzkategorie) werden sie in ihren unmittelbaren, zum Zeitpunkt des Wechsels erfolgenden Auswirkungen auf die Einkommensperspektiven geschätzt. Folgt nach einem Betriebswechsel nicht unmittelbar im neuen Betrieb ein Einkommensereignis, werden die Betriebswechsel in der Kategorie der indirekten Mobilität zusammengefasst und daraufhin untersucht, ob später (innerbetrieblich) ein Einkommensereignis eintritt. Dadurch ist es möglich, unmittelbare Einkommensfolgen von Betriebswechseln von mittelfristigen Einkommensfolgen, die sich erst innerhalb des neuen Betriebs zeigen, zu unterscheiden.

Liegt im Erwerbsverlauf kein Betriebswechsel vor und stammen alle Einkommensmeldungen aus einem Betrieb, so liegt eine *betriebsstabile* Beschäftigung vor. Auch Betriebsstabilität wurde als zeitveränderliche Kovariate in das Modell eingefügt – das bedeutet technisch, dass zu jeder neuen Gehaltsmeldung aus einem Betrieb geschätzt wird, ob ein Einkommensgewinn bzw. -verlust erreicht wird. Die Zugehörigkeit zu dieser Kategorie bedeutet also, dass von Beginn der Einkommensepisode bis zum Erreichen des Ereignisses alle Gehaltsmeldungen aus ein und demselben Betrieb gemeldet wurden – dass also beispielsweise ein Einkommensgewinn durch innerbetriebliche Aufstiege und Gehaltserhöhungen erreicht wurde.

In die *Restkategorie* gehen Einkommensverläufe ein, die nur kurzfristige Betriebswechsel (unter drei Monate Beschäftigungszeit in dem neuen Betrieb) oder Betriebswechsel in andere Tätigkeiten (Bildung usw.) aufweisen. Erwerbsverläufe, die in der Restkategorie zusammengefasst wurden, sind in hohem Maße diskontinuierlich und werden von geringqualifizierten Beschäftigten dominiert.

Zusätzlich können *Mobilitäten* nach weiteren Kriterien unterschieden werden: ein Betriebswechsel kann mit einer beruflichen Veränderung einhergehen (*zwischenbetriebliche berufliche Mobilität*), ein Betriebswechsel kann durch eine Arbeitslosigkeitsphase (*unfreiwillige Mobilität*) oder Erwerbsunterbrechung (*Lücke-Mobilität*) unterbrochen werden oder ohne Unterbrechung, d.h. nahtlos vonstatten gehen (*freiwillige Mobilität*). Auch ein *Arbeitszeitwechsel* kann mit einer Mobilität verbunden sein.

Innerbetriebliche Erwerbsverläufe können gleichfalls von beruflichen Veränderungen (*innerbetriebliche berufliche Mobilität*) und *Arbeitszeitwechsel* geprägt sein. Diese zusätzlichen Differenzierungen wurden durch weitere zeitveränderliche Kovariaten in das Modell eingefügt. Die Bezugsgröße für die Messungen der Einkommenseffekte unterschiedlicher Mobilitätsarten ist der Einkommenseffekt freiwilliger Betriebswechsel ohne berufliche Mobilität und ohne Arbeitszeitwechsel. Analog gilt: Die Messungen der Einkommenseffekte innerbetrieblicher Erwerbsverläufe beziehen sich ebenfalls auf die Referenzkategorie einer betriebsstabilen Beschäftigung ohne berufliche Mobilität, die auf Vollzeitniveau verblieb.

6.4 Ergebnisse für Westdeutschland

6.4.1 Mobilitätsereignisse

Betrachten wir zuerst die unterschiedliche Wirkung von *regionaler* und *innerregionaler* Mobilität auf den Einkommensverlauf. Wie wirkt der regionale Betriebswechsel im Vergleich zu einem Betriebswechsel innerhalb der Arbeitsmarktregion? Lohnt sich der regionale Wechsel innerhalb Westdeutschlands mehr als eine innerregionale Mobilität, wie es die Suchtheorie prognostiziert?

Betrachtet man den Einfluss von regionaler Mobilität auf die Wahrscheinlichkeit eines Einkommensgewinns in *Modell 1.1.2*, so zeigen sich auf den ersten Blick nur geringfügige, jedoch signifikant positive Effekte durch regionale Mobilität. Die Rate zugunsten eines Einkommensgewinns steigt bei regionalen Mobilitäten im Vergleich zu innerregionalen Mobilitäten um gut 3 Prozent, d.h. bei regionalen Betriebswechseln innerhalb Westdeutschlands werden Einkommensgewinne um drei Prozent wahrscheinlicher als bei innerregionalen Betriebswechseln. Dieser positive Haupteffekt regionaler Mobilität verschwindet jedoch, wenn man den Interaktionseffekt von Bildung und Mobilität in das Modell einfügt, wie es in *Modell 2.1.2* geschieht. Die positiveren Gewinnchancen basieren ausschließlich auf den höheren Gewinnchancen von unqualifizierten Beschäftigten, die durch regionale Mobilität häufiger einen Einkommensgewinn erzielen können als regional mobile qualifizierte Beschäftigte. Dieser Interaktionseffekt zeigt sich speziell in den ersten beiden Einkommensepisoden (*Modell 3.1.2* und *Modell 4.1.2*). Dies bedeutet, dass nur geringqualifizierte Beschäftigte durch regionale Mobilität bessere Einkommensgewinnchancen als durch innerregionale Betriebswechsel aufweisen. Dieser positive Effekt besteht ausschließlich am Beginn des Erwerbsverlaufs, nicht mehr jedoch in der dritten Einkommensepisode.[84]

84 Dieser Befund ist in Anbetracht der deskriptiven Ergebnisse erstaunlich. Diese hatten ja ausgesagt, dass vor allem Akademiker durch regionale Mobilität bessere Einkommenschancen erzielen können; für geringqualifizierte Beschäftigte ließen sich deskriptiv nur geringe positive Auswirkungen von regionaler Mobilität zeigen.

Tabelle 6.2: *Einkommensverlust bei Einkommensepisoden aus Westdeutschland*[85]

	Modell 1.1.1	Modell 2.1.1	Modell 3.1.1	Modell 4.1.1	Modell 5.1.1
Periode 1: bis ein halbes Jahr Beschäftigung[86]	-8,47***	-8,44***	-8,66***	-8,20***	-7,94***
Periode 2: halbes bis ein Jahr Beschäftigung	-8,62***	-8,56***	-8,85***	-8,22***	-7,96***
Periode 3: ein bis zwei Jahre Beschäftigung	-8,85***	-8,82***	-8,99***	-8,53***	-8,28***
Periode 4: zwei bis vier Jahre Beschäftigung	-8,99***	-8,96***	-9,14***	-8,66***	-8,38***
Periode 5: über vier Jahre Beschäftigung	-9,04***	-9,00***	-9,18***	-8,71***	-8,45***
Mobilitätsvariablen – Referenzkategorie direkte innerregionale Mobilität					
Betriebsstabilität	-62,44***	-65,30***	-63,84***	-65,44***	-66,15***
indirekte Mobilität	-41,42***	-45,90***	-45,91***	-50,34***	-49,74***
regionale Mobilität innerhalb Westdeutschlands	-2,52	-5,73***	-9,99***	-2,88	-1,80
Mobilität von West- nach Ostdeutschland	96,50***	113,83***	105,40***	112,23***	134,32***
Restkategorie	23,43***	27,92***	21,23***	39,50***	35,70***
Interaktionseffekt – Mobilität und Bildung – Referenzkategorie mittlere Bildungsgruppe und direkte innerregionale Mobilität					
Betriebsstabilität – niedrige Qualifikation		18,22***	22,84***	18,98***	9,64
Betriebsstabilität – hohe Qualifikation		34,06***	41,99***	29,36***	25,41****
indirekte Mobilität – niedrige Qualifikation		37,05***	39,28***	28,71***	14,69
indirekte Mobilität – hohe Qualifikation		-17,77**	-4,94	-20,67	-31,39
regionale Mobilität – niedrige Qualifikation		29,99***	38,00***	18,12***	23,29**
regionale Mobilität – hohe Qualifikation		-38,96***	-37,52***	-41,69***	-31,28**
West-Ost-Mobilität – niedrige Qualifikation		-9,11	-17,57	18,53	-40,98*
West-Ost-Mobilität – hohe Qualifikation		-53,87***	-49,25***	-61,79***	-47,02*

85 Die vollständigen Ergebnisse der verschiedenen Modellrechnungen mit den Koeffizienten, Standardabweichungen usw. befinden sich im Anhang.

86 Bei den periodenspezifischen Angaben werden nur die Koeffizienten dargestellt, um auch die Berechnung der Basisrate zu ermöglichen.

Fortsetzung Tabelle 6.2: *Einkommensverlust bei Einkommensepisoden aus Westdeutschland*

	Modell 1.1.1	Modell 2.1.1	Modell 3.1.1	Modell 4.1.1	Modell 5.1.1
Vorgeschichte					
Einkommensverlust in der ersten Episode				-37,47***	-3,93
Einkommensverlust in der zweiten Episode					-38,74***
Mobilität in der vorangegangenen Episode				5,40	5,12
Restkategorie in der vorangegangenen Episode				129,61***	125,92***
Weitere Mobilitätsvariablen					
Berufliche Mobilität: Ref.: keine					
innerbetriebliche berufliche Mobilität	52,14***	51,44***	55,64***	58,74***	31,89***
zwischenbetriebliche berufliche Mobilität	69,49***	70,73***	69,01***	71,55***	62,73***
Arbeitszeitwechsel: Ref: Vollzeit-Vollzeit					
Wechsel von Vollzeit in Teilzeit	291,73***	291,73***	335,66***	252,58***	217,31***
Wechsel von Teilzeit in Vollzeit	46,11***	47,45***	59,20***	42,18***	44,08***
Wechsel von Teilzeit in Teilzeit	116,60***	114,94***	151,38***	99,37***	76,69***
Struktur der Mobilität: Ref.: freiwillige Mobilität					
Mobilität mit Erwerbslücke/Meldelücke	117,84***	118,15***	121,31***	117,32***	103,42***
unfreiwillige Mobilität	154,14***	152,11***	155,44***	181,45***	128,51***
Anzahl Arbeitslosigkeitsphasen: Ref: keine					
eine vergangene Arbeitslosigkeitsphase	-43,03***	-43,19***	-53,48***	-38,03***	-29,83***
zwei Arbeitslosigkeitsphasen	-35,03***	-35,49***			
drei und mehr Arbeitslosigkeitsphasen	-42,81***	-43,64***			
Anzahl vergangener Betriebswechsel	2,29***	2,57***	8,21***	-0,21***	-1,92***

Fortsetzung Tabelle 6.2: *Einkommensverlust bei Einkommensepisoden aus Westdeutschland*

	Modell 1.1.1	Modell 2.1.1	Modell 3.1.1	Modell 4.1.1	Modell 5.1.1
		Soziökonomische Variablen			
Bildung: Ref.: mittlere Qualifikation					
niedrige Qualifikation	30,51***	18,46***	22,88***	8,84***	17,12***
hohe Qualifikation	-28,67***	-29,47***	-31,43***	-31,33***	-26,41***
Geschlecht: Ref.: männliche Beschäftigte					
weibliche Beschäftigte	1,93	2,80**	1,86	3,05	7,00**
Ostdeutsche Herkunft	10,31***	9,10***	4,92	4,96	15,70***
Relative Einkommensposition: Referenzkategorie: Einkommen unter 50 Prozent des Medians					
Teilzeitbeschäftigte	21,57***	20,97***	17,32***	26,15***	35,12***
50 bis 30% unter dem Median	57,89***	57,87***	73,33***	26,97***	29,33***
30 bis 10% unter dem Median	91,25***	91,67***	115,57***	47,31***	36,81***
10% unter bis 10% über dem Median	157,93***	158,96***	210,74***	85,35***	66,11***
mehr als 10% über dem Median	261,43***	266,42***	319,42***	183,20***	117,99***

Tabelle 6.3: Einkommensgewinn bei Einkommensepisoden aus Westdeutschland

	Modell 1.1.2	Modell 2.1.2	Modell 3.1.2	Modell 4.1.2	Modell 5.1.2
Periode 1: bis ein halbes Jahr Beschäftigung	-5,59***	-5,57***	-5,64***	-6,12***	-6,15***
Periode 2: halbes bis ein Jahr Beschäftigung	-5,40***	-5,38***	-5,53***	-5,64***	-5,71***
Periode 3: ein bis zwei Jahre Beschäftigung	-5,46***	-5,44***	-5,45***	-5,79***	-5,98***
Periode 4: zwei bis vier Jahre Beschäftigung	-5,38***	-5,36***	-5,36***	-5,68***	-5,95***
Periode 5: über vier Jahre Beschäftigung	-5,37***	-5,35***	-5,34***	-5,72***	-5,84***
Mobilitätsvariablen – Referenzkategorie direkte innerregionale Mobilität					
Betriebsstabilität	-71,30***	-72,20***	-74,36***	-71,07***	-71,91***
indirekte Mobilität	-61,16***	-61,36***	-61,31***	-63,26***	-67,58***
regionale Mobilität innerhalb Westdeutschlands	3,34***	1,51	3,11	-0,12	-0,81
Mobilität von West- nach Ostdeutschland	-31,00***	-32,19***	-31,20***	-31,11***	-37,20***
Restkategorie	-46,70***	-47,52***	-52,53***	-47,09***	-47,44***
Interaktionseffekt – Mobilität und Bildung – Referenzkategorie mittlere Bildungsgruppe und direkte innerregionale Mobilität					
Betriebsstabilität – niedrige Qualifikation		-1,81	4,61*	-1,81	-6,34
Betriebsstabilität – hohe Qualifikation		30,38***	46,14***	23,85***	23,16***
indirekte Mobilität – niedrige Qualifikation		-14,84***	-8,57**	-27,86***	-30,03***
indirekte Mobilität – hohe Qualifikation		33,60***	44,74***	30,04***	16,37
Regionale Mobilität – niedrige Qualifikation		17,48***	19,63***	20,91***	6,30
Regionale Mobilität – hohe Qualifikation		2,04	3,53	3,59	15,48
West-Ost-Mobilität – niedrige Qualifikation		20,86	23,97	-8,30	57,90
West-Ost-Mobilität – hohe Qualifikation		6,19	8,18	15,02	-2,22

Fortsetzung Tabelle 6.3: Einkommensgewinn bei Einkommensepisoden aus Westdeutschland

	Modell 1.1.2	Modell 2.1.2	Modell 3.1.2	Modell 4.1.2	Modell 5.1.2
	Vorgeschichte				
Einkommensverlust in der ersten Episode				130,46***	23,49***
Einkommensverlust in der zweiten Episode					140,99***
Mobilität in der vorangegangenen Episode				-2,73	-11,54***
Restkategorie in der vorangegangenen Episode				86,60***	88,06***
	Weitere Mobilitätsvariablen				
Berufliche Mobilität: Ref.: keine					
innerbetriebliche berufliche Mobilität	134,46***	133,99***	142,23***	123,27***	121,33***
zwischenbetriebliche berufliche Mobilität	56,33***	55,41***	57,04***	45,11***	47,67***
Arbeitszeitwechsel: Ref: Vollzeit-Vollzeit					
Wechsel von Vollzeit in Teilzeit	-44,97***	-45,11***	-45,78***	-47,32***	-47,51***
Wechsel von Teilzeit in Vollzeit	71,67***	73,17***	37,37***	60,93***	74,51***
Wechsel von Teilzeit in Teilzeit	-32,36***	-32,68***	-46,79***	-41,77***	-32,96***
Struktur der Mobilität: Ref.: freiwillige Mobilität					
Mobilität mit Erwerbslücke/Meldelücke	13,77***	12,91***	12,75***	12,13***	9,55**
unfreiwillige Mobilität	0,14	-1,35	-0,43	2,31	0,38
Anzahl Arbeitslosigkeitsphasen: Ref: keine					
eine vergangene Arbeitslosigkeitsphase	-44,49***	-44,33***	-55,60***	-43,54***	-35,79***
zwei Arbeitslosigkeitsphasen	-50,97***	-50,64***			
drei und mehr Arbeitslosigkeitsphasen	-62,31***	-61,90***			
Anzahl vergangener Betriebswechsel	2,52***	2,36***	-0,52	-2,72*	-1,41

Fortsetzung Tabelle 6.3: *Einkommensgewinn bei Einkommensepisoden aus Westdeutschland*

	Modell 1.1.2	**Modell 2.1.2**	**Modell 3.1.2**	**Modell 4.1.2**	**Modell 5.1.2**
Soziökonomische Variablen					
Bildung: Ref.: mittlere Qualifikation					
niedrige Qualifikation	-18,09***	-18,14***	-21,66***	-17,83***	-13,02***
hohe Qualifikation	17,13***	0,14	4,96	-1,69	-4,29
Geschlecht: Ref.: männliche Beschäftigte					
weibliche Beschäftigte	-28,99***	-29,04***	-26,79***	-24,74***	-20,95***
Ostdeutsche Herkunft	14,79***	14,77***	13,69***	15,32***	19,18***
Relative Einkommensposition: Referenzkategorie: Einkommen unter 50 Prozent des Medians					
Teilzeitbeschäftigte	-24,61***	-24,37***	2,23	-10,53***	-16,96***
50% bis 30% unter dem Median	-51,80***	-51,90***	-48,61***	-43,19***	-39,77***
30% bis 10% unter dem Median	-69,79***	-69,84***	-66,94***	-61,14***	-58,71***
10% unter bis 10% über dem Median	-82,05***	-82,13***	-80,16***	-74,71***	-72,91***
mehr als 10% über dem Median	-80,99***	-80,89***	-73,93***	-74,20***	-72,48***

Prüfen wir nun die Einkommensverlustrisiken durch regionale Mobilität im Vergleich zu innerregionaler Mobilität: In *Modell 1.1.1* zeigen sich insgesamt zwar nur geringe, jedoch signifikant niedrigere Einkommensverlustrisiken. Regional mobile Beschäftigte müssen demnach weniger häufig einen Einkommensverlust hinnehmen als innerregional mobile Beschäftigte. Dieser Schutz vor Einkommensverlust ist jedoch nicht bei unqualifizierten Beschäftigten zu beobachten, denn bei diesen gehen die oben erwähnten höheren Gewinnchancen durch regionale Mobilität einher mit höheren Verlustrisiken im Vergleich zu innerregionaler Mobilität (*Modell 2.1.1*) Wenn Beschäftigte mit geringer Qualifikation regional mobil sind, so zeigen sich also extremere Einkommensfolgen als bei innerregionalen Betriebswechseln: Sowohl Gewinne als auch Verluste werden bei ihnen nach einer regionalen Mobilität häufiger.

Akademiker können regionale Mobilität zwar nicht in Form höherer Einkommensgewinnchancen nutzen, gehen jedoch nach einem regionalen Betriebswechsel sehr viel seltener in Einkommensverluste über. Wie die deskriptiven Ergebnisse gezeigt haben, ist für Akademiker regionale Mobilität im Vergleich zu den anderen Bildungsgruppen ein häufigeres Ereignis im Erwerbsverlauf. Aufgrund beruflicher Spezialisierung ist eine regional ausgeweitete Stellensuche häufig die Voraussetzung dafür, berufsadäquate Arbeitsstellen zu finden. Diese höhere Notwendigkeit regionaler Mobilität führt – im Gegensatz zu anderen Bildungsgruppen – bei Akademikern nicht zu schlechteren Einkommensperspektiven. Im Gegenteil: Sind Hochqualifizierte regional mobil, so wird mindestens das Einkommensniveau gehalten. Lohneinbußen müssen kaum in Kauf genommen werden.

Insgesamt müssen die deskriptiven Ergebnisse bezüglich der Wirkung von regionaler Mobilität auf den Einkommensverlauf modifiziert werden. Während die deskriptiven Ergebnisse kaum Unterschiede in Einkommensverlustrisiken und -gewinnchancen zwischen innerregionalen und regionalen Mobilitäten gezeigt haben, ergibt die multivariate Analyse, dass speziell für unqualifizierte Beschäftigte nach einer regionalen Mobilität sowohl Gewinne als auch Verluste häufiger werden. Zugleich ist festzuhalten, dass bei Hochqualifizierten regionale Mobilität zwar nicht in Form höherer Gewinnchancen, wohl aber in Form geringerer Verlustrisiken positiv auf den Einkommensverlauf wirkt.

Einen besonderen Fall der regionalen Mobilität stellen Betriebswechsel von *West- nach Ostdeutschland* dar. Auch wenn nur wenige Beschäftigte aus Westdeutschland in einen ostdeutschen Betrieb wechseln, wurde der spezifische Fall eines regionalen Betriebswechsels von West- nach Ostdeutschland gesondert untersucht. Bei regionalen Wechseln von einem west- in einen ostdeutschen Betrieb wirkt nicht nur der Mobilitätseffekt auf das Einkommen. Auch das niedrigere Lohnniveau in Ostdeutschland hat Einfluss auf das erzielbare Einkommen und damit auf die Einkommenschancen und Einkommensrisiken. Dass das niedrigere Lohnniveau in den neuen Bundesländern sich negativ auf die Einkommenschancen auswirkt, zeigt sich sehr deutlich in den fünf unterschiedlichen Modellen. So werden Einkommensverluste bei einem Wechsel von West- nach Ostdeutschland im Vergleich zu einem Betriebswechsel innerhalb einer westdeutschen Arbeitsmarktregion um 97 Prozent wahrscheinlicher und Gewinne um 31 Prozent unwahrscheinlicher (*Modelle 1.1.1* und *1.1.2*). Auch beim Wechsel von West- nach Ostdeutschland werden bildungsgruppenspezifische Unterschiede deutlich, wie vor allem *Modell 2.1.1* zeigt. Im Vergleich zu West-Ost-Mobilen der mittleren Bildungsgruppen weisen unqualifizierte Beschäftigte noch weit häufiger das Risiko auf, in Einkommensverluste überzugehen. Hochqualifizierte Beschäftigte, die in einen ostdeutschen Betrieb wechseln, haben eine um 54 Prozent geringere Verlustwahrscheinlichkeit als Beschäftigte des mittleren Bildungsniveaus. Sie können demnach – trotz niedrigeren Lohnniveaus in Ostdeutschland – ihr Einkommen bei einem West-Ost-Wechsel häufiger halten. Der Wechsel von West- nach Ostdeutschland wirkt demnach speziell für geringqualifizierte Beschäftigte negativ, während sich für hochqualifizierte Beschäftigte eine West-Ost-Mobilität kaum in Einkommensverlusten niederschlägt.

Die geringeren Gewinnchancen von West-Ost-Mobilen im Vergleich zu Beschäftigten, die innerhalb einer westdeutschen Arbeitsmarktregion mobil wurden, gelten für alle Bildungsgruppen gleichermaßen (vgl. *Modell 2.1.2*). Sowohl Gering- als auch Hochqualifizierte sehen sich bei einem Betriebswechsel von einem westdeutschen in einen ostdeutschen Betrieb geringeren Gewinnchancen gegenüber.[87]

Welche Einkommenschancen und -risiken haben Beschäftigte nach einer Mobilität, wenn der Betriebswechsel nicht unmittelbar und direkt zu einem Einkommensereignis geführt hat? Lassen sich mittelfristige Effekte von Mobilität für den Einkommensverlauf nachweisen? Um dies zu überprüfen, sind die Einkommenseffekte *indirekter Mobilitäten* (d.h. vergangener Mobilitäten) mit den Effekten von *Betriebsstabilität* zu vergleichen. Den Kategorien *Betriebsstabilität* sowie *indirekte Mobilität* ist gemeinsam, dass sich beide nicht auf einen Zeitpunkt, sondern auf einen Zeitraum beziehen. Technisch bedeutet dies, dass die Erwerbszustände Betriebsstabilität und indirekte Mobilität eine Beschäftigungszeit innerhalb von Betrieben einschließen, die in der Regel mehrere Beschäftigungs- und Gehaltsmeldungen einbezieht, während bei den Kategorien der direkten Mobilität lediglich die erste Gehaltsmeldung in einem neuen Betrieb der Schätzung der Einkommensfolgen zugrunde liegt. Daher ist es auch nicht erstaunlich, dass die verschiedenen Modelle insgesamt geringere Verlust- und Gewinnchancen durch betriebsstabile Beschäfti-

87 Die deskriptive Analyse hat ergeben, dass Hochqualifizierte bei einem Wechsel nach Ostdeutschland auch höhere Gewinnchancen aufweisen als bei einem innerregionalen Wechsel. Dieser Befund wurde im Sinne hoher Lohnanreize von ostdeutschen Unternehmen interpretiert, die durch ein hohes Gehalt speziell hochqualifizierte Beschäftigte aus westdeutschen Betrieben abwarben. Dies lässt sich durch die multivariaten Ergebnisse auf den ersten Blick nicht bestätigen. Es wäre möglich, dass gerade der Wechsel von West- nach Ostdeutschland auch mit beruflichen Aufstiegen verbunden ist und der Interaktionseffekt aufgrund der getrennten Erfassung der beruflichen Mobilität nicht signifikant wird.

gung sowie durch indirekte Mobilität aufweisen, denn die Einkommenschancen und -risiken werden durch die Wahl der Referenzkategorie zu dem Zeitpunkt eines innerregionalen Betriebswechsels gemessen. Dies zeigt, dass der Zeitpunkt einer Mobilität einen sehr risiko- und chancenreichen Zeitpunkt des Erwerbsverlaufs darstellt. Größere Einkommensveränderungen und -sprünge sind vor allem durch unterschiedliche Löhne in verschiedenen Betrieben verursacht; wird ein Betrieb gewechselt, so verändert sich häufig auch das Gehaltsniveau. Dies kann sowohl ein deutlich höheres als auch ein deutlich niedrigeres Gehalt sein. Im Vergleich dazu ist die betriebsstabile Beschäftigung mit relativ stabilen Einkommensverläufen verbunden.[88]

Betrachten wir nun den Interaktionseffekt von Mobilität und Bildung in *Modell 2.1.1* und *Modell 2.1.2*, so zeigt sich, dass betriebsstabile Beschäftigung bei Akademikern häufiger mit Einkommensveränderungen verbunden ist. Akademiker weisen im Vergleich zur mittleren Bildungsgruppe im innerbetrieblichen Einkommensverlauf häufiger Verluste, aber auch häufiger Gewinne auf. Sie können innerhalb von betriebsstabiler Beschäftigung zu 30 Prozent häufiger Gewinne erreichen als betriebsstabile Beschäftigte mit qualifizierter Berufsausbildung (*Modell 2.1.2*) und müssen zu 34 Prozent wahrscheinlicher Einkommensverluste hinnehmen als die Referenzgruppe (*Modell 2.1.1*). Dieser Interaktionseffekt ist vor allem zu Beginn des Erwerbsverlaufs ausgeprägt, wie die *Modelle 3.1* bis *5.1* zeigen. Die höheren Risiken und Chancen von betriebsstabiler Beschäftigung bei Akademikern im Vergleich zur mittleren Bildungsgruppe sind zu Berufsbeginn deutlicher als im späteren Erwerbsverlauf. Berufsbeginn und betriebsstabile Beschäftigung in den ersten Berufsjahren von Akademikern sind demnach diskontinuierlicher, als dies bei Beschäftigten mit berufsfachlicher Ausbildung zu beobachten ist. Während hochqualifizierte Beschäftigte in den ersten Berufsjahren heterogene innerbetriebliche Einkommensverläufe verzeichnen, sind die Einkommensverläufe der mittleren Bildungsgruppe relativ konstant und verbleiben auf stabilem Niveau. Dies bestätigt den Befund von Perticara (2002), der die geringen Einkommensgewinne von Beschäftigten der mittleren Berufsgruppen in Deutschland durch die vergleichsweise hohe Berufserfahrung innerhalb des dualen Systems erklärt. Ein Teil der Einkommenszuwächse wird durch das relativ hohe Einkommensniveau nach Abschluss einer Berufsausbildung im dualen System vorweggenommen, die betrieblichen Berufserfahrungen während der Ausbildung werden schon durch das Einstiegsgehalt entlohnt (Perticara 2002). Im Vergleich dazu weisen Akademiker zwar höhere Bildungsabschlüsse, aber vergleichsweise geringe praktische Berufserfahrung auf. Bei ihnen werden wachsende

88 Das lässt sich auch so ausdrücken: Zwei Gehaltsmeldungen aus zwei verschiedenen Betrieben unterscheiden sich wahrscheinlich stärker als zwei Gehaltsmeldungen, die aus demselben Betrieb stammen. Beim Vergleich einer Gehaltsmeldung aus Betrieb A und einer Gehaltsmeldung aus Betrieb B wird mit größerer Wahrscheinlichkeit ein Einkommensereignis erreicht als beim Vergleich einer Gehaltsmeldung aus Betrieb A zum Zeitpunkt t mit einer Gehaltsmeldung aus Betrieb A zum Zeitpunkt t+1. A und B unterscheiden sich wahrscheinlich stärker als A (t) und A (t+1).

praktische Erfahrungen in den ersten Jahren des Erwerbsverlaufs auch innerbetrieblich entlohnt.

Für Beschäftigte ohne Berufsausbildung wirkt sich Betriebsstabilität durchweg schlechter aus als für Beschäftigte der mittleren Bildungsgruppe. Sie weisen höhere Einkommensverlustrisiken bei betriebsstabiler Beschäftigung auf, aber keine höheren Einkommensgewinnchancen. Die stabilisierende Wirkung des Betriebsverbleibs auf das Einkommensniveau gilt also zwar für alle Bildungsgruppen, dieser Effekt ist jedoch speziell bei der mittleren Bildungsgruppe und besonders stark am Beginn des Erwerbsverlaufs ausgeprägt. Sowohl Akademiker als auch unqualifizierte Beschäftigte weisen im Vergleich zu berufsfachlich qualifizierten Beschäftigten auch innerhalb betriebsstabiler Beschäftigung am Beginn des Erwerbsverlaufs noch diskontinuierliche Einkommensverläufe auf. Dies kann mit der geringeren Standardisierung von Arbeitsbedingungen sowohl für Akademiker als auch für geringqualifizierte Beschäftigte zusammenhängen, die ihre Berufskarriere seltener unbefristet und innerhalb von Normalarbeitsverhältnissen beginnen können (siehe auch Dietrich/Hinz 2005). Beispielsweise ist der Berufsbeginn von Hochqualifizierten stärker durch befristete Beschäftigung und Teilzeitbeschäftigung geprägt, als dies bei der mittleren Bildungsgruppe der Fall ist.

Vergleichen wir nun die *Betriebsstabilität* mit der Kategorie der *indirekten Mobilität*: Beiden gemeinsam ist, dass ein mögliches Einkommensereignis innerbetrieblich erreicht wird, also (im Falle eines Einkommensgewinns) durch Lohnerhöhungen, Erhöhungen von Arbeitszeit (Überstunden usw.) oder berufliche Aufstiege innerhalb eines Betriebs hervorgerufen wird. Während bei betriebsstabilen Beschäftigten allein innerbetriebliche Lohnerhöhungen zu einem Gewinn führen, setzt sich der Erwerbsverlauf von Beschäftigten, die der Kategorie der indirekten Mobilität zugeordnet wurden, aus Gehaltsmeldungen eines ersten Betriebs, einem Gehaltsunterschied bei einem Betriebswechsel und weiteren Gehaltsmeldungen im zweiten Betrieb zusammen.

Beschäftigte, die in einer Einkommensepisode betriebsstabil beschäftigt waren, weisen geringere Einkommensverlustrisiken auf als Beschäftigte, deren Einkommensverlauf von einem zurückliegenden Betriebswechsel geprägt ist. Das heißt, der Schutz vor Einkommensverlusten, den eine innerbetriebliche Beschäftigung darstellt, ist für betriebsmobile Beschäftigte geringer ausgeprägt als für betriebsstabile Beschäftigte. Ein Betriebswechsel wirkt sich in dieser Hinsicht nicht nur unmittelbar, sondern auch mittelfristig negativer aus.

Vor allem für Geringqualifizierte ist eine Schutzwirkung von innerbetrieblicher Beschäftigung nach einem Betriebswechsel nur in geringem Maße zu verzeichnen. Auch wenn der Betriebswechsel nicht direkt und unmittelbar zu einem Einkommensverlust führte, müssen geringqualifizierte Beschäftigte damit rechnen, auch noch nach dem Einstieg in eine neue Arbeitsstelle im Vergleich zu betriebsstabilen Beschäftigten in dem neuen Betrieb benachteiligt zu werden und auch Einkommensverluste innerhalb des Betriebs in Kauf nehmen zu müssen. Das wird in *Modell 2.1.1* ersichtlich, wenn man einerseits den negativen Haupteffekt von indirekter Mobilität und andererseits den positiven Interaktionseffekt für geringqualifizierte Beschäftigte bei indirekter Mobilität betrachtet: Zwar weisen Beschäftigte insgesamt *nach* einer Mobilität geringere Einkommensverlustrisiken auf als um Zeitpunkt einer Mobilität, doch diese ‚Schutzwirkung' wird bei geringqualifizierten Beschäftigten durch deren höhere Verlustrisiken nahezu aufgehoben.

Diese Ergebnisse lassen sich im Sinn der Segmentationstheorie interpretieren, die davon ausgeht, dass neue Beschäftigte erst einmal der Randbelegschaft eines Betriebs zugeordnet werden. Ihnen bleiben im Vergleich zu Beschäftigten der Kernbelegschaft innerbetriebliche Aufstiegsmöglichkeiten verwehrt. Dies betrifft vor allem un- und angelernte Beschäftigte, jedoch nicht Akademiker. Denn an den Verlustrisiken von hochqualifizierten Beschäftigten zeigen sich keine negativen mittelfristigen Folgen von Betriebswechseln. Für sie ist das Risiko, innerhalb des neuen Betriebs an Einkommen zu verlieren, *nach* der Aufnahme einer neuen Beschäftigung in einem Betrieb sehr viel geringer ausgeprägt. Im Gegenteil: Sie haben – wenn auch geringfügig – bessere Chancen, in einem neuen Betrieb Einkommensgewinne zu erreichen, als ihre Kollegen. Denn auch wenn Erwerbsverläufe, die der indirekten Mobilität zugeordnet wurden, höhere Verlustrisiken aufweisen als betriebsstabile Verläufe, gelten für sie doch auch etwas höhere Gewinnchancen innerhalb des neuen Betriebs. Eine mögliche Erklärung: Wenn ein Betriebswechsel positive Einkommensveränderungen zur Folge hat, die Lohnunterschiede zwischen zwei Betrieben jedoch zu gering sind, um unmittelbar einen Einkommensgewinn auszulösen, dann kann der Einkommenssprung durch den Betriebswechsel plus anknüpfende innerbetriebliche Einkommenssteigerungen schließlich zu einem späteren Einkommensgewinn führen, der erst im zweiten Betrieb sichtbar wird. Betriebsstabile Beschäftigte hingegen sind ausschließlich auf innerbetriebliche Einkommenssteigerungen angewiesen, sie verfügen nicht über einen Einkommenssprung, wie er zum Zeitpunkt des Betriebswechsels auftreten kann.

Auch hier zeigt sich die Benachteiligung von niedrigqualifizierten Beschäftigten im Vergleich zu Beschäftigten der mittleren und hohen Bildungsgruppe deutlich. Sie müssen nicht nur mittelfristig negativere Folgen von Betriebsmobilität befürchten (*Modell 2.1.1*), sondern können mittelfristig auch nicht von Betriebsmobilität profitieren (*Modell 2.1.2*). Der interne Arbeitsmarkt bietet demnach Geringqualifizierten kaum Möglichkeiten für Aufstiege – er führt allenfalls zu einkommensstabilen Verläufen, aber auch zu Einkommensverlusten. Betriebe schrecken demnach nicht davor zurück, ihren geringqualifizierten Beschäftigten zum Teil drastische Lohneinbußen zuzumuten. Qualifizierten und hochqualifizierten Beschäftigten bieten interne Arbeitsmärkte weit bessere Möglichkeiten des Aufstiegs. Speziell hochqualifizierte Arbeitnehmer können von innerbetrieblichen Lohnerhöhungen profitieren.

In der *Restkategorie* werden Erwerbsverläufe zusammengefasst, die zwar durch Betriebswechsel geprägt sind, jedoch sehr kurzfristige Beschäftigungszeiten aufweisen (unter drei Monate Beschäftigungszeit in dem neuen Betrieb). Auch Betriebswechsel, die nicht in eine sozialversicherungspflichtige Beschäftigung, sondern beispielsweise in Bildungszeiten münden, wurden in der Restkategorie eingeordnet. Die Erwerbsverläufe von Beschäftigten der Restkategorie sind demnach diskontinuierlich, durch häufige Unterbrechungen und kurzfristige Betriebswechsel geprägt, so dass es nicht erstaunlich ist, dass die Restkategorie überproportional von geringqualifizierten Beschäftigten dominiert wird.

Dass diskontinuierliche Erwerbsverläufe mit hohen Einkommensrisiken einhergehen, zeigt sich sehr deutlich in den unterschiedlichen Modellen. Im Vergleich zur Referenzkategorie steigt das Risiko eines Einkommensverlustes um 23 Prozent. Gewinne werden um 47 Prozent weniger häufig erreicht (*Modelle 1.1.1* und *1.1.2*).

6.4.2 *Weitere Mobilitätsvariablen*

Unfreiwillige Mobilität sowie Mobilität aus einer Meldelücke im Vergleich zur freiwilligen Mobilität: Die Referenzkategorie bilden Betriebswechsel, die nahtlos und ohne Erwerbspause bzw. Arbeitslosigkeitsphasen vonstatten gehen. Sie werden als freiwillige Betriebswechsel bezeichnet. Davon unterschieden werden zum einen unfreiwillige Betriebswechsel (Betriebswechsel aus einer Arbeitslosigkeitsphase), zum anderen Betriebswechsel aus einer Meldelücke heraus.[89]

Einer der wichtigsten Einflüsse von Mobilität auf das Einkommen, der in früheren Studien nachgewiesen wurde, ist die negative Wirkung von *unfreiwilligen Betriebswechseln* und mit Arbeitslosigkeit verbundener Mobilität. Der negative Effekt von unfreiwilliger Mobilität konnte durch die deskriptiven Ergebnisse der vorliegenden Studie bestätigt werden. Bereits dort wurde jedoch deutlich, dass sich der negative Effekt von unfreiwilliger Mobilität nicht unbedingt in geringeren Gewinnchancen, sondern vor allem in höheren Verlustanteilen bemerkbar macht. So war eine neue Beschäftigung nach einer Arbeitslosigkeit in Westdeutschland zu 20 Prozent mit erheblichen Einkommenseinbußen verbunden, während nur 8 Prozent der nahtlosen und freiwilligen Betriebswechsel in einen Einkommensverlust übergingen. Erwerbsverläufe von Beschäftigten, die nahtlos und freiwillig den Betrieb wechseln, sind hingegen relativ oft durch Einkommensgewinne, häufiger jedoch durch stabile Einkommensverhältnisse geprägt. Dies bestätigen auch die Ergebnisse der multivariaten Modelle.

89 Eine solche Erwerbslosigkeit kann beispielsweise durch längere Krankheit, Mutterschutzzeiten, Arbeitslosigkeit ohne Leistungsbezug oder Bildungszeiten entstehen. Der Unterschied zur Erfassung der unfreiwilligen Mobilität liegt darin, dass vor einer Mobilität zwar eine Erwerbspause, jedoch keine Arbeitslosigkeitsmeldung vorliegt. Diese Mobilitäten nennt man Erwerbslücken-Mobilität.

Wechselt ein Arbeitnehmer nach einer Arbeitslosigkeitsphase in einen neuen Betrieb, so steigt die Rate des Einkommensverlusts drastisch an. Einkommensverluste werden im Vergleich zu nahtlosen Betriebswechseln um über 150 Prozent wahrscheinlicher. Allerdings haben unfreiwillig wechselnde Beschäftigte dieselben Einkommensgewinnchancen wie freiwillige Wechsler. Dies ist überraschend, denn ein Betriebswechsel ohne Erwerbsunterbrechung spricht zunächst für eine freiwillige Trennung des Arbeitnehmers von dem Arbeitgeber, und ein besseres Lohnangebot von einem anderen Betrieb könnte ein wichtiges Motiv für einen Betriebswechsel darstellen. Dementsprechend könnte man von einer geringeren Einkommensgewinnchance von Beschäftigten ausgehen, die aus einer Arbeitslosigkeit heraus in einen neuen Betrieb wechseln, während sich Gewinne vor allem bei freiwilligen Mobilitäten zeigen sollten. Dies lässt sich durch die vorliegenden Ergebnisse nur bedingt bestätigen, denn auch wenn das Risiko freiwillig wechselnder Beschäftigter, in einen Einkommensverlust überzugehen, sehr gering ist, sind doch ihre Einkommensgewinnchancen nicht signifikant besser als bei der Gruppe der unfreiwillig wechselnden Beschäftigten. Die Resultate der deskriptiven Analyse deuteten darauf hin, dass vor allem bei Hochqualifizierten ein freiwilliger Betriebswechsel meist mit Einkommensstabilität einhergeht. Ein Betriebswechsel aus einer bestehenden Beschäftigung heraus wird bei ihnen wahrscheinlich von einem hohen Gehaltsniveau aus vorgenommen. Weitere hohe Gewinne von über 20 Prozent sind offenbar kaum zu erreichen.

Überwiegend negative Folgen für den Einkommensverlauf haben Erwerbslücken. Das Risiko eines Einkommensverlusts nach einer Erwerbslücke steigt stark an, wenn auch deutlich geringer als nach einer Arbeitslosigkeitsphase. Auch Gewinne werden leicht wahrscheinlicher. Dieser leicht positive Effekt könnte mit den Gründen für eine Nichterwerbstätigkeit erklärt werden, die in der Kategorie der Erwerbslücke zusammengefasst wurden. So sind neben Beschäftigten, die aufgrund längerer Krankheit, nicht gemeldeter Arbeitslosigkeit, Selbstständigkeit, Mutterschutz oder Elternzeit keiner sozialversicherungspflichtigen Beschäftigung nachgehen, in dieser Kategorie auch Personen vertreten, die eine Erwerbspause einlegen, um Bildungsabschlüsse zu erreichen. Ein höherer Bildungsabschluss, der in einer Erwerbslücke erreicht wurde, könnte die verbesserten Einkommenschancen beim Wiedereinstieg in eine betriebliche Beschäftigung erklären.[90]

Interessant sind die Ergebnisse einer Differenzierung nach aktueller Arbeitslosigkeit (die sich im unfreiwilligen Betriebswechsel manifestiert) und vergangenen Arbeitslosigkeitsphasen. Aktuelle Arbeitslosigkeit bzw. ein Betriebswechsel aus einer Arbeitslosigkeit heraus erhöhen das Risiko eines Einkommensverlusts deutlich. Beschäftigte, die in der Vergangenheit ein- oder mehrmals arbeitslos waren, zeigen

90 Durch die Beschäftigtenstatistik ist es jedoch nicht möglich, Tätigkeiten innerhalb der Erwerbslücke näher zu bestimmen.

hingegen konstantere Einkommensverläufe: Mit steigender Zahl der Arbeitslosigkeitsphasen sinken sowohl Verlustrisiken als auch Gewinnchancen, das Einkommen verbleibt stabil. Das bedeutet, dass ein (wahrscheinlicher) Einkommensverlust nach einer unfreiwilligen Mobilität kaum mehr rückgängig gemacht werden kann. Mehrmals arbeitslos gewordenen Beschäftigten gelingt es selten, im weiteren Erwerbsverlauf ihr Einkommen wieder zu verbessern. Mehrmalige Arbeitslosigkeitsphasen führen demnach dazu, dass Beschäftigte auf ihrem niedrigen Gehaltsniveau verbleiben und kaum in der Lage sind, mittelfristig ihr Gehaltsniveau an das von Beschäftigten ohne Arbeitslosigkeitserfahrung anzupassen.

Ein *beruflicher Wechsel* wurde bei einer Änderung der dreistelligen Berufskennziffer angenommen. Berufliche Mobilität wurde differenziert in *innerbetriebliche berufliche Mobilität* und *zwischenbetriebliche berufliche Mobilität.* Referenzkategorie sind Beschäftigte ohne berufliche Veränderungen.

Die zwischenbetriebliche berufliche Mobilität führt zu diskontinuierlichen Einkommensverläufen. Nicht nur Verluste, auch Gewinne werden häufiger. Da mit beruflicher Mobilität sowohl Auf- als auch Abstiege operationalisiert werden, ist dieses Ergebnis wenig erstaunlich. Es scheint jedoch, dass der zwischenbetriebliche Wechsel mehr Risiken als Chancen beinhaltet. Dies zeigt sich anhand der höheren Verlustrisiken im Vergleich zu den Gewinnchancen. Der Zeitpunkt eines Betriebswechsels ist demnach vor allem dann risikoreich, wenn mit der Neuanstellung in einem Betrieb auch die berufliche Tätigkeit geändert wird.

Innerbetriebliche berufliche Mobilität führt ebenso zu Einkommensveränderungen. Sowohl die Gewinnraten als auch die Verlustrisiken steigen. Innerbetriebliche berufliche Veränderungen haben im Vergleich zur zwischenbetrieblichen Mobilität mehrheitlich einen Einkommensgewinn zur Folge. Das deutet darauf hin, dass der interne Arbeitsmarkt mehr Chancen für berufliche Aufwärtsmobilität bietet als der externe Arbeitsmarkt.

Der *Wechsel des Arbeitszeitmodells* von Vollzeit- in Teilzeitbeschäftigung und umgekehrt wurde in verschiedenen Kategorien gemessen. Als Referenzkategorie fungiert die Kategorie, durchgängig in Vollzeit beschäftigt zu sein und keinen Arbeitszeitwechsel vorzunehmen. Es ist offensichtlich, dass durch eine Zunahme bzw. Abnahme von Arbeitszeit auch die Einkommen sinken bzw. steigen.

Die *Anzahl der Betriebswechsel*[91] im Erwerbsverlauf insgesamt hat kaum Einfluss auf die Einkommensperspektiven. Wenn mehrere Betriebswechsel im Erwerbsverlauf vorliegen, so sind die Verlust- und Gewinnchancen nahezu gleich im Vergleich

91 In dem metrischen Zähler der Anzahl der Betriebswechsel wurden alle Betriebswechsel im Erwerbsverlauf in allen Einkommensepisoden gezählt. Nicht in den Zähler geht die letzte Mobilität ein, da sie, differenziert durch die verschiedenen Mobilitätsarten, in dem Modell direkt berücksichtigt wurde. Referenzkategorie sind Erwerbsverläufe von Beschäftigten, die keine zusätzliche Mobilität zur aktuellen Mobilität aufweisen bzw. bis zu dem Messpunkt betriebsstabil beschäftigt waren.

zu jenen Beschäftigten, die keine vorherigen Betriebswechsel aufweisen.[92] Wichtiger als vergangene Mobilität ist die aktuelle Mobilität, die entweder direkt zu einem Einkommensereignis oder später im neuen Betrieb zu einem Gewinn oder Verlust führte.

6.4.3 Vorgeschichte

Berechnet man getrennte Modelle für die einzelnen Einkommensepisoden, wie es in *Modell 3, 4* und *5* vorgenommen wurde, so können neben den Erwerbszuständen der aktuellen Episode auch die Erwerbszustände der vorherigen Episode in ihren langfristigen Effekten auf die Einkommensepisoden geschätzt werden.

D.h. es kann untersucht werden, ob Betriebswechsel neben kurzfristigen Effekten für das Einkommen – die durch die direkte Mobilität gemessen wurden – und mittelfristigen Effekten – die durch die indirekte Mobilität gemessen wurden – auch über die Einkommensepisode hinaus einen langfristigen Einfluss auf die Einkommensgewinnchancen bzw. -verlustrisiken ausüben. Die Referenzkategorie bilden Episoden von Personen, die in der vorherigen Episode betriebsstabil beschäftigt waren. Die deskriptiven Ergebnisse haben gezeigt, dass aktuelle Mobilitätsereignisse weit wichtiger für die Erklärung aktueller Einkommensmobilität sind als vorangegangene. Wenn wir die *Modelle 3.1.1* und *3.1.2* betrachten, bestätigen sich diese Ergebnisse durch die multivariate Analyse. Lag in der ersten Einkommensepisode ein Betriebswechsel vor, so unterscheiden sich die Gewinn- und Verlustchancen nicht signifikant von denen jener Personen, die in der ersten Episode betriebsstabil beschäftigt waren. Nur in *Modell 5.1.2*, welches die Einkommensverläufe der dritten Episode berechnet, zeigen sich geringere Einkommensgewinnchancen von vormals betriebsmobilen Beschäftigten.

Dies könnte darauf verweisen, dass erst bei wachsender Berufserfahrung langfristige negative Effekte von Betriebsmobilität zu erwarten sind. Um diesen Effekt zu verifizieren, sollten die Erwerbsverläufe jedoch über einen längeren Zeitraum hinweg beobachtet werden, als es im Rahmen dieser Untersuchung möglich war.

Signifikante Effekte zeigen sich allerdings bei den Beschäftigten, die in der vergangenen Episode der Restkategorie zugeordnet wurden und die sehr diskontinuierliche Erwerbsverläufe aufwiesen. Neben dem signifikanten Haupteffekt von diskontinuierlichen Erwerbsverläufen verstärken auch kurzfristige Betriebswechsel und diskontinuierliche Erwerbsverläufe in der vorangegangenen Episode das Risiko, einen (weiteren) Einkommensverlust hinnehmen zu müssen. Andererseits gelingt es

92 Ein Teil der Effekte von mehrmaligen Mobilitäten im Erwerbsverlauf wird durch die Untersuchung der Effekte von Arbeitslosigkeitsphasen schon vorweggenommen. Wenn mehrmalige Betriebswechsel mit mehrmaliger Arbeitslosigkeit zusammenhängen, korrelieren beide Variablen stark miteinander.

einem Teil der Beschäftigten, die eine Episode der Restkategorie hinter sich haben, die aktuelle Episode mit einem Gewinn abzuschließen. Zwar verringern *aktuelle* kurzfristige Betriebswechsel die Chancen auf einen Einkommensgewinn um ca. 47 Prozent, die Rate für diejenigen Beschäftigten, die bereits in einer früheren Episode dieser Kategorie zugeordnet wurden, liegt aber um ca. 87 Prozent höher und übersteigt demnach den Haupteffekt deutlich, ihre Gewinnchancen wachsen also im Verhältnis zur Referenzkategorie.

Neben vorangegangenen Mobilitätsereignissen können auch vorangegangene *Einkommensereignisse* zur Erklärung von aktuellen Gewinnchancen und Verlustrisiken herangezogen werden. Das geschieht in den *Modellen 4.1.1/4.1.2* und *5.1.1/5.1.2*. In *Modell 4* werden als Referenzkategorie Personen gewählt, die in ihrer ersten Episode einen Einkommensgewinn erzielen konnten. Nun können die Einkommenschancen dieser ‚Anfangsgewinner' mit den Chancen derjenigen Personen verglichen werden, die in der ersten Episode einen Verlust hinnehmen mussten.

Wenn der Beginn der Erwerbsbiografie durch einen Einkommensverlust geprägt war und in der ersten Einkommensepisode das Einstiegsgehalt erheblich gemindert wurde, ist die Wahrscheinlichkeit sehr hoch, dass dieser Verlust in der zweiten Einkommensepisode wieder rückgängig gemacht werden kann. Im Vergleich zu jenen Beschäftigten, die ihre erste Periode mit einem Gewinn abschlossen, ist die Chance der ‚Anfangsverlierer', in der zweiten Episode einen Gewinn zu erleben, um 130 Prozent höher und das Risiko, an Einkommen zu verlieren, um nahezu 40 Prozent geringer. Ähnliche Ergebnisse zeigen sich in *Modell 5*, in welchem die dritte Einkommensepisode betrachtet wird: Einkommensverlierer der zweiten Episode können diesen Verlust in der dritten Episode sehr wahrscheinlich durch einen Gewinn ausgleichen.

Wenn man bedenkt, dass die Löhne und Gehälter von Berufsanfängern relativ niedrig sind, ist es nicht verwunderlich, dass Verluste relativ schnell auch wieder aufgeholt werden können. Die Aufstiegschancen nach einem Einkommensverlust sind zudem bildungsspezifisch verteilt. Wie die deskriptiven Ergebnisse gezeigt haben, gelingt es vor allem der mittleren und hohen Qualifikationsgruppe, einen Einkommensverlust durch einen nachfolgenden Gewinn auszugleichen, während Beschäftigte der unteren Qualifikationsgruppe geringere Chancen haben, ihr Einkommen wieder zu verbessern.

Einen Verlust rückgängig zu machen, d.h. nach einem Verlust einen Gewinn zu erzielen, bedeutet jedoch nicht unbedingt, mit anderen Beschäftigten gleichzuziehen, die ihr Einstiegsgehalt schon zu Beginn ihrer Berufslaufbahn erheblich verbessern konnten. Dazu benötigen Beschäftigte nach einem Verlust in der ersten Episode einen Gewinn sowohl in der zweiten als auch in der dritten Episode. Die höheren Gewinnraten von Personen, die in der ersten Episode Einkommensverlierer waren, in der dritten Episode (*Modell 5.1.2*) sprechen dafür, dass dies häufig gelingt: Die Gewinnrate liegt um 23,5 Prozent höher, als dies bei Einkommensgewinnern der ersten Episode der Fall ist. Anderseits ist das für viele auch nicht der Fall, denn sie weisen dieselben Verlustrisiken auf wie die Referenzgruppe. Die Einkommensverläufe von unqualifizierten Beschäftigten weisen demnach abwechselnd Gewinne und Verluste auf, es gelingt ihnen tendenziell nicht, langfristig ein höheres Gehaltsniveau zu halten.

6.4.4 Soziökonomische Variablen

Zusätzlich zu den verschiedenen Mobilitätsvariablen wurden auch die Einflüsse von sozioökonomischen Variablen wie Geschlecht, Herkunft aus Ost- oder Westdeutschland, relative Einkommensposition sowie Bildungsgruppe in das Modell eingefügt.

Wenn wir den *Geschlechtseffekt* im ersten Modell betrachten, so zeigt sich, dass Frauen im Erwerbsverlauf seltener Einkommensgewinne erreichen können als Männer (*Modell 1.1.2*), sie tragen jedoch keine höheren Einkommensverlustrisiken (*Modell 1.1.1*). Weibliche Einkommensverläufe sind stabiler. Erweitern wir den Blick auf den Geschlechtseffekt in den unterschiedlichen Einkommensepisoden, so zeigt sich, dass er mit steigender Berufserfahrung zunimmt. Erst in der dritten Episode offenbaren sich auch höhere Einkommensverlustrisiken von Frauen. Ob dieser Effekt durch die Übernahme von familiären Rollen nach mehrjähriger Berufserfahrung begründet werden kann, lässt sich hier nicht prüfen. Dafür wäre eine adäquate Abbildung des Haushaltskontexts (Familienstand, Anzahl und Alter der Kinder usw.) notwendig, die die Beschäftigtenstichprobe nicht gestattet.

Qualifikationsgruppe: Von der Referenzkategorie Beschäftigte mit Berufsausbildung (mit und ohne Abitur) werden in der Bildungsgruppe 1 Beschäftigte ohne Berufsausbildung bzw. mit unbekannter Bildung unterschieden. Beschäftigte mit Fachhochschulabschluss und Hochschulausbildung wurden in der Bildungsgruppe 3 zusammengefasst.

Der Einfluss der Bildung und Qualifikation auf die Einkommenschancen wird in den verschiedenen Modellen in differenzierter Form geschätzt. Sowohl der Haupteffekt von Bildung als auch der Interaktionseffekt von Bildung und Mobilitätsart werden in ihren Konsequenzen auf die Einkommensgewinnchancen und -verlustrisiken betrachtet. Dadurch kann unterschieden werden, welchen Einfluss die Qualifikation auf die Einkommensverläufe ausübt und inwieweit diese bildungsspezifischen Einkommenschancen und -risiken auf unterschiedliche Chancen und Risiken durch Betriebsstabilität bzw. Betriebsmobilität zurückgehen.

Grundsätzlich zeigen die Effekte die erwartete Wirkung von Bildung: Unqualifizierte Beschäftigte weisen im Vergleich zu qualifizierten Beschäftigten höhere Verlustrisiken und geringere Gewinnchancen auf, während Akademiker seltener als Beschäftigte der mittleren Bildungsgruppe Verluste hinnehmen müssen und häufiger

Gewinne verzeichnen können. Die positive Wirkung von Bildung und Qualifikation auf die Einkommenschancen bestätigt sich demnach deutlich.

Wird nun der Interaktionseffekt von Mobilitätsart und Bildung in das Modell eingefügt, so bleibt der negative Effekt von fehlenden Berufsbildungsabschlüssen im Vergleich zu qualifizierten Beschäftigten in Bezug auf Einkommensverlustrisiken bestehen, schwächt sich jedoch ab. Folglich entstehen Einkommensunterschiede zwischen qualifizierten und unqualifizierten Beschäftigten vor allem durch die höheren Risiken der Geringqualifizierten, *innerhalb* von Betrieben Einkommensverluste in Kauf nehmen zu müssen. Dies zeigt sich durch den Interaktionseffekt von geringer Qualifikation bei den Kategorien Betriebsstabilität und indirekte Mobilität. Diese schlechteren Aussichten, innerhalb von Betrieben Aufstiege zu realisieren, werden vor allem durch Teilzeitbeschäftigung verursacht.

Der Interaktionseffekt von Mobilität und Bildung im *zweiten Modell* bewirkt, dass die positive Wirkung von *Hochschulbildung* auf Einkommensgewinne im Vergleich zur mittleren Bildungskategorie nicht mehr signifikant ist. Die besseren Einkommensgewinnchancen, die sich im *ersten Modell* noch gezeigt haben, basieren ausschließlich auf der positiveren Wirkung von Betriebsstabilität bei Hochqualifizierten, wie die positiven Koeffizienten der Interaktionsterme für die Betriebsstabilität und die indirekte Mobilität zeigen. Bessere Einkommensgewinnchancen von Akademikern beruhen folglich auf ihren besseren Karriereaufstiegschancen innerhalb von Betrieben, die für Fachkräfte der mittleren Qualifikationsgruppe in geringerem Maße zur Verfügung stehen. Dies gilt insbesondere für die erste Einkommensepisode (*Modell 3.1.1* und *3.1.2*), mit steigender Berufserfahrung nähern sich die Gewinn- und Verlustrisiken von betriebsstabilen Akademikern und berufsfachlich Qualifizierten einander an, auch wenn die Differenzen weiterhin bestehen bleiben (*Modelle 4.1.1/4.1.2* und *5.1.1/5.1.2*).

Das bedeutet, dass Qualifikation und Bildung einen eigenständigen Einfluss auf den Einkommensverlauf ausüben, dieser Bildungseffekt jedoch zum Teil stark von unterschiedlichen Erwerbsverläufen und den daraus resultierenden bildungsspezifischen Einkommensrisiken beeinflusst wird. Besonders deutlich wird dies am Beispiel der Geringqualifizierten: Im Vergleich zur mittleren Bildungsgruppe weisen sie höhere Verlustrisiken und geringere Gewinnchancen auf und haben demnach im westdeutschen Arbeitsmarkt weit schlechtere Einkommenschancen. Diese Einkommensbenachteiligung verstärkt sich noch durch die negativeren Einkommensaussichten, die die untere Qualifikationsgruppe innerhalb von Betrieben besitzt. Für Hochqualifizierte wiederum gilt, dass sie im Vergleich zur mittleren Bildungsgruppe niedrigere Verlustrisiken aufweisen. Dieser Einkommensvorteil verringert sich jedoch durch betriebsstabile Beschäftigung und erhöht sich durch regionale Mobilität. Höhere Einkommensgewinnchancen lassen sich bei Hochqualifizierten ausschließlich durch ihre höheren Gewinnchancen innerhalb von betriebsinternen Arbeitsmärkten erklären. Einkommensgewinnchancen durch Betriebsmobilität hingegen sind bei qualifizierten und hochqualifizierten Berufsanfängern gleich.

Westdeutsche bzw. ostdeutsche Herkunft: Da relativ viele ostdeutsche Personen auf dem westdeutschen Arbeitsmarkt beschäftigt sind, wurde die Herkunft der Personen als zusätzliche Variable in das Modell eingefügt. Die Variable Herkunft misst beispielsweise, ob ostdeutsche Beschäftigte innerhalb des westdeutschen Arbeitsmarkts bessere oder schlechtere Einkommenschancen haben als westdeutsche Arbeitnehmer[93] und ob beispielsweise der Wechsel von Ost- nach Westdeutschland langfristige Effekte für die Einkommenschancen von ostdeutschen Beschäftigten hat.

Ostdeutsche Beschäftigte haben innerhalb des westdeutschen Arbeitsmarkts extremere Einkommensverläufe als westdeutsche Beschäftigte. Gewinne werden häufiger erreicht, aber auch Verluste müssen häufiger in Kauf genommen werden. Dies könnte darauf hindeuten, dass der Wechsel in einen westdeutschen Betrieb für viele Beschäftigte nur den ersten Schritt zur Etablierung im westdeutschen Arbeitsmarkt bedeutet. Während ein Teil der ostdeutschen Beschäftigten die Anstellung in Westdeutschland mit einem relativ niedrigen Einkommensniveau beginnt und das Einkommen im weiteren Erwerbsverlauf verbessern kann, gelingt es einem anderen Teil der ostdeutschen Beschäftigten nur schwer, in Westdeutschland Fuß fassen. Diese Beschäftigten müssen niedrigere Löhne hinnehmen und auf einen Teil ihres vormals erzielten Einkommens verzichten.

Relative Einkommensposition: Mit Hilfe der relativen Einkommensposition kann die Höhe des individuellen Gehaltsniveaus in Relation zu anderen Beschäftigten derselben Bildungsgruppe bewertet werden. Dieser Indikator berechnet die Einkommensposition und damit die Höhe des Gehalts am Beginn einer Einkommensepisode in Relation zu Beschäftigten, die ähnliche Bildungszertifikate erreichen konnten und die ebenfalls in Westdeutschland beschäftigt sind. Dadurch wird es möglich, beispielsweise das Einstiegsgehalt eines Berufstätigen mit dem Einkommen von Beschäftigten derselben Qualifikationsgruppe – getrennt nach West- und Ostdeutschland – zu vergleichen, zu bewerten und die Positionierung einer Person in der bildungsspezifischen Lohnhierarchie abzubilden.[94] Die Referenzkategorie stellen jene Beschäftigten dar, deren Einkommen unter 50 Prozent des Medians

---

93 Hier ist nochmals darauf aufmerksam zu machen, dass die Erfassung der Herkunft von Beschäftigten und damit die Zuordnung in ost- und westdeutsche Personen auf der Basis der Beschäftigtenstatistik nicht unproblematisch ist (siehe zur Messung auch 4.2.1.3).

94 Die relative Einkommensposition wurde berechnet anhand der Differenz zum Median in Abhängigkeit vom jeweiligen Kalenderjahr, vom Bildungsstand und getrennt nach Ost und West. Der Median wurde für Vollzeiterwerbstätige in sozialversicherungspflichtiger Beschäftigung am Stichtag 30. Juni jedes Kalenderjahrs berechnet. Die relative Einkommensposition wurde am Beginn einer Einkommensepisode bei Vollzeiterwerbstätigen in sozialversicherungspflichtiger Beschäftigung als prozentuale Differenz des eigenen Lohns zum Median der Referenzgruppe berechnet und in fünf Differenzkategorien zusammengefasst.

ihrer jeweiligen Referenzgruppe liegt, die also ein sehr niedriges Einkommensniveau haben. Sie stehen in der Lohnhierarchie ganz unten. In der zweiten Kategorie wurden Beschäftigte zusammengefasst, die über ein etwas höheres Einkommensniveau verfügen. Ihr Gehalt liegt jedoch immer noch 30 bis 50 Prozent unter dem Median von Beschäftigten derselben Bildungsgruppe. Die Gruppe mit der höchsten relativen Einkommensposition stellen diejenigen Beschäftigten dar, deren Gehalt mindestens 10 Prozent über dem Median der Gehälter ihrer Bildungsgruppe liegt.[95] Teilzeitbeschäftigte wurden gesondert ausgewiesen, da für sie die relative Einkommensposition nicht sinnvoll berechnet werden konnte.

Mit steigender Einkommensposition werden Verluste wahrscheinlicher und Einkommensgewinne weniger häufiger erreicht. Denn wer relativ gut verdient, hat auch mehr Einkommen zu verlieren, und die Wahrscheinlichkeit, bei einem überdurchschnittlich guten Verdienst noch weitere Einkommensgewinne zu realisieren, wird geringer. Dieser Effekt ist jedoch besonders am Beginn der Karriere zu beobachten und nimmt in den weiteren Episoden stark ab. Auch zeigt sich, dass Berufsanfänger, die hohe Einstiegsgehälter haben, vergleichsweise weniger gute Chancen haben, ihr hohes Einkommen weiter zu verbessern, als Beschäftigte mit niedrigem Gehaltsniveau. Dieser Effekt ist jedoch relativ schwach ausgeprägt und es lässt sich kein linearer Trend ausmachen. Das heißt, auch wenn gut verdienende Beschäftigte – im Vergleich zu Beschäftigten, die in der Lohnskala ganz unten rangieren – höhere Risiken aufweisen, einen Teil ihres hohen Einkommens zu verlieren, so haben sie doch vergleichsweise immer noch gute Chancen, ihr Einkommen zu halten und mit steigender Berufserfahrung sogar zu verbessern.

Deutlich wird jedoch, dass Teilzeitbeschäftigte höhere Verlustrisiken aufweisen als Vollzeitbeschäftigte und relativ selten Einkommensgewinne erzielen können. Eine Beschäftigung unter Vollzeitniveau macht es demnach schwer, Aufstiege zu realisieren, die auch das Gehaltsniveau erhöhen.

6.5 Ergebnisse für Ostdeutschland

Mit denselben Verfahren wie für Westdeutschland wurden die beschriebenen Modelle auch für den ostdeutschen Arbeitsmarkt geschätzt, getrennt von den Modellen für den westdeutschen Arbeitsmarkt. Hier bilden die Grundgesamtheit nicht ostdeutsche Personen, sondern Einkommensverläufe, die ihren Ausgangsort innerhalb des ostdeutschen Arbeitsmarkts haben. Bei Wechseln von Ost- nach Westdeutschland werden diese Erwerbssequenzen im westdeutschen Arbeitsmarkt weiterver-

95 Da der Median der Einkommensposition, getrennt nach drei Bildungsgruppen, für alle erfassten Beschäftigten gebildet wurde, sind auch ältere Beschäftigte einbezogen. Es ist daher nicht verwunderlich, dass die hier betrachteten Berufsanfänger nur selten und nur geringfügig den Median überschreiten.

folgt, bis gegebenenfalls ein Einkommensereignis erreicht wird. Im Folgenden werden die wichtigsten Einflüsse für die ostdeutschen Modelle vorgestellt und die wichtigsten Unterschiede zu den Ergebnissen für den westdeutschen Arbeitsmarkt diskutiert.

6.5.1 *Mobilitätsereignisse*

Zunächst geht es um die Wirkung von regionaler Mobilität innerhalb Ostdeutschlands im Vergleich zur Mobilität innerhalb einer ostdeutschen Arbeitsmarktregion. Es fällt auf, dass sich durchweg positive Einkommensfolgen des regionalen Betriebswechsels darstellen lassen. Wird mit dem Betrieb auch die Arbeitsmarktregion gewechselt, so steigen die Einkommensgewinnchancen um ca. 9 Prozent, und dieser Effekt ist für alle Bildungsgruppen gleichermaßen ausgeprägt (*Modelle 1.2.2* und *2.2.2*). Das Verlustrisiko von regionaler und innerregionaler Mobilität unterscheidet sich hingegen kaum. Vergleicht man die Wirkung regionaler Mobilität innerhalb Ostdeutschlands mit der Wirkung regionaler Mobilität innerhalb Westdeutschlands, so zeigt sich, dass sich in Ostdeutschland regionale Mobilitäten mehr lohnen als in Westdeutschland. Zudem verweisen die für alle Bildungsgruppen höheren Gewinnraten darauf, dass die positive Wirkung von regionaler Mobilität für alle Berufsanfänger gleichermaßen gilt.[96] Die höheren Gewinnraten von ostdeutscher regionaler Mobilität können entweder dadurch erklärt werden, dass ostdeutsche Betriebe regionale Mobilität in Form von Einkommenserhöhungen belohnen, oder dadurch, dass ostdeutsche Beschäftigte nur dann bereit sind, regional mobil zu sein, wenn sich diese Mobilität auch durch höhere Einkommen für sie auszahlt – vor allem weil neben einer regionalen Mobilität innerhalb Ostdeutschlands die Alternative des Wechsels in den westdeutschen Arbeitsmarkt vorhanden ist. Wenn die monetären und sozialen Kosten für eine regionale Mobilität im Interesse einer Anstellung getragen werden, dann muss sich dies auch in Form höherer Einkommen auszahlen. Ansonsten könnte eine alternative Beschäftigungsmöglichkeit in einem westdeutschen Betrieb gesucht werden, die nahezu sicher mit Einkommensgewinnen verbunden wäre. Eine weitere, ebenfalls plausible Erklärung besteht darin, dass sich die regionalen Wanderungsbewegungen innerhalb Ostdeutschlands stärker als in Westdeutschland auf Ballungszentren wie Berlin, Potsdam und Leipzig konzentrieren, wo – im Vergleich zu den ländlichen Gebieten – höhere Löhne gezahlt werden.

96 Der signifikante Interaktionsterm für die regionale Mobilität bei unqualifizierten Beschäftigten sollte nicht überbewertet werden, da er nur auf dem Signifikanzniveau von 5 Prozent gilt und dieses Signifikanzniveau aufgrund der hohen Fallzahl der Stichprobe relativ niedrig liegt.

Tabelle 6.4: *Einkommensverlust bei Einkommensepisoden aus Ostdeutschland*[97]

	Modell 1.2.1	Modell 2.2.1	Modell 3.2.1	Modell 4.2.1	Modell 5.2.1
Periode 1: bis ein halbes Jahr Beschäftigung[98]	-8,98***	-8,96***	-9,16***	-8,66***	-8,47***
Periode 2: halbes bis ein Jahr Beschäftigung	-9,10***	-9,07***	-9,31***	-8,63***	-8,42***
Periode 3: ein bis zwei Jahre Beschäftigung	-9,19***	-9,16***	-9,29***	-8,80***	-8,73***
Periode 4: zwei bis vier Jahre Beschäftigung	-9,37***	-9,33***	-9,52***	-8,96***	-8,73***
Periode 5: über vier Jahre Beschäftigung	-9,56***	-9,53***	-9,72***	-9,12***	-8,87***
Mobilitätsvariablen – Referenzkategorie direkte innerregionale Mobilität					
Betriebsstabilität	-57,76***	-61,03***	-60,91***	-59,77***	-56,34***
indirekte Mobilität	-27,12***	-29,41***	-27,74***	-37,51***	-38,35***
regionale Mobilität innerhalb Ostdeutschlands	2,86	-0,06	-4,39	1,90	2,49
Mobilität von Ost- nach Westdeutschland	-50,73***	-52,81***	-57,06***	-47,87***	-52,29***
Restkategorie	121,89***	127,37***	115,74***	133,47***	194,59***
Interaktionseffekt – Mobilität und Bildung – Referenzkategorie mittlere Bildungsgruppe und direkte innerregionale Mobilität					
Betriebsstabilität – niedrige Qualifikation		28,16***	32,67***	30,06***	23,92
Betriebsstabilität – hohe Qualifikation		44,98***	91,92***	18,91	28,26
indirekte Mobilität – niedrige Qualifikation		23,63**	19,87	34,88	15,14
indirekte Mobilität – hohe Qualifikation		-7,85	14,16	-8,87	-32,63
regionale Mobilität – niedrige Qualifikation		29,91***	43,53***	13,73	24,62
regionale Mobilität – hohe Qualifikation		-10,15	15,18	-19,93	-24,78
Ost-West-Mobilität – niedrige Qualifikation		45,12***	39,00	31,31	105,94**
Ost-West-Mobilität – hohe Qualifikation		-29,69	-2,96	-69,50*	19,97

97 Die vollständigen Ergebnisse der verschiedenen Modellrechnungen mit den Koeffizienten, Standardabweichungen usw. befinden sich im Anhang.

98 Bei den periodenspezifischen Angaben werden die Koeffizienten und nicht die Alphaeffekte dargestellt, um auch die Berechnung der Basisrate zu ermöglichen.

Fortsetzung Tabelle 6.4: *Einkommensverlust bei Einkommensepisoden aus Ostdeutschland*

	Modell 1.2.1	Modell 2.2.1	Modell 3.2.1	Modell 4.2.1	Modell 5.2.1
Vorgeschichte					
Einkommensverlust in der ersten Episode				-38,70***	-0,88
Einkommensverlust in der zweiten Episode					-46,41***
Mobilität in der vorangegangenen Episode				0,65***	-12,51*
Restkategorie in der vorangegangenen Episode				141,45***	135,04***
Weitere Mobilitätsvariablen					
Berufliche Mobilität: Ref.: keine					
innerbetriebliche berufliche Mobilität	91,86***	91,63***	111,38***	82,05***	53,56***
zwischenbetriebliche berufliche Mobilität	87,07***	87,44***	77,59***	102,65***	83,75***
Arbeitszeitwechsel: Ref.: Vollzeit-Vollzeit					
Wechsel von Vollzeit in Teilzeit	164,56***	165,33***	195,35***	143,32***	115,39***
Wechsel von Teilzeit in Vollzeit	47,34***	47,89***	73,72***	43,66***	31,81*
Wechsel von Teilzeit in Teilzeit	33,50***	33,62***	51,47***	20,94***	26,16**
Struktur der Mobilität: Ref.: freiwillige Mobilität					
Mobilität mit Erwerbslücke/Meldelücke	163,40***	162,85***	154,21***	164,22***	193,97***
unfreiwillige Mobilität	183,52***	181,12***	193,62***	180,50***	185,77***
Anzahl Arbeitslosigkeitsphasen: Ref.: keine					
eine vergangene Arbeitslosigkeitsphase	-54,06***	-54,03***	-62,64***	-50,37***	-43,57***
zwei Arbeitslosigkeitsphasen	-56,33***	-56,42***			
drei und mehr Arbeitslosigkeitsphasen	-56,70***	-56,85***			
Anzahl vergangener Betriebswechsel	6,55***	7,04***	10,88***	6,33	7,30**

Fortsetzung Tabelle 6.4: *Einkommensverlust bei Einkommensepisoden aus Ostdeutschland*

	Modell 1.2.1	Modell 2.2.1	Modell 3.2.1	Modell 4.2.1	Modell 5.2.1
Soziökonomische Variablen					
Bildung: Ref.: mittlere Qualifikation					
niedrige Qualifikation	18,77***	6,83**	7,11	8,21	2,31
hohe Qualifikation	-28,46***	-36,62***	-53,21***	-24,93*	-20,24
Geschlecht: Ref.: männliche Beschäftigte					
weibliche Beschäftigte	6,94***	7,20	9,17	3,55	7,57
Westdeutsche Herkunft	24,46***	25,24	30,46	16,92	13,83
Relative Einkommensposition: Referenzkategorie: Einkommen unter 50 Prozent des Medians					
Teilzeitbeschäftigte	78,60***	77,55***	66,63***	82,63***	111,59***
50% bis 30% unter dem Median	89,42***	89,57***	124,12***	36,77***	42,15***
30% bis 10% unter dem Median	149,88***	150,15***	186,71***	86,97***	60,08***
10% unter bis 10% über dem Median	250,22***	251,63***	308,86***	136,27***	122,29***
mehr als 10% über dem Median	418,62***	420,39***	526,14***	257,91***	192,47***

Tabelle 6.5: *Einkommensgewinn bei Einkommensepisoden aus Ostdeutschland*

	Modell 1.2.2	Modell 2.2.2	Modell 3.2.2	Modell 4.2.2	Modell 5.2.2
Periode 1: bis ein halbes Jahr Beschäftigung	-5,72***	-5,68***	-5,73***	-6,10***	-6,08***
Periode 2: halbes bis ein Jahr Beschäftigung	-5,52***	-5,48***	-5,63***	-5,57***	-5,63***
Periode 3: ein bis zwei Jahre Beschäftigung	-5,45***	-5,41***	-5,35***	-5,73***	-5,83***
Periode 4: zwei bis vier Jahre Beschäftigung	-5,48***	-5,44***	-5,39***	-5,68***	-5,82***
Periode 5: über vier Jahre Beschäftigung	-5,58***	-5,54***	-5,51***	-5,67***	-5,89***
Mobilitätsvariablen – Referenzkategorie direkte innerregionale Mobilität					
Betriebsstabilität	-76,06***	-77,45***	-80,33***	-78,47***	-77,12***
indirekte Mobilität	-70,21***	-71,78***	-71,87***	-74,91***	-76,15***
regionale Mobilität innerhalb Ostdeutschlands	9,26***	9,74***	11,39***	11,84*	5,00
Mobilität von Ost- nach Westdeutschland	82,25***	89,63***	91,55***	90,54***	102,30***
Restkategorie	-42,96***	-44,57***	-50,57***	-45,68***	-45,32***
Interaktionseffekt – Mobilität und Bildung – Referenzkategorie mittlere Bildungsgruppe und direkte innerregionale Mobilität					
Betriebsstabilität – niedrige Qualifikation		-4,30	-1,23	14,44*	-6,44
Betriebsstabilität – hohe Qualifikation		64,28***	56,44***	95,15***	60,56***
indirekte Mobilität – niedrige Qualifikation		-6,69	-1,74	-3,40	-23,26
indirekte Mobilität – hohe Qualifikation		70,80***	69,25***	116,30***	33,26
regionale Mobilität – niedrige Qualifikation		8,44	20,06*	-6,03	-1,55
regionale Mobilität – hohe Qualifikation		0,60	-3,58	18,41	-5,97
Ost-West-Mobilität – niedrige Qualifikation		7,14	9,61	16,40	-10,56
Ost-West-Mobilität – hohe Qualifikation		-21,11***	-30,18***	-4,20	-22,69

Fortsetzung Tabelle 6.5: *Einkommensgewinn bei Einkommensepisoden aus Ostdeutschland*

	Modell 1.2.2	Modell 2.2.2	Modell 3.2.2	Modell 4.2.2	Modell 5.2.2
		Vorgeschichte			
Einkommensverlust in der ersten Episode				111,42***	15,94***
Einkommensverlust in der zweiten Episode					121,00***
Mobilität in der vorangegangenen Episode				1,61	-9,16*
Restkategorie in der vorangegangenen Episode				89,36***	78,16***
		Weitere Mobilitätsvariablen			
Berufliche Mobilität: Ref.: keine					
Innerbetriebliche berufliche Mobilität	156,74***	154,64***	159,69***	158,57***	155,38***
Zwischenbetriebliche berufliche Mobilität	43,68***	43,88***	43,71***	35,30***	34,95***
Arbeitszeitwechsel: Ref.: Vollzeit-Vollzeit					
Wechsel von Vollzeit in Teilzeit	-32,69***	-32,67***	-30,68***	-32,85***	-43,55***
Wechsel von Teilzeit in Vollzeit	63,87***	65,45***	31,34***	64,44***	73,74***
Wechsel von Teilzeit in Teilzeit	-19,60***	-20,71***	-37,12***	-22,10***	-21,47***
Struktur der Mobilität: Ref.: freiwillige Mobilität					
Mobilität mit Erwerbslücke/Meldelücke	14,72***	12,52***	14,19***	14,88**	6,05
unfreiwillige Mobilität	8,26***	5,12	5,41	10,25*	-1,72
Anzahl Arbeitslosigkeitsphasen: Ref.: keine					
eine vergangene Arbeitslosigkeitsphase	-57,16***	-57,06***	-67,97***	-55,06***	-48,10***
zwei Arbeitslosigkeitsphasen	-65,51***	-65,34***			
drei und mehr Arbeitslosigkeitsphasen	-70,37***	-69,98***			
Anzahl vergangener Betriebswechsel	3,71***	3,40***	-2,44	-6,27***	-5,59**

Fortsetzung Tabelle 6.5: *Einkommensgewinn bei Einkommensepisoden aus Ostdeutschland*

	Modell 1.2.2	**Modell 2.2.2**	**Modell 3.2.2**	**Modell 4.2.2**	**Modell 5.2.2**
Soziökonomische Variablen					
Bildung: Ref.: mittlere Qualifikation					
niedrige Qualifikation	-21,29***	-21,12***	-23,75***	-22,35***	-14,57***
hohe Qualifikation	21,86***	-3,90	3,61	-10,72	0,46
Geschlecht: Ref.: männliche Beschäftigte					
weibliche Beschäftigte	-22,38***	-22,54***	-21,18***	-18,65***	-7,45
Westdeutsche Herkunft	-6,87***	-4,94**	-9,41***	-8,94**	-3,74
Relative Einkommensposition: Referenzkategorie: Einkommen unter 50 Prozent des Medians					
Teilzeitbeschäftigte	-34,56***	-34,01***	-8,02	-25,48***	-31,20***
50% bis 30% unter dem Median	-45,76***	-46,01***	-41,02***	-43,83***	-43,12***
30% bis 10% unter dem Median	-63,45***	-63,66***	-58,05***	-59,59***	-60,34***
10% unter bis 10% über dem Median	-73,21***	-73,32***	-69,64***	-67,98***	-65,10***
mehr als 10% über dem Median	-78,99***	-79,16***	-75,92***	-71,31***	-74,19***

Höhere Verlustrisiken durch regionale Betriebswechsel zeigen sich nur bei unqualifizierten Beschäftigten und dies nur am Beginn des Erwerbsverlaufs. Hochqualifizierte und qualifizierte Beschäftigte weisen keine signifikant unterschiedlichen Risiken und Chancen durch regionale Mobilität innerhalb Ostdeutschlands auf. Dies ist in Westdeutschland anders: Dort hat sich gezeigt, dass Akademiker durch regionale Mobilität zwar ähnliche Gewinnchancen wie regional mobile Beschäftigte der mittleren Qualifikationsgruppe haben, aber viel geringere Verlustrisiken aufweisen.

Der positive Einkommenseffekt von regionaler Mobilität bedeutet innerhalb Ostdeutschlands demnach höhere Einkommensgewinnchancen für alle Qualifikationsgruppen, während innerhalb Westdeutschlands sich die positive Wirkung von regionaler Mobilität lediglich in Form von geringeren Verlustrisiken bei Hochqualifizierten zeigte.

Ein Sonderfall der regionalen Mobilität liegt vor, wenn von einem *ostdeutschen in einen westdeutschen Betrieb* gewechselt wird. Das höhere Lohnniveau in den alten Bundesländern hat eine große Anziehungskraft auf ostdeutsche Beschäftigte und wirkt speziell für Berufsanfänger als starker Wanderungsanreiz (Hunt 2006). Entsprechend wechseln Berufsanfänger aus Ostdeutschland häufig in den westdeutschen Arbeitsmarkt, und diese Ost-West-Wechsler können häufig ihr Einkommen verbessern. Im Vergleich zu einem innerregionalen Betriebswechsel steigen die Einkommensgewinnchancen um 82 Prozent und das Risiko eines Einkommensverlusts sinkt um 51 Prozent (*Modell 1.2.1* und *Modell 1.2.2*). Dies gilt für alle Bildungsgruppen: Eine Ost-West-Wanderung ist selten mit einem Einkommensverlust verbunden und führt meist zu einer erheblichen Einkommensverbesserung.[99] Vor diesem Hintergrund ist es nicht erstaunlich, dass ein beträchtlicher Teil der Berufsanfänger aller Bildungsgruppen in den Westen gezogen ist.

Betriebsstabilität innerhalb eines ostdeutschen Betriebs wirkt ähnlich wie in Westdeutschland stabilisierend auf das Einkommen. Allerdings werden *innerhalb* ostdeutscher Betriebe häufiger Verluste und seltener Gewinne als innerhalb westdeutscher Betriebe erreicht. Dies ist vor dem Hintergrund der relativ hohen Lohnsteigerungen auf dem ostdeutschen Arbeitsmarkt im Rahmen der Anpassung an das westdeutsche Niveau erstaunlich, denn man könnte annehmen, dass diese Lohnsteigerungen gerade Beschäftigten innerhalb betriebsstabiler Beschäftigung zugute kommen sollten. Offenbar wirkt die Tarifflucht ostdeutscher Betriebe sich negativ auf die Einkommenschancen von betriebsstabilen Beschäftigten aus. Ostdeutsche Beschäftigte sind einem stärkeren Druck ausgesetzt, Lohneinbußen hinzunehmen, wenn dafür im Gegenzug ihre betriebliche Beschäftigung erhalten bleibt. Diese stärkeren innerbetrieblichen Einkommensrisiken in Ostdeutschland könnten auf verschiedene Weise entstehen: durch die stärkere Nutzung von Öffnungsklauseln in Tarifverträgen, durch Tarifflucht, in-

99 Nur geringqualifizierte Beschäftigte, die von einem ostdeutschen in einen westdeutschen Betrieb wechseln, tragen im Vergleich zur mittleren und hohen Bildungsgruppe höhere Verlustrisiken.

nerbetriebliche Lohnkürzungen und Kurzarbeit. Zudem kann der höhere Anteil von kleinen und mittleren Unternehmen in Ostdeutschland dazu führen, dass innerbetriebliche Aufstiegswege weniger häufig zur Verfügung stehen und die Beschäftigten somit von internen Arbeitsmärkten weniger profitieren können, als dies in westdeutschen Betrieben der Fall ist (Ketzmerick 2002).

Betrachten wir nun den Interaktionseffekt von Mobilität und Bildungsgruppe, so zeigt sich, dass sich die Wirkung von Betriebsstabilität bei den unterschiedlichen Bildungsgruppen stark unterscheidet. Die Unterschiede zwischen den Bildungsgruppen sind weitaus stärker ausgeprägt als innerhalb Westdeutschlands (*Modell 2.2.1* und *Modell 2.2.2*). Im Vergleich zu betriebsstabilen Beschäftigten der mittleren Bildungsgruppe liegt die Übergangsrate in einen Einkommensverlust bei unqualifizierten Beschäftigten um 28 Prozent höher. In Westdeutschland lag diese Differenz nur bei 18 Prozent höherer Verlustwahrscheinlichkeit. Auch bei Akademikern ist eine betriebsstabile Beschäftigung häufiger mit großen Einkommensveränderungen verbunden als bei Beschäftigten der mittleren Qualifikationsgruppe. In der ersten Episode zeigen sich bei betriebsstabilen Akademikern deutlich höhere Einkommensverlustrisiken als bei betriebsstabilen Beschäftigten der Referenzgruppe (*Modell 3.2.1*). Der Berufsbeginn scheint bei Akademikern in Ostdeutschland – noch stärker als in Westdeutschland – durch atypische Beschäftigungsverhältnisse geprägt zu sein. In der zweiten und dritten Episode ist dieser Effekt nicht mehr signifikant: Qualifizierte und hochqualifizierte Beschäftigte haben innerhalb eines ostdeutschen Betriebs dann etwa gleiche Verlustrisiken zu tragen.

Vor allem fällt jedoch auf, dass die Einkommensgewinnchancen von Akademikern durch betriebsstabile Beschäftigung in Ostdeutschland deutlich höher sind (*Modell 2.2.2*). Im Vergleich zur unteren und mittleren Bildungsgruppe ist innerbetriebliche Beschäftigung von Hochqualifizierten durch häufigere Einkommensgewinne geprägt. D.h. während ein Teil der Hochqualifizierten innerhalb von Betrieben relativ hohen Einkommensrisiken ausgesetzt ist, kann ein anderer Teil sich gut und schnell im betriebsinternen Arbeitsmarkt etablieren und innerbetriebliche Einkommensgewinne erreichen.

Die höheren Gewinnchancen von betriebstabil beschäftigten Akademikern in Ostdeutschland (im Vergleich zur mittleren Bildungsgruppe) lassen darauf schließen, dass die Lohnsteigerungen in Ostdeutschland bildungsspezifisch ausgefallen sind. Vor allem hochqualifizierte (und junge) Beschäftigte wurden mit Lohnanreizen gehalten, um beispielsweise eine Abwanderung in einen westdeutschen Betrieb zu verhindern. Hält man den negativen Haupteffekt von Betriebsstabilität mit dem hohen Interaktionseffekt für Akademiker zusammen, so zeigt sich, dass Akademiker beinahe dieselben Gewinnchancen innerhalb eines Betriebs erzielen können, wie sie auch bei Betriebswechslern zu beobachten sind.

Wie schon bei den Ergebnissen für Westdeutschland erwähnt, ist ein Vergleich von Einkommenschancen und -risiken zwischen betriebsstabilen Erwerbsverläufen *indirekter Mobilität* besonders interessant, da beide innerbetriebliche Einkommensveränderungen messen. Zudem lassen sich an den Wirkungen von zurückliegender und indirekter Mobilität mittelfristige Effekte von Betriebswechseln ablesen.

In den westdeutschen Modellen hat sich gezeigt, dass sich vergangene Mobilitäten mittelfristig auf das Einkommen auswirken; Verluste nach einem Wechsel in einen Betrieb waren häufiger, als dies bei betriebsstabilen Beschäftigten der Fall war. Dieser negative Effekt von indirekter Mobilität war vor allem für geringqualifizierte Beschäftigte ausgeprägt. In Ostdeutschland ist die negative Wirkung von vergangener Mobilität deutlich stärker ausgeprägt als in Westdeutschland, mittelfristige negative Folgen von Betriebswechseln sind in Ostdeutschland in höherem Maße zu beobachten. Ein ‚innerbetrieblicher Schutz' vor Einkommensverlusten besteht also bei Neuzugängen in einem Betrieb im Osten seltener, als dies bei westdeutschen Betrieben der Fall ist. Wie in Westdeutschland sind vor allem geringqualifizierte Beschäftigte nach einem Betriebswechsel innerhalb des neuen Betriebs höheren Einkommensverlustrisiken ausgesetzt. Auch für die mittlere Bildungsgruppe lassen sich negative mittelfristige Folgen nachweisen. Nur bei Akademikern in Ostdeutschland gehen die höheren innerbetrieblichen Verlustrisiken nach vergangener Mobilität mit höheren Gewinnchancen einher. Sie haben die gleichen innerbetrieblichen Gewinnchancen nach einem Betriebswechsel wie betriebsstabile Akademiker. Akademiker werden demnach auch in Ostdeutschland seltener der Randbelegschaft zugeordnet, als dies bei geringqualifizierten Beschäftigten der Fall ist.

Auch in Ostdeutschland haben Beschäftigte, die hochgradig diskontinuierliche Erwerbsverläufe aufweisen – wie sie in der *Restkategorie* zusammengefasst wurden – hohe Einkommensrisiken zu tragen. Gewinne werden im Vergleich zur direkten innerregionalen Mobilität seltener erreicht. Das Risiko eines Einkommensverlusts steigt drastisch. Die Einkommensverlustrate ist in Ostdeutschland jedoch im Vergleich zu dem westdeutschen Modell sehr viel höher. Dies lässt darauf schließen, dass Berufsanfänger mit diskontinuierlichen Erwerbsverläufen innerhalb des ostdeutschen Arbeitsmarkts deutlich geringere Chancen haben, ihr Einkommensniveau zu halten. An ihnen scheinen die höheren Steigerungen des ostdeutschen Lohnniveaus vorbeigegangen zu sein, denn trotz dieser Lohnsteigerungen sehen sie sich hohen Verlustrisiken ausgesetzt. Wie auch in Westdeutschland erhöht sich die negative Wirkung von kurzfristigen Beschäftigungszeiten im Laufe des Erwerbslebens. Während bei den Personen der Restkategorie die Rate zugunsten eines Einkommensverlusts im Vergleich zu direkter innerregionaler Mobilität in der ersten Einkommensepisode um 116 Prozent höher liegt (*Modell 3.2.1*), erreicht dieser Wert in der dritten Einkommensepisode sogar 195 Prozent (*Modell 5.2.1*).

6.5.2 Weitere Mobilitätsvariablen

Ein deutlicher Ost-West-Unterschied zeigt sich in der negativen Wirkung von *unfreiwilliger Mobilität* und *Mobilität nach einer Erwerbslücke* in Ostdeutschland. Das Risiko, nach einer Arbeitslosigkeit in einem neuen Betrieb ein deutlich geringeres Gehalt zu beziehen, ist in Ostdeutschland im Vergleich zu Westdeutschland erheblich erhöht. Auch wenn sich geringe positive Wirkungen von Mobilität nach Erwerbslücken auf die Einkommensgewinnrate zeigen, stechen doch die deutlich negativeren Effekte innerhalb des ostdeutschen Arbeitsmarkts ins Auge. Im Vergleich zum westdeutschen Arbeitsmarkt steigt das Risiko von Einkommensverlusten nach einer Erwerbslücke drastisch an. Die angespannte Arbeitsmarktlage in den neuen Bundesländern führt für Arbeitslose und Erwerbslose offenbar dazu, dass Stellen auch dann angenommen werden (müssen), wenn sie keine guten Einkommensperspektiven bieten und spürbare Einkommensverluste damit verbunden sind. Eine solche Stelle könnte beispielsweise die Form einer arbeitsmarktpolitischen Maßnahme haben, wie sie als Instrument der Beschäftigungspolitik in Ostdeutschland eine weite Verbreitung fand. Dies ist anhand der Daten der regionalisierten Beschäftigtenstichprobe jedoch nicht zu prüfen.

Der negativere Effekt von Arbeitslosigkeit innerhalb des ostdeutschen Arbeitsmarkts bestätigt sich auch, wenn die *Anzahl vorangegangener Arbeitslosigkeitsphasen* im Erwerbsverlauf in die Betrachtung einbezogen wird. Der negative Effekt von vorangegangenen Arbeitslosigkeitsphasen ist in Ostdeutschland stärker ausgeprägt als in Westdeutschland. Wenn der Erwerbsverlauf durch mehrere Arbeitslosigkeitsphasen geprägt ist, werden sowohl Gewinne als auch Verluste unwahrscheinlicher. D.h. ehemals arbeitslose Beschäftigte verbleiben meist auf ihrem geringen Lohnniveau und haben kaum Chancen, wieder Anschluss an das Gehaltsniveau durchgängig Beschäftigter zu finden.

Berufliche Mobilität, sei es nun *zwischenbetriebliche* oder *innerbetriebliche* Mobilität, führt zu diskontinuierlicheren Einkommensverläufen. Sowohl Gewinne als auch Verluste werden häufiger. Berufliche Mobilität innerhalb des ostdeutschen Arbeitsmarkts hat einen deutlich stärkeren Effekt auf das Einkommen als in Westdeutschland. Bei innerbetrieblichen beruflichen Veränderungen fällt auf, dass die Einkommensgewinnchancen in Ostdeutschland höher ausfallen als bei beruflichen Veränderungen in westdeutschen Betrieben. Dieser positive Effekt bleibt in allen drei Episoden in gleicher Stärke bestehen. Aber auch die Risiken treten bei innerbetrieblichen beruflichen Wechseln in Ostdeutschland deutlich stärker auf, als sich dies in den westdeutschen Modellen gezeigt hat. Während in Ostdeutschland das Risiko eines Einkommensverlusts bei einem beruflichen Wechsel innerhalb eines ostdeutschen Betriebs im Vergleich zu Beschäftigten, die keine berufliche Veränderung aufweisen, um 92 Prozent steigt, liegt dieser Wert innerhalb westdeutscher Betriebe nur bei 51 Prozent. Auch der zwischenbetriebliche Wechsel in Ostdeutschland birgt deutlich mehr Risiken, als dies in Westdeutschland zu beobachten ist, und die Gewinnchancen bei zwischenbetrieblichen beruflichen Mobilitäten fallen in Ostdeutschland niedriger aus als in Westdeutschland. Dies kann als Hinweis darauf verstanden werden, dass in Ostdeutschland mehr Beschäftigte gezwungen werden, in anderen beruflichen Feldern zu arbeiten, auch wenn sie dadurch schlechter bezahlt werden. Dies beschränkt sich nicht auf betriebsmobile Beschäftigte, der Prozess kann sich offenbar durchaus auch innerhalb von betriebsstabiler Beschäftigung abspielen. Aber auch innerbetriebliche Aufstiege sind in Ostdeutschland leichter möglich als in Westdeutschland. Dies gilt zumindest bei den hier untersuchten Berufsanfängern.

Ebenso wie in Westdeutschland wirkt eine veränderte *Arbeitszeit* auf die Einkommenschancen. Mit einer Erhöhung der Arbeitszeit erhöht sich auch das monatliche Gehalt und umgekehrt. Arbeitszeitwechsel haben jedoch einen geringeren Effekt auf das Einkommen, als dies in Westdeutschland zu beobachten war. Da die Erfassung der Arbeitszeit auf der Basis der Beschäftigtenstichprobe nur grob erfolgen konnte, sollte dieser Effekt jedoch nicht überbewertet werden.

Die *Anzahl der Betriebswechsel* im kompletten Erwerbsverlauf wirkt sich in Ostdeutschland negativer auf die Einkommensprognosen aus als in Westdeutschland. Einkommensverluste werden mit jeder weiteren (vergangenen) Mobilität wahrscheinlicher, d.h. Betriebswechsel und damit verbundene kürzere Betriebszugehörigkeitsdauern üben einen negativeren Einfluss auf die weiteren Einkommensperspektiven aus als in Westdeutschland.

6.5.3 Vorgeschichte

Ähnlich wie für Westdeutschland ergibt sich auch für Ostdeutschland, dass ein Einkommensverlust häufig in der nächsten Episode durch einen Einkommensgewinn ausgeglichen wird. Allerdings sind die Einkommensgewinnchancen nach einem vorangegangenen Einkommensverlust innerhalb des ostdeutschen Arbeitsmarkts geringer als innerhalb des westdeutschen Arbeitsmarkts. D.h. die Chance, einen Einkommensverlust aus der ersten Episode in der zweiten Episode durch einen Gewinn auszugleichen, bietet sich auch innerhalb des ostdeutschen Arbeitsmarkts, wenngleich in geringerem Maße. Liegt die Rate zugunsten eines Gewinns der ‚Einkommensverlierer' der ersten Episode in Westdeutschland um 130 Prozent höher als bei ‚Einkommensgewinnern', so ist dieser Wert in Ostdeutschland mit 111 Prozent zwar ebenfalls hoch, aber niedriger als in Westdeutschland. Das ist vor dem Hintergrund der hohen Lohnsteigerungen in Ostdeutschland erstaunlich und verweist auf die schwierige Beschäftigungs- und Einkommenssituation. Der Befund kann durch die schlechteren Möglichkeiten von Niedrigqualifizierten innerhalb Ostdeutschlands erklärt werden. Wie die deskriptiven Ergebnisse gezeigt haben, gelingt es speziell den unteren Qualifikationsgruppen in Ostdeutschland deutlich seltener als höheren Qualifikationsgruppen, einen Verlust wieder auszugleichen. Die Einkommenssituation in Ostdeutschland ist vor allem für un- und angelernte Beschäftigte schwierig, und die schlechteren Einkommensperspektiven Geringqualifizierter verweisen auf eine zunehmende Lohnspreizung zwischen den Bildungsgruppen.

Betriebswechsel in der vorherigen Einkommensepisode haben ähnlich geringe Einflüsse auf die Einkommenschancen in der aktuellen Episode wie in Westdeutschland. Nur in der dritten Episode deutet sich an, dass ein vorheriger Betriebswechsel das Einkommen stabilisiert. Dies drückt sich in geringeren Verlustrisiken und niedrigeren Gewinnchancen aus. Insgesamt gilt jedoch auch für Ostdeutschland, dass aktuelle Betriebswechsel wichtiger zur Erklärung von Einkommensveränderungen sind als vergangene. Es lassen sich somit kaum langfristige Wirkungen von Betriebswechseln auf die Einkommenschancen nachweisen.

6.5.4 Sozioökonomische Variablen

Auch in Ostdeutschland haben *weibliche Beschäftigte* geringere Möglichkeiten, ihr Einkommen zu steigern, als ihre männlichen Kollegen, auch wenn diese Differenz etwas schwächer ausgeprägt als in den westdeutschen Modellen. Innerhalb des westdeutschen Arbeitsmarkts lag die Chance auf einen Einkommensgewinn von Frauen um 29 Prozent unter den Gewinnchancen der Männer. In Ostdeutschland zeigt sich eine ‚nur' um 22 Prozent geringerer Gewinnchance von Frauen. Dies bedeutet nicht, dass sich die Einkommensverläufe von Frauen und Männern in Ostdeutschland ähnlicher sind als in Westdeutschland. Denn in Ostdeutschland tragen Frauen zugleich mit den geringeren Gewinnraten auch höhere Verlustrisiken. Dieses Risiko übersteigt das der Männer um immerhin 7 Prozent (*Modell 1.2.1*) und ist speziell am Beginn des Erwerbsverlaufs ausgeprägt (*Modell 3.2.1*). Dieser Geschlechtseffekt ließ sich für Westdeutschland nicht zeigen bzw. deutete sich erst mit zunehmender Berufserfahrung an. In Ostdeutschland sind die ersten Jahre des Erwerbslebens von geschlechtsspezifischen Einkommenschancen geprägt, der Start ins Berufsleben ist für Frauen in Ostdeutschland weit problematischer als für ihre männlichen Kollegen. Während in Westdeutschland der Geschlechtseffekt mit zunehmender Berufserfahrung zunimmt, nimmt er in Ostdeutschland ab.

Auch für die ostdeutschen Modelle werden die Ergebnisse für bildungsspezifische Einkommenschancen und -risiken gesondert dargestellt. Sie setzen sich aus dem Haupteffekt von Bildung und dem Interaktionseffekt von Bildung und Mobilität zusammen.

In *Modell 1.2.2*, in dem nur der Haupteffekt von Bildung betrachtet wurde, zeigt sich der aus Westdeutschland schon bekannte Befund: Einkommensverläufe von unqualifizierten Beschäftigten sind im Vergleich zu qualifizierten Beschäftigten von weniger Einkommensaufstiegen geprägt, und geringqualifizierte Berufsanfänger tragen zudem höhere Einkommensverlustrisiken. Vergleicht man den Haupteffekt von *niedriger Bildung* bei der Schätzung von Einkommensverlustrisiken über die verschiedenen Modelle hinweg, so zeigt sich: Die höheren Risiken von unqualifizierten Beschäftigten werden verursacht durch die negativere Wirkung des Betriebsverbleibs und der regionalen Mobilität innerhalb Ostdeutschlands am Beginn des Erwerbsverlaufs sowie durch deutlich höhere Verlustrisiken bei einem Ost-West-Wechsel in der dritten Einkommensepisode. Ansonsten tragen qualifizierte und unqualifizierte Beschäftigte in Ostdeutschland die gleichen Verlustrisiken. Der Haupteffekt wird nur noch in der ersten Episode auf geringem Niveau signifikant. In Westdeutschland hingegen zeigten sich unabhängig vom Interaktionseffekt von Bildung und Mobilität durchgängig höhere Verlustrisiken für unqualifizierte Beschäftigte. Die Einkommensverläufe von qualifizierten und unqualifizierten Beschäftigten sind sich in ihren Risiken in Ostdeutschland demnach ähnlicher und unterscheiden sich vor allem aufgrund von bildungsspezifischen Wirkungen von Betriebsmobilität und -stabilität. Allerdings bestätigt sich in allen Modellen, dass Aufstiege von geringqualifizierten Beschäftigten kaum erreicht werden können. Diese negativeren Gewinnchancen der unteren Bildungsgruppe sind letztlich unabhängig von unterschiedlichen Mobilitätsereignissen bzw. Stabilitätsformen innerhalb der Einkommensepisode.

Bildungsspezifische Differenzen von Einkommensverlustrisiken zwischen Akademikern und qualifizierten Beschäftigten sind in Ostdeutschland stärker ausgeprägt. Akademiker müssen weit weniger befürchten, Einkommensverluste hinnehmen zu müssen, als die mittlere Qualifikationsgruppe. Dies gilt – mit Ausnahme der betriebsstabilen Beschäftigung – unabhängig von Betriebsmobilität und Mobilitätsart. Höhere Einkommensgewinnchancen von Akademikern im Vergleich zur mittleren Bildungsgruppe wiederum sind ausschließlich durch die besseren innerbetrieblichen Chancen zu erklären. (Der Haupteffekt ist nach dem Einbezug der Interaktionsterme nicht mehr signifikant.) Die Unterschiede der Einkommenschancen in betriebsinternen Arbeitsmärkten zwischen mittlerer und hoher Bildungsgruppe sind zudem in Ostdeutschland deutlich stärker ausgeprägt, eine Berufsausbildung wird also im Vergleich zur akademischen Ausbildung weit weniger durch innerbetriebliche Einkommensgewinne belohnt.

Westdeutsche Arbeitnehmer haben im ostdeutschen Arbeitsmarkt mehr Einkommensverlustrisiken als ostdeutsche Arbeitnehmer zu tragen. Wie die deskriptiven Ergebnisse gezeigt haben, wechseln nur wenige westdeutsche Beschäftigte aus dem westdeutschen in den ostdeutschen Arbeitsmarkt, und es handelt sich überproportional häufig um hochqualifizierte Personen. Um ihnen einen Anreiz für einen Wechsel nach Ostdeutschland zu bieten, wurden Akademikern aus Westdeutschland relativ hohe Löhne gezahlt. Daher ist es nicht verwunderlich, dass auf der Basis eines bereits relativ hohen Lohnniveaus im ostdeutschen Betrieb nur noch wenige zusätzliche Einkommensgewinne erzielt werden können. Die Einkommensgewinne wurden wahrscheinlich schon durch das hohe Einstiegsniveau vorweggenommen.

Die *relative Einkommensposition* von Beschäftigten am Beginn einer Einkommensepisode übt in Ostdeutschland ebenso wie in Westdeutschland einen starken Einfluss auf die weiteren Einkommenschancen aus. Auch für Ostdeutschland gilt, dass Beschäftigte mit in Relation zu anderen Beschäftigten sehr hohen Löhnen die höchsten Risiken aufweisen, Teile dieses Einkommensniveaus wieder einzubüßen; Beschäftigte mit niedriger Einkommensposition dagegen laufen nur geringe Risiken, ihr bereits sehr niedriges Einkommensniveau um weitere 20 Prozent zu verringern. Allerdings ist in Ostdeutschland dieser Effekt weit deutlicher ausgeprägt als in Westdeutschland: Gutverdienenden Beschäftigten in Ostdeutschland gelingt es sehr viel seltener, dieses Einkommen auch zu halten, sie sehen sich im Vergleich zu Geringverdienern deutlich höheren Verlustrisiken ausgesetzt. Dies ist besonders in der ersten Episode der Fall. Auch Gewinne werden unwahrscheinlicher, je höher man in der Einkommenshierarchie schon aufgestiegen ist. Beschäftigte, die ein sehr geringes Einkommen haben, können bereits durch geringe absolute Änderungen des Lohns einen Einkommensgewinn von 20 Prozent erreichen, während Beschäftigte mit hohen Löhnen seltener noch ein weiteres Mal ihr Gehalt um 20 Prozent aufstocken können. Im Ost-West-Vergleich stechen besonders die schlechteren Einkommenschancen von *Teilzeitbeschäftigten* in Ostdeutschland ins Auge. Sie haben deutlich geringere Chancen, ihr Einkommen zu verbessern, als Geringverdiener und müssen wesentlich höhere Einkommensverlustrisiken befürchten. In Westdeutschland war dieser Effekt für Teilzeitbeschäftigte weniger stark ausgeprägt. Dies könnte damit zusammenhängen, dass Teilzeitbeschäftigung in Ostdeutschland häufiger mit geförderten Beschäftigungsmaßnahmen verbunden ist als in Westdeutschland.

7 Lohnt sich Mobilität? Ein Fazit

Zunächst rekapituliere ich im Folgenden die untersuchungsleitenden Fragestellungen und Ausgangsüberlegungen. Auf dieser Basis werden dann die Resultate der deskriptiven und multivariaten Analysen zusammenfassend interpretiert.

Der Wandel des deutschen Arbeitsmarkts, der meist mit den Schlagworten Deregulierung und Flexibilisierung umschrieben wird, bildet den Ausgangspunkt der Untersuchung. Wie wirken sich diese Veränderungen des Arbeitsmarkts für die Beschäftigten aus? Häufig wird eine abnehmende Beschäftigungsstabilität und eine zunehmende Beschäftigungsunsicherheit konstatiert, und daraus wird abgeleitet, dass Betriebsmobilität für die Beschäftigten eine zunehmende Bedeutung für die Aufrechterhaltung des Erwerbsverlaufs hat. Wenn das zutrifft, wenn also Mobilität einen höheren Stellenwert erhält und betriebsstabile Beschäftigung für immer weniger Beschäftigte konstitutiv ist, dann ist zu fragen, welche Folgen der Wechsel von Arbeitsstellen, Betrieben und/oder Regionen für Beschäftigte hat. Zentrale Fragestellung dieser Untersuchung sind die Konsequenzen von Betriebsmobilität und Betriebsstabilität für die Beschäftigten.

Im Flexibilitätsdiskurs werden vor allem die Risiken von Betriebswechseln herausgestellt. Wenn abnehmende Beschäftigungssicherheit in Betrieben Beschäftigte immer wieder vor die Herausforderung stellt, neue Arbeitsstellen zu finden, werden die langfristigen innerbetrieblichen Perspektiven im Hinblick auf sichere Erwerbstätigkeit, aber auch auf Aufstiegschancen ungünstiger. Der Wechsel von Arbeitsplätzen, Betrieben und Berufen wird ein immer normalerer Vorgang im Erwerbsverlauf und – zumindest für bestimmte Beschäftigtengruppen – notwendige Voraussetzung für ein Gelingen des Erwerbsverlaufs. Erwerbsverläufe werden destandardisiert und diskontinuierlicher. Zwischenbetriebliche Wechsel sind jedoch kein neues Phänomen. Schon immer war der Arbeitsmarkt von einem hohen Maß an Fluktuation geprägt (Erlinghagen 2006), und vor allem für jüngere Beschäftigte boten zwischenbetriebliche Wechsel Möglichkeiten des beruflichen Aufstiegs, so dass Betriebsmobilität nicht eindeutig als Kriterium für zunehmende Risiken zu werten ist.

Die veränderten Bedingungen des Arbeitsmarkts sind aber mit zunehmender Flexibilität nicht erschöpfend beschrieben. Technologische Innovationen, veränderte Anforderungen an Wissen und Qualifikation, Restrukturierungen von Unternehmen und Betrieben, Umbau und vor allem Abbau der innerbetrieblichen Hierarchien sowie neue Arbeitszeit- und Entlohnungsmodelle verändern auch die Qualität der innerbetrieblichen Beschäftigung. Um die veränderten Bedingungen auf dem

Arbeitsmarkt und ihre Wirkungen auf Beschäftigte zu untersuchen, ist es daher notwendig, nicht nur die Ebene der Erwerbsverläufe zu betrachten, sondern auch die betriebsstabile Beschäftigung einzubeziehen. Denn die Dauer von Beschäftigung ist als einziges Kriterium für die Qualität von Beschäftigungsbedingungen nicht ausreichend (Diebler 2004). Eine lange Betriebszugehörigkeit kann einerseits auf eine hohe Beschäftigungsqualität sowie eine hohe Beschäftigungssicherheit verweisen, andererseits aber auch ein Zeichen für fehlende Alternativen in anderen Betrieben sein, d.h. durch Alternativlosigkeit entstehen (Diewald/Sill 2004).

Wenn sich jedoch sowohl die Erwerbsverläufe als auch die innerbetrieblichen Arbeitsbedingungen verändern, ist zu fragen, welche Folgen zum einen Betriebsstabilität, zum anderen Betriebsmobilität für Beschäftigte hat. Welche Risiken und welche Chancen sind mit Betriebsmobilität verbunden? Ist Betriebsstabilität als positive Referenzfolie für diskontinuierliche und betriebsmobile Erwerbsverläufe geeignet?

Um die Folgen von Betriebsstabilität und Betriebsmobilität zu messen, wurden in dieser Studie die Einkommensverläufe von betriebsmobilen und betriebsstabilen Berufsanfängern untersucht. D.h. es wurde der Frage nachgegangen, ob sich die Einkommenschancen und -risiken betriebsstabiler Erwerbsverläufe von denjenigen betriebsmobiler Erwerbsverläufe unterscheiden. Die Bewertung durch Einkommensverläufe stellt nur eine Möglichkeit dar, Erwerbsverläufe zu bewerten, es handelt sich jedoch um ein zentrales Bewertungskriterium. Es könnten auch andere Bewertungsmaßstäbe herangezogen werden: die subjektive Zufriedenheit mit der Erwerbssituation oder die Arbeitsbelastungen. Subjektive Unsicherheit und daraus resultierende Sorgen können ebenfalls wichtige Indikatoren zur Messung unterschiedlicher Erwerbsintegration betriebsmobiler und betriebsstabiler Beschäftigter darstellen, wie es beispielsweise der Prekaritätsdiskurs nahe legt (Bourdieu 1998; Dörre et al. 2007).

Das Einkommen – und die Entwicklung von Einkommensverläufen – als relativ leicht messbares Kriterium bietet sich aus methodischen und inhaltlichen Gründen an: Erstens ist das erzielbare Einkommen durch Erwerbsarbeit ein zentraler Integrationsmodus in die Gesellschaft. „Auf dem Arbeitsmarkt fallen die Entscheidungen über Art und Niveau der materiellen Versorgung des Individuums und damit über die soziale Verteilung begehrter Güter“ (Kraemer/Speidel 2006: 3). Zweitens werden die Anwartschaften auf soziale Sicherungsleistungen ebenfalls über Erwerbsarbeit und Erwerbseinkommen generiert, so dass das Einkommen nicht nur die aktuelle Wohlstandsposition bestimmt, sondern darüber hinaus auch zukünftige Teilhabechancen im Falle von Nichterwerbstätigkeit (Arbeitslosigkeit und Rente) determiniert. Die materielle Situation bestimmt zudem auch die Möglichkeiten der Verfolgung nicht-erwerbsbezogener Motive. „Mit anderen Worten ist marktvermittelte Erwerbsarbeit gewissermaßen ein Mittel zum Zweck der Realisierung nichtmarktlicher Motive außerhalb der Arbeitswelt“ (Kraemer/Speidel 2005: 4). Auch soziale Anerkennung und soziale Positionierung werden unter anderem über das

Einkommen hergestellt. Die soziale Anerkennung innerhalb und außerhalb der Arbeitswelt interpretiert Richard Sennett als „Chemie sozialer Inklusion" (Sennett 2000: 433). „Mit der Bezahlung wird nämlich nicht nur in zweckrationaler Weise eine arbeitsvertragliche Vereinbarung abgegolten, sondern auch soziale Wertschätzung der geleisteten Arbeit zugeschrieben" (Kraemer/Speidel 2005: 4f), so dass das Einkommen als zentraler Maßstab für die Bewertung der eigenen Erwerbsbiografie gelten kann. Vor allem für die ersten Jahre der Erwerbsbiografie werden Einkommenssteigerungen und wachsender Wohlstand erwartet. Investitionen in Bildung sollten sich durch höhere Löhne auszahlen, zunehmende Berufserfahrung sollte ebenfalls langfristig zu höherem Wohlstand führen. Werden diese Erwartungen enttäuscht, so kann dies als ungerecht empfunden werden oder für Misserfolg sprechen. Das Selbstvertrauen in eigene Kompetenzen und Arbeitsleistungen wird geschwächt. Arbeitslosigkeit, fehlende Erfolge in der Karriere und Einkommensabstiege können auch vom sozialen Umfeld als Signal für geringe Leistungen und Kompetenzen gedeutet werden, sowohl der Erwerbs- als auch der Einkommensverlauf wirkt sich auf die sozialen Beziehungen aus. Vor allem Einkommensabstiege werden wahrscheinlich als sehr negativ empfunden, nicht nur, weil sich die eigene materielle Situation durch geringeres Einkommen verschlechtert, sondern auch, weil damit eine Abwertung der beruflichen Fähigkeiten signalisiert wird und Anerkennung von beruflichen Leistungen unterbleibt. Wenn innerbetriebliche und zwischenbetriebliche Einkommensrisiken steigen, bedeutet dies nicht nur für die betroffenen Beschäftigten Einbußen in ihrer Wohlstandsposition, sondern damit wird auch das funktionale und symbolische Integrationspotenzial von Erwerbsarbeit geschwächt (vgl. Kraemer/Speidel 2005).

Zentrale These dieser Untersuchung ist, dass sowohl Betriebsmobilität als auch Betriebsstabilität Chancen und Risiken beinhalten und beide daher nur anhand ihrer Erträge auf dem Arbeitsmarkt gemessen werden können. Um Chancen und Risiken sowohl von zwischenbetrieblichen als auch von innerbetrieblichen Einkommensverläufen messen zu können, ist vor allem eine starke Differenzierung der Mobilität notwendig. Erfolgt ein Betriebswechsel freiwillig, wird also nahtlos zwischen zwei Arbeitsstellen gewechselt, so werden die Einkommensrisiken geringer ausfallen als bei unfreiwilligen Betriebswechseln, d.h. wenn die Erwerbstätigkeit von einer Arbeitslosigkeitsphase oder Erwerbslücke unterbrochen wird. Auch die Unterscheidung zwischen innerregionalen Betriebswechseln (innerhalb der Arbeitsmarktregion) und regionalen Wechseln (überregionale Mobilität) sollte Einfluss auf die Einkommenschancen und -risiken haben. Zudem sollten die Konsequenzen von Betriebsmobilität und -stabilität je nach Beschäftigtengruppe unterschiedlich ausfallen.

Die noch immer großen Unterschiede zwischen ostdeutschem und westdeutschem Arbeitsmarkt machen eine getrennte Betrachtung von ost- und westdeutschen Erwerbsverläufen notwendig. So geht der strukturelle Umbau der ostdeutschen Wirtschaft mit deutlich höheren Arbeitslosigkeitsquoten in den neuen Bundesländern einher. Betriebsmobilität und vor allem regionale Mobilität in Form von Abwanderung aus dem ostdeutschen in den westdeutschen Arbeitsmarkt hat in Ostdeutschland daher eine höhere Bedeutung. Es ist also zu prüfen, ob sich die Wirkungen von Betriebsmobilität und -stabilität auf die Einkommensverläufe von Beschäftigten in den neuen Bundesländern von den Wirkungen in den alten Bundesländern unterscheiden.

Analysiert wurden in dieser Arbeit die Erwerbs- und Einkommensverläufe von Berufsanfängern. Gerade bei Berufsanfängern spielt zwischenbetriebliche Mobilität eine große Rolle, und auch die Einkommensverläufe sind in den ersten Jahren der Berufstätigkeit noch stark in Bewegung. Nur durch die Betrachtung von Berufsanfängern kann zudem der komplette bisherige Erwerbs- und Einkommensverlauf abgebildet werden.

7.1 Alles halb so wild?

Auf den ersten Blick fallen vor allem positive Folgen von Betriebsmobilität auf: Betriebsmobile Erwerbsverläufe führen häufiger zu einem Einkommensgewinn als betriebsstabile Erwerbsverläufe, so dass Betriebswechsler bessere Einkommensgewinnchancen aufweisen als „Stayer“. Dieser Befund, der durch die Ergebnisse vieler anderer Untersuchungen bestätigt wird, kann unterschiedlich gewertet werden. So schließen Ortlieb, Schlese und Schramm (2004) auf Basis ihrer Ergebnisse aus den Folgen von Arbeitsplatzwechseln auf positive Effekte von Betriebsmobilität:

> „Das Arbeitseinkommen und die summarische Arbeitszufriedenheit steigen deutlich an. Diese positive Entwicklung zeigt sich entgegen der Erwartung auch bei den unfreiwilligen Arbeitsplatzwechseln. Die positiven Wirkungen des Arbeitsplatzwechsels zeigen sich im Wesentlichen auch in unterschiedlichen konjunkturellen Lagen sowie in Ost- und Westdeutschland. Die vergleichsweise geringe Wirkung der gesamtwirtschaftlichen Lage auf die individuellen Konsequenzen des Arbeitsplatzwechsels legt eine Funktionalität des Schutzes vor gesamtwirtschaftlichen Verwerfungen nahe: Die Funktionsweise von Arbeitsmärkten ermöglicht Arbeitsplatzwechslerinnen und -wechslern auch in schwierigen Zeiten Wohlfahrtserträge. Insofern gehören selbst Arbeitsplatzwechsler zu den ‚Insidern‘ des Arbeitsmarktes.“ (Ortlieb et al. 2004: 101)

Auf den ersten Blick weisen die Ergebnisse der vorliegenden Studie in eine ähnliche Richtung: Es zeigen sich vor allem positive Effekte von Betriebsmobilität auf die Einkommensgewinnchancen. Die Interpretation von Ortlieb, Schlese und Schramm ist jedoch durchaus kritisch zu betrachten, denn auch die Risiken von Betriebsmobilität haben sich in meiner Untersuchung deutlich gezeigt: Einkommensverluste sind ebenfalls häufig das Ergebnis von Betriebsmobilität. Diskontinuierliche Erwerbsverläufe gehen mit diskontinuierlichen Einkommensverläufen einher, und Betriebsmobilität ist zwar ein durchaus chancenreicher, jedoch auch ein sehr risikoreicher Zeitpunkt des Erwerbsverlaufs. Die Chancen und Risiken unterscheiden sich je nach Art der Mobilität, je nachdem, ob eine Mobilität mit Arbeitslosigkeit verbunden ist oder ob ohne Erwerbsunterbrechung nahtlos zwischen zwei Arbeitgebern gewechselt wird. Die Chancen und Risiken sind in Ost- und Westdeutschland unterschiedlich ausgeprägt, sie sind nicht gleich verteilt. Erst durch eine starke Differenzierung der Betriebsmobilität wird sichtbar, wie diese Chancen und Risiken sich jeweils unterscheiden und wie sie verteilt sind.

Betrachten wir zunächst die Wirkungen von freiwilligen und nahtlosen Betriebswechseln, die in den multivariaten Modellen je nach Art der Mobilität sowie je nach Bildungsgruppe in ihren Einkommensfolgen geprüft wurden. Bei einem nahtlosen Wechsel zwischen zwei Arbeitsstellen geht man davon aus, dass der Betriebswechsel freiwillig und aufstiegsorientiert erfolgt. Folgerichtig werden in den verschiedenen Arbeitsmarkttheorien höhere Löhne als das zentrale Motiv für einen Stellenwechsel genannt und Einkommensgewinne nach freiwilligen Betriebswechseln prognostiziert. Positive Einkommenseffekte von Betriebswechseln sollten besonders auf freiwilligen Mobilitäten beruhen. Dies trifft in den meisten Fällen auch zu. 32 Prozent der Betriebswechsler innerhalb Westdeutschlands und 30 Prozent der Betriebswechsler innerhalb Ostdeutschlands können ihre neue Anstellung mit einem um mindestens 20 Prozent höheren Einkommen beginnen. ‚Nur' 8 Prozent müssen trotz freiwilligen Betriebswechsels einen Einkommensverlust in Kauf nehmen.

Differenzieren wir die Art der Mobilität weiter, so zeigen sich unterschiedliche Einkommensfolgen von freiwilliger Mobilität je nach Ziel und Richtung der Mobilität sowie je nach Bildungsgruppe. Der regionale Wechsel sollte im Vergleich zu innerregionalen Betriebswechseln zu höheren Einkommensgewinnen führen, so die These der Suchtheorie, denn da bei regionalen Betriebswechseln zusätzliche Mobilitätskosten anfallen, dürfte regionale Mobilität nur dann durchgeführt werden, wenn diese Kosten durch ein höheres Einkommen amortisiert werden. In der deskriptiven Analyse haben sich jedoch nur geringfügig bessere Einkommensgewinnchancen durch regionale Mobilität gezeigt. Auch durch multivariate Analysen konnten positive Effekte von regionaler Mobilität nicht eindeutig nachgewiesen werden. In Westdeutschland zeigte sich, dass regional mobile Beschäftigte der unteren Bildungsgruppe im Vergleich zu innerregional mobilen Beschäftigten sowohl höhere Verlustrisiken als auch höhere Gewinnchancen aufwiesen. Auch bei Hochqualifizierten in Westdeutschland machte sich die positive Wirkung von regionaler Mobilität ausschließlich in geringeren Einkommensverlustrisiken bemerkbar. Anders in Ostdeutschland: Hier konnte der erwartete positive Effekt regionaler Mobilität nachgewiesen werden. Bei einer regionalen Mobilität hatten alle Bildungsgruppen eine höhere Chance auf einen Einkommensaufstieg als innerregional wechselnde Beschäftigte. Ein positiver Einkommenseffekt von regionaler Mobilität bedeutet demnach innerhalb Ostdeutschlands höhere Gewinnchancen für alle Qualifikationsgruppen, während sich innerhalb Westdeutschlands die positive Wirkung regionaler Mobilität lediglich in Form von geringeren Verlustrisiken bei Hochqualifizierten zeigte.

Eine besondere Form der regionalen Mobilität liegt vor, wenn von einem westdeutschen in einen ostdeutschen Betrieb oder umgekehrt gewechselt wird. Nicht nur der Effekt der Betriebsmobilität, sondern vor allem das unterschiedliche Lohnniveau in Ost- und Westdeutschland wirkt positiv bzw. negativ auf die Einkommenschancen von Beschäftigten. Ein relativ großer Anteil an Berufsanfängern wechselt von Ost- nach Westdeutschland. 14 Prozent der hier erfassten Betriebswechsel mit Ausgangsort Ostdeutschland führten in einen westdeutschen Betrieb. Dies ist aufgrund der besseren Arbeitsmarktbedingungen und des höheren Lohnniveaus in Westdeutschland auch nicht verwunderlich. Der Wechsel von einem ostdeutschen in einen westdeutschen Betrieb zahlt sich durch höhere Löhne für alle Bildungsgruppen aus. 74 Prozent der Episoden, die durch eine Ost-West-Mobilität geprägt sind, führen in einen Einkommensgewinn, nur 11 Prozent gehen in einen Verlust über. Der positive Effekt schwächt sich bei steigender Episodenzahl nur geringfügig ab und gilt sowohl für Männer und Frauen als auch für alle Bildungsgruppen. Dieser positive Einkommenseffekt wird durch die multivariaten Modelle bestätigt: Im Vergleich zu einem Betriebswechsel innerhalb einer ostdeutschen Arbeitsmarktregion steigen die Einkommensgewinnchancen bei Ost-West-Mobilitäten um 82 Prozent und das Risiko eines Einkommensverlustes sinkt um 51 Prozent. Es ist demnach leicht zu erklären, dass der westdeutsche Arbeitsmarkt eine hohe Anziehungskraft auf ostdeutsche Beschäftigte ausübt. Besonders junge Menschen, die noch nicht familiär gebunden sind, suchen nach Beschäftigungsmöglichkeiten im westdeutschen Arbeitsmarkt. Sollten sich die Arbeitsmarktlage in Ostdeutschland und die Verdienstmöglichkeiten in ostdeutschen Betrieben nicht deutlich verbessern, wird man von einer fortgesetzten Abwanderung junger und qualifizierter Menschen aus Ostdeutschland ausgehen müssen und nur geringe Rückwanderungen erwarten können. Denn der ostdeutsche Arbeitsmarkt ist für Beschäftigte auf dem westdeutschen Arbeitsmarkt kaum eine Alternative. Der Wechsel von West- nach Ostdeutschland spielt für die Dynamik des westdeutschen Arbeitsmarkts nur eine marginale Rolle. Nur knapp 3 Prozent der Betriebswechsel aus Westdeutschland führten in einen ostdeutschen Betrieb. Dieser ist mit hohen Einkommensverlustrisiken verbunden: 41 Prozent mussten nach einem Wechsel in einen ostdeutschen Betrieb einen Einkommensverlust hinnehmen und nur 37 Prozent konnten ihr Einkommen verbessern. Deskriptiv zeigte sich, dass Gewinne durch einen Wechsel von West- nach Ostdeutschland nur Akademikern aus Westdeutschland möglich waren, und dies vor allem zu Beginn ihrer Karriere. Immerhin 50 Prozent der (wenigen) Akademiker, die von West nach Ost wechselten, konnten ihr Gehalt deutlich erhöhen und ‚nur' bei 18 Prozent der Akademiker folgte nach einer Ost-West-Mobilität ein Einkommensverlust (zum Vergleich: bei Geringqualifizierten liegt der Anteil der Einkommensverluste bei 48 Prozent). Im multivariaten Modell bestätigen sich die bildungsspezifischen Einkommensrisiken. Während Wechsel von West nach Ost bei Beschäftigten ohne berufliche Qualifikation mit hohen Verlustrisiken einhergehen, ist dieses Risiko bei Akademikern aus Westdeutschland nur gering ausgeprägt. Jungen Akademikern aus Westdeutschland bot der ostdeutsche Arbeitsmarkt in den ersten Jahren nach der Wende durchaus Karrieremöglichkeiten an, die, wenn nicht durch Einkommensgewinne, so doch wenigstens durch Einkommensstabilität belohnt wurden. Vor allem wenn mit West-Ost-Mobilität berufliche Aufstiege verbunden waren, konnte sich für Hochqualifizierte aus Westdeutschland eine Beschäftigung in einem ostdeutschen Betrieb durchaus lohnen.

Deutlich werden die Risiken von diskontinuierlichen Erwerbsverläufen bei Beschäftigten, die der Restkategorie zugeordnet wurden. Die Erwerbsverläufe sind durch häufige Arbeitslosigkeitsphasen, häufige Betriebswechsel und sehr kurze Betriebszugehörigkeitsdauern gekennzeichnet. Beschäftigte der Restkategorie – meist niedrigqualifizierte Beschäftigte – weisen die schlechtesten Einkommensgewinnchancen aller untersuchten Gruppen auf. Derjenige Teil der Arbeitsmarktdynamik, der durch Beschäftigte mit sehr häufigen Betriebswechseln, kurzen Beschäftigungszeiten sowie mehrmaligen Übergängen zwischen Beschäftigung, Arbeitslosigkeit und geringfügiger Beschäftigung geprägt ist, führt demnach zu stark negativen Einkommensperspektiven und kann als durchaus risikoreich und prekär angesehen werden.

Eine der wichtigsten Unterscheidungen in Bezug auf Mobilität und deren Einkommenseffekte ist die Differenzierung von freiwilliger und unfreiwilliger Mobilität. Das ist im Rahmen dieser Arbeit erneut deutlich geworden. Von einem unfreiwilligen Betriebswechsel wird dann ausgegangen, wenn zwei Beschäftigungsverhältnisse durch eine Arbeitslosigkeitsphase unterbrochen wurden und der Betriebswechsel einen Wiedereinstieg aus der Arbeitslosigkeit in eine betriebliche Anstellung bedeutet. Die Trennung vom Arbeitnehmer im vorherigen Betrieb wird gewöhnlich durch eine Entlassung verursacht. Dass es für den weiteren Erwerbsverlauf einen Unterschied macht, ob man selbst eine Anstellung aufgrund besserer Alternativen gekündigt hat oder ob man gekündigt wurde und sich aus der Arbeitslosigkeit heraus nach neuen Jobangeboten umsehen muss, liegt nahe. Kündigung durch den Arbeitgeber sowie Arbeitslosigkeit können im Sinne der Signaltheorie als negatives Signal wirken, das sowohl bei der Arbeitssuche ein Nachteil sein als auch die Einkommensperspektiven in anderen Betrieben verringern kann, vor allem dann, wenn die Kündigung als Signal für niedrige Arbeitsmotivation, geringe Leistungsbereitschaft und unzureichende Fähigkeiten und Kompetenzen des Bewerbers ausgelegt wird (Spence 1973). Auch die Humankapitaltheorie prognostiziert negative Einkommenseffekte von unfreiwilliger Mobilität, da betriebsspezifisches Humankapital verloren geht, vorhandenes Humankapitel entwertet wird und Humankapital in Arbeitslosigkeitsphasen bzw. Erwerbspausen üblicherweise nicht neu aufgebaut wird.

Unfreiwillige Betriebswechsel – so das Ergebnis der deskriptiven und multivariaten Berechnungen dieser Studie – verringern nicht die Einkommensgewinnchancen, sondern erhöhen die Einkommensverlustrisiken. Ist ein Betriebswechsel mit einer Arbeitslosigkeit verbunden, so steigen die Einkommensverlustrisiken im Vergleich zu nahtlosen und freiwilligen Betriebswechseln in Westdeutschland um 150 Prozent, in Ostdeutschland gar um 184 Prozent an. Auch Erwerbslücken wirken sich ähnlich negativ auf die Einkommensperspektiven aus: Das Risiko eines Einkommensverlusts bei Wiedereinstieg in eine betriebliche Beschäftigung nach einer Erwerbslücke steigt in Westdeutschland um 118 Prozent und in Ostdeutschland um 163 Prozent. Beschäftigte in Ostdeutschland haben aufgrund der angespannten Arbeitsmarktlage in den neuen Bundesländern nicht nur höhere Arbeitslosigkeitsrisiken, sondern müssen auch negativere Folgen von Arbeitslosigkeit erwarten. Die deskriptiven Ergebnisse haben zudem gezeigt, dass die negative Wirkung von Arbeitslosigkeit und unfreiwilligen Mobilitäten bildungsspezifisch ausfällt. Während ein Teil der Akademiker Arbeitslosigkeitsphasen und damit verbundene verbesserte Suchmöglichkeiten nach alternativen Stellenangeboten für Einkommensgewinne nutzen kann und Akademiker im Vergleich zu anderen Bildungsgruppen nur relativ geringe Einkommensverlustrisiken tragen, lassen sich für die mittlere und untere Bildungsgruppe keinerlei positive Effekte von Sucharbeitslosigkeit zeigen. Die Einkommensrisiken steigen mit abnehmender Qualifikation. Wenn sowohl freiwillige als auch unfreiwillige Betriebswechsler trotz hoher Einkommensrisiken über eine Verbesserung der Arbeitsplatzzufriedenheit berichten (Ortlieb et al. 2004), so bedeutet dies offenbar nicht, dass bei Wechseln aus der Arbeitslosigkeit heraus eine objektive Lohnverbesserung zu beobachten wäre. Näher liegt die Interpretation, dass das Anspruchsniveau innerhalb der Arbeitslosigkeitsphase deutlich zurückgeschraubt wurde. Im Wesentlichen gleiche oder gar geringere Löhne werden positiv bewertet – wahrscheinlich deshalb, weil nicht die Höhe des vorherigen Einkommens, sondern das niedrigere Einkommen in der Arbeitslosigkeitsphase als Bewertungsmaßstab dient.

Aktuelle Arbeitslosigkeit wirkt nachhaltig auf die Einkommensperspektiven, und dasselbe gilt für mehrmalige Arbeitslosigkeit. Aktuelle Arbeitslosigkeit, deren Effekt hier durch die Wirkung unfreiwilliger Mobilität auf die Einkommensgewinnchancen und -verlustrisiken gemessen wurde, erhöht deutlich das Risiko, den Wiedereinstieg aus der Arbeitslosigkeit in eine betriebliche Beschäftigung mit einem Einkommensverlust zu ‚erkaufen'. Waren Beschäftigte zusätzlich zur aktuellen Arbeitslosigkeit schon früher mehrmals arbeitslos, so verbleiben die Einkommensverläufe meist stabil – auf niedrigem Niveau. Ein (wahrscheinlicher) Einkommensverlust nach einer unfreiwilligen Mobilität kann im weiteren Einkommens- und Erwerbsverlauf kaum noch durch Gewinne rückgängig gemacht werden. Auch hier sind Beschäftigte in Ostdeutschland benachteiligt.

Wie deutlich geworden ist, kann Mobilität chancenreich sein und Berufsanfänger können durch zwischenbetriebliche Wechsel durchaus profitieren. Dies gilt insbesondere für hochqualifizierte Beschäftigte in den ersten Berufsjahren, für die Mobilität ein Mittel darstellt, Berufserfahrung in verschiedenen Betrieben zu sammeln und Karriereaufstiege über zwischenbetriebliche Wechsel zu erreichen. Die Risiken von diskontinuierlichen Erwerbsverläufen zeigen sich besonders dann, wenn Betriebsmobilität unfreiwillig und mit Arbeitslosigkeit verbunden ist und fehlende oder geringe Qualifikationen die Chancen auf dem Arbeitsmarkt verringern. Die Risiken flexibilisierter Erwerbsverläufe werden demnach vor allem dann deutlich, wenn es nicht gelingt, nach Beendigung eines Beschäftigungsverhältnisses eine direkte Anschlussbeschäftigung in anderen Betrieben zu finden und somit einen stabilen und lückenlosen Erwerbsverlauf in verschiedenen Betrieben aufrechtzuerhalten, wenn die flexibilisierten Erwerbsverläufe also Arbeitslosigkeitsphasen oder Erwerbspausen aufweisen und unfreiwillige Betriebswechsel stattfinden. Dies gilt speziell für geringqualifizierte Beschäftigte und stärker in den neuen als in den alten Bundesländern.

Neben kurzfristigen Einkommensgewinnchancen und -verlustrisiken sind für die Betrachtung von Einkommensverläufen vor allem mittelfristige und langfristige Folgen von Betriebsmobilität interessant. Nicht nur Einkommensfolgen, die sich direkt zum Zeitpunkt des Betriebswechsels zeigen, sondern auch spätere innerbetriebliche Einkommensbenachteiligungen können den Einkommensverlauf langfristig schädigen und sind daher ebenfalls für die Wertung von Betriebsmobilität von Bedeutung. Die Segmentationstheorie geht davon aus, dass Betriebseinsteiger zunächst der Randbelegschaft zugeordnet und dann auf Arbeitsplätze verwiesen werden, die geringere innerbetriebliche Aufstiegschancen bereithalten, niedrigere Löhne sowie knappere Einkommenssteigerungen versprechen und zudem durch unsichere Beschäftigungsverhältnisse gekennzeichnet sind.

Die Ergebnisse der vorliegenden Studie in Bezug auf innerbetriebliche Einkommenschancen nach einem Betriebswechsel zeigen, dass solche Benachteiligungen vor allem Geringqualifizierte treffen. Es sind speziell für Geringqualifizierte negative mittelfristige Folgen von Betriebsmobilität festzuhalten: Geringqualifizierte haben kaum Chancen, nach einem Betriebswechsel in einem neuen Betrieb Fuß zu fassen und innerbetriebliche Einkommensgewinne zu erreichen. Im Vergleich zu anderen Bildungsgruppen müssen sie auch innerhalb der betrieblichen Beschäftigung von Einkommensnachteilen ausgehen. Dies zeigt sich sowohl in den geringeren Einkommensgewinnchancen als auch in den höheren Einkommensverlustrisiken. Beschäftigte, die in einer Einkommensepisode betriebsstabil beschäftigt waren, weisen geringere Einkommensverlustrisiken auf als Beschäftigte, deren Einkommensverlauf von einem zurückliegenden Betriebswechsel geprägt ist. Das heißt, der Schutz vor Einkommensverlusten, den eine innerbetriebliche Beschäftigung bietet, ist für betriebsmobile Beschäftigte geringer ausgeprägt als für betriebsstabile Beschäftigte. Ein Betriebswechsel wirkt sich demnach nicht nur unmittelbar, sondern auch mittelfristig negativer aus. Dies betrifft vor allem un- und angelernte Beschäftigte, nicht jedoch Akademiker. Diese haben nach einer Betriebsmobilität sogar – wenn auch geringfügig – bessere Chancen, nach dem Wechsel ihr Einkommen in dem neuen Betrieb zu erhöhen, als betriebsstabile Akademiker.

Im Unterschied zu mittelfristigen sind langfristige Folgen von Betriebsmobilität kaum auszumachen. Wichtiger für die Einkommensperspektiven sind aktuelle Mobilitätsereignisse; entscheidend ist, ob der Erwerbsverlauf der aktuellen Episode betriebsstabil war oder nicht.

Von Bedeutung sind auch vorherige Einkommensereignisse. Denn wenn beispielsweise Einkommensgewinne nur kurzfristig das Einkommensniveau erhöhen und durch nachfolgende Verluste wieder rückgängig gemacht werden, wenn also permanente Auf- und Abstiege in der Einkommenshierarchie stattfinden, müssten positive Wertungen von verbesserten Einkommensgewinnchancen revidiert werden. Umgekehrt würden Einkommensverluste sich nur geringfügig auf den gesamten Einkommensverlauf auswirken, wenn sie nur kurzfristig das Einkommen schädigen und relativ schnell und stabil durch nachfolgende Gewinne rückgängig gemacht werden könnten.

Die meisten Berufsanfänger können einen Einkommensverlust wieder rückgängig machen und durch einen Einkommensgewinn in der nächsten Episode ausgleichen. Diese Aufholchancen sind in Ostdeutschland etwas geringer ausgeprägt als in Westdeutschland, sie sind vor allem jedoch bildungsspezifisch verteilt: Geringqualifizierte tragen nicht nur ein insgesamt höheres Einkommensverlustrisiko, sie haben auch geringere Chancen, einen Verlust wieder rückgängig zu machen. So können unter den Geringqualifizierten nur knapp 58 Prozent in Westdeutschland und 53 Prozent in Ostdeutschland einen Einkommensverlust der ersten Episode in der zweiten durch einen Gewinn ausgleichen, während dies drei Vierteln der Hochqualifizierten in Ost- und Westdeutschland gelingt. Die Geringqualifizierten haben im Vergleich zu höheren Bildungsgruppen auch die höchsten Risiken, einen weiteren Verlust erleiden zu müssen. Der Anteil der doppelten Verlierer ist mit 13 Prozent in Westdeutschland und 17 Prozent in Ostdeutschland relativ hoch. Ein schlechter Start ins Berufsleben kann also von Beschäftigten ohne berufliche Ausbildung nur schwer rückgängig gemacht werden. Die mittleren und hohen Qualifikationsgruppen hingegen tragen nicht nur relativ geringe Einkommensverlustrisiken, sondern können einen schlechten Start ins Berufsleben, etwa einen Einkommensverlust in den ersten Berufsjahren, meist schnell wieder durch einen Einkommensgewinn aufholen. Auch sind Einkommensverläufe bei hochqualifizierten Berufsanfängern stabiler, sie können einen Gewinn eher ‚halten', so dass sich kaum abwechselnde Auf- und Abstiege im Erwerbsverlauf ergeben – wie es häufig bei geringqualifizierten Beschäftigten der Fall ist.

Um die Wirkung von Betriebsmobilität und Betriebsstabilität abschließend beurteilen zu können, ist neben individuellen Einkommensgewinnen und -verlusten vor allem das Lohnniveau entscheidend, auf dem Betriebsmobilität und Betriebsstabilität stattfinden und auf dem Gewinne erzielt oder Verluste hingenommen werden. Wie Blien und Rudolph (1989) und Davia (2000) gezeigt haben, haben betriebsmobile Beschäftigte zwar höhere Einkommensgewinne als betriebsstabile Beschäftigte, allerdings waren betriebsmobile Beschäftigte vor dem Betriebswechsel deutlich niedriger entlohnt als betriebsstabile Beschäftigte, so dass diese Einkommensgewinne als Anpassungsmobilität gewertet wurden. Betriebsstabile Beschäftigte konnten ihr Gehaltsniveau an das betriebsstabiler Beschäftigter angleichen, doch dieses normalerweise nicht übertreffen.

Tatsächlich zeigt sich, dass betriebsstabile Beschäftigte schon beim Berufsstart in ein höheres Gehaltsniveau eingestiegen sind und dass hoch entlohnte Beschäftigte weniger häufig den Betrieb wechseln. Beschäftigte, die am Karrierebeginn relativ früh den Betrieb wechseln, haben ihre Karriere mit relativ geringer Einkommensposition begonnen, sie bekommen im Vergleich zu betriebsstabilen Beschäftigten niedrigere Löhne.

Zwar können betriebsstabile Beschäftigte seltener einen Einkommensgewinn erreichen als betriebsmobile Beschäftigte, sie werden aber nicht nur am Karrierebeginn, sondern auch nach den ersten Berufsjahren durchschnittlich besser entlohnt als betriebsmobile Beschäftigte. Insbesondere in Westdeutschland zeigt sich, dass betriebsmobile Beschäftigte im Vergleich zu betriebsstabilen Beschäftigten keinen höheren Platz in der Lohnhierarchie erreichen konnten. Ihre Einkommenssteigerungen sind für den individuellen Wohlstand durchaus positiv, aber als Anpassungsmobilität zu werten. Die relative Einkommensposition wird durch Mobilität derjenigen stabiler Beschäftigter angepasst, sie steigt nicht über dieses Niveau.

7.2 Hauptsache betriebsstabil?

Flexibilisierung des Arbeitsmarkts und Prekarisierung von Erwerbsarbeit beziehen sich nicht nur auf die Zunahme atypischer Beschäftigung und diskontinuierlicher Erwerbsverläufe und die Abnahme von Beschäftigungsstabilität, auch wenn diese Aspekte meist im Vordergrund des Diskurses über Flexibilität und Prekarität stehen. Neben extern-numerischer Flexibilität ist gerade die interne Flexibilität, die sich eben auch auf betriebsstabile Beschäftigung auswirkt, Kennzeichen für einen veränderten Arbeitsmarkt. D.h. betriebsstabile Beschäftigung und Normalarbeitsverhältnisse sind nicht einfach als positive Vergleichsfolien zu verstehen, auf deren Hintergrund die Risiken von diskontinuierlichen Erwerbsverläufen verdeutlicht werden können. Betriebsstabile Beschäftigung und lange Betriebszugehörigkeit sind in ihrer Wertigkeit für den Erwerbsverlauf nicht so eindeutig positiv, wie es häufig dargestellt wird. So kann eine betriebsstabile Beschäftigung nicht ohne weiteres als Chance auf eine langfristige und stabile Karriere innerhalb eines Betriebs interpretiert werden, Betriebsstabilität kann auch durch die Abwesenheit von Chancen in anderen Betrieben und Alternativlosigkeit auf dem externen Arbeitsmarkt entstehen. Die Dauer von Betriebszugehörigkeit ist als einziges Kriterium für die Messung der Qualität einer Beschäftigung nicht geeignet. Die Flexibilisierung verändert gerade auch den innerbetrieblichen Einsatz und die innerbetriebliche Nutzung von Arbeitskraft. Veränderte Entlohnungs- und Arbeitszeitmodelle sowie Restrukturierungen der innerbetrieblichen Hierarchieebenen sind nur Beispiele dafür, wie auch betriebsstabile Beschäftigung Veränderungen unterworfen wird, die sich auf innerbetriebliche Einkommensperspektiven auswirken können. Um den Wert von Mobilität für die Erwerbs- und Lebensverläufe zu messen, ist daher ein Vergleich zu betriebsstabiler Beschäftigung von erheblicher Bedeutung. Diesem Vergleich von Einkommensverläufen und -perspektiven wurde in der vorliegenden Untersuchung besondere Beachtung gewidmet.

Betriebsstabilität weist im Vergleich zu Betriebsmobilität meist eine relative Einkommensstabilität sowie immer noch gute innerbetriebliche Einkommensgewinnchancen auf. Sie bietet im Vergleich zu Betriebsmobilität einen relativ hohen Schutz vor Einkommensverlusten. Dies gilt sowohl für West- als auch für Ostdeutschland. In der deskriptiven Betrachtung hat sich gezeigt, dass sich betriebsstabile Beschäftigung innerhalb ostdeutscher und westdeutscher Betriebe erstaunlich wenig in den Einkommensgewinnchancen und Einkommensverlustrisiken unterscheidet. Circa 39 Prozent der Beschäftigten können eine betriebsstabile Beschäftigungsepisode mit einem Einkommensgewinn abschließen. In beiden Teilen Deutschlands müssen nur ca. 15 Prozent mit einem innerbetrieblichen Einkommensverlust rechnen, der – wie die deskriptiven Ergebnisse ebenfalls gezeigt haben – vor allem bei gering- und hochqualifizierten Beschäftigten durch Verringerung der Arbeitszeit hervorgerufen wird. Besonders zu Beginn der Berufslaufbahn lassen sich innerhalb von Betrieben Aufstiege und Einkommensgewinne erzielen, während der innerbetriebliche Einkommensverlauf mit zunehmender Berufserfahrung eher abflacht.

Wie die multivariaten Modelle zeigen, gehen vor allem für die mittlere Qualifikationsgruppe betriebsstabile Erwerbsverläufe mit Einkommensstabilität einher, die Sammlung von innerbetrieblicher Berufserfahrung in den ersten Berufsjahren führt bei dieser Bildungsgruppe weniger häufig zu innerbetrieblichen Einkommensgewinnen, als dies bei den anderen Bildungsgruppen der Fall ist. Diesen Befund interpretiert Perticara (2002) mit den vergleichsweise hohen innerbetrieblichen Berufserfahrungen, die in Deutschland schon im Rahmen des dualen Ausbildungssystems erworben und bereits zum Zeitpunkt des Berufseintritts durch ein hohes Einstiegsgehalt entlohnt werden. Hochqualifizierte, die nach dem Abschluss eines Studiums über vergleichsweise geringe innerbetriebliche Berufserfahrung verfügen, erhalten in den ersten Jahren die Erträge von wachsender beruflicher Erfahrung durch zum

Teil hohe und stetige innerbetriebliche Einkommensgewinne. Die durchweg höheren innerbetrieblichen Einkommensgewinnchancen von Akademikern im Vergleich zur mittleren Bildungsgruppe bestätigen sich multivariat in den westdeutschen und in noch stärkerer Form in den ostdeutschen Modellen. Speziell Akademiker können im Vergleich zu anderen Qualifikationsgruppen innerbetriebliche Einkommensaufstiege in den ersten Berufsjahren erzielen. In Westdeutschland weisen sie eine um 31 Prozent höhere Gewinnrate auf als „Stayer“ der mittleren Bildungsgruppe. In Ostdeutschland steigt die Einkommensgewinnchance sogar um 64 Prozent. Von den Lohnsteigerungen in Ostdeutschland konnten also speziell betriebsstabile und akademisch gebildete Beschäftigte profitieren, sie konnten innerbetriebliche Einkommensgewinne erzielen. Die Löhne und Gehälter in Ostdeutschland werden durch die betriebliche Lohnpolitik noch stärker als in Westdeutschland bildungsspezifisch gestaltet: Hohe Qualifikation wird belohnt, um beispielsweise einer Abwanderung der hochqualifizierten Belegschaften in den westdeutschen Arbeitsmarkt vorzubeugen.

Dass der Berufsbeginn von Akademikern nicht immer unproblematisch ist, zeigt sich in den höheren Einkommensverlustrisiken innerhalb betriebsstabiler Beschäftigung. Sowohl hoch- als auch geringqualifizierte Berufsanfänger starten ihren Erwerbsverlauf häufig unter den Bedingungen atypischer Beschäftigungsverhältnisse, sie arbeiten auf Teilzeitstellen und sind befristet angestellt. Dies führt bei beiden Bildungsgruppen zu höheren innerbetrieblichen Einkommensverlustrisiken als bei der mittleren Bildungsgruppe.

7.3 Hauptsache Arbeit im Westen?

Die Einkommenschancen und -risiken unterscheiden sich in Ost- und Westdeutschland deutlich: Trotz der höheren durchschnittlichen Lohnsteigerungen in Ostdeutschland im Rahmen des Anpassungsprozesses der ostdeutschen Löhne an Westniveau weisen Berufsanfänger innerhalb der neuen Bundesländer geringere Einkommensgewinnchancen auf als ihre Kollegen in Westdeutschland. Die Chance, als Berufsanfänger in Ostdeutschland einen Einkommensgewinn zu erzielen, liegt um 20,7 Prozent unter den Chancen von Berufsanfängern auf dem westdeutschen Arbeitsmarkt. Der ostdeutsche Arbeitsmarkt bietet demnach Berufsanfängern geringere Aufstiegschancen als der westdeutsche Arbeitsmarkt. Die Lohnsteigerungen in Ostdeutschland führten nicht zu erhöhten Einkommensgewinnchancen für Beschäftigte in den neuen Bundesländern. Worauf basieren diese unterschiedlichen Einkommenschancen in den neuen und alten Bundesländern und welche Rolle spielt Betriebsstabilität bzw. Betriebsmobilität bei der Erklärung des Ost-West-Unterschieds?

Durch den Systembruch und die weit reichenden wirtschaftsstrukturellen Veränderungen zeichnete sich die Arbeitsmarktsituation vor allem in den ersten Jahren nach der Wiedervereinigung in Ostdeutschland durch hohe Dynamik aus. Betriebswechsel, berufliche Wechsel und Wechsel zwischen Arbeitslosigkeit und Erwerbstätigkeit prägten in den neuen Bundesländern bei einem Großteil der Erwerbstätigen die Erwerbs- und Lebensverläufe. Auch nach einer wirtschaftlichen Konsolidierung blieb die Arbeitsmarktlage in Ostdeutschland angespannt und ist auch heute noch von hohen Arbeitslosigkeitsraten und von hoher Fluktuation gekennzeichnet. Betriebswechsel haben in Ostdeutschland eine höhere Bedeutung als in Westdeutschland, so dass die Job-Turnover-Rate in Ostdeutschland vor allem aufgrund unfreiwilliger Mobilität die westdeutschen Raten deutlich übersteigt (Ketzmerick 2002). Dies bestätigt sich in den hier vorliegenden Auswertungen: Mehr ostdeutsche Berufsanfänger wechseln den Betrieb. Auch mehrmalige Betriebswechsel im Erwerbsverlauf sind häufig. Vor allem die höhere Arbeitslosigkeit in Ostdeutschland führt dazu, dass der Anteil an unfreiwilligen Mobilitäten in Ostdeutschland drastisch über dem in Westdeutschland liegt (34,2 Prozent im Vergleich zu 18,6 Prozent). Nahezu 50 Prozent der Berufsanfänger waren im beobachteten Erwerbsverlauf mindestens einmal arbeitslos gemeldet, im Vergleich zu 29,5 Prozent der westdeutschen Berufsanfänger.

Es liegt nahe, die geringeren Einkommenschancen innerhalb Ostdeutschlands durch die höheren Mobilitätsraten ostdeutscher Beschäftigter zu erklären. Wenn durch Betriebsmobilität das Risiko von Einkommensverlusten steigt und diese Einkommensrisiken vor allem bei unfreiwilligen Betriebswechseln zu Tage treten, so könnten höhere Anteile von Betriebswechseln und speziell von unfreiwilligen Betriebswechseln in Ostdeutschland die negativeren Einkommensperspektiven innerhalb des ostdeutschen Arbeitsmarkts erklären. Betriebsstabile Beschäftigung hingegen könnte prinzipiell in Ostdeutschland genauso chancenreich sein wie betriebsstabile Beschäftigung in Westdeutschland, diese gar übertreffen, wenn Lohnsteigerungen im Rahmen des Anpassungsprozesses der Löhne an Westniveau vor allem betriebsstabilen Beschäftigten zugute kämen.

Tatsächlich kann ein Teil der niedrigeren Einkommenschancen in Ostdeutschland durch eine höhere Bedeutung von Betriebsmobilität und vor allem durch den höheren Anteil von unfreiwilligen Mobilitäten erklärt werden. Aber nicht nur der höhere Anteil von Betriebswechseln und unfreiwilligen Mobilitäten in Ostdeutschland trägt zu den schlechteren Einkommensperspektiven in Ostdeutschland bei, sondern auch die negativere Wirkung von Mobilität innerhalb der neuen Bundesländer auf die individuellen Einkommenschancen. Wie die deskriptiven Auswertungen gezeigt haben, gehen betriebsmobile Erwerbsverläufe innerhalb Ostdeutschlands häufiger in einen Einkommensverlust und seltener in einen Einkommensgewinn über, als dies bei betriebsmobilen Erwerbsverläufen in Westdeutschland zu beobachten ist. Die negativere Wirkung von Betriebsmobilität innerhalb Ostdeutschlands bezieht sich nahezu ausschließlich auf die mittlere und untere Bildungsgruppe, während sich für hochqualifizierte betriebsmobile Beschäftigte kaum Unterschiede zwischen Ost- und Westdeutschland finden lassen. Die beschriebene negativere Wirkung von Mobilität auf den Einkommensverlauf zeigt sich sowohl bei freiwilligen als auch bei unfreiwilligen Mobilitäten. D.h. selbst wenn Beschäftigte innerhalb Ostdeutschlands den Betrieb freiwillig wechseln, können sie seltener ihr Einkommen verbessern als freiwillig wechselnde Beschäftigte im westdeutschen Arbeitsmarkt. Dies ist aufgrund der Unternehmenslandschaft in Ostdeutschland, die im Vergleich zur westdeutschen Unternehmenslandschaft vor allem von kleineren und mittleren Betrieben dominiert wird und in der Großbetriebe weitgehend fehlen, erstaunlich. Wie Thomas Ketzmerick schreibt, müsste unter sonst gleichen Bedingungen der zwischenbetriebliche Wechsel in Ostdeutschland häufiger als in Westdeutschland karrierebedingt motiviert sein, da Personalanpassung und berufliche Aufstiege seltener über die internen Märkte großer Unternehmen erfolgen können (Ketzmerick 2002). D.h. man hätte erwarten können, dass freiwillige Mobilität in Ostdeutschland wenn nicht besser, dann doch zumindest ähnlich gut abschneidet wie in Westdeutschland. Andererseits kann man speziell in Ostdeutschland die ‚Freiwilligkeit' von Betriebswechseln anzweifeln: Circa ein Drittel der nahtlosen und direkten Betriebswechsel erfolgten unfreiwillig (Solga et al. 2000). Häufig war das Motiv von ‚freiwilligen' nahtlosen Betriebswechseln nicht aufstiegsorientiert, man wollte vielmehr mit einem Betriebswechsel dem Verlust des Arbeitsplatzes zuvorkommen (ebd.). Wer jedoch unter den Bedingungen einer drohenden oder bestehenden Arbeitslosigkeit eine neue Stelle sucht, der hat es schwerer, Gehaltsverhandlungen mit potenziellen Arbeitgebern zu führen. Das Anspruchsniveau an zukünftige Arbeitsstellen sinkt, wenn die Alternative ein Eintreten in Arbeitslosigkeit oder eine Verlängerung einer Arbeitslosigkeitsphase ist.

Bei Erwerbstätigen, die sich schon in Arbeitslosigkeit befinden, wirkt die Arbeitslosigkeit und besonders die Arbeitslosigkeitsdauer als negatives Signal und die Verhandlungsposition in Einstellungsgesprächen bezüglich Einkommensforderungen wird geschwächt. Vor allem bei einer hohen regionalen Arbeitslosigkeitsquote und entsprechend vielen Bewerbern sowie knappem Arbeitsplatzangebot – wie es in den meisten ostdeutschen Regionen der Fall ist – führen unfreiwillige Betriebswechsel häufiger in Einkommensverluste. Das Risiko, nach einer Arbeitslosigkeit in einem neuen Betrieb ein deutlich geringeres Gehalt zu beziehen, ist in Ostdeutschland erheblich höher als in Westdeutschland. Im Vergleich zum westdeutschen Arbeitsmarkt steigt das Risiko von Einkommensverlusten nach einer Erwerbslücke im Osten drastisch an. Die angespannte Arbeitsmarktlage in den neuen Bundesländern führt für Arbeitslose und Erwerbslose offenbar dazu, dass auch Stellen, die ungünstige Einkommensperspektiven bieten, angenommen werden (müssen). Häufig müssen spürbare Einkommensabstiege hingenommen werden. Die höhere regionale Arbeitslosigkeit in Ostdeutschland resultiert in geringeren Gewinnchancen und höheren Verlustrisiken bei unfreiwillig betriebsmobilen Beschäftigten. Dies hat sich sowohl deskriptiv als auch multivariat bestätigen lassen. Neben aktueller Arbeitslosigkeit haben auch frühere Arbeitslosigkeitsphasen in Ostdeutschland einen negativeren Effekt auf die Einkommensverläufe als in Westdeutschland. Wenn der Erwerbsverlauf von mehreren Arbeitslosigkeitsphasen geprägt ist, werden sowohl Gewinne als auch Verluste unwahrscheinlicher. D.h. ehemals arbeitslose Beschäftigte verbleiben meist auf ihrem geringen Lohnniveau und haben kaum Chancen, wieder Anschluss an das Gehaltsniveau durchgängig Beschäftigter zu finden.

Der ostdeutsche Arbeitsmarkt ist demnach nicht nur von höherer regionaler Arbeitslosigkeit geprägt. Mehr Berufsanfänger sind mindestens einmal, wenn nicht mehrmals mit Arbeitslosigkeit konfrontiert, und sie müssen auch negativere Folgen der Arbeitslosigkeit auf ihren Einkommensverlauf fürchten. Besonders bedeutsam ist, dass ostdeutsche Beschäftigte geringere Chancen haben, diese Einkommensverluste rückgängig zu machen und in der Einkommenshierarchie wieder aufzusteigen. Eine zunehmende Lohnspreizung, wie sie sich in Ostdeutschland entwickelt (Möller 2005), basiert zumindest zum Teil auf diskontinuierlichen Erwerbsverläufen und Arbeitslosigkeit bei Beschäftigten der unteren und mittleren Qualifikationsgruppe.

In der Wirkung auf die Einkommensfolgen sind in Ostdeutschland deutlichere Unterschiede zwischen innerregionaler und regionaler Mobilität festzustellen als in Westdeutschland. Speziell der Wechsel von Ost- nach Westdeutschland als besonderer Fall der regionalen Mobilität hat große Auswirkungen auf den Einkommensverlauf. Dass sich der Wechsel von Ost- nach Westdeutschland finanziell lohnt, hat sich in den verschiedenen Modellen sehr deutlich gezeigt. Aber auch regionale Mobilität innerhalb Ostdeutschlands ist im Vergleich zu einem innerregionalen Wechsel weit lohnender, als dies in Westdeutschland zu beobachten ist. Bei allen Bildungsgruppen zeigen sich höhere Chancen, durch eine regionale Mobilität einen Einkommensgewinn zu erzielen. Regionale Mobilität innerhalb Ostdeutschlands ist mehr als im Westen auf die relativ starken wirtschaftlichen Zentren konzentriert. Prägend ist die regionale Mobilität von ländlichen in städtische Gebiete. Auch sind ostdeutsche Erwerbstätige unter Umständen nur dann bereit, eine regionale Mobilität innerhalb Ostdeutschlands in Kauf zu nehmen, wenn sich diese auch finanziell lohnt. Ansonsten könnte – bei ähnlich hohen Mobilitätskosten – auch eine Anstellung innerhalb des westdeutschen Arbeitsmarkts gesucht werden, die nahezu sicher zu hohen Einkommensgewinnen führt.

Wie wirkt sich eine betriebsstabile Beschäftigung auf die Einkommensperspektiven für Berufsanfänger im Ost-West-Vergleich aus? Bieten sich für Berufsanfänger innerhalb ostdeutscher Betriebe ähnliche Einkommensgewinnchancen wie für Berufsanfänger innerhalb westdeutscher Betriebe? Deskriptiv zeigte sich, dass sich betriebsstabile Erwerbsverläufe in Ost- und Westdeutschland kaum unterschieden und beide ähnlich hohe Gewinnchancen und Verlustrisiken aufwiesen. Vor allem für die hochqualifizierte Bildungsgruppe ließen sich deskriptiv keine nennenswerten Differenzen in den Anteilen von innerbetrieblichen Einkommensgewinnen und -verlusten finden. Allerdings sind innerhalb ostdeutscher Betriebe die innerbetrieblichen Einkommensverläufe stärker als innerhalb westdeutscher Betriebe bildungsspezifisch verteilt.

Auch wenn Betriebsstabilität innerhalb eines ostdeutschen Betriebs ähnlich wie in Westdeutschland stabilisierend auf das Einkommen wirkt, sind innerhalb ostdeutscher Betriebe doch tendenziell häufiger Einkommensverluste zu beobachten. Die geringere Tarifbindung ostdeutscher Betriebe, die stärkere Nutzung von tariflichen Öffnungsklauseln, um Personalkosten zu reduzieren, sowie Kurzarbeit führen in Ostdeutschland dazu, dass auch innerhalb betrieblicher Beschäftigung Beschäftigte auf einen Teil ihres Einkommens verzichten.[100] Dies trifft vor allem un- und angelernte Beschäftigte, die – stärker als innerhalb westdeutscher Betriebe – innerbetriebliche Einkommensverluste befürchten müssen und denen Alternativen auf dem externen Arbeitsmarkt fehlen.[101] Es trifft auch relativ unerfahrene Akademiker, die ihren Berufseintritt unter den Bedingungen destandardisierter Beschäftigungsverhältnisse vollziehen (Kim/Kurz 2001). Während ein Teil der Hochqualifizierten innerhalb von Betrieben relativ hohen Einkommensrisiken ausgesetzt ist, kann ein anderer Teil sich gut und schnell im betriebsinternen Arbeitsmarkt etablieren und innerbetriebliche Einkommensgewinne erreichen.

Vor allem die höheren mittelfristigen Risiken durch Mobilität fallen in Ostdeutschland auf: Nach einem Einstieg in eine betriebliche Beschäftigung können speziell niedrigqualifizierte Beschäftigte von innerbetrieblichen Einkommenssteigerungen kaum profitieren und müssen innerbetriebliche Einkommensverluste fürchten. Die Bildung von Randbelegschaften, denen vor allem un- und angelernte Beschäftigte zugeordnet werden, ist in Ostdeutschland stärker zu beobachten als in Westdeutschland. Diesen Befund kann man so interpretieren: Durch die niedrigere Tarifbindung ostdeutscher Betriebe und die höhere Arbeitslosigkeitsquote in ostdeutschen Regionen ist es für ostdeutsche Betriebe weniger notwendig, auch ihre niedrigqualifizierten Beschäftigten an den Betrieb zu binden, ihnen gute Arbeitsbedingungen und innerbetriebliche Aufstiegschancen zu bieten. So werden austauschbare Tätigkeiten verstärkt ausgelagert und niedrigqualifizierte Beschäftigte zunehmend in Form atypischer Beschäftigungsverhältnisse eingestellt, die es erlauben, dieses Personal in konjunkturell schwierigen Zeiten und wirtschaftlichen Krisen ein-

100 Oft wird unterstellt, dass fehlende betriebliche Einbindung in tarifliche Verpflichtungen das Lohnniveau nach unten drückt. Der Niveauvergleich zwischen Ost und West legt diese Vermutung nahe, wenn auch der Effekt nicht zu quantifizieren ist (Schäfer/Wahse 2002: 136).

101 Ein nur schwer zu quantifizierender Faktor im gesamten Entlohnungssystem ist die übertarifliche Bezahlung. Nach Angaben des IAB-Betriebspanels zahlen in Ostdeutschland lediglich 9 Prozent aller Betriebe übertarifliche Löhne und Gehälter. In Westdeutschland sind es immerhin 29 Prozent. Die Verbreitung der übertariflichen Zahlung ist somit in westdeutschen Betrieben deutlich höher. Auch dieser Faktor beeinflusst den Lohnvergleich zwischen Ost und West zu Lasten Ostdeutschlands (Schäfer/Wahse 2002: 138).

facher zu entlassen. Die Arbeitgeber haben kein Interesse, Niedrigqualifizierte an den Betrieb zu binden – „sie lassen sich ohne Probleme jederzeit extern rekrutieren. Daher ist zu erwarten, dass auch diese Arbeitnehmergruppe zum Zwecke der flexiblen Personalanpassung bei Marktschwankungen verstärkt zeitlich befristet eingestellt wird“ (Giesecke/Groß 2002: 4). Innerbetriebliche Restrukturierungsmaßnahmen in wirtschaftlich schwierigen Zeiten werden vor allem auf dem Rücken der Randbelegschaft ausgetragen, während die hochqualifizierten Beschäftigten vor innerbetrieblichen Lohnkürzungen und Kurzarbeit stärker geschützt werden. Denn die Arbeit von un- und angelernten Beschäftigten ist gerade in Regionen mit hohem Arbeitskraftangebot austauschbar. Bei Bedarf sind Arbeitskräfte jederzeit zu geringen Löhnen verfügbar. Randbelegschaften wirken als betriebliche Pufferzone, die die Kernbelegschaft vor externen Marktrisiken schützt, da diese Risiken zunächst einmal Konsequenzen auf die Ausgestaltung der Arbeits- und Entlohnungsbedingungen der Randbelegschaften haben, sei es nun durch drohende Arbeitslosigkeit aufgrund von Personalabbau, durch Arbeitszeitverkürzungen wegen Kurzarbeit oder durch innerbetriebliche Lohnabstiege.

Die Ähnlichkeit der innerbetrieblichen Einkommenschancen in Ost- und Westdeutschland lässt sich in zweifacher Hinsicht interpretieren: Erstens geht ein Teil der schlechteren Einkommensperspektiven innerhalb des ostdeutschen Arbeitsmarkts tatsächlich auf das Konto der höheren Mobilitätsraten innerhalb Ostdeutschlands, der höheren Bedeutung von unfreiwilligen Mobilitäten und der negativeren Wirkung von Mobilität. Zweitens kamen die Lohnzuwächse im Rahmen der Anpassung der ostdeutschen an westdeutsche Löhne nicht betriebsstabilen Beschäftigten generell, sondern vor allem hochqualifizierten Beschäftigten zugute. Die Lohnanpassung fiel – zumindest für Berufsanfänger – bildungsspezifisch aus, so dass sich die Lohnspreizung in Ostdeutschland vor allem zwischen den Bildungsgruppen entwickelt (Möller 2005). Während sich die Einkommensgewinnchancen von Hochqualifizierten im Ost-West-Vergleich kaum unterscheiden und der ostdeutsche Arbeitsmarkt für Akademiker durchaus gute Gewinnchancen bietet, nehmen niedrigqualifizierte Erwerbstätige kaum an allgemeinen Lohnsteigerungen teil. Vor allem in Ostdeutschland treten niedrigqualifizierte Berufsanfänger in einen Arbeitsmarkt ein, der ihnen wenig Chancen auf lange Erwerbszeiten und stabiles Einkommen bietet. Sie weisen deutlich höhere Arbeitslosigkeitsrisiken auf, es gelingt ihnen kaum, lange Betriebszugehörigkeitsdauern zu erreichen und Teil der Kernbelegschaft von Betrieben zu werden. Neben den problematischen Wiedereinstiegschancen in eine Beschäftigung tragen sie zudem hohe Einkommensverlustrisiken, und dies gilt nicht nur bei (freiwilliger und unfreiwilliger) Mobilität. Auch innerbetrieblich können sie weit weniger von Lohnsteigerungen profitieren. Sowohl bei betriebsstabiler Beschäftigung als auch nach einem Wiedereinstieg in eine betriebliche Beschäftigung tragen sie im Vergleich zu Facharbeitern und Akademikern ein vergleichsweise hohes Einkommensverlustrisiko und weisen eine verhältnismäßig niedrige Einkommensgewinnchance auf.

7.4 Hauptsache hochqualifiziert?

Die Erwerbs- und Einkommensverläufe unterscheiden sich vor allem zwischen den Bildungsgruppen (Dustmann/Pereira 2003). In West- und noch stärker in Ostdeutschland gilt: Je höher die Qualifikation, umso besser die Arbeitsmarktchancen. Dies schlägt sich sowohl in niedrigeren Arbeitslosigkeitsrisiken als auch in besseren Einkommensperspektiven nieder. Dabei weisen Hochqualifizierte sowohl in Ost- als auch in Westdeutschland deutlich mehr Betriebswechsel auf als niedrigqualifizierte Beschäftigte. Dies bedeutet, auf der Ebene der Übergänge zwischen Betrieben sind die Erwerbsverläufe von hochqualifizierten Beschäftigten deutlich brüchiger. Es handelt sich vor allem um freiwillige und nahtlose Betriebswechsel, so dass akademisch gebildete Berufsanfänger in Ost- und Westdeutschland zwar häufiger als andere Bildungsgruppen den Betrieb wechseln, ihre Beschäftigung dabei aber kaum unterbrechen und kaum Arbeitslosigkeitsphasen aufweisen. Hochqualifizierte besitzen generell eine höhere Beschäftigungssicherheit. Sie können selbst in schlechten konjunkturellen Lagen auf eine günstige Gelegenheit für einen Betriebswechsel warten und bei besseren Angeboten in anderen Betrieben mit Mobilität reagieren. Bei Niedrigqualifizierten dominieren hingegen unfreiwillige Mobilitäten und meist sind Betriebswechsel mit (längeren) Arbeitslosigkeitsphasen verbunden, d.h. Niedrigqualifizierte weisen trotz geringerer Mobilitätsraten durchschnittlich kürzere Erwerbszeiten auf.

Nicht nur in der Häufigkeit, auch in der Art der Mobilität unterscheiden sich die Bildungsgruppen. Vor allem die Folgen von Mobilität fallen deutlich bildungsspezifisch aus: Die besten Chancen in Westdeutschland, das Einkommen innerhalb von Betrieben zu verbessern, haben hochqualifizierte Berufsanfänger. Die unterschiedlichen Einkommensgewinnchancen zwischen der mittleren und hohen Bildungsgruppe entstehen vor allem durch die besseren innerbetrieblichen Chancen von Hochqualifizierten. Beim Wechsel von Betrieben weisen Fachkräfte und Akademiker gleiche Einkommensgewinnchancen auf, hochqualifizierte Berufsanfänger tragen jedoch geringere Einkommensverlustrisiken als Betriebswechsler mit mittlerer Qualifikation. Innerhalb von Betrieben haben Hochqualifizierte deutlich bessere Einkommenschancen, als dies bei der mittleren und niedrigen Bildungsgruppe zu beobachten ist, und sie tragen kaum Risiken durch zwischenbetriebliche Mobilität. Dies gilt auch in Ostdeutschland: Akademiker müssen weit weniger befürchten, Einkommensverluste hinnehmen zu müssen, als die mittlere Qualifikationsgruppe. Eine höhere Chance auf *Einkommensgewinne* haben Akademiker im Vergleich zu Facharbeitern ausschließlich durch bessere *innerbetriebliche* Gewinnchancen. Berufsfachliche Berufsausbildung wird im Vergleich zur akademischen Ausbildung in Ostdeutschland weit weniger durch innerbetriebliche Einkommensgewinne belohnt. Dadurch ergibt sich in Ostdeutschland eine deutliche Segmentierung zwischen ‚mittelqualifizierten' und hochqualifizierten Beschäftigten.

An den besseren Einkommensperspektiven, die Hochqualifizierte aufweisen, zeigt sich nicht nur eine vergleichsweise höhere Chance – sei es nun zwischenbetrieblich oder innerbetrieblich –, in den ersten Berufsjahren das Einkommen zu verbessern, Hochqualifizierte haben zudem größere Chancen, diese Einkommensgewinne langfristig zu erhalten. Zudem können jene (wenigen) akademisch gebildeten Beschäftigten, die einen Einkommensverlust erleiden mussten, diesen relativ schnell und nachhaltig durch nachfolgende Gewinne wieder ausgleichen.

Einkommensverläufe von Geringqualifizierten sind durch stärkere Risiken gekennzeichnet. Vor allem innerbetrieblich weist die niedrige Qualifikationsgruppe kaum Chancen auf Einkommensverbesserungen auf. Sie kann von innerbetrieblichen Aufstiegen und Lohnerhöhungen kaum profitieren. So basieren die höheren Einkommensverlustrisiken der niedrigen im Vergleich zur mittleren Qualifikationsgruppe vor allem auf den höheren innerbetrieblichen Verlustrisiken. Deutlich werden die niedrigeren innerbetrieblichen Einkommenschancen durch die hohen Risiken, die Niedrigqualifizierte nach einem Betriebswechsel in dem neuen Betrieb zu befürchten haben. Neu angestellte Beschäftigte tragen also deutlich höhere Risiken, in dem neuen Betrieb von Lohnkürzungen betroffen zu werden, als betriebsstabile Beschäftigte. Dieser Befund lässt sich im Sinne der Segmentationstheorie interpretieren: Beschäftigte werden am Beginn der betrieblichen Beschäftigung erst einmal der Randbelegschaft zugeordnet. Dort sind schlechtere Arbeits- und Einkommensbedingungen üblich. Von betrieblichen Veränderungen und Einsparungen sind diese besonders betroffen. Für un- und angelernte Arbeitnehmer und Arbeitnehmerinnen ist es schwierig, in die Kernbelegschaft aufzusteigen und von innerbetrieblichen Bildungs- und Qualifikationsangeboten, von Beschäftigungssicherheit und Einkommenssteigerungen zu profitieren. Dies gilt jedoch nicht für Hochqualifizierte: Wechseln sie in einen neuen Betrieb, müssen sie nicht befürchten, im Vergleich zu betriebsstabilen Beschäftigten künftig häufiger von innerbetrieblichen Lohnkürzungen betroffen zu werden. Im Gegenteil: Sie haben nach einem Betriebswechsel sogar größere Chancen, in dem neuen Betrieb Einkommensgewinne zu erzielen, als dies bei komplett betriebsstabilen Beschäftigten der Fall ist. Hochqualifizierte Beschäftigte werden kaum der Randbelegschaft zugeordnet, sondern steigen direkt in die Kernbelegschaft auf. Im bundesdeutschen Arbeitsmarkt, der durch die hohe Standardisierung von Bildungsabschlüssen und Berufsausbildungen (Allmendinger 1989) eine große Bedeutung berufsfachlicher Zertifikationen für den Erwerbsverlauf induziert, sind die Risiken von Betriebsmobilität für höhere Bildungsgruppen kaum gegeben. Große Teile des externen Arbeitsmarkts tragen Züge eines berufsfachlichen Segments, zu dem der Zugang an formelle berufliche Fachausbildungen geknüpft ist (Konietzka/Sopp 2004). Die hochgradig standardisierten formellen Bildungszertifikate bieten relativ problemlose Anschlussmöglichkeiten zu Tätigkeiten in anderen Betrieben, und auch die Eingruppierung von Tätigkeiten und Berufen innerhalb des Tarifsystems schützt die berufliche Ausbildung und das Lohnniveau ihrer Träger, so dass Berufserfahrung, auch wenn sie in verschiedenen Betrieben gesammelt wurde, belohnt wird. Hochqualifizierte, die vor allem freiwillig den Betrieb wechseln und deren Betriebsmobilität vor allem aufstiegsorientiert ist, können häufig den Betriebswechsel nicht nur kurzfristig für Einkommensverbesserungen nutzen, sondern profitieren auch nach der Mobilität noch von späteren innerbetrieblichen Gehaltserhöhungen. Da betriebsmobile Beschäftigte meist am Beginn ihrer Karriere über geringere Löhne verfügten, lässt sich dies im Sinne der Job-Matching-Theorie so interpretieren: Hochqualifizierte Berufsanfänger wechseln von schlechten ‚Matches', d.h. von verhältnismäßig schlecht bezahlten Stellen und geringen innerbetrieblichen Aufstiegsmöglichkeiten, in gute ‚Matches' und können so verhältnismäßig schlechte Startbedingungen durch Mobilität ausgleichen. Betriebswechsel sind demnach für sie durchaus eine Möglichkeit, die berufliche Karriere voranzutreiben, Einkommensgewinne zu erreichen und diese auch zu erhalten, um auf diese Weise das eigene Gehalt an das Einkommensniveau betriebsstabiler Hochqualifizierter anzupassen.

Über diese Chancen verfügen Geringqualifizierte nur selten. Bei ihnen können Betriebswechsel sowohl zu Einkommensgewinnen als auch zu Einkommensverlusten führen, d.h. Betriebswechsel verändern sehr wahrscheinlich das Einkommen geringqualifizierter Beschäftigter. Langfristige Einkommensgewinne können jedoch von Beschäftigten der niedrigen Qualifikationsgruppe weit seltener erreicht und vor allem aufrechterhalten werden. Die Einkommensverläufe sind in hohem Maß diskontinuierlich, so dass sich Auf- und Abstiege deutlich mehr als bei anderen Bildungsgruppen abwechseln. Bei gleichzeitig hohen Arbeitslosigkeitsrisiken und vergleichsweise geringen Wiedereinstiegschancen bedeutet dies für Beschäftigte mit geringer Qualifikation, dass der Einstieg aus der Arbeitslosigkeit in eine betriebliche Beschäftigung häufig durch Einkommensverluste ‚erkauft' wird, innerbetriebliche Sicherheit und Aufstiegsmöglichkeiten aber kaum erreicht werden. Selbst wenn durch Betriebswechsel Einkommensgewinne ermöglicht werden, ist das Risiko, dieses höhere Gehalt im Laufe des Erwerbslebens wieder zu verlieren, für Geringqualifizierte besonders hoch. Die Herausbildung eines ‚Jedermannsarbeitsmarkts', in dem geringqualifizierte Beschäftigte kaum von innerbetrieblichen und zwischenbetrieblichen Sicherheiten profitieren können, scheint sich hier zu bestätigen. Auch sprechen die günstigen innerbetrieblichen und zwischenbetrieblichen Einkommensperspektiven von qualifizierten und hochqualifizierten Beschäftigten dafür, dass ein funktionierender berufsfachlicher Arbeitsmarkt weiterhin besteht. Wichtiger für den Erwerbs- und Einkommensverlauf als Mobilität bzw. Stabilität erscheint die schützende Wirkung von Bildung und Qualifikation.

7.5 Flexicurity oder Flexploitation?

Eine Deregulierung und Flexibilisierung des Arbeitsmarktes, in deren Zuge Betriebsmobilität an Bedeutung gewinnt, führt nicht zwangsläufig zu erhöhten Arbeitsmarktrisiken. Denn der Arbeitsmarkt war schon immer und ist nach wie vor von hoher Fluktuation geprägt. Vor allem in den ersten Berufsjahren war und ist der zwischenbetriebliche Wechsel ein Mittel, Karriereaufstiege zu realisieren. Ob Mobilität sich positiv oder negativ auswirkt, hängt vor allem von den Kontextbedingungen ab: Entscheidend ist erstens, ob man freiwillig den Betrieb wechselt, d.h. ob man sich innerhalb einer bestehenden und sicheren Beschäftigung nach Alternativen in anderen Betrieben umsehen kann und bei besseren Angeboten und günstigen Alternativen in einen anderen Betrieb wechselt oder ob man aufgrund drohender oder bestehender Arbeitslosigkeit nach Beschäftigungsmöglichkeiten in anderen Betrieben sucht (bzw. suchen muss). Zweitens entscheidet die Qualifikation darüber, ob Mobilität chancen- oder risikoreich ist: Chancen sind vor allem hochqualifizierten Beschäftigten gegeben. Sie wechseln mehrheitlich freiwillig und nahtlos zwischen den Betrieben und können teilweise hohe Einkommensgewinne durch zwischenbetriebliche Mobilität erzielen. Das gelingt Geringqualifizierten weit seltener. Wenn diese den Betrieb wechseln, dann meist, weil ihnen vom Arbeitgeber gekündigt oder ihr Vertrag nicht verlängert wurde, d.h. aus einer Arbeitslosigkeitsphase heraus. Dementsprechend sind Einkommensrisiken durch diskontinuierliche Erwerbsverläufe vor allem bei Beschäftigten mit niedriger Qualifikation nachzuweisen. Ferner sind die Risiken von Betriebswechseln in Ostdeutschland weit größer als in Westdeutschland. Vor allem bei der unteren und mittleren Qualifikationsgruppe treten Einkommensverluste durch Mobilität auf. Grund für die höheren Risiken innerhalb des ostdeutschen Arbeitsmarkts dürfte die durchweg höhere regionale Arbeitslosigkeit in den neuen Bundesländern sein. Bei einer hohen Arbeitslosigkeit wird die Verhandlungsposition von Arbeitnehmern und speziell von Arbeitsuchenden geschwächt, denn bei hohem Angebot von Arbeitskräften und vergleichsweise geringem Angebot an Arbeitsstellen haben Unternehmen größere Möglichkeiten, Druck auf die Löhne und die Beschäftigungsbedingungen auszuüben. In diesem Sinne könnte auch die geringere Tarifbindung ostdeutscher Betriebe als ein Grund für die schwächeren Einkommensperspektiven von Beschäftigten interpretiert werden. Zudem unterscheidet sich die Unternehmenslandschaft in Ostdeutschland stark von der in Westdeutschland: Meist handelt es sich um kleinere und mittlere Betriebe, Großbetriebe, die erfolgreich auf dem Weltmarkt operieren, sind seltener oder fehlen.

Die Umstrukturierungen von Betrieben, die Wandlungen ihrer Beschäftigungs- und Arbeitspolitik, verändern auch die internen Arbeitsmärkte, und so verändern sich auch die innerbetrieblichen Beschäftigungsperspektiven und die innerbetrieblichen Einkommens- und Aufstiegschancen für Beschäftigte. Zu den Anpassungen der Betriebe an veränderte ökonomische Rahmenbedingungen zählen auch der Abbau von innerbetrieblichen Hierarchien und Karriereleitern, die zunehmende Befristung von Beschäftigungsverhältnissen, der Einsatz von Leiharbeitern und die Auslagerung von Arbeit auf Subunternehmer. Nicht nur der Prozess der Technisierung der Produktion und die damit verbundene Rationalisierung, sondern auch die Neuorganisation der Betriebe und der Wandel in der betrieblichen Organisation von Arbeit sind für die Ausgestaltung und Qualität der internen Arbeitsmärkte von Bedeutung. Eine zunehmende Vermarktlichung (Moldaschl/Sauer 2000) und eine Re-Kommodifizierung von Arbeit sind auch für den internen Arbeitsmarkt die Folge. Konietzka und Sopp beschreiben die Veränderungen des internen Arbeitsmarkts durch zunehmende Flexibilität:

> „Wenn Wechsel der Tätigkeit, des Betriebes und Arbeitslosigkeitsphasen normaler werden, so verlieren sie ihren Ausnahmecharakter. Nun lassen sich diese Veränderungen als eine Reaktion auf die veränderten strukturellen Bedingungen interpretieren. Zugleich kann man jedoch auch vermuten, dass es einen Rückkoppelungseffekt gibt: Wenn es auf dem Arbeitsmarkt durch diese Tendenzen vermehrt auch qualifizierte Arbeitnehmer gibt, so stellt sich für Betriebe die Frage, ob sie noch ein großes Potential an internen Arbeitnehmern benötigen. Vielmehr können diese Arbeitskräfte auch vermehrt extern angeworben werden, da die Gleichung bad jobs = bad workers (vgl. Taubman/Wachter 1993) nicht mehr in dieser umfassenden Form gilt. Damit würden die relativen Kosten für einen internen Arbeitsmarkt für die Betriebe steigen, was sie zu einem Abbau der betriebsspezifischen ‚queues' veranlassen würde." (Konietzka/Sopp 2004: 14)
>
> „Wenn zudem moderne, expandierende Branchen durch hohe Fluktuationsraten und vielfach kurzfristige und ungesicherte Beschäftigungsverhältnisse geprägt sind, dann wird schließlich auch die Gültigkeit des Maßstabes der internen Arbeitsmärkte zur Kennzeichnung von ‚good jobs' in Frage gestellt." (ebd.: 13)

Diewald und Sill ziehen aus ihren Berechnungen innerbetrieblicher und zwischenbetrieblicher Einkommensverläufe ebenfalls das Fazit, dass die Veränderungen mit zunehmender Unsicherheit aufgrund externer Flexibilisierung nur unzureichend beschrieben sind: „Eine der markantesten Veränderungen scheint uns das Wegbrechen bisher garantierter Chancen eines permanenten Aufstiegs entlang innerbetrieblicher Senioritätsregeln und Karriereleitern auf Basis von Erwartungen aufgeschobener Reziprozität zu sein!" (Diewald/Sill 2004: 59).

Anhand der Auswertungen der vorliegenden Studie wurde deutlich, dass sich Betriebsstabilität vor allem durch Einkommensstabilität auszeichnet und als Schutz vor Einkommensverlusten zu verstehen ist. Zudem steigen betriebsstabile Beschäftigte schon mit einem relativ hohen Einkommensniveau ein, d.h. hoch entlohnte Beschäftigte verbleiben meist in den Betrieben und wechseln kaum den Betrieb. Hohe Löhne gehen demnach mit Beschäftigungsstabilität einher. In den ersten Berufsjahren bieten sich speziell hochqualifizierten Beschäftigten innerbetriebliche

Einkommensgewinnmöglichkeiten. Von innerbetrieblichen Aufstiegsmöglichkeiten regelrecht abgeschnitten sind geringqualifizierte Berufsanfänger, denen es sowohl auf dem internen als auch auf dem externen Arbeitsmarkt nur selten gelingt, Einkommensgewinne zu erzielen. Dies bedeutet, dass nicht nur die betriebsmobile, sondern auch die betriebsstabile Beschäftigung für die unterschiedlichen Beschäftigten- und Qualifikationsgruppen unterschiedliche Chancen bereit hält bzw. unterschiedlich risikoreich ist. Die vergleichsweise hohen innerbetrieblichen Abstiegsrisiken der unteren Bildungsgruppe, die besonders in Ostdeutschland zutage treten, verweisen darauf, dass die innerbetriebliche Aus- und Umgestaltung von Arbeit zu Lasten von Geringqualifizierten geht und die Chancen auf sichere Erwerbsbeteiligung und Einkommenssicherheit, die interne Arbeitsmärkte bieten, für un- und angelernte Beschäftigte zunehmend wegbrechen. Wie Giesecke und Groß (2002) schreiben, gibt es für Betriebe keinen Grund, Beschäftigte an den Betrieb zu binden und ihnen Sicherheit zu bieten, wenn diese Beschäftigten jederzeit auf dem externen Arbeitsmarkt ersetzbar sind. D.h. die Schaffung von Randbelegschaften, denen schlechtere Arbeits- und Einkommensbedingungen zugemutet werden, kann als ‚konjunktureller Puffer' genutzt werden. Dies geht vor allem zu Lasten unterer Qualifikationsgruppen, während qualifizierte und hochqualifizierte Beschäftigte stärker vor Arbeitsmarktrisiken geschützt werden.

Der Arbeitsmarkt ist in Bewegung, und sowohl interne als auch externe Arbeitsmärkte verändern sich, so dass sowohl innerhalb betriebsstabiler Beschäftigung als auch im Falle von zwischenbetrieblichen Erwerbsverläufen unterschiedliche Formen der Chancen und Risiken, der Sicherheit und Unsicherheit entstehen. Die vorliegende Analyse stützt sich auf Erwerbsverläufe zwischen 1991 und 2001 und vermag auf der Basis dieser Daten einen umfassenden Vergleich der Wirkungen betriebsstabiler und betriebsmobiler Erwerbsverläufe auf das Einkommen vorzunehmen.. Wie Erlinghagen (2006) und Diewald/Sill (2004) zeigen, hat sich der Trend zu externer und interner Flexibilisierung seit Ende der 90er Jahre verstärkt, Ein Teil dieser aktuellen Entwicklungen konnte hier nicht betrachtet werden. Ob Segmentierungen und Spaltungen des Arbeitsmarktes zunehmen oder sich neue Ungleichheiten durch veränderte Schließungsmechanismen entwickeln, können nur Zeitvergleiche und Kohortenanalysen beantworten, d.h. Abschätzungen, ob sich die Wirkungen von Betriebsmobilität und -stabilität auf den Einkommensverlauf im Laufe der Zeit für verschiedene Kohorten verändert haben. Um abzuschätzen, ob Chancen und Risiken durch Betriebsmobilität bzw. -stabilität historisch zu- oder abnehmen und neu verteilt werden, sind weitere Forschungsarbeiten erforderlich, die Kohortenanalysen einschließen sollten. Zudem ist zu untersuchen, inwieweit die hier vorgelegten Ergebnisse für Berufsanfänger auf alle Beschäftigten übertragbar sind und inwieweit sie die Sondersituation von Berufsanfängern abbilden.

Eine Segmentierung des Arbeitsmarkts, die sich vor allem in unterschiedlichen Arbeitsmarktrisiken zwischen den Bildungsgruppen zeigt, gibt es in Deutschland schon lange (Konietzka/Sopp 2004). Schon früher konnte ein ausgeprägter ‚Jedermannsarbeitsmarkt' beobachtet werden, in dem Beschäftigte, die nicht über berufsfachliche Qualifikationsnachweise verfügten, hohen Arbeitsmarktrisiken ausgesetzt waren. Der externe Arbeitsmarkt für Fachkräfte wiederum hatte in seiner bundesdeutschen Erscheinungsform schon immer eine größere Bedeutung als in liberalen Sozialsystemen. Der berufsfachliche Arbeitsmarkt und die Zertifizierung von beruflichen Fähigkeiten ermöglichten es Beschäftigten, zwischenbetriebliche Wechsel und Erwerbsverläufe über mehrere Betriebe hinweg zu organisieren. Ihre Zertifikate schützten sie in besonderem Maße vor Arbeitsmarktrisiken und Dequalifizierung. Wie die vorliegende Untersuchung nahe legt, hat diese Unterscheidung entlang des Faktors Qualifkation nach wie vor große Bedeutung: Bildung und Qualifikation bleiben der zentrale Faktor zur Erklärung für Erwerbs- und Einkommensverläufe. Neben der Bildung ist auch Betriebsmobilität bzw. -stabilität ein wichtiger und an Bedeutung gewinnender Faktor zur Erklärung von Arbeitsmarktrisiken. Aber auch hier sind bildungsspezifische Wirkungen sowohl von innerbetrieblichen als auch von zwischenbetrieblichen Erwerbsverläufen zu beachten.

Ein Desiderat ist es auch, über die hier berücksichtigten ‚objektiven' Faktoren wie Einkommenshöhe, Einkommensverlauf und Einkommenssicherheit die subjektive Verarbeitung von Veränderungen des Arbeitsmarkts zu betrachten. Eine zunehmende Flexibilisierung des Arbeitsmarkts und eine zunehmende interne Flexibilisierung stellen Sicherheit und Berechenbarkeit von Erwerbs- und damit von Lebensverläufen in Frage. Damit verbunden sind immer wieder neue Unsicherheiten der Erwerbsbiografie. Beschäftigten werden auch nach der Einstiegs- und Etablierungsphase in der Berufskarriere Entscheidungen abverlangt, wie die eigene Berufstätigkeit und Erwerbstätigkeit aufrechterhalten werden kann und ob sich in anderen Betrieben oder in anderen beruflichen Tätigkeiten bessere Optionen bieten. Dass dies sich auch auf die sozialen Netzwerke und die Familien auswirkt, ist offensichtlich. Insbesondere bei der Entscheidung für oder gegen eine regionale Mobilität sind soziale Beziehungen vor neue Herausforderungen gestellt, wenn z.B. eine zunehmende räumliche Distanz die Möglichkeiten des sozialen Kontakts mit Familie und Freunden erschwert. Dies gilt sowohl für Umzüge, nach denen die gesamte Familie soziale Netzwerke in der früheren Heimat aufgeben und sich an einem anderen Ort integrieren muss, als auch für Pendler, deren Zeit für Freizeitaktivitäten und soziales Engagement durch lange Fahrtzeiten verkürzt wird. Auch in Bezug auf innerbetriebliche Erwerbsverläufe kann durch innerbetriebliche Einkommensveränderungen nur ein Teil der Veränderungen des Arbeitseinsatzes erfasst werden. Die Prekarisierung von Erwerbsarbeit und die Flexibilisierung des Arbeitsmarkts werden auch innerhalb betriebsstabiler Beschäftigung häufig als Bedrohung empfunden. Die Unsicherheit über die individuelle berufliche Zukunft steigt, wie es beispielsweise Pierre Bourdieu in seinem Aufsatz „Prekarität ist überall" (Bourdieu 1998) beschrieben hat. Gleichzeitig deutet sich an, dass innerbetriebliche Flexibilisierungen den Druck auf die Arbeitskräfte tendenziell erhöhen: Die Arbeitsbelastungen und die Unsicherheiten wachsen (Kratzer 2003). Diese Veränderungen können, müssen sich jedoch nicht auf die innerbetrieblichen Einkommensperspektiven auswirken. Wenn Garantien und Sicherheiten als Grundlage einer Planbarkeit von Erwerbs- und Lebensverläufen abnehmen und auch zukünftige Einkommensverhältnisse nicht mehr abgeschätzt werden können, hat dies weit reichende Folgen für die Möglichkeiten der Lebensplanung, etwa für die Entscheidung, eine Familie zu gründen oder ein Haus zu kaufen. Wenn die zunehmende Einführung von leistungsbezogenen Entgeltmodellen und variablen Leistungsanteilen in der Lohngestaltung, aber auch die Zunahme unentgoltener Mehrarbeit als eine Form der Lohnkürzung zu einer wachsenden innerbetrieblichen Lohnspreizung führt, werden die impliziten Vereinbarungen der Lohngerechtigkeit (Stephan 2006) verletzt und soziale Probleme am Arbeitsplatz größer. Kramer und Speidel (2005) interpretieren entsprechend zunehmende innerbetriebliche und zwischenbetriebliche Einkommensrisiken nicht nur als Einbußen in der Wohlstandsposition der Betroffenen, sondern auch als Schwächung des funktionalen und symbolischen Integrationspotenzials von Erwerbsarbeit.

8 Literatur

Abraham, Martin (2004): Betriebliche Determinanten der Beschäftigungsstabilität. Wandel oder Stabilität? In: Struck, Olaf; Köhler, Christoph (Hg.): Beschäftigungsstabilität im Wandel? Empirische Befunde und theoretische Erklärungen für West- und Ostdeutschland. München, Mering: Rainer Hampp Verlag, S. 107–124.

Abraham, Martin; Hinz, Thomas (Hg.) (2005): Arbeitsmarktsoziologie. Probleme, Theorien, empirische Befunde. Wiesbaden: VS Verlag für Sozialwissenschaften.

Abraham, Martin; Prosch, Bernhard (2000): Long-Term Employment Relationships by Credible Commitments: The Carl Zeiss Foundation. In: Rationality and Society, Jg. 10, H. 3, S. 283–306.

Alda, Holger (2005): Beschäftigungsverhältnisse. In: SOFI; IAB; ISF München; INIFES (Hg.): Berichterstattung zur sozioökonomischen Entwicklung in Deutschland – Arbeit und Lebensweisen. Erster Bericht. Wiesbaden: VS Verlag für Sozialwissenschaften, S. 245–270.

Alda, Holger (2006): Beobachtbare und unbeobachtbare Betriebs- und Personeneffekte auf die Entlohnung. Beiträge zur Arbeitsmarkt- und Berufsforschung, Nr. 298. Nürnberg: IAB.

Alecke, Björn; Untiedt, Gerhard (2000): Determinanten der Binnenwanderung in Deutschland seit der Wiedervereinigung. Volkswirtschaftliche Diskussionsbeiträge, Nr. 309. Münster: Universität Münster,.

Allison, Paul D. (1984): Event History Analysis. Beverly Hills: Sage.

Allmendinger, Jutta (1989): Educational system and labor market outcomes. In: European Sociological Review, Jg. 5, H. 2, S. 231–250.

Alewell, Dorothea (1997): Die Finanzierung betrieblicher Weiterbildungsinvestitionen. Ökonomische und juristische Aspekte. Wiesbaden: Gabler.

Althauser, Robert P. (1989): Internal Labor Markets. In: Annual Review of Sociology, Jg. 15, S. 143–161.

Althauser, Robert P.; Kalleberg Arne L. (1981): Firms, Occupations, and the Structure of Labour Markets: A Conceptual Analysis. In: Berg, Ivar (Hg.): Sociological Perspectives On Labor Markets. New York: Academic Press, S. 119–149.

Antel, John J. (1983): Job Change of Young Men. Ph.D. Dissertation. Los Angeles: University of California.

Bachmann, Ronald (2006): Labour Market Dynamics in Germany: Hirings, Separations, and Job-to-Job Transitions over the Business Cycle. Berlin: Humboldt-Universität.

Baethge, Martin (1994): Arbeit 2000. In: Gewerkschaftliche Monatshefte, Jg. 45, H. 11, S. 711–733.

Baethge, Martin; Baethge-Kinsky, Volker (1998): Jenseits von Beruf und Beruflichkeit? Neue Formen von Arbeitsorganisation und Beschäftigung und ihre Bedeutung für eine zentrale Kategorie gesellschaftlicher Integration. In: Mitteilungen aus der Arbeitsmarkt- und Berufsforschung, Jg. 31, H. 3, S. 438–446.

Baron, James N.; Bielby, William T. (1980): Bringing the Firms Back In. Stratification, Segmentation, and the Organization of Work. In: American Sociological Review, Jg. 45, S. 737–765.

Bartel, Ann; Borjas, George (1981): Wage Growth and Job Turnover: An Empirical Analysis. In: Rosen, Sherwin (Hg.): Studies in Labor Markets. Chicago: University of Chicago Press, S. 65–90.

Bartelheimer, Peter (2004): Sozio-ökonomische Berichterstattung in der Diskussion. In: WSI-Mitteilungen, Jg. 57, H. 6, S. 334–337.

Beck, Nikolaus (2005): Quantitative Methoden der Organisationsforschung. Ereignisanalyse. qualitative-research-net – Online-Gateway for Qualitative Research. Online verfügbar unter http://www.qualitative-research.net/organizations/2/or-ea-d.htm#an*, zuletzt geprüft am 5.6.2007.

Beck, Ulrich (1999): Schöne neue Arbeitswelt. Vision: Weltbürgerschaft. Frankfurt am Main: Suhrkamp.

Becker, Gary S. (1962): Investment in Human Capital: A Theoretical Analysis. In: Journal of Political Economy, Jg. 70, S. 9–49.

Becker, Gary S. (1993): Human Capital. A Theoretical and Empirical Analysis with Special Reference to Education. Chicago: University of Chicago Press.

Beblo, Miriam; Wolf, Elke (2002): Die Folgekosten von Erwerbsunterbrechungen. In: Vierteljahrshefte zur Wirtschaftsforschung, Jg. 71, H. 1, S. 83–94.

Bellmann, Lutz; Bender, Stefan (1997): Die Analyse der Stabilität von Beschäftigungsverhältnissen bei Berufsanfängern. In: Mitteilungen aus der Arbeitsmarkt- und Berufsforschung, Jg. 30, H. 3, S. 681–687.

Bellmann, Lutz; Blien, Uwe (1996): Die Lohnkurve in den neunziger Jahren. Der Zusammenhang zwischen regionalen Durchschnittslöhnen und regionaler Arbeitslosigkeit in einer Mehrebenenanalyse mit dem IAB-Betriebspanel. In: Mitteilungen aus der Arbeitsmarkt- und Berufsforschung, Jg. 29, H. 3, S. 467–470.

Bender, Stefan; Meyer, Wolfgang (1993): Individuelle Arbeitsmarktchancen und berufliche Anforderungen im Transformationsprozeß: Analysen mit den Daten des Sozio-Ökonomischen Panels (Ost). In: Geißler, Rainer (Hg.): Sozialer Umbruch in Ostdeutschland: Sozialstrukturanalyse. Wiesbaden: VS Verlag für Sozialwissenschaften, S. 119–136.

Bender, Stefan; Dietrich, Hans (2001): Unterschiedliche Startbedingungen haben langfristige Folgen. Der Einmündungsverlauf der Geburtskohorten 1964 und 1971 in Ausbildung und Beschäftigung – Befunde aus einem IAB-Projekt. IAB Werkstattbericht, Nr. 11.

Bender, Stefan; Haas, Anette; Klose, Christoph (1999): Mobilität allein kann Arbeitsmarktprobleme nicht lösen. Die Entwicklung der beruflichen und betrieblichen Mobilität von 1985–1995. IAB Kurzbericht, Nr 2.

Bender, Stefan; Haas, Anette; Klose, Christoph (2000): IAB Employment Subsample 1975 – 1995. Opportunities for Analysis Provided by the Anonymised Subsample. IZA Discussion Paper, Nr. 117.

Bergemann, Annette; Mertens, Antje (2002): Job stability trends, layoffs and quits: An empirical analysis of West Germany. SFB 373 Working Paper.

Blanchard, Olivier; Katz, Lawrence F. (1992): Regional evolutions. In: Brookings Papers on Economic Activity, Nr. 1, S. 1–61.

Blien, Uwe; Haas, Anette; Hirschenauer, Franziska; Maierhofer, Erich; Tassinopoulos, Alexandros; Vollkommer, Dieter; Wolf, Katja (2001): Konzeptionen regionaler Arbeitsmarktforschung im IAB. In: Mitteilungen aus der Arbeitsmarkt- und Berufsforschung, Jg. 34, H. 1, S. 45–73.

Blien, Uwe; Haas, Anette; Hacket, Anne; Ludwig-Mayerhofer, Wolfgang (2007): Aufbereitung der Beschäftigtenstatistik der Bundesanstalt für Arbeit als Datenquelle für problemorientierte Berichtssysteme – Abschlussbericht an das BMBF. Siegen, Nürnberg.

Blien, Uwe; Rudolph, Helmut (1989): Einkommensentwicklung bei Betriebswechsel und Betriebsverbleib im Vergleich. In: Mitteilungen aus der Arbeitsmarkt- und Berufsforschung, Jg. 22, H. 4, S. 553–567.

Blossfeld, Hans-Peter; Hammerle, Alfred; Mayer, Karl-Ulrich (1986): Ereignisanalyse. Frankfurt am Main: Campus.

Blossfeld, Hans-Peter; Rohwer, Götz (1995): Techniques of Event History modeling. New Approaches to Causal Analysis. Mahwah: Lawrence Erlbaum Associates, 1. Auflage.

Blossfeld, Hans-Peter; Rohwer, Götz (2002): Techniques of Event History Modelling. New Approaches to Causal Analysis. Mahwah: Lawrence Erlbaum Associates, 2. Auflage.

Blumen, Isidore; Kogen Marvin; McCarthy, Philip J. (1955): The industrial mobility of labor as a probability process. Ithaca: Cornell University.

Bonß, Wolfgang (1999): Jenseits der Vollbeschäftigungsgesellschaft. Zur Evolution der Arbeit in globalisierten Gesellschaften. In: Schmidt, Gert (Hg.): Kein Ende der Arbeitsgesellschaft. Arbeit, Gesellschaft und Subjekt im Globalisierungsprozeß. Berlin: edition sigma, S. 145–175.

Borjas, George J. (1981): Job Mobility and Earnings over the Life Cycle. In: Industrial and Labor Relations Review, Jg. 34, H. 3, S. 365–376.

Bosch, Gerhard (2001): Working time: From redistribution to modernization. In: Auer, Peter (Hg.): Changing labour markets in Europe: The role of Institutions and policies. Geneva: ILO, S. 55–115.

Bosch, Gerhard; Kalina, Thorsten; Lehndorff, Steffen; Wagner, Alexandra; Weinkopf, Claudia (2001): Zur Zukunft der Erwerbsarbeit – Positionsbestimmung auf der Basis kontroverser wissenschaftlicher Debatten. Gelsenkirchen: IAT.

Bosch, Gerhard; Knuth, Matthias (2003): Das deutsche Beschäftigungssystem im 13. Jahr nach der Vereinigung. In: WSI-Mitteilungen, Jg. 56, H. 5, S. 275–283.

Bothfeld, Silke (2005): Arbeitsmarkt. In: Bolthfeld, Silke; Klammer, Ute; Klenner, Christina; Leiber, Simone; Thiel, Anke; Ziegler, Astrid (Hg.): WSI FrauenDatenReport 2005. Handbuch zur wirtschaftlichen und sozialen Situation von Frauen. Berlin: edition sigma, S. 109–186.

Bourdieu, Pierre (1998): Prekarität ist überall. Konstanz. In: ders.: Gegenfeuer: Wortmeldungen im Dienste des Widerstandes gegen die neobliberale Invasion. Konstanz: UVK, S. 96–102.

Brandes, Wolfgang; Buttler, Friedrich (1988): Die Unvermeidbarkeit interner Arbeitsmärkte. In: Reyher, Lutz; Kühl, Jürgen (Hg.): Resonanzen. Arbeitsmarkt und Beruf – Forschung und Politik. Beiträge zur Arbeitsmarkt und Berufsforschung, Nr. 111. Nürnberg: Bundesanstalt für Arbeit, S. 94–113.

Brandenburg, Bianca (2006): Wachsende Heterogenität in der Humankapitalausstattung der Bundesländer. In: Wirtschaft im Wandel, H. 8, S. 228–235.

Brenke, Karl (2001): Löhne in Ostdeutschland – Anpassung an das westdeutsche Niveau erst auf lange Sicht möglich. In: DIW-Wochenbericht, Nr. 24, S. 357–364.

Brixy, Udo; Christensen, Björn (2002): Flexibilität. Wie viel würden Arbeitslose für einen Arbeitsplatz in Kauf nehmen. IAB Kurzbericht, Nr. 25.

Brücker, Herbert; Trübswetter, Parvati (2004): Do the Best Go West? An Analysis of the Self-Selection of Employed East-West Migrants in Germany. IZA discussion paper, Nr. 986.

Brückner, Erika; Mayer, Karl-Ulrich (1998): Collecting Life History Data: Experience from the German Life History Study. In: Giele, Janet Z.; Elder, Glen H. (Hg.): Methods of Life Course Research: Qualitative and Quantitative approaches. London: Sage, S. 152–182.

Brüderl, Josef (1990): Zur Analyse von Einkommensverläufen mit Längsschnittdaten. In: Statistisches Archiv, Jg. 74, S. 213–222.

Brüderl, Josef; Preisendörfer, Peter; Ziegler, Rolf (1991): Innerbetriebliche Mobilitätsprozesse. Individuelle und strukturelle Determinanten der Karrieredynamik von Beschäftigten eines bundesdeutschen Großbetriebes. In: Zeitschrift für Soziologie, Jg. 20, H. 5, S. 369–384.

Büchel, Felix; Schwarze, Johannes (1994): Die Migration von Ost- nach Westdeutschland – Absicht und Realisierung. Ein sequentielles Probitmodell mit Kontrolle unbeobachtbarer Heterogenität. In: Mitteilungen aus der Arbeitsmarkt- und Berufsforschung, Jg. 27, H. 1, S. 43–52.

Buchinsky, Moshe; Fougère, Denis; Kramarz, Francis; Tchernis, Rusty (2005): Mobility, Wages and the Returns to Seniority and Experience in the U.S. IZA Discussion Paper, Nr. 1521.

Burda, Michael C. (1993): The determinants of East-West German migration. Some first results. In: European Economic Review, Jg. 37, S. 452–461.

Buscher, Herbert; Hardt, Gabriele; Parys, Juliane (2005): Schwache Tendenz zu mehr Ungleichheit: Einkommensverteilung in Ostdeutschland 1999 und 2002. In: Wirtschaft im Wandel, Nr. 11, S. 344–350.

Carroll, M. Todd; Powell, J. Grady (2002): The Immediate Returns to Early Career Mobility. In: Issues in Political Economy. Elon University, Jg. 11, July.

Castel, Robert (2000): Die Metamorphosen der sozialen Frage. Eine Chronik der Lohnarbeit: UVK.

Chiswick, Barry (2000): Are Immigrants Favorably Self-Selected? An Economic Analysis. In: Brettel, Caroline; Hollifield, James F. (Hg.): Migration Theory: Talking Across Disciplines. New York: Routledge, S. 61–76.

Collett, Dave (1994): Modelling Survival Data in Medical Research. London: Chapman and Hall.

Cramer, Ulrich (1986): Zur Stabilität von Beschäftigung. Erste Ergebnisse der IAB-Stichprobe aus der Beschäftigtenstatistik. In: Mitteilungen aus der Arbeitsmarkt- und Berufsforschung, Jg. 17, H. 2, S. 243–256.

DaVanzo, Julie; Hosek, James R. (1981): Does Migration Increase Wage Rates? A Sensitivity Analysis of Alternative Techniques for Measuring the Effects of Migration. Santa Monica: Rand Corporation.

Davia, Maria A. (2005): Job mobility and wage mobility at the beginning of working career: a comparative view across Europe. Working Paper of the Institute for Social and Economic Research, Colchester: University of Essex, Nr. 03. Online verfügbar unter http://www.iser.essex.ac.uk/pups/workpaps.

Decressin, Jörg W. (1994): Internal Migration in West Germany and Implications for East-West Salary Convergence. In: Weltwirtschaftliches Archiv, Jg. 130, Nr. 2, S. 231–257.

Decressin, Jörg W.; Fatàs, Antonio (1995): Regional labor market dynamics in Europe. In: European Economic Review, Jg. 39, S. 1627–1655.

Deding, Mette; Filges, Caroline (2003): Is love all that matters? Working Paper, University of Aarhus.

Deutschmann, Christoph (2002): Postindustrielle Industriesoziologie. Theoretische Grundlagen, Arbeitsverhältnisse und soziale Identitäten. Weinheim, München: Juventa-Verlag.

Diebler, Petra (2004): Angebots- und nachfrageseitige Einflussfaktoren auf die Stabilität betrieblicher Beschäftigungsverhältnisse. In: SFB 580 Mitteilungen, Nr. 14, S. 75–98.

Diekmann, Andreas; Mitter, Peter (1990): Stand und Probleme der Ereignisanalyse. In: Mayer, Karl-Ulrich (Hg.): Lebensverläufe und sozialer Wandel. Sonderheft der Kölner Zeitschrift für Soziologie und Sozialpsychologie, Nr. 31. Opladen: Westdeutscher Verlag, S. 404–441.

Diekmann, Andreas; Preisendörfer, Peter (1989): Fluktuation und Beschäftigungsstabilität in einem bundesdeutschen Großbetrieb. In: Köhler, Christoph; Preisendörfer, Peter (Hg.): Betrieblicher Arbeitsmarkt im Umbruch. Analysen zur Mobilität, Segmentation und Dynamik in einem Großbetrieb. Frankfurt am Main, New York: Campus, S. 47–71.

Dietrich, Hans; Abraham, Martin (2005): Eintritt in den Arbeitsmarkt. In: Abraham, Martin; Hinz, Thomas (Hg.): Arbeitsmarktsoziologie. Probleme, Theorien, empirische Befunde. Wiesbaden: VS Verlag für Sozialwissenschaften, S. 69–98.

Diewald, Martin; Sill, Stephanie (2004): Mehr Risiken, mehr Chancen? Trends in der Arbeitsmarktmobilität seit Mitte der 1980er Jahre. In: Struck, Olaf; Köhler, Christoph (Hg.): Beschäftigungsstabilität im Wandel? Empirische Befunde und theoretische Erklärungen für West- und Ostdeutschland. München, Mering: Rainer Hampp Verlag, S. 39–61.

Doeringer, Peter B.; Piore, Michael J. (1985): Internal Labor Markets and Manpower Analysis. London: M.E. Sharpe.

Dörre, Klaus; Kraemer, Klaus; Speidel, Frederic (2007): Prekarität. Ursachen, soziale Folgen und politische Verarbeitungsformen unsicherer Beschäftigungsverhältnisse. Wiesbaden: VS Verlag für Sozialwissenschaften.

Dreger, Christian (2002): Ost-West-Migration in Deutschland kaum durch gesamtwirtschaftliche Entwicklung erklärbar. In: Wirtschaft im Wandel, Nr. 2, S. 47–50.

Dustmann, Christian; Pereira, Sonia C. (2003): Wage Growth and Job Mobility in the U.K. and Germany. Working Paper of the Institute for Social and Economic Research, Colchester, University of Essex.

Erlinghagen, Marcel (2002): Arbeitsmarktmobilität und Beschäftigungsstabilität im Übergang von der Industrie- zur Dienstleistungsgesellschaft. Eine Analyse des westdeutschen Arbeitsmarktes auf Basis der IAB-Beschäftigtenstichprobe. In: Mitteilungen aus der Arbeitsmarkt- und Berufsforschung, Jg. 35, H. 1, S. 74–89.

Erlinghagen, Marcel (2006): Erstarrung, Beschleunigung oder Polarisierung? Arbeitsmarktmobilität und Beschäftigungsstabilität im Zeitverlauf: Neue Ergebnisse mit der IAB-Beschäftigtenstichprobe. Graue Reihe des Instituts für Arbeit und Technik, 2006–01. Gelsenkirchen: IAT.

Erlinghagen, Marcel; Knuth, Matthias (2004): Beschäftigungsstabilität in der Wissensgesellschaft. In: Struck, Olaf; Köhler, Christoph (Hg.): Beschäftigungsstabilität im Wandel? Empirische Befunde und theoretische Erklärungen für West- und Ostdeutschland. München, Mering: Rainer Hampp Verlag, S. 23–38.

Erlinghagen, Marcel; Mühge, Gernot (2002): Wie kann man die Beständigkeit von Beschäftigungsverhältnissen messen? Durchschnittliche Betriebszugehörigkeitsdauer und Überlebensrate: Zwei Messkonzepte im Vergleich. DIW-Materialien, Nr. 19. Berlin: DIW.

Fabel, Oliver (1990): Insurance and incentives in labor contracts. Frankfurt am Main: Hain.

Fertig, Michael; Schmidt, Christoph M. (2002): Mobility within Europe – What do we (still not) know? IZA Discussion Paper No. 447. Bonn.

FiO (2000): Mobilität und flexible Erwerbsbiographien im Urteil der Bevölkerung. FiO-Brief – Aktuelle Informationen zur Ordnungspolitik, Jg. 3, März. Köln: Forschungsinstitut für Ordnungspolitik.

Flinn, Christopher J. (1986): Wages and job mobility of young workers. In: Journal of Political Economy, Jg. 3, H. 94, S. 88–110.

Franz, Wolfgang (1999): Arbeitsmarktökonomik. Berlin: Springer-Verlag. 4. Auflage.

Franz, Wolfgang; Steiner, Viktor (1999): Wages in the East German Transition Process – Facts and Explanations. ZEW Discussion Paper Nr. 99-40.

Galizzi, Monika; Lang, Kevin (1998): Relative Wages, Wage Growth, and Quit Behavior. In: Journal of Labor Economics, Jg. 16, S. 367–391.

Gallie, Duncan; White, Michael; Cheng, Yang; Thomlinson, Mark (1998): Restructuring the Employment Relationship. Oxford: Clarendon Press.

Gartner, Hermann (2005): Imputation der Löhne über der Beitragsbemessungsgrenze in den IAB Personendaten. FDZ-Methodenreport, Nr. 2. Nürnberg: Forschungsdatenzentrum der Bundesagentur für Arbeit im Institut für Arbeitsmarkt- und Berufsforschung.

Geißler, Rainer (2004): Materielle Lebensbedingungen. Informationen zur Politischen Bildung, Nr. 269. Bundeszentrale für Politische Bildung.

Gerlach, Knut; Hübler, Olaf (1995): Betriebsgröße und Einkommen – Erklärungen, Entwicklungstendenzen und Mobilitätseinflüsse. In: Steiner, Viktor; Bellmann, Lutz (Hg.): Mikroökonomik des Arbeitsmarktes. Beiträge zur Arbeitsmarkt und Berufsforschung, Nr. 192. Nürnberg: Bundesanstalt für Arbeit, S. 225–264.

Gerlach, Knut; Schasse, Ulrich (1991): Arbeitsmarktwirkungen von Kündigungen und Entlassungen. In: Rendtel, Ulrich; Wagner, Gert (Hg.): Lebenslagen im Wandel. Zur Einkommensdynamik in Deutschland seit 1984. Frankfurt am Main, New York: Campus, S. 354–378.

Gerlach, Knut; Stephan, Gesine (2004): Betriebszugehörigkeitsdauer, Betriebseffekte und industrielle Beziehungen. In: Struck, Olaf; Köhler, Christoph (Hg.): Beschäftigungsstabilität im Wandel? Empirische Befunde und theoretische Erklärungen für West- und Ostdeutschland. München, Mering: Rainer Hampp Verlag, S. 157–180.

Gerlach, Knut; Stephan, Gesine (2005): Individual Tenure and Collective Contracts. IAB Discussion Paper, Nr. 10.

Giesecke, Johannes; Groß, Martin (2002): Befristete Beschäftigung: Chance oder Risiko? In: Kölner Zeitschrift für Soziologie und Sozialpsychologie, Jg. 54, H. 1, S. 85–108.

Görzig, Bernd; Gornig, Martin; Werwatz, Axel (2004): East Germany's Wage Gap: A nonparametric decomposition based on establishment characteristics. DIW-Diskussionspapier, Nr. 451.

Gottschalk, Peter (2001): Wage Mobility within and between Jobs. Boston College Working Paper in Economics, Nr. 486.

Goudswaard, Anneke; Nanteuil, Mathieu de (2000): Flexibility and Working Conditions: A Qualitative and Comparative Study in Seven EU Member States. Dublin: European Foundation for the Improvement of Living and Working Conditions.

Granovetter, Mark (1986): Economic Action and Social Structure: The Problem of Embeddedness. In: American Journal of Sociology, Jg. 91, H. 3, S. 481–510.

Groß, Martin (1999): Die Folgen prekärer Arbeitsverhältnisse für das Ausmaß sozialer Ungleichheit. In: Lüttinger, Paul (Hg.): Sozialstrukturanalysen mit dem Mikrozensus. Manhheim: ZUMA, S. 323–353.

Grotheer, Michael; Struck, Olaf (2003): Beschäftigungsstabilität: Entwicklung und Arbeitszufriedenheit. Ergebnisse aus der IAB-Beschäftigtenstichprobe 1975–1997 und der BIBB/IAB-Erhebung 1991/92 und 1998/99. In: Mitteilungen aus der Arbeitsmarkt- und Berufsforschung, Jg. 36, H. 37, S. 301–328.

Grotheer, Michael; Struck, Olaf; Bellmann, Lutz; Gewiese, Tilo (2004): Determinanten der Beschäftigungsstabilität. Chancen und Risiken von ‚Entrants' im Ost-West Vergleich. In: Struck, Olaf; Köhler, Christoph (Hg.): Beschäftigungsstabilität im Wandel? Empirische Befunde und theoretische Erklärungen für West- und Ostdeutschland. München, Mering: Rainer Hampp Verlag, S. 125–156.

Grund, Christian (2001): Der zwischenbetriebliche Arbeitsplatzwechsel. München, Mering: Rainer Hampp Verlag.

Grunow, Daniela; Kurz, Karin; Hillmert, Steffen (2005): Desintegration am Arbeitsmarkt? Eine empirische Analyse zur Stabilität von Erwerbsverläufen. In: Berger, Johannes (Hg.): Zerreißt das soziale Band? Beiträge zu einer aktuellen gesellschaftspolitischen Debatte. Frankfurt am Main, New York: Campus, S. 143–170.

Haas, Anette (2000): Arbeitsmarktausgleich. Regionale Mobilität gestiegen. IAB Kurzbericht, Nr. 4.

Haas, Anette (2002): Arbeitsplatzmobilität nach Abschluss einer dualen Berufsausbildung. Befunde aus der IAB-Historikdatei 1992 bis 1997. IAB Kurzbericht, Nr. 3.

Hamann, Silke; Krug, Gerhard; Köhler, Markus; Ludwig-Mayerhofer, Wolfgang; Hacket, Anne (2004): Die IAB-Regionalstichprobe 1975-2001: IABS-R01. In: ZA-Information, Nr. 55, S. 34–59.

Hardt, Gabriele; Kempe, Wolfram; Schneider, Hilmar (2001): Ost-West-Wanderung junger Menschen Ausdruck für allgemeinen Anstieg der Mobilität. In: Wirtschaft im Wandel, H. 4, S. 67–74.

Haug, Sonja (2000): Klassische und neuere Theorien der Migration. Arbeitspapier des Mannheimer Zentrums für Europäische Sozialforschung, Nr. 30.

Heiland, Frank (2004): Trends in East-West German Migration. In: Demographic Research, Jg. 11, H. 7, S. 173–194. Online verfügbar unter http://www.demographic-research.org.

Heineck, Guido; Schwarze, Johannes (2001): Auswirkungen der Einführung der Sozialversicherungspflicht für geringfügige Beschäftigung – Eine Evaluation des „630-DM-Jobs"-Reformgesetzes. In: Mitteilungen aus der Arbeitsmarkt- und Berufsforschung, Jg. 34, H. 34, S. 314–327.

Henneberger, Fred; Sousa-Poza, Alfonso (2002): Beweggründe und Determinanten zwischenbetrieblicher Mobilität: Die Schweiz in einer internationalen Perspektive. In: Mitteilungen aus der Arbeitsmarkt- und Berufsforschung, Jg. 35, H. 2, S. 205–231.

Hillmert, Steffen (2001): Ausbildungssysteme und Arbeitsmarkt. Lebensverläufe in Großbritannien und Deutschland im Kohortenvergleich. Wiesbaden: VS Verlag für Sozialwissenschaften.

Hillmert, Steffen; Kurz, Karin; Grunow, Daniela (2004): Beschäftigungsmobilität in der ersten Hälfte des Erwerbslebens. Ein Kohortenvergleich. In: Struck, Olaf; Köhler, Christoph (Hg.): Beschäftigungsstabilität im Wandel? Empirische Befunde und theoretische Erklärungen für West- und Ostdeutschland. München, Mering: Rainer Hampp Verlag, S. 63–86.

Hirsch-Kreinsen, Hartmut (2000): Industriesoziologie in den 90ern. Arbeitspapier des Lehrstuhl Technik und Gesellschaft an der Universität Dortmund, Nr. 6.

Hoffmann, Edeltraud; Walwei, Ulrich (2000): Erosion oder Renaissance der Normalarbeit? Ländervergleich Dänemark-Deutschland. IAB Kurzbericht, Nr. 16.

Holst, Elke; Schupp, Jürgen (2004): Gestiegene berufliche Mobilität geprägt von Frauen und Jüngeren. Erfolgreiche Arbeitssuche durch private Initiative. DIW-Wochenbericht, Nr. 21.

Hunt, Jennifer (2000): Why do people still live in East Germany? NBER Working Paper Series, Nr. 7564. Online verfügbar unter http://www.nber.org/papers/w7564

Hunt, Jennifer (2006): Staunching Emigration from East Germany: Age and the Determinants of Migration. In: Journal of the European Economic Association, Jg. 4, H. 5, S. 1014-1037.

Inkmann, Joachim; Klotz, Stephan; Pohlmeier, Winfried (1998): Permanente Narben oder temporäre Blessuren? Eine Studie über die langfristigen Folgen eines mißglückten Einstiegs in das Berufsleben auf der Grundlage von Pseudo-Panel-Daten. In: Pfeiffer, Friedhelm; Pohlmeier, Winfried (Hg.): Qualifikation, Weiterbildung und Arbeitsmarkterfolg. Baden-Baden: Nomos-Verlag, S. 223–255.

Johnson, William R. (1978): A Theory of Job Shopping. In: Quarterly Journal of Economics, Jg. 97, H. 2, S. 261–277.

Jovanovic, Boyan (1997): Job Matching and the theory of turnover. In: Journal of Political Economy, Jg. 87, H. 5, S. 972–990.

Jürges, Hendrik (1998): Einkommen und berufliche Situation von Doppelverdienern nach Umzügen. In: Mitteilungen aus der Arbeitsmarkt- und Berufsforschung, Jg. 31, H. 2, S. 234–243.

Kalter, Frank (1994): Pendeln statt Migration? Die Wahl und Stabilität von Wohnort-Arbeitsort-Kombinationen. In: Zeitschrift für Soziologie, Jg. 23, H. 6, S. 460–476.

Katz, Lawrence F. (1986): Efficiency Wage Theories: A Partial Evaluation. In: NBER Macroeconomics Annual. Cambridge: MIT Press, Jg. 1, S. 235–276.

Keith, Kristen; McWilliams, Abagail (1999): The returns to mobility and job search by gender. In: Industrial & labor relations review, Jg. 52, H. 3, S. 460–477.

Kempe, Wolfram (1999): Bildungsstruktur der Ost-West-Migration: Humankapitalverlust Ostdeutschlands gestoppt. In: Wirtschaft im Wandel, Nr. 15, S. 19–23.

Kempe, Wolfram (2001): Neuer Trend in der Bildungsstruktur der Ost-West Wanderungen. In: Wirtschaft im Wandel, Nr. 9, S. 205–210.

Ketzmerick, Thomas (2002): Arbeitsmarktbewegungen und zwischenbetriebliche Mobilität. In: SFB 580 Mitteilungen, Nr. 2, S. 45–54.

Kim, Anna; Kurz, Karin (2001): Precarious Employment, Education and Gender: A Comparison of Germany and the United Kingdom. Arbeitspapier des Mannheimer Zentrums für Europäische Sozialforschung, Nr. 39.

Klein, Thomas (1994): Die Einkommenskarriere von Hochschulabsolventen. In: Mitteilungen aus der Arbeitsmarkt- und Berufsforschung, Jg. 27, H. 3, S. 205–211.

König, Heinz (1979): Job-Search-Theorien. In: Bombach, Gottfried; Gahlen, Bernhard; Ott, Alfred E. (Hg.): Neuere Entwicklungen in der Beschäftigungstheorie und -politik. Tübingen: Mohr und Siebeck, S. 63–115.

Kohte, Wolfhard (2002): Die normativ-institutionelle Regulierung von Arbeitsmarkt und zwischenbetrieblicher Mobilität. In: SFB 580 Mitteilungen, Nr. 2, S. 55–64.

Konietzka, Dirk; Sopp, Peter (2004): Gespaltener Arbeitsmarkt – ausgeschlossene Individuen? In: Berliner Debatte Initial, Jg. 15, H. 2, S. 34–49.

Kratzer, Nick (2003): Arbeitskraft in Entgrenzung. Grenzenlose Anforderungen, erweiterte Spielräume, begrenzte Ressourcen. Berlin: edition sigma.

Kratzer, Nick; Fuchs, Tatjana; Wagner, Alexandra; Sauer, Dieter (2005): Zeitmuster – Zeitverwendung im Kontext von Erwerbsarbeit und Haushalt. In: SOFI; IAB; ISF München; INIFES (Hg.): Berichterstattung zur sozioökonomischen Entwicklung in Deutschland – Arbeit und Lebensweisen. Erster Bericht. Wiesbaden: VS Verlag für Sozialwissenschaften, S. 381–402.

Kress, Ulrike (1998): Vom Normalarbeitsverhältnis zur Flexibilisierung des Arbeitsmarktes – Ein Literaturbericht. In: Mitteilungen aus der Arbeitsmarkt- und Berufsforschung, Jg. 31, H. 3, S. 488–505.

Kronauer, Martin; Linne, Gudrun (Hg.) (2005): Flexicurity. Die Suche nach Sicherheit in der Flexibilität. Berlin: edition sigma.

Lazear, Edward P. (1981): Agency, earning profiles, productivity and hours restrictions. In: American Economic Review, Jg. 71, S. 606–620.

Leber, Ute (2000): Finanzierung der betrieblichen Weiterbildung und die Absicherung ihrer Erträge. In: Mitteilungen aus der Arbeitsmarkt- und Berufsforschung, Jg. 33, H. 2, S. 229–241.

Levine, David I.; Belman, Dale; Charness, Gary; Groshen, Erica L.; O'Shaughnessy, Kevin C. (2002): How new is the new employment contract? Evidence from North American pay practices. Kalamazoo: W.E. Upjohn Institute for Employment Research.

Lex, Tilly (1997): Berufswege Jugendlicher zwischen Integration und Ausgrenzung. München, Weinheim: Juventa-Verlag.

Loprest, Pamela J. (1992): Gender Differences in Wage Growth and Job Mobility. In: American Economic Review, Jg. 82, S. 526–532.

Ludwig-Mayerhofer, Wolfgang (2005): Arbeitslosigkeit. In: Abraham, Martin; Hinz, Thomas (Hg.): Arbeitsmarktsoziologie. Probleme, Theorien, empirische Befunde. Wiesbaden: VS Verlag für Sozialwissenschaften, S. 199–239.

Lutz, Burkart; Grünert, Holle (1996): Der Zerfall der Beschäftigungsstrukturen der DDR 1989–1994. In: Lutz, Burkart; Nickel, Hildegard Maria; Schmidt, Rudi; Sorge Arndt (Hg.): Arbeit, Arbeitsmarkt und Betriebe. Berichte der KSPW zum sozialen und politischen Wandel in Ostdeutschland, Band 1. Opladen: Leske + Budrich, S. 69–120.

Lutz, Burkart; Sengenberger, Werner (1974): Arbeitsmarktstruktur und öffentliche Arbeitsmarktpolitik – Eine kritische Analyse von Zielen und Instrumenten. Schriften der Kommission für wirtschaftlichen und sozialen Wandel, Band 26. Göttingen: Schwartz.

Mayer, Karl-Ulrich (Hg.) (1990): Lebensverläufe und sozialer Wandel. Sonderheft der Kölner Zeitschrift für Soziologie und Sozialpsychologie, Nr. 31. Opladen: Westdeutscher Verlag.

Mayer, Karl-Ulrich; Hillmert, Steffen (2003): New ways of life or old rigidities? Changes in social structures and life courses and their political impacts. Arbeitsbericht des Max-Planck-Instituts für Bildungsforschung, Forschungsbereich Bildung, Arbeit und Gesellschaftliche Entwicklung, Nr. 1.

McKenna, Chris J. (1985): Uncertainty and the Labour Market: Recent Developments in Job-Search-Theory. Brighton: Harvester.

Mertens, Antje (1997): Industrielle und berufliche Mobilität – Eine Untersuchung auf der Basis der IAB-Beschäftigtenstichprobe. In: Mitteilungen aus der Arbeitsmarkt- und Berufsforschung, Jg. 30, H. 3, S. 663–670.

Mertens, Antje (1998): Labor Mobility and Wage Dynamics. An Empirical Study for Germany in Comparison with the United States. Aachen: Shaker Verlag.

Mertens, Antje; Haas, Anette (2000): Regional Unemployment and Job Switches in Germany – An Analysis at District Level. ERSA Conference Paper, Nr. 592

Mincer, Jacob (1974): Schooling, Experience and Earnings. New York: NBER.

Mincer, Jacob (1978): Family Migration Decisions. In: Journal of Political Economy, Jg. 86, S. 749–773.

Mincer, Jacob (1986): Wage Chances in Job Changes. In: Ehrenberg, Ronald G. (Hg.): Research in Labor Economics. London: JAI Press Inc., S. 171–197.

Mincer, Jacob (1988): Wage Structures and Labor Turnover in the United States and Japan. In: Journal of Japanese and International Economies, Jg. 2, S. 97–133.

Moldaschl, Manfred; Sauer, Dieter (2000): Internalisierung des Marktes – Zur neuen Dialektik von Kooperation und Herrschaft. In: Minssen, Heiner (Hg.): Begrenzte Entgrenzungen. Berlin: edition sigma, S. 205–224.

Möller, Joachim (2005): Lohnungleichheit in West- und Ostdeutschland im Vergleich zu den USA. Working Paper des Zentrums für Europäische Wirtschaftsforschung. Online verfügbar unter http://www.zew.de/de/publikationen/dfgflex/papers.html.

Mortensen, Dale T. (1986): Job Search and Labor Market Analysis. In: Ashenfelter, Orley; Layard, Richard (Hg.): Handbook of Labor Economics. Amsterdam: Elsevier, S. 849–919.

Mortensen, Dale T.; Pissarides, Christopher A. (1999): New Developments in Models of Search in the Labor Market. In: Ashenfelter, Orley; Card, David (Hg.): Handbook of Labor Economics. Amsterdam: Elsevier, S. 2567–2627.

Mückenberger, Ulrich (1985): Die Krise des Normalarbeitsverhältnisses. Hat das Arbeitsrecht noch Zukunft? In: Zeitschrift für Sozialreform, Jg. 31, S. 415–475.

Munasinghe, Lalith; Sigman, Karl (2004): A hobo syndrome? Mobility, wages, and job turnover. In: Labour Economics, Jg. 11, H. 2, S. 191–218.

Mutz, Gerd; Ludwig-Mayerhofer, Wolfgang; Koenen, Elmar J.; Eder, Klaus; Bonß, Wolfgang (1995): Diskontinuierliche Erwerbsverläufe. Analysen zur postindustriellen Arbeitslosigkeit. Opladen: Leske + Budrich.

Naticchioni, Paolo; Panigo, Demian (2004): Employment Protection, Job-Tenure and Short Term Mobility Wage Gains. An application to the Italian Case. CEPREMAP Working Paper, Nr. 0402.

OECD (1994): The OECD jobs study. Paris: OECD.

Ortlieb, Renate; Schlese, Michael; Schramm, Florian (2004): Zur Bewertung freiwilliger Arbeitsplatzwechsel. Eine Längsschnittanalyse. In: Struck, Olaf; Köhler, Christoph (Hg.): Beschäftigungsstabilität im Wandel? Empirische Befunde und theoretische Erklärungen für West- und Ostdeutschland. München, Mering: Rainer Hampp Verlag, S. 87–103.

Oschmiansky, Heidi; Oschmiansky, Frank (2003): Erwerbsformen im Wandel: Integration oder Ausgrenzung durch atypische Beschäftigung? Berlin und die Bundesrepublik Deutschland im Vergleich. Diskussionspapier des Wissenschaftszentrums Berlin, Nr. 106.

Oswald, Andrew (1999): The Housing Market and Europe's Unemployment. A Non-Technical Paper. Warwick: University of Warwick.

Owen, David; Green, Anne (1997): Analysis of Geographical Mobility. Institute of Employment Resarch, University of Warwick. Working Paper, Nr. 39.

Perticara, Marcella C. (2002): Wage Mobility through Job Mobility. Ilades-Georgetown University Working Paper, Nr. 141.

Pissarides, Christopher A. (2000): Equilibrium Unemployment Theory. Cambridge: MIT Press. 2. Auflage.

Pries, Ludger (1997): Neue Migration im transnationalen Raum. In: ders. (Hg.): Transnationale Migration. Soziale Welt, Sonderband Nr. 12. Baden-Baden: Nomos, S. 15–45.

Raffelhüschen, Bernd (1992): Labor migration in Europe. Experiences from Germany after unification. In: European Economic Review, Jg. 36, S. 1453–1471.

Ravenstein, Ernest George (1972): Die Gesetze der Wanderung I/II. In: Széll, György (Hg.): Regionale Mobilität. München: NTW, S. 41-94. (Zuerst erschienen 1885.)

Reinberg, Alexander; Hummel, Markus (2005): Höhere Bildung schützt auch in der Krise vor Arbeitslosigkeit. IAB Kurzbericht, Nr. 9.

Rhein, Thomas; Gartner, Hermann; Krug, Gerhard (2005): Aufstiegschancen für Geringverdiener verschlechtert. IAB Kurzbericht, Nr. 3.

Robbers, Thomas (1993): Investitionen in berufliches Humankapital und die Absicherung erwarteter Erträge. Bergisch Gladbach, Köln: Verlag Josef Eul.

Rosenbaum, James E. (1984): Careers in Corporate Hierarchy. Orlando: Academic Press.

Rothe, Thomas; Tinter, Stefanie (2007): Jugendliche auf dem Arbeitsmarkt. Eine Analyse von Beständen und Bewegungen. IAB-Forschungsbericht, Nr. 4.

Rudolph, Helmut; Schröder, Esther (1997): Arbeitnehmerüberlassung: Trends und Einsatzlogik. In: Mitteilungen aus der Arbeitsmarkt- und Berufsforschung, Jg. 30, H. 1, S. 102–126.

Schaeper, Hildegard; Kühn, Thomas; Witzel, Andreas (2000): Diskontinuierliche Erwerbskarrieren und Berufswechsel in den 1990ern: Strukturmuster und biographische Umgangsweisen betrieblich ausgebildeter Fachkräfte. In: Mitteilungen aus der Arbeitsmarkt- und Berufsforschung, Jg. 33, H. 1, S. 80–100.

Schäfer, Reinhard; Wahse, Jürgen (2002): Aufholprozess in Ostdeutschland kommt nur schleppend voran – Öffentliche Förderung bleibt weiterhin unverzichtbar. Ergebnisse des IAB-Betriebspanels Ost 2001. IAB-Werkstattbericht, Nr. 7.

Schasse, Ulrich (1991): Betriebszugehörigkeit und Mobilität. Frankfurt am Main, New York: Campus.

Schneider, Lutz (2005): Ost-West-Binnenwanderung: Gravierender Verlust an Humankapital. In: Wirtschaft im Wandel, H. 10, S. 309–314.

Schrüfer, Klaus (1988): Ökonomische Analyse individueller Arbeitsverhältnisse. Frankfurt am Main: Campus.

Schwarze, Johannes (1996): Arbeitslosigkeit, Langzeitarbeitslosigkeit und das regionale Lohnniveau. Eine Lohnkurvenschätzung für Westdeutschland mit regionalen Paneldaten. In: Mitteilungen aus der Arbeitsmarkt- und Berufsforschung, Jg. 29, H. 3, S. 487–490.

Schwarze, Johannes; Wagner, Gert (1992): Abwanderung von Arbeitskräften und Einkommenspolitik in Ostdeutschland. In: DIW-Wochenbericht, Jg. 59, Nr. 5, S. 58–61.

Seibert, Holger (2007): Frühe Flexibilisierung? Regionale Mobilität nach der Lehrausbildung in Deutschland zwischen 1977 und 2004. IAB Discussion Paper, Nr. 9.

Seifert, Hartmut (1993): Arbeitszeitgestaltung jenseits der Normalarbeitszeit. In: ders. (Hg.): Jenseits der Normalarbeitszeit. Perspektiven für eine bedürfnisgerechtere Arbeitszeitgestaltung. Köln: Bund-Verlag, S. 271–288.

Sengenberger, Werner (1987): Struktur und Funktionsweise von Arbeitsmärkten. Frankfurt am Main: Campus.

Senghaas-Knobloch, Eva (1999): Von der Arbeits- zur Tätigkeitsgesellschaft? Zu einer aktuellen Debatte. In: Arbeit, Jg. 8, H. 2, S. 117–136.

Sesselmeier, Werner; Blauermel, Georg (1998): Arbeitsmarkttheorien – ein Überblick. Heidelberg: Physica.

Siebert, Horst (1997): Labour Market Rigidities: at the Root of Unemployment in Europe. In: Journal of Economic Perspectives, Jg. 11, H. 3, S. 37–54.

Sjaastad, Larry A. (1962): The Costs and Returns of Human Migration. In: Journal of Political Economy, Jg. 70, S. 80–93.

Smirnych, Larissa; Wörgötter, Andreas (2000): Einkommen, Geschlecht und Arbeitsplatzwechsel in Russland 1998. Reihe Transformationsökonomie/Transition Economics Series, Nr. 15. Wien: Institute for Advanced Studies.

Solga, Heike; Diewald, Martin; Goedicke, Anne (2000): Arbeitsmarktmobilität und die Umstrukturierung des ostdeutschen Beschäftigungssystems. In: Mitteilungen aus der Arbeitsmarkt- und Berufsforschung, Jg. 33, H. 2, S. 242–260.

Sondermann, Ariadne; Ludwig-Mayerhofer, Wolfgang; Behrend, Olaf (2007): „Willst du deine Freunde oder willst du Geld verdienen?" Räumliche Mobilität in den Deutungen von Arbeitsvermittlern und Arbeitslosen. In: Sozialer Fortschritt, Jg. 56, H. 7/8, S. 173-180.

Spence, Michael (1973): Job Market Signaling. In: Quarterly Journal of Economics, Jg. 87, H. 3, S. 355–374.

Statistisches Bundesamt (Hg.) (2004): Datenreport 2004. Zahlen und Fakten über die Bundesrepublik Deutschland. Herausgegeben in Zusammenarbeit mit dem Wissenschaftszentrum Berlin für Sozialforschung (WZB) und dem Zentrum für Umfragen, Methoden und Analysen, Mannheim (ZUMA). Bundeszentrale für politische Bildung, Schriftenreihe, Band 450. Bonn. 2., aktualisierte Auflage.

Steiner, Christine (2004): Bleibst Du noch oder gehst Du schon? Regionale Mobilität beim Ausbildungs- und Erwerbseinstieg ostdeutscher Jugendlicher. In: Berliner Debatte Initial, Jg. 15, H. 4, S. 42–55.

Steiner, Christine; Böttcher, Sabine; Prein, Gerald; Terpe, Sylvia (2004): Land unter – Ostdeutsche Jugendliche auf dem Weg ins Beschäftigungssystem. Forschungsberichte aus dem zsh, Nr. 1.

Stephan, Gesine (2006): Fair geht vor. Was die Leute von Entlassungen und Lohnkürzungen halten. IAB Kurzbericht, Nr. 1.

Stevens, Margaret (1996): Transferable training and poaching externalities. In: Booth, Alison L.; Snower, Denis J. (Hg.): Acquiring Skills: Market Failures, their Symptoms and Policy Responses. Cambridge: Cambridge University Press, S. 19–40.

Stigler, Georg J. (1962): Information in the Labor Market. In: Journal of Political Economy, Jg. 70, S. 94–105.

Stinchcombe, Arthur L. (1979): Social Mobility in Industrial Labor Markets. In: Acta Sociologica, Jg. 22, S. 217–245.

Struck, Olaf (2005): Betrieb und Arbeitsmarkt. In: Abraham, Martin; Hinz, Thomas (Hg.): Arbeitsmarktsoziologie. Probleme, Theorien, empirische Befunde. Wiesbaden: VS Verlag für Sozialwissenschaften, S. 169–189.

Struck, Olaf; Köhler, Christoph (2004): Beschäftigungsstabilität im Wandel? Eine problemorientierte Sicht auf den Unternehmensgegenstand. In: dies. (Hg.): Beschäftigungsstabilität im Wandel? Empirische Befunde und theoretische Erklärungen für West- und Ostdeutschland. München, Mering: Rainer Hampp Verlag, S. 7–20.

Struck, Olaf; Schröder, Tim (2005): Ursachen betrieblicher Beschäftigungsdauern: Befunde anhand der ersten Welle des SFB 580-B2-Betriebspanels. SFB 580 Arbeitspapier, Nr. 4.

Suedekum, Jens (2004): Selective Migration, Union Wage Setting and Unemployment Disparities in West Germany. In: International Economic Journal, Jg. 18, H. 1, S. 33–48.

Sullivan, Sherry E. (1999): The changing nature of careers: A review and research agenda. In: Journal of Management, Jg. 25, S. 457–484.

Thurow, Lester C. (1985): Dangerous current. The state of economics. New York: Random House.

Topel, Robert (1986): Unemployment and Unemployment Insurance. In: Research in Labor Economics, Jg. 7, S. 91–135.

Topel, Robert (1991): Specific Capital, Mobility, and Wages: Wage Rise with Job Seniority. In: The Journal of Political Economy, Jg. 99, S. 145–176.

Topel, Robert; Ward, Michael P. (1992): Job Mobility and the Careers of Young Men. In: Quarterly Journal of Economics, Jg. 107, S. 439–479.

Tuma, Nancy B. (1985): Rewards, Resources and the Rate of Mobility: A Nonstationary Multivariate Stochastic Model. In: American Sociological Review, Jg. 41, S. 338–360.

Vatthauser, Manfred (1985): Empirische Untersuchungen der Bestimmungsgründe des freiwilligen Arbeitsplatzwechsels. In: Hübler, Olaf (Hg.): Elemente zur ökonomischen Theorie des Arbeitsplatzwechsels. Arbeitspapier aus dem Arbeitskreis Sozialwissenschaftliche Arbeitsmarktforschung (SAMF) 1985–5. Paderborn, S. 63–116.

Velling, Johannes (1995): Immigration und Arbeitsmarkt. Eine empirische Analyse für die Bundesrepublik Deutschland. Schriftenreihe des ZEW, Nr. 6. Baden-Baden: Nomos.

Velling, Johannes; Bender, Stefan (1994): Berufliche Mobilität zur Anpassung struktureller Diskrepanzen am Arbeitsmarkt. In: Mitteilungen aus der Arbeitsmarkt- und Berufsforschung, Jg. 27, H. 3, S. 212–231.

Voß, Günter (1997): Zur Entwicklung der Arbeitszeiten in der Bundesrepublik Deutschland. In: Mitteilungen des Sonderforschungsbereichs 333 „Entwicklungsperspektiven von Arbeit", Nr. 10, S. 33–58.

Wagner, Michael (1989): Räumliche Mobilität im Lebensverlauf. Eine empirische Untersuchung sozialer Bedingungen. Stuttgart: Enke.

Wagner, Gert (1992): Arbeitslosigkeit, Abwanderung und Pendeln von Arbeitskräften der Neuen Bundesländer. In: Sozialer Fortschritt, Jg. 41, H. 4, S. 84–89.

Williamson, Oliver E. (1975): Markets and Hierarchies. New York: Free Press.

Windzio, Michael (2001): Organisationsökologie und Arbeitsmarktmobilität im sozialen Wandel. Eine empirische Analyse am Beispiel Ostdeutschlands. In: Zeitschrift für Soziologie, Jg. 30, H. 2, S. 116–134.

Windzio, Michael (2004a): Zwischen Nord- und Süddeutschland: Die Überwindung räumlicher Distanzen bei der Arbeitsmarktmobilität. In: Zeitschrift für Arbeitsmarktforschung, Jg. 37, S. 29–44.

Windzio, Michael (2004b): Ein Messwiederholungsmodell mit zufälligen Koeffizienten in der vergleichenden Forschung. Eine Anwendung am Beispiel räumlicher Determinanten der Fluktuation zwischen regionalen Arbeitsmärkten in Westdeutschland 1984–1997. In: ZA-Informationen, Nr. 55, S. 5–33.

Winkelmann, Rainer; Zimmermann, Klaus F. (1998): Is job stability declining in Germany? Evidence from count data models. In: Applied Economics, Jg. 30, S. 1413–1420.

Wörsdorfer, Sophie (2006): Aktuelle Trends: Tarifbindung in der ostdeutschen Industrie weiter auf dem Rückzug. In: Wirtschaft im Wandel, H. 1, S. 3.

Yamaguchi, Kazuo (1991): Event History Analysis. Applied Social Research Methods Series. Newbury Park, London, New Delhi: Sage Publications.

Zimmermann, Klaus F. (1998): German Job Mobility and Wages. IZA Discussion Paper, Nr. 4.

Anhang

Anhang A

Die Operationalisierung der Einkommensmobilität – detaillierte Beschreibung

1. Gewertet wird nur Einkommen aus regulärer Beschäftigung gegen Entgelt. Entgelte aus Lohnersatzleistungen bei Krankheit, Mutterschutz, Vergütung während Bildungsphasen im dualen System oder Leistungsbezüge bei Erwerbslosigkeit werden in der Betrachtung der individuellen Einkommensentwicklung außer Acht gelassen.
2. Das Einkommen wird entsprechend dem gültigen Wertebereich beschnitten. Im unteren Bereich ist dies die Geringfügigkeitsgrenze, im oberen Einkommensbereich die Pflichtversicherungsgrenze. Auch nach 1999 wurde das Gehalt bei der Geringfügigkeitsgrenze beschnitten. Die Beschneidung der Einkommensdaten im oberen Bereich führte dazu, dass die Einkommensangaben, die mindestens 80 Prozent der oberen Pflichtversicherungsgrenze betragen, nach dem Verfahren von Gartner (2005) geschätzt wurden. Bedingung für die Übernahme der durch die Imputation geschätzten Gehaltsangaben war, dass die Einkommen länger als einen Monat bezogen wurden und es sich nicht um Gehaltsmeldungen handelte, die mit einem Wert von 400 gekennzeichnet waren.
3. Das Gehalt wurde je nach Bezugsjahr im Vergleich zum Beobachtungsjahr 1995 inflationiert.
4. Das Gehalt ab 1999 liegt in der Beschäftigtenstichprobe in EURO vor. Um eine Vergleichbarkeit mit vorherigen Einkommensangaben aus den Jahren 1991 bis 1998 zu gewährleisten, wurde jedes Einkommen ab 1999 in DM umgerechnet.
5. Einkommen aus kurzfristigen Beschäftigungsmeldungen wird in der Operationalisierung der Lohnveränderung besonders behandelt. Als kurzfristige Beschäftigungsmeldung gilt eine Meldung von weniger als 31 Tagen. Grundsätzlich gilt, dass Einkommenssprünge aus kurzfristiger Beschäftigung nicht als Ereignis aufgefasst werden sollten, da sie den Einkommensverlauf eben nur kurzfristig prägen und zumindestens teilweise durch Zuzahlungen wie Weihnachtsgeld oder ausbezahltes Urlaubsgeld entstanden sind. Kurzfristige Beschäftigungsmeldungen betreffen ca. 7,4 Prozent der Beschäftigungsmeldungen (7,4 Prozent der Beschäftigungsmeldungen von westdeutschen Personen und 7,1 Prozent der ostdeutschen Beschäftigungsmeldungen).

Mit dem Gehalt aus kurzfristiger Beschäftigung wird folgendermaßen umgegangen:

a. Kurzfristige Beschäftigungsmeldung und nachfolgender Betriebswechsel: Das Gehalt wird mit dem *vorherigen* Gehalt verrechnet
b. Kurzfristige Beschäftigungsmeldung nach einem Betriebswechsel: Das Gehalt wird mit dem *nachfolgenden* Gehalt verrechnet

Grundsätzlich gilt, dass das Gehalt nur dann mit dem vorherigen oder nachfolgenden Gehalt verrechnet wird, wenn es aus dem gleichen Betrieb bezogen wird. Und ein Betriebswechsel wird nur dann angenommen, wenn der Betriebswechsel in Beschäftigung eingeht und nicht, wenn er in Bildung eingeht.

c. Die kurzfristige Beschäftigung wird ignoriert, wenn
   - die vorherige und nachfolgende Meldung keine Beschäftigungsmeldungen darstellen
   - die Lücken zur vorherigen und zur nachfolgenden Beschäftigungsmeldung länger als drei Monate betragen
   - die Lücke zur vorherigen Beschäftigungsmeldung länger als drei Monate beträgt und die nachfolgende Meldung keine Beschäftigungsmeldung ist
   - die vorherige Meldung keine Beschäftigungsmeldung ist und die Lücke zur nachfolgenden Meldung länger als drei Monate beträgt
   - die kurzfristige Meldung aus einem anderen Betrieb als vorher und nachher erfolgt
d. Kurzfristige Beschäftigung innerhalb eines Betriebs, d.h. die vorherige und die nachfolgende Beschäftigungsmeldung erfolgen im selben Betrieb:
   - Wenn das kurzfristige Gehalt mit dem nachfolgenden Gehalt gleich ist, wird auf eine Verrechnung des kurzfristigen Gehaltes verzichtet.
   - Wenn das kurzfristige Gehalt ungleich mit dem nachfolgenden Gehalt ist, dann wird es mit dem vorherigen Gehalt aufgerechnet – beide Gehaltsangaben werden dann verändert.

6. Eine Lohnveränderung wird berechnet aus der prozentualen Differenz des aktuellen Lohns zum Referenzlohn. Referenzlohn ist anfangs Einstiegsgehalt bis zum Erreichen des ersten Ereignisses. Danach wird dieses Gehalt zum Referenzlohn bis zum nächsten Ereignis.
7. Wenn ein Ereignis im Sinne der Operationalisierung stattfindet, dann beginnt die Einkommensberechnung wieder bei 0 und summiert in einer zweiten Episode wiederum die Einkommensveränderungen auf, bis ein weiteres Ereignis stattfindet. Insgesamt wurde die Anzahl der Ereignisse auf fünf pro Person beschränkt.

Anhang B

Modell 0 – Einkommensverläufe in Ost- und Westdeutschland

	Einkommensverlust				Einkommensgewinn			
Variable	**Coef**	**Error**	**c/error**	**Signif**	**Coef**	**Error**	**c/error**	**Signif**
Periode 1: bis ein halbes Jahr Beschäftigung	-8,142	0,010	-808,406	1,000	-7,284	0,007	-1092,336	1,000
Periode 2: halbes bis ein Jahr Beschäftigung	-8,382	0,012	-697,993	1,000	-7,252	0,007	-980,491	1,000
Periode 3: ein bis zwei Jahre Beschäftigung	-8,601	0,012	-697,333	1,000	-7,448	0,008	-996,966	1,000
Periode 4: zwei bis vier Jahre Beschäftigung	-8,774	0,014	-617,993	1,000	-7,498	0,008	-921,249	1,000
Periode 5: über vier Jahre Beschäftigung	-8,855	0,022	-395,545	1,000	-7,612	0,013	-588,894	1,000
Ost- und Westdeutschland: Referenzgruppe: Episode innerhalb Westdeutschlands								
Episode innerhalb Ostdeutschlands	-0,036	0,012	-3,124	0,998	-0,232	0,008	-29,358	1,000
Episode West- nach Ostdeutschland	1,425	0,034	42,334	1,000	0,300	0,035	8,680	1,000
Episode Ost- nach Westdeutschland	0,377	0,051	7,354	1,000	1,277	0,020	63,512	1,000
Bildung: Referenzgruppe: mittlere Qualifikation								
niedrige Qualifikation	0,473	0,010	49,307	1,000	0,016	0,007	2,314	0,979
hohe Qualifikation	-0,266	0,020	-13,354	1,000	0,294	0,009	31,167	1,000
Geschlecht: Referenzgruppe: männliche Beschäftigte								
weibliche Beschäftigte	-0,019	0,009	-2,083	0,963	-0,083	0,006	-13,949	1,000
Log likelihood (starting values)	-1425581,7104							
Log likelihood (final estimates)	-1418218,9961							

Fortsetzung Modell 0 – Einkommensverläufe in Ost- und Westdeutschland

Anzahl der Ereignisse in den verschiedenen Zeitperioden

Zeitperioden		*Starting Times*	*Ending Times*	*Events*
0	*180*	634348	371906	58021
180	*365*	148788	209176	37661
365	*730*	141706	250135	34404
730	*1460*	105878	173978	25830
1460	+	36353	61878	865

Modelle aus Westdeutschland Referenzkategorie innerregionale Mobilität (direkt)

Modell 1.1 – Westdeutschland – ohne Interaktionsterm

	Einkommensverlust				Einkommensgewinn			
Variable	**Coef**	**Error**	**c/error**	**Signif**	**Coef**	**Error**	**c/error**	**Signif**
Periode 1: bis ein halbes Jahr Beschäftigung	-8,470	0,028	-299,187	1,000	-5,591	0,015	-369,154	1,000
Periode 2: halbes bis ein Jahr Beschäftigung	-8,625	0,030	-292,703	1,000	-5,405	0,016	-343,940	1,000
Periode 3: ein bis zwei Jahre Beschäftigung	-8,849	0,030	-293,205	1,000	-5,463	0,016	-338,774	1,000
Periode 4: zwei bis vier Jahre Beschäftigung	-8,996	0,032	-284,899	1,000	-5,385	0,017	-319,378	1,000
Periode 5: über vier Jahre Beschäftigung	-9,044	0,038	-240,304	1,000	-5,372	0,021	-262,318	1,000
Mobilitätsvariablen – Referenzkategorie direkte innerregionale Mobilität								
Betriebsstabilität	-0,979	0,023	-43,525	1,000	-1,248	0,013	-96,041	1,000
indirekte Mobilität	-0,535	0,025	-21,240	1,000	-0,946	0,014	-65,929	1,000
reg. Mobilität innerhalb Westdeutschlands	-0,026	0,019	-1,364	0,828	0,033	0,011	2,900	0,996
Mobilität von West- nach Ostdeutschland	0,676	0,039	17,156	1,000	-0,371	0,041	-9,169	1,000
Restkategorie	0,211	0,025	8,388	1,000	-0,629	0,016	-38,662	1,000
Weitere Mobilitätsvariablen								
Berufliche Mobilität: Ref.: keine								
innerbetriebliche berufliche Mobilität	0,420	0,038	11,120	1,000	0,852	0,020	43,524	1,000
zwischenbetriebliche berufliche Mobilität	0,528	0,020	26,798	1,000	0,447	0,012	38,241	1,000

Fortsetzung Modell 1.1 – Westdeutschland – ohne Interaktionsterm

Arbeitszeitwechsel: Ref.: Vollzeit-Vollzeit								
Wechsel von Vollzeit in Teilzeit	1,365	0,016	83,678	1,000	-0,597	0,023	-26,596	1,000
Wechsel von Teilzeit in Vollzeit	0,379	0,028	13,550	1,000	0,540	0,015	36,471	1,000
Wechsel von Teilzeit in Teilzeit	0,773	0,019	40,299	1,000	-0,391	0,016	-25,293	1,000
Struktur der Mobilität: Ref.: freiwillige Mobilität								
Mobilität mit Erwerbslücke/Meldelücke	0,779	0,022	36,222	1,000	0,129	0,013	9,831	1,000
unfreiwillige Mobilität/Mobilität aus Arbeitslosigkeit	0,933	0,023	40,842	1,000	0,001	0,016	0,090	0,072
Anzahl der Arbeitslosigkeitsphasen: Ref.: keine								
eine vergangene Arbeitslosigkeitsphase	-0,563	0,018	-32,109	1,000	-0,589	0,013	-46,150	1,000
zwei Arbeitslosigkeitsphasen	-0,431	0,034	-12,665	1,000	-0,713	0,028	-25,304	1,000
drei und mehr Arbeitslosigkeitsphasen	-0,559	0,058	-9,572	1,000	-0,976	0,051	-19,142	1,000
Anzahl vergangener Betriebswechsel	0,023	0,007	3,239	0,999	0,025	0,005	5,237	1,000
			Sozioökonomische Variablen					
Bildung: Ref.: mittlere Qualifikation								
niedrige Qualifikation	0,266	0,011	23,255	1,000	-0,200	0,008	-25,474	1,000
hohe Qualifikation	-0,338	0,023	-14,932	1,000	0,158	0,011	14,608	1,000
Geschlecht: Ref.: männliche Beschäftigte								
weibliche Beschäftigte	0,019	0,011	1,739	0,918	-0,342	0,007	-49,560	1,000
Ostdeutsche Herkunft	0,098	0,024	4,019	1,000	0,138	0,017	8,290	1,000

Fortsetzung Modell 1.1 – Westdeutschland – ohne Interaktionsterm

	Relative Einkommensposition: Ref.: Einkommen unter 50 Prozent des Medians							
Teilzeitbeschäftigte	0,195	0,026	7,513	1,000	-0,283	0,015	-19,158	1,000
50% bis 30% unter dem Median	0,457	0,019	24,352	1,000	-0,730	0,009	-81,445	1,000
30% bis 10% unter dem Median	0,648	0,019	34,373	1,000	-1,197	0,010	-120,742	1,000
10% unter bis 10% über dem Median	0,948	0,021	45,291	1,000	-1,718	0,015	-118,228	1,000
mehr als 10% über dem Median	1,285	0,023	55,729	1,000	-1,660	0,020	-83,493	1,000

Log likelihood (starting values)	-1 143 902,6566
Log likelihood (final estimates)	-1 081 195,0847

Anzahl der Ereignisse in den verschiedenen Zeitperioden

Zeitperioden		*Starting Times*	*Ending Times*	*Events*
0	*180*	502326	297641	47436
180	*365*	115264	161412	29958
365	*730*	110721	194725	27197
730	*1460*	82601	137121	20890
1460	+	27906	47919	7037

Modell 2.1 – Westdeutschland – mit Interaktionsterm

	Einkommensverlust				Einkommensgewinn			
Variable	**Coeff**	**Error**	**C/Error**	**Signif.**	**Coeff**	**Error**	**C/Error**	**Signif.**
Periode 1: bis ein halbes Jahr Beschäftigung	-8,441	0,029	-295,963	1,000	-5,568	0,015	-362,721	1,000
Periode 2: halbes bis ein Jahr Beschäftigung	-8,596	0,030	-289,712	1,000	-5,382	0,016	-338,338	1,000
Periode 3: ein bis zwei Jahre Beschäftigung	-8,818	0,030	-290,172	1,000	-5,439	0,016	-333,337	1,000
Periode 4: zwei bis vier Jahre Beschäftigung	-8,959	0,032	-282,038	1,000	-5,361	0,017	-314,453	1,000
Periode 5: über vier Jahre Beschäftigung	-9,002	0,038	-238,102	1,000	-5,349	0,021	-259,042	1,000
Mobilitätsvariablen – Referenzkategorie direkte innerregionale Mobilität								
Betriebsstabilität	-1,058	0,024	-44,135	1,000	-1,280	0,014	-92,020	1,000
indirekte Mobilität	-0,614	0,028	-21,959	1,000	-0,951	0,016	-60,710	1,000
reg. Mobilität innerhalb Westdeutschlands	-0,059	0,023	-2,605	0,991	0,015	0,014	1,091	0,725
Mobilität von West- nach Ostdeutschland	0,760	0,046	16,601	1,000	-0,389	0,051	-7,562	1,000
Restkategorie	0,246	0,025	9,686	1,000	-0,645	0,017	-38,832	1,000

Fortsetzung Modell 2.1 – Westdeutschland – mit Interaktionsterm

Interaktionseffekt – Mobilität und Bildung – Referenzkategorie mittlere Bildungsgruppe und direkte innerregionale Mobilität								
Betriebsstabilität – niedrige Qualifikation	0,167	0,024	7,013	1,000	-0,018	0,016	-1,122	0,738
Betriebsstabilität – hohe Qualifikation	0,293	0,049	5,993	1,000	0,265	0,026	10,135	1,000
indirekte Mobilität– niedrige Qualifikation	0,315	0,038	8,355	1,000	-0,161	0,028	-5,719	1,000
indirekte Mobilität – hohe Qualifikation	-0,196	0,082	-2,384	0,983	0,290	0,038	7,591	1,000
region. Mobilität – niedrige Qualifikation	0,262	0,035	7,468	1,000	0,161	0,025	6,482	1,000
regionale Mobilität – hohe Qualifikation	-0,494	0,068	-7,239	1,000	0,020	0,031	0,654	0,487
West-Ost-Mobilität – niedrige Qualifikation	-0,096	0,092	-1,041	0,702	0,190	0,112	1,688	0,909
West-Ost-Mobilität – hohe Qualifikation	-0,774	0,155	-4,988	1,000	0,060	0,099	0,609	0,457
Weitere Mobilitätsvariablen								
Berufliche Mobilität: Ref.: keine								
innerbetriebliche berufliche Mobilität	0,415	0,038	10,998	1,000	0,850	0,020	43,398	1,000
zwischenbetriebliche berufliche Mobilität	0,535	0,020	27,043	1,000	0,441	0,012	37,571	1,000
Arbeitszeitwechsel: Ref.: Vollzeit-Vollzeit								
Wechsel von Vollzeit in Teilzeit	1,365	0,016	83,634	1,000	-0,600	0,023	-26,697	1,000
Wechsel von Teilzeit in Vollzeit	0,388	0,028	13,895	1,000	0,549	0,015	37,031	1,000
Wechsel von Teilzeit in Teilzeit	0,765	0,019	39,836	1,000	-0,396	0,016	-25,534	1,000

Fortsetzung Modell 2.1 – Westdeutschland – mit Interaktionsterm

	Struktur der Mobilität: Ref.: freiwillige Mobilität							
Mobilität mit Erwerbslücke/Meldelücke	0,780	0,022	36,169	1,000	0,121	0,013	9,230	1,000
Unfreiwillige Mobilität/Mobilität aus Arbeitslosigkeit	0,925	0,023	40,379	1,000	-0,014	0,016	-0,852	0,606
Anzahl der Arbeitslosigkeitsphasen: Ref.: keine								
eine vergangene Arbeitslosigkeitsphase	-0,565	0,018	-32,250	1,000	-0,586	0,013	-45,903	1,000
zwei Arbeitslosigkeitsphasen	-0,438	0,034	-12,868	1,000	-0,706	0,028	-25,057	1,000
drei und mehr Arbeitslosigkeitsphasen	-0,573	0,058	-9,815	1,000	-0,965	0,051	-18,923	1,000
Anzahl vergangener Betriebswechsel	0,025	0,007	3,638	1,000	0,023	0,005	4,892	1,000
	Sozioökonomische Variablen							
Bildung: Ref.: mittlere Qualifikation								
niedrige Qualifikation	0,169	0,015	11,118	1,000	-0,200	0,011	-18,137	1,000
hohe Qualifikation	-0,349	0,041	-8,580	1,000	0,001	0,022	0,064	0,051
Geschlecht: Ref.: männliche Beschäftigte								
weibliche Beschäftigte	0,028	0,011	2,509	0,988	-0,343	0,007	-49,596	1,000
Ostdeutsche Herkunft	0,087	0,025	3,541	1,000	0,138	0,017	8,257	1,000
	Relative Einkommensposition: Ref.: Einkommen unter 50 Prozent des Medians							
Teilzeitbeschäftigte	0,190	0,026	7,320	1,000	-0,279	0,015	-18,931	1,000
50% bis 30% unter dem Median	0,457	0,019	24,351	1,000	-0,732	0,009	-81,572	1,000
30% bis 10% unter dem Median	0,651	0,019	34,488	1,000	-1,199	0,010	-120,718	1,000
10% unter bis 10% über dem Median	0,952	0,021	45,478	1,000	-1,722	0,015	-118,285	1,000
mehr als 10% über dem Median	1,299	0,023	56,312	1,000	-1,655	0,020	-83,129	1,000

Fortsetzung Modell 2.1 – Westdeutschland – mit Interaktionsterm

Log likelihood (starting values)	-1143902,6566
Log likelihood (final estimates)	-1080867,9227

Anzahl der Ereignisse in den verschiedenen Zeitperioden

Zeitperioden		*Starting Times*	*Ending Times*	*Events*
0	*180*	502326	297641	47436
180	*365*	115264	161412	29958
365	*730*	110721	194725	27197
730	*1460*	82601	137121	20890
1460	+	27906	47919	7037

Modell 3.1 – Westdeutschland – erste Episode

	Einkommensverlust				Einkommensgewinn			
Variable	**Coeff**	**Error**	**C/Error**	**Signif.**	**Coeff**	**Error**	**C/Error**	**Signif.**
Periode 1: bis ein halbes Jahr Beschäftigung	-8,665	0,045	-194,877	1,000	-5,641	0,023	-249,511	1,000
Periode 2: halbes bis ein Jahr Beschäftigung	-8,852	0,046	-191,166	1,000	-5,535	0,024	-235,050	1,000
Periode 3: ein bis zwei Jahre Beschäftigung	-8,996	0,048	-188,214	1,000	-5,451	0,024	-225,897	1,000
Periode 4: zwei bis vier Jahre Beschäftigung	-9,140	0,050	-181,450	1,000	-5,362	0,025	-210,804	1,000
Periode 5: über vier Jahre Beschäftigung	-9,182	0,058	-159,443	1,000	-5,336	0,030	-180,178	1,000
Mobilitätsvariablen – Referenzkategorie direkte innerregionale Mobilität								
Betriebsstabilität	-1,017	0,041	-24,871	1,000	-1,361	0,022	-61,665	1,000
indirekte Mobilität	-0,615	0,038	-16,047	1,000	-0,950	0,020	-48,010	1,000
reg. Mobilität innerhalb Westdeutschlands	-0,105	0,033	-3,230	0,999	0,031	0,018	1,688	0,909
Mobilität von West- nach Ostdeutschland	0,720	0,064	11,177	1,000	-0,374	0,068	-5,498	1,000
Restkategorie	0,193	0,042	4,595	1,000	-0,745	0,025	-29,887	1,000

Fortsetzung Modell 3.1 – Westdeutschland – erste Episode

	Interaktionseffekt – Mobilität und Bildung – Referenzkategorie mittlere Bildungsgruppe und direkte innerregionale Mobilität							
Betriebsstabilität – niedrige Qualifikation	0,206	0,035	5,939	1,000	0,045	0,022	2,030	0,958
Betriebsstabilität – hohe Qualifikation	0,351	0,079	4,456	1,000	0,379	0,035	10,705	1,000
indirekte Mobilität – niedrige Qualifikation	0,331	0,051	6,540	1,000	-0,090	0,036	-2,503	0,988
indirekte Mobilität – hohe Qualifikation	-0,051	0,120	-0,423	0,327	0,370	0,050	7,471	1,000
regionale Mobilität – niedrige Qualifikation	0,322	0,049	6,559	1,000	0,179	0,033	5,377	1,000
regionale Mobilität – hohe Qualifikation	-0,470	0,104	-4,536	1,000	0,035	0,041	0,843	0,601
West-Ost-Mobilität – niedrige Qualifikation	-0,193	0,129	-1,497	0,866	0,215	0,145	1,483	0,862
West-Ost-Mobilität – hohe Qualifikation	-0,678	0,221	-3,068	0,998	0,079	0,129	0,609	0,457
	Weitere Mobilitätsvariablen							
Berufliche Mobilität: Ref.: keine								
innerbetriebliche berufliche Mobilität	0,442	0,052	8,502	1,000	0,885	0,026	34,718	1,000
zwischenbetriebliche berufliche Mobilität	0,525	0,028	18,798	1,000	0,451	0,015	29,251	1,000
Arbeitszeitwechsel: Ref.: Vollzeit-Vollzeit								
Wechsel von Vollzeit in Teilzeit	1,472	0,022	65,866	1,000	-0,612	0,030	-20,196	1,000
Wechsel von Teilzeit in Vollzeit	0,465	0,043	10,907	1,000	0,318	0,023	14,099	1,000
Wechsel von Teilzeit in Teilzeit	0,922	0,030	30,728	1,000	-0,631	0,024	-26,723	1,000
Struktur der Mobilität: Ref.: freiwillige Mobilität								
Mobilität mit Erwerbslücke/Meldelücke	0,794	0,030	26,326	1,000	0,120	0,017	7,006	1,000
unfreiwillige Mobilität/Mobilität aus Arbeitslosigkeit	0,938	0,033	28,612	1,000	-0,004	0,021	-0,202	0,160
Anzahl der Arbeitslosigkeitsphasen: Ref.: keine								
eine und mehr Arbeitslosigkeitsphasen	-0,765	0,025	-30,131	1,000	-0,812	0,018	-45,305	1,000
Anzahl vergangener Betriebswechsel	0,079	0,020	3,957	1,000	-0,005	0,012	-0,447	0,345

Fortsetzung Modell 3.1 – Westdeutschland – erste Episode

	Sozioökonomische Variablen							
Bildung: Ref.: mittlere Qualifikation								
niedrige Qualifikation	0,206	0,022	9,201	1,000	-0,244	0,015	-15,923	1,000
hohe Qualifikation	-0,377	0,064	-5,903	1,000	0,048	0,030	1,618	0,894
Geschlecht: Ref.: männliche Beschäftigte								
weibliche Beschäftigte	0,018	0,016	1,182	0,763	-0,312	0,009	-34,354	1,000
Ostdeutsche Herkunft	0,048	0,039	1,230	0,781	0,128	0,025	5,202	1,000
	Relative Einkommensposition: Ref.: Einkommen unter 50 Prozent des Medians							
Teilzeitbeschäftigte	0,160	0,037	4,357	1,000	0,022	0,021	1,079	0,719
50% bis 30% unter dem Median	0,550	0,026	21,077	1,000	-0,666	0,012	-56,078	1,000
30% bis 10% unter dem Median	0,768	0,027	28,887	1,000	-1,107	0,013	-82,991	1,000
10% unter bis 10% über dem Median	1,134	0,031	37,034	1,000	-1,617	0,022	-74,304	1,000
mehr als 10% über dem Median	1,434	0,039	37,095	1,000	-1,344	0,034	-39,815	1,000

Log likelihood (starting values)	-636053,0843
Log likelihood (final estimates)	-602102,7833

Anzahl der Ereignisse in den verschiedenen Zeitperioden

Zeitperioden		*Starting Times*	*Ending Times*	*Events*
0	*180*	316673	205257	24353
180	*365*	64229	96584	15647
365	*730*	63079	102724	15890
730	*1460*	51498	78283	12997
1460	+	19773	32404	4962

Modell 4.1 – Westdeutschland – zweite Episode

	Einkommensverlust				Einkommensgewinn			
Variable	**Coeff**	**Error**	**C/Error**	**Signif.**	**Coeff**	**Error**	**C/Error**	**Signif.**
Periode 1: bis ein halbes Jahr Beschäftigung	-8,200	0,055	-150,174	1,000	-6,125	0,033	-186,431	1,000
Periode 2: halbes bis ein Jahr Beschäftigung	-8,225	0,056	-146,219	1,000	-5,643	0,033	-169,363	1,000
Periode 3: ein bis zwei Jahre Beschäftigung	-8,527	0,057	-149,129	1,000	-5,788	0,034	-169,323	1,000
Periode 4: zwei bis vier Jahre Beschäftigung	-8,665	0,060	-144,644	1,000	-5,678	0,036	-159,401	1,000
Periode 5: über vier Jahre Beschäftigung	-8,714	0,073	-120,160	1,000	-5,723	0,044	-130,051	1,000
Mobilitätsvariablen – Referenzkategorie direkte innerregionale Mobilität								
Betriebsstabilität	-1,047	0,044	-23,629	1,000	-1,240	0,028	-43,802	1,000
rndirekte Mobilität	-0,700	0,050	-13,949	1,000	-1,001	0,031	-32,517	1,000
regionale Mobilität innerhalb Westdeutschlands	-0,029	0,039	-0,759	0,552	-0,001	0,026	-0,046	0,037
Mobilität von West- nach Ostdeutschland	0,753	0,081	9,242	1,000	-0,373	0,096	-3,903	1,000
Restkategorie	0,333	0,047	7,117	1,000	-0,637	0,033	-19,526	1,000
Vorgeschichte								
Einkommensverlust in der ersten Episode	-0,470	0,028	-16,689	1,000	0,835	0,015	55,320	1,000
Mobilität in der vorangegangenen Episode	0,053	0,029	1,811	0,930	-0,028	0,020	-1,397	0,838
Restkategorie in der vorangegangenen Episode	0,831	0,029	28,675	1,000	0,624	0,021	30,366	1,000

Fortsetzung Modell 4.1 – Westdeutschland – zweite Episode

Interaktionseffekt – Mobilität und Bildung – Referenzkategorie mittlere Bildungsgruppe und direkte innerregionale Mobilität								
Betriebsstabilität – niedrige Qualifikation	0,174	0,041	4,218	1,000	-0,018	0,029	-0,622	0,466
Betriebsstabilität – hohe Qualifikation	0,257	0,079	3,281	0,999	0,214	0,047	4,538	1,000
indirekte Mobilität – niedrige Qualifikation	0,252	0,069	3,654	1,000	-0,327	0,055	-5,973	1,000
indirekte Mobilität – hohe Qualifikation	-0,232	0,138	-1,681	0,907	0,263	0,071	3,717	1,000
regionale Mobilität – niedrige Qualifikation	0,167	0,062	2,678	0,993	0,190	0,046	4,142	1,000
regionale Mobilität – hohe Qualifikation	-0,539	0,113	-4,789	1,000	0,035	0,057	0,620	0,465
West-Ost-Mobilität – niedrige Qualifikation	0,170	0,155	1,100	0,728	-0,087	0,254	-0,341	0,267
West-Ost-Mobilität – hohe Qualifikation	-0,962	0,305	-3,160	0,998	0,140	0,189	0,739	0,540
Weitere Mobilitätsvariablen								
Berufliche Mobilität: Ref.: keine								
innerbetriebliche berufliche Mobilität	0,462	0,066	7,054	1,000	0,803	0,036	22,082	1,000
zwischenbetriebliche berufliche Mobilität	0,540	0,034	15,667	1,000	0,372	0,022	16,872	1,000
Arbeitszeitwechsel: Ref.: Vollzeit-Vollzeit								
Wechsel von Vollzeit in Teilzeit	1,260	0,029	43,213	1,000	-0,641	0,041	-15,585	1,000
Wechsel von Teilzeit in Vollzeit	0,352	0,047	7,431	1,000	0,476	0,025	19,366	1,000
Wechsel von Teilzeit in Teilzeit	0,690	0,033	20,651	1,000	-0,541	0,026	-20,608	1,000
Struktur der Mobilität: Ref.: freiwillige Mobilität								
Mobilität mit Erwerbslücke/Meldelücke	0,776	0,039	20,063	1,000	0,115	0,025	4,575	1,000
unfreiwillige Mobilität/Mobilität aus Arbeitslosigkeit	1,035	0,039	26,568	1,000	0,023	0,029	0,773	0,561
Anzahl der Arbeitslosigkeitsphasen: Ref.: keine								
eine und mehr Arbeitslosigkeitsphasen	-0,479	0,026	-18,129	1,000	-0,572	0,020	-28,523	1,000
Anzahl vergangener Betriebswechsel	-0,002	0,018	-0,113	0,090	-0,028	0,013	-2,125	0,966

Fortsetzung Modell 4.1 – Westdeutschland – zweite Episode

			Sozioökonomische Variablen					
Bildung: Ref.: mittlere Qualifikation								
niedrige Qualifikation	0,085	0,026	3,259	0,999	-0,196	0,020	-10,065	1,000
hohe Qualifikation	-0,376	0,066	-5,658	1,000	-0,017	0,040	-0,427	0,330
Geschlecht: Ref.: männliche Beschäftigte								
weibliche Beschäftigte	0,030	0,019	1,556	0,880	-0,284	0,013	-21,894	1,000
Ostdeutsche Herkunft	0,048	0,041	1,178	0,761	0,143	0,029	4,987	1,000
			Relative Einkommensposition: Ref.: Einkommen unter 50 Prozent des Medians					
Teilzeitbeschäftigte	0,232	0,049	4,740	1,000	-0,111	0,029	-3,816	1,000
50% bis 30% unter dem Median	0,239	0,034	6,951	1,000	-0,566	0,017	-32,579	1,000
30% bis 10% unter dem Median	0,387	0,035	11,199	1,000	-0,945	0,020	-48,577	1,000
10% unter bis 10% über dem Median	0,617	0,037	16,481	1,000	-1,375	0,026	-53,731	1,000
mehr als 10 % über dem Median	1,041	0,040	26,215	1,000	-1,355	0,033	-40,992	1,000

Log likelihood (starting values)	-347297,3606
Log likelihood (final estimates)	-324161,7812

Anzahl der Ereignisse in den verschiedenen Zeitperioden

Zeitperioden		*Starting Times*	*Ending Times*	*Events*
0	*180*	123698	59990	14940
180	*365*	35201	43475	9616
365	*730*	33934	63884	7942
730	*1460*	23397	43147	5892
1460	+	6547	12281	1637

Modell 5.1 – Westdeutschland – dritte Episode

	Einkommensverlust				Einkommensgewinn			
Variable	**Coeff**	**Error**	**C/Error**	**Signif.**	**Coeff**	**Error**	**C/Error**	**Signif.**
Periode 1: bis ein halbes Jahr Beschäftigung	-7,945	0,077	-102,919	1,000	-6,155	0,049	-124,923	1,000
Periode 2: halbes bis ein Jahr Beschäftigung	-7,961	0,080	-100,156	1,000	-5,714	0,050	-114,601	1,000
Periode 3: ein bis zwei Jahre Beschäftigung	-8,283	0,081	-102,235	1,000	-5,982	0,052	-115,599	1,000
Periode 4: zwei bis vier Jahre Beschäftigung	-8,381	0,085	-98,196	1,000	-5,947	0,055	-108,963	1,000
Periode 5: über vier Jahre Beschäftigung	-8,447	0,117	-72,244	1,000	-5,842	0,074	-78,699	1,000
Mobilitätsvariablen – Referenzkategorie direkte innerregionale Mobilität								
Betriebsstabilität	-1,083	0,058	-18,748	1,000	-1,270	0,038	-33,799	1,000
indirekte Mobilität	-0,688	0,072	-9,497	1,000	-1,126	0,048	-23,580	1,000
reg. Mobilität innerhalb Westdeutschlands	-0,018	0,056	-0,328	0,257	-0,008	0,037	-0,220	0,174
Mobilität von West- nach Ostdeutschland	0,852	0,109	7,786	1,000	-0,465	0,138	-3,373	0,999
Restkategorie	0,305	0,060	5,088	1,000	-0,643	0,043	-14,973	1,000
Vorgeschichte								
Einkommensverlust in der ersten Episode	-0,040	0,029	-1,377	0,832	0,211	0,022	9,828	1,000
Einkommensverlust in der zweiten Episode	-0,490	0,037	-13,332	1,000	0,880	0,023	38,328	1,000
Mobilität in der vorangegangenen Episode	0,050	0,034	1,488	0,863	-0,123	0,024	-5,117	1,000
Restkategorie i. d. vorangegang. Episode	0,815	0,040	20,599	1,000	0,632	0,029	22,051	1,000

Fortsetzung Modell 5.1 – Westdeutschland – dritte Episode

Interaktionseffekt – Mobilität und Bildung – Referenzkategorie mittlere Bildungsgruppe und direkte innerregionale Mobilität								
Betriebsstabilität – niedrige Qualifikation	0,092	0,057	1,616	0,894	-0,066	0,043	-1,541	0,877
Betriebsstabilität – hohe Qualifikation	0,226	0,106	2,137	0,967	0,208	0,071	2,945	0,997
indirekte Mobilität – niedrige Qualifikation	0,137	0,101	1,362	0,827	-0,357	0,083	-4,294	1,000
indirekte Mobilität – hohe Qualifikation	-0,377	0,201	-1,871	0,939	0,152	0,122	1,244	0,786
regionale Mobilität – niedrige Qualifikation	0,209	0,087	2,403	0,984	0,061	0,064	0,950	0,658
regionale Mobilität – hohe Qualifikation	-0,375	0,154	-2,437	0,985	0,144	0,086	1,668	0,905
West-Ost-Mobilität – niedrige Qualifikation	-0,527	0,247	-2,133	0,967	0,457	0,258	1,773	0,924
West-Ost-Mobilität – hohe Qualifikation	-0,635	0,317	-2,006	0,955	-0,023	0,263	-0,085	0,068
Weitere Mobilitätsvariablen								
Berufliche Mobilität: Ref.: keine								
innerbetriebliche berufliche Mobilität	0,277	0,100	2,760	0,994	0,795	0,057	13,937	1,000
zwischenbetriebliche berufliche Mobilität	0,487	0,049	10,019	1,000	0,390	0,032	12,260	1,000
Arbeitszeitwechsel: Ref.: Vollzeit-Vollzeit								
Wechsel von Vollzeit in Teilzeit	1,155	0,043	27,135	1,000	-0,645	0,058	-11,146	1,000
Wechsel von Teilzeit in Vollzeit	0,365	0,062	5,849	1,000	0,557	0,034	16,531	1,000
Wechsel von Teilzeit in Teilzeit	0,569	0,044	13,052	1,000	-0,400	0,035	-11,589	1,000
Struktur der Mobilität: Ref.: freiwillige Mobilität								
Mobilität mit Erwerbslücke/Meldelücke	0,710	0,054	13,224	1,000	0,091	0,036	2,504	0,988
unfreiwillige Mobilität/Mobilität aus Arbeitslosigkeit	0,826	0,057	14,526	1,000	0,004	0,043	0,087	0,070

Fortsetzung Modell 5.1 – Westdeutschland – dritte Episode

Anzahl der Arbeitslosigkeitsphasen: Ref.: keine								
eine und mehr Arbeitslosigkeitsphasen	-0,354	0,034	-10,415	1,000	-0,443	0,026	-17,061	1,000
Anzahl vergangener Betriebswechsel	-0,019	0,016	-1,190	0,766	-0,014	0,012	-1,230	0,781
			Sozioökonomische Variablen					
Bildung: Ref.: mittlere Qualifikation								
niedrige Qualifikation	0,158	0,035	4,528	1,000	-0,140	0,027	-5,220	1,000
hohe Qualifikation	-0,307	0,090	-3,407	0,999	-0,044	0,059	-0,746	0,544
Geschlecht: Ref.: männliche Beschäftigte								
weibliche Beschäftigte	0,068	0,027	2,488	0,987	-0,235	0,020	-12,065	1,000
Ostdeutsche Herkunft	0,146	0,051	2,839	0,996	0,176	0,038	4,583	1,000
		Relative Einkommensposition: Ref.: Einkommen unter 50 Prozent des Medians						
Teilzeitbeschäftigte	0,301	0,074	4,082	1,000	-0,186	0,047	-3,980	1,000
50% bis 30% unter dem Median	0,257	0,047	5,529	1,000	-0,507	0,025	-20,178	1,000
30% bis 10% unter dem Median	0,313	0,048	6,602	1,000	-0,885	0,028	-31,755	1,000
10% unter bis 10% über dem Median	0,508	0,052	9,750	1,000	-1,306	0,038	-34,863	1,000
mehr als 10% über dem Median	0,779	0,054	14,466	1,000	-1,290	0,044	-29,084	1,000
Log likelihood (starting values)	-160151.9483							
Log likelihood (final estimates)	-148971.7915							

Anzahl der Ereignisse in den verschiedenen Zeitperioden

Zeitperioden		*Starting Times*	*Ending Times*	*Events*
0	*180*	61955	32394	8143
180	*365*	15834	21353	4695
365	*730*	13708	28117	3365
730	*1460*	7706	15691	2001
1460	+	1586	3234	438

Modelle aus Ostdeutschland

Modell 1.2 – Ostdeutschland – ohne Interaktionsterm

	Einkommensverlust				Einkommensgewinn			
Variable	**coeff**	**Error**	**c/error**	**Signif**	**coeff**	**Error**	**c/error**	**Signif**
Periode 1: bis ein halbes Jahr Beschäftigung	-8,983	0,064	-141,485	1,000	-5,716	0,032	-178,369	1,000
Periode 2: halbes bis ein Jahr Beschäftigung	-9,097	0,065	-139,531	1,000	-5,517	0,033	-166,256	1,000
Periode 3: ein bis zwei Jahre Beschäftigung	-9,186	0,066	-138,890	1,000	-5,449	0,034	-161,034	1,000
Periode 4: zwei bis vier Jahre Beschäftigung	-9,366	0,069	-136,266	1,000	-5,477	0,036	-152,281	1,000
Periode 5: über vier Jahre Beschäftigung	-9,557	0,079	-120,741	1,000	-5,577	0,044	-125,515	1,000
Mobilitätsvariablen – Referenzkategorie direkte innerregionale Mobilität								
Betriebsstabilität	-0,862	0,047	-18,226	1,000	-1,430	0,027	-52,801	1,000
indirekte Mobilität	-0,316	0,051	-6,178	1,000	-1,211	0,031	-38,708	1,000
regionale Mobilität innerhalb Ostdeutschlands	0,028	0,037	0,760	0,553	0,089	0,025	3,561	1,000
Mobilität von Ost- nach Westdeutschland	-0,708	0,064	-11,131	1,000	0,600	0,026	22,755	1,000
Restkategorie	0,797	0,053	15,087	1,000	-0,561	0,035	-15,921	1,000

Fortsetzung Modell 1.2 – Ostdeutschland – ohne Interaktionsterm

			Weitere Mobilitätsvariablen					
Berufliche Mobilität: Ref.: keine								
innerbetriebliche berufliche Mobilität	0,652	0,070	9,344	1,000	0,943	0,040	23,711	1,000
zwischenbetriebliche berufliche Mobilität	0,626	0,040	15,506	1,000	0,362	0,023	15,985	1,000
Arbeitszeitwechsel: Ref.: Vollzeit-Vollzeit								
Wechsel von Vollzeit in Teilzeit	0,973	0,035	27,950	1,000	-0,396	0,041	-9,766	1,000
Wechsel von Teilzeit in Vollzeit	0,388	0,054	7,251	1,000	0,494	0,030	16,242	1,000
Wechsel von Teilzeit in Teilzeit	0,289	0,041	7,047	1,000	-0,218	0,030	-7,288	1,000
Struktur der Mobilität: Ref.: freiwillige Mobilität								
Mobilität mit Erwerbslücke/Meldelücke	0,969	0,049	19,633	1,000	0,137	0,028	4,913	1,000
unfreiwillige Mobilität/Mobilität aus Arbeitslosigkeit	1,042	0,044	23,521	1,000	0,079	0,026	3,062	0,998
Anzahl der Arbeitslosigkeitsphasen: Ref.: keine								
eine vergangene Arbeitslosigkeitsphase	-0,778	0,030	-25,569	1,000	-0,848	0,023	-36,531	1,000
zwei Arbeitslosigkeitsphasen	-0,828	0,054	-15,344	1,000	-1,065	0,045	-23,447	1,000
drei und mehr Arbeitslosigkeitsphasen	-0,837	0,079	-10,574	1,000	-1,216	0,072	-16,839	1,000
Anzahl vergangener Betriebswechsel	0,063	0,013	4,756	1,000	0,036	0,010	3,804	1,000
			Sozioökonomische Variablen					
Bildung: Ref.: mittlere Qualifikation								
niedrige Qualifikation	0,172	0,023	7,411	1,000	-0,239	0,017	-14,042	1,000
hohe Qualifikation	-0,335	0,045	-7,441	1,000	0,198	0,022	8,907	1,000
Geschlecht: Ref.: männliche Beschäftigte								
weibliche Beschäftigte	0,067	0,022	3,029	0,998	-0,253	0,015	-17,344	1,000
Westdeutsche Herkunft	0,219	0,033	6,682	1,000	-0,071	0,023	-3,044	0,998

Fortsetzung Modell 1.2 – Ostdeutschland – ohne Interaktionsterm

Relative Einkommensposition: Ref.: Einkommen unter 50 Prozent des Medians								
Teilzeitbeschäftigte	0,580	0,060	9,730	1,000	-0,424	0,031	-13,638	1,000
50% bis 30% unter dem Median	0,639	0,046	13,959	1,000	-0,612	0,020	-31,209	1,000
30% bis 10% unter dem Median	0,916	0,045	20,422	1,000	-1,007	0,021	-47,670	1,000
10% unter bis 10% über dem Median	1,253	0,047	26,910	1,000	-1,317	0,026	-50,293	1,000
mehr als 10% über dem Median	1,646	0,047	34,694	1,000	-1,560	0,032	-48,279	1,000

Log likelihood (starting values)	-275092,7902
Log likelihood (final estimates)	-257703,8210

Anzahl der Ereignisse in den verschiedenen Zeitperioden

Zeitperioden		*Starting Times*	*Ending Times*	*Events*
0	*180*	131166	74158	10538
180	*365*	32344	46866	7569
365	*730*	29615	53741	6987
730	*1460*	21962	35096	4721
1460	+	7942	13168	1569

Modell 2.2 – Ostdeutschland – mit Interaktionsterm

	Einkommensverlust				**Einkommensgewinn**			
Variable	**coeff**	**Error**	**c/error**	**Signif**	**coeff**	**Error**	**c/error**	**Signif**
Periode 1: bis ein halbes Jahr Beschäftigung	-8,956	0,064	-140,595	1,000	-5,679	0,032	-175,375	1,000
Periode 2: halbes bis ein Jahr Beschäftigung	-9,071	0,065	-138,699	1,000	-5,478	0,034	-163,456	1,000
Periode 3: ein bis zwei Jahre Beschäftigung	-9,157	0,066	-138,016	1,000	-5,412	0,034	-158,523	1,000
Periode 4: zwei bis vier Jahre Beschäftigung	-9,332	0,069	-135,373	1,000	-5,438	0,036	-149,962	1,000
Periode 5: über vier Jahre Beschäftigung	-9,526	0,079	-120,060	1,000	-5,539	0,045	-124,009	1,000
Mobilitätsvariablen – Referenzkategorie direkte innerregionale Mobilität								
Betriebsstabilität	-0,942	0,049	-19,227	1,000	-1,489	0,029	-52,246	1,000
indirekte Mobilität	-0,348	0,054	-6,500	1,000	-1,265	0,034	-37,581	1,000
reg. Mobilität innerhalb Ostdeutschlands	-0,001	0,041	-0,014	0,011	0,093	0,028	3,332	0,999
Mobilität von Ost- nach Westdeutschland	-0,751	0,077	-9,774	1,000	0,640	0,030	21,534	1,000
Restkategorie	0,821	0,053	15,456	1,000	-0,590	0,036	-16,503	1,000
Interaktionseffekt – Mobilität und Bildung – Referenzkategorie mittlere Bildungsgruppe und direkte innerregionale Mobilität								
Betriebsstabilität – niedrige Qualifikation	0,248	0,051	4,887	1,000	-0,044	0,037	-1,185	0,764
Betriebsstabilität – hohe Qualifikation	0,371	0,097	3,823	1,000	0,496	0,056	8,888	1,000
indirekte Mobilität – niedrige Qualifikation	0,212	0,087	2,433	0,985	-0,069	0,076	-0,912	0,638
indirekte Mobilität – hohe Qualifikation	-0,082	0,151	-0,542	0,412	0,535	0,081	6,578	1,000
regionale Mobilität – niedrige Qualifikation	0,262	0,085	3,092	0,998	0,081	0,067	1,209	0,773
regionale Mobilität – hohe Qualifikation	-0,107	0,134	-0,797	0,575	0,006	0,071	0,085	0,067
Ost-West-Mobilität – niedrige Qualifikation	0,372	0,138	2,702	0,993	0,069	0,062	1,107	0,732
Ost-West-Mobilität – hohe Qualifikation	-0,352	0,235	-1,497	0,866	-0,237	0,076	-3,117	0,998

Fortsetzung Modell 2.2 – Ostdeutschland – mit Interaktionsterm

			Weitere Mobilitätsvariablen					
Berufliche Mobilität: Ref.: keine								
innerbetriebliche berufliche Mobilität	0,650	0,070	9,323	1,000	0,935	0,040	23,495	1,000
zwischenbetriebliche berufliche Mobilität	0,628	0,041	15,524	1,000	0,364	0,023	16,006	1,000
Arbeitszeitwechsel: Ref.: Vollzeit-Vollzeit								
Wechsel von Vollzeit in Teilzeit	0,976	0,035	28,014	1,000	-0,396	0,041	-9,755	1,000
Wechsel von Teilzeit in Vollzeit	0,391	0,053	7,326	1,000	0,504	0,030	16,594	1,000
Wechsel von Teilzeit in Teilzeit	0,290	0,041	7,059	1,000	-0,232	0,030	-7,729	1,000
Struktur der Mobilität: Ref.: freiwillige Mobilität								
Mobilität mit Erwerbslücke/Meldelücke	0,966	0,049	19,545	1,000	0,118	0,028	4,209	1,000
unfreiwillige Mobilität/Mobilität aus Arbeitslosigkeit	1,034	0,044	23,285	1,000	0,050	0,026	1,920	0,945
Anzahl der Arbeitslosigkeitsphasen: Ref.: keine								
eine vergangene Arbeitslosigkeitsphase	-0,777	0,030	-25,533	1,000	-0,845	0,023	-36,412	1,000
zwei Arbeitslosigkeitsphasen	-0,831	0,054	-15,373	1,000	-1,060	0,045	-23,326	1,000
drei und mehr Arbeitslosigkeitsphasen	-0,841	0,079	-10,612	1,000	-1,203	0,072	-16,645	1,000
Anzahl vergangener Betriebswechsel	0,068	0,013	5,084	1,000	0,033	0,010	3,474	1,000
			Sozioökonomische Variablen					
Bildung: Ref.: mittlere Qualifikation								
niedrige Qualifikation	0,066	0,030	2,230	0,974	-0,237	0,023	-10,251	1,000
hohe Qualifikation	-0,456	0,081	-5,604	1,000	-0,040	0,047	-0,841	0,600
Geschlecht: Ref.: männliche Beschäftigte								
weibliche Beschäftigte	0,070	0,022	3,139	0,998	-0,255	0,015	-17,480	1,000
Westdeutsche Herkunft	0,225	0,033	6,874	1,000	-0,051	0,023	-2,165	0,970

Fortsetzung Modell 2.2 – Ostdeutschland – mit Interaktionsterm

Relative Einkommensposition: Ref.: Einkommen unter 50 Prozent des Medians								
Teilzeitbeschäftigte	0,574	0,060	9,625	1,000	-0,416	0,031	-13,363	1,000
50% bis 30% unter dem Median	0,640	0,046	13,978	1,000	-0,616	0,020	-31,400	1,000
30% bis 10% unter dem Median	0,917	0,045	20,450	1,000	-1,012	0,021	-47,872	1,000
10% unter bis 10% über dem Median	1,257	0,047	26,999	1,000	-1,321	0,026	-50,388	1,000
mehr als 10% über dem Median	1,649	0,047	34,773	1,000	-1,568	0,032	-48,461	1,000

Log likelihood (starting values)	-275092,7902
Log likelihood (final estimates)	-257569,1677

Anzahl der Ereignisse in den verschiedenen Zeitperioden

Zeitperioden		*Starting Times*	*Ending Times*	*Events*
0	*180*	131166	74158	10538
180	*365*	32344	46866	7569
365	*730*	29615	53741	6987
730	*1460*	21962	35096	4721
1460	+	7942	13168	1569

Modell 3.2 – Ostdeutschland – erste Episode

	Einkommensverlust				Einkommensgewinn			
Variable	**coeff**	**Error**	**c/error**	**Signif**	**coeff**	**Error**	**c/error**	**Signif**
Periode 1: bis ein halbes Jahr Beschäftigung	-9,160	0,095	-96,373	1,000	-5,732	0,047	-122,320	1,000
Periode 2: halbes bis ein Jahr Beschäftigung	-9,313	0,098	-95,480	1,000	-5,633	0,049	-115,441	1,000
Periode 3: ein bis zwei Jahre Beschäftigung	-9,289	0,100	-93,103	1,000	-5,346	0,050	-107,984	1,000
Periode 4: zwei bis vier Jahre Beschäftigung	-9,516	0,105	-90,363	1,000	-5,386	0,054	-100,686	1,000
Periode 5: über vier Jahre Beschäftigung	-9,722	0,119	-81,657	1,000	-5,513	0,064	-86,491	1,000
Mobilitätsvariablen – Referenzkategorie direkte innerregionale Mobilität								
Betriebsstabilität	-0,939	0,080	-11,799	1,000	-1,626	0,045	-36,403	1,000
indirekte Mobilität	-0,325	0,073	-4,478	1,000	-1,268	0,043	-29,514	1,000
reg. Mobilität innerhalb Ostdeutschlands	-0,045	0,057	-0,787	0,568	0,108	0,037	2,954	0,997
Mobilität von Ost- nach Westdeutschland	-0,845	0,111	-7,593	1,000	0,650	0,039	16,577	1,000
Restkategorie	0,769	0,084	9,158	1,000	-0,705	0,053	-13,409	1,000
Interaktionseffekt – Mobilität und Bildung – Referenzkategorie mittlere Bildungsgruppe und direkte innerregionale Mobilität								
Betriebsstabilität – niedrige Qualifikation	0,283	0,070	4,014	1,000	-0,012	0,050	-0,249	0,197
Betriebsstabilität – hohe Qualifikation	0,652	0,162	4,032	1,000	0,448	0,075	6,003	1,000
indirekte Mobilität – niedrige Qualifikation	0,181	0,113	1,604	0,891	-0,018	0,094	-0,188	0,149
indirekte Mobilität – hohe Qualifikation	0,132	0,215	0,615	0,461	0,526	0,103	5,107	1,000
regionale Mobilität– niedrige Qualifikation	0,361	0,113	3,195	0,999	0,183	0,086	2,129	0,967
regionale Mobilität – hohe Qualifikation	0,141	0,199	0,711	0,523	-0,037	0,092	-0,398	0,309
Ost-West-Mobilität – niedrige Qualifikation	0,329	0,200	1,649	0,901	0,092	0,081	1,131	0,742
Ost-West-Mobilität – hohe Qualifikation	-0,030	0,337	-0,089	0,071	-0,359	0,100	-3,593	1,000

Fortsetzung Modell 3.2 – Ostdeutschland – erste Episode

			Weitere Mobilitätsvariablen					
Berufliche Mobilität: Ref.: keine								
innerbetriebliche berufliche Mobilität	0,749	0,092	8,151	1,000	0,954	0,052	18,522	1,000
zwischenbetriebliche berufliche Mobilität	0,574	0,056	10,334	1,000	0,363	0,030	12,198	1,000
Arbeitszeitwechsel: Ref.: Vollzeit-Vollzeit								
Wechsel von Vollzeit in Teilzeit	1,083	0,047	22,975	1,000	-0,366	0,053	-6,915	1,000
Wechsel von Teilzeit in Vollzeit	0,552	0,081	6,843	1,000	0,273	0,047	5,831	1,000
Wechsel von Teilzeit in Teilzeit	0,415	0,063	6,602	1,000	-0,464	0,047	-9,865	1,000
Struktur der Mobilität: Ref.: freiwillige Mobilität								
Mobilität mit Erwerbslücke/Meldelücke	0,933	0,069	13,487	1,000	0,133	0,036	3,683	1,000
unfreiwillige Mobilität/Mobilität aus Arbeitslosigkeit	1,077	0,062	17,394	1,000	0,053	0,034	1,539	0,876
Anzahl der Arbeitslosigkeitsphasen: Ref.: keine								
eine und mehr Arbeitslosigkeitsphasen	-0,985	0,042	-23,493	1,000	-1,139	0,032	-35,792	1,000
Anzahl vergangener Betriebswechsel	0,103	0,036	2,890	0,996	-0,025	0,023	-1,084	0,722
			Sozioökonomische Variablen					
Bildung: Ref.: mittlere Qualifikation								
niedrige Qualifikation	0,069	0,043	1,597	0,890	-0,271	0,033	-8,300	1,000
hohe Qualifikation	-0,760	0,132	-5,770	1,000	0,036	0,061	0,580	0,438
Geschlecht: Ref.: männliche Beschäftigte								
weibliche Beschäftigte	0,088	0,031	2,843	0,996	-0,238	0,019	-12,385	1,000
Westdeutsche Herkunft	0,266	0,048	5,509	1,000	-0,099	0,034	-2,935	0,997

Fortsetzung Modell 3.2 – Ostdeutschland – erste Episode

Relative Einkommensposition: Ref.: Einkommen unter 50 Prozent des Medians								
Teilzeitbeschäftigte	0,511	0,084	6,074	1,000	-0,084	0,044	-1,894	0,942
50% bis 30% unter dem Median	0,807	0,063	12,785	1,000	-0,528	0,026	-19,993	1,000
30% bis 10% unter dem Median	1,053	0,063	16,820	1,000	-0,869	0,028	-30,577	1,000
10% unter bis 10% über dem Median	1,408	0,066	21,403	1,000	-1,192	0,036	-32,895	1,000
mehr als 10% über dem Median	1,834	0,070	26,336	1,000	-1,424	0,050	-28,351	1,000

Log likelihood (starting values)	-152524,3331
Log likelihood (final estimates)	-142563,6289

Anzahl der Ereignisse in den verschiedenen Zeitperioden

Zeitperioden		*Starting Times*	*Ending Times*	*Events*
0	*180*	82587	50345	5446
180	*365*	18283	27966	3949
365	*730*	17324	30285	4246
730	*1460*	13409	19912	2746
1460	+	5447	8542	995

Modell 4.2 – Ostdeutschland – zweite Episode

	Einkommensverlust				Einkommensgewinn			
Variable	**coeff**	**Error**	**c/error**	**Signif**	**coeff**	**Error**	**c/error**	**Signif**
Periode 1: bis ein halbes Jahr Beschäftigung	-8,661	0,118	-73,205	1,000	-6,101	0,066	-92,162	1,000
Periode 2: halbes bis ein Jahr Beschäftigung	-8,629	0,121	-71,134	1,000	-5,566	0,068	-82,432	1,000
Periode 3: ein bis zwei Jahre Beschäftigung	-8,801	0,123	-71,691	1,000	-5,729	0,070	-81,906	1,000
Periode 4: zwei bis vier Jahre Beschäftigung	-8,956	0,126	-71,008	1,000	-5,677	0,072	-78,836	1,000
Periode 5: über vier Jahre Beschäftigung	-9,125	0,146	-62,460	1,000	-5,674	0,088	-64,234	1,000
Mobilitätsvariablen – Referenzkategorie direkte innerregionale Mobilität								
Betriebsstabilität	-0,911	0,090	-10,149	1,000	-1,536	0,056	-27,388	1,000
indirekte Mobilität	-0,470	0,098	-4,812	1,000	-1,383	0,065	-21,293	1,000
reg. Mobilität innerhalb Ostdeutschlands	0,019	0,073	0,257	0,203	0,112	0,052	2,138	0,968
Mobilität von Ost- nach Westdeutschland	-0,652	0,130	-4,999	1,000	0,645	0,056	11,484	1,000
Restkategorie	0,848	0,097	8,783	1,000	-0,610	0,068	-8,998	1,000
Vorgeschichte								
Einkommensverlust in der ersten Episode	-0,489	0,054	-9,126	1,000	0,749	0,029	25,768	1,000
Mobilität in der vorangegangenen Episode	0,007	0,052	0,125	0,099	0,016	0,036	0,440	0,340
Restkategorie in der vorangegangenen Episode	0,882	0,060	14,598	1,000	0,639	0,045	14,339	1,000

Fortsetzung Modell 4.2 – Ostdeutschland – zweite Episode

Interaktionseffekt – Mobilität und Bildung – Referenzkategorie mittlere Bildungsgruppe und direkte innerregionale Mobilität								
Betriebsstabilität – niedrige Qualifikation	0,263	0,091	2,887	0,996	0,135	0,068	1,976	0,952
Betriebsstabilität – hohe Qualifikation	0,173	0,158	1,096	0,727	0,669	0,102	6,547	1,000
indirekte Mobilität – niedrige Qualifikation	0,299	0,161	1,863	0,938	-0,035	0,154	-0,225	0,178
indirekte Mobilität – hohe Qualifikation	-0,093	0,253	-0,368	0,287	0,772	0,156	4,944	1,000
regionale Mobilität – niedrige Qualifikation	0,129	0,155	0,830	0,593	-0,062	0,131	-0,476	0,366
regionale Mobilität – hohe Qualifikation	-0,222	0,226	-0,984	0,675	0,169	0,135	1,249	0,788
Ost-West-Mobilität – niedrige Qualifikation	0,272	0,250	1,091	0,725	0,152	0,123	1,239	0,785
Ost-West-Mobilität – hohe Qualifikation	-1,187	0,526	-2,257	0,976	-0,043	0,145	-0,296	0,232
Weitere Mobilitätsvariablen								
Berufliche Mobilität: Ref.: keine								
innerbetriebliche berufliche Mobilität	0,599	0,131	4,587	1,000	0,950	0,076	12,582	1,000
zwischenbetriebliche berufliche Mobilität	0,706	0,074	9,606	1,000	0,302	0,043	7,013	1,000
Arbeitszeitwechsel: Ref.: Vollzeit-Vollzeit								
Wechsel von Vollzeit in Teilzeit	0,889	0,063	14,057	1,000	-0,398	0,075	-5,295	1,000
Wechsel von Teilzeit in Vollzeit	0,362	0,090	4,031	1,000	0,497	0,050	9,865	1,000
Wechsel von Teilzeit in Teilzeit	0,190	0,072	2,640	0,992	-0,250	0,049	-5,049	1,000
Struktur der Mobilität: Ref.: freiwillige Mobilität								
Mobilität mit Erwerbslücke/Meldelücke	0,972	0,088	11,052	1,000	0,139	0,055	2,546	0,989
unfreiwillige Mobilität/Mobilität aus Arbeitslosigkeit	1,031	0,079	13,120	1,000	0,098	0,048	2,014	0,956
Anzahl der Arbeitslosigkeitsphasen: Ref.: keine								
eine und mehr Arbeitslosigkeitsphasen	-0,701	0,048	-14,696	1,000	-0,800	0,037	-21,849	1,000
Anzahl vergangener Betriebswechsel	0,061	0,032	1,915	0,945	-0,065	0,024	-2,668	0,992

Fortsetzung Modell 4.2 – Ostdeutschland – zweite Episode

	Sozioökonomische Variablen							
Bildung: Ref.: mittlere Qualifikation								
niedrige Qualifikation	0,079	0,051	1,557	0,881	-0,253	0,041	-6,236	1,000
hohe Qualifikation	-0,287	0,133	-2,151	0,969	-0,113	0,090	-1,257	0,791
Geschlecht: Ref.: männliche Beschäftigte								
weibliche Beschäftigte	0,035	0,040	0,878	0,620	-0,206	0,028	-7,489	1,000
Westdeutsche Herkunft	0,156	0,056	2,791	0,995	-0,094	0,041	-2,296	0,978
Relative Einkommensposition: Ref.: Einkommen unter 50 Prozent des Medians								
Teilzeitbeschäftigte	0,602	0,109	5,515	1,000	-0,294	0,061	-4,863	1,000
50% bis 30% unter dem Median	0,313	0,083	3,759	1,000	-0,577	0,036	-15,859	1,000
30% bis 10% unter dem Median	0,626	0,081	7,762	1,000	-0,906	0,040	-22,564	1,000
10% unter bis 10% über dem Median	0,860	0,084	10,253	1,000	-1,139	0,049	-23,409	1,000
mehr als 10% über dem Median	1,275	0,085	15,088	1,000	-1,249	0,056	-22,313	1,000

Log likelihood (starting values)	-83008,1851
Log likelihood (final estimates)	-76997,5777

Anzahl der Ereignisse in den verschiedenen Zeitperioden

Zeitperioden		*Starting Times*	*Ending Times*	*Events*
0	*180*	32483	15751	3285
180	*365*	9558	12719	2415
365	*730*	8627	16017	1889
730	*1460*	6296	10848	1421
1460	+	2019	3648	454

Modell 5.2 – Ostdeutschland – dritte Episode

	Einkommensverlust				Einkommensgewinn			
Variable	**coeff**	**Error**	**c/error**	**Signif**	**coeff**	**Error**	**c/error**	**Signif**
Periode 1: bis ein halbes Jahr Beschäftigung	-8,471	0,176	-48,280	1,000	-6,079	0,104	-58,366	1,000
Periode 2: halbes bis ein Jahr Beschäftigung	-8,418	0,179	-47,065	1,000	-5,627	0,106	-52,975	1,000
Periode 3: ein bis zwei Jahre Beschäftigung	-8,727	0,181	-48,172	1,000	-5,831	0,109	-53,473	1,000
Periode 4: zwei bis vier Jahre Beschäftigung	-8,733	0,186	-46,979	1,000	-5,820	0,114	-51,200	1,000
Periode 5: über vier Jahre Beschäftigung	-8,870	0,233	-38,122	1,000	-5,887	0,154	-38,253	1,000
Mobilitätsvariablen – Referenzkategorie direkte innerregionale Mobilität								
Betriebsstabilität	-0,829	0,119	-6,939	1,000	-1,475	0,075	-19,674	1,000
indirekte Mobilität	-0,484	0,142	-3,398	0,999	-1,434	0,099	-14,460	1,000
reg. Mobilität innerhalb Ostdeutschlands	0,025	0,103	0,240	0,190	0,049	0,077	0,638	0,476
Mobilität von Ost- nach Westdeutschland	-0,740	0,185	-4,001	1,000	0,705	0,079	8,889	1,000
Restkategorie	1,080	0,128	8,419	1,000	-0,604	0,094	-6,436	1,000
Vorgeschichte								
Einkommensverlust in der zweiten Episode	-0,009	0,059	-0,148	0,118	0,148	0,044	3,352	0,999
Einkommensverlust in der zweiten Episode	-0,624	0,074	-8,381	1,000	0,793	0,046	17,325	1,000
Mobilität in der vorangegangenen Episode	-0,134	0,064	-2,074	0,962	-0,096	0,046	-2,075	0,962
Restkategorie in der vorangegangenen Episode	0,855	0,081	10,563	1,000	0,578	0,060	9,611	1,000

Fortsetzung Modell 5.2 – Ostdeutschland – dritte Episode

Interaktionseffekt – Mobilität und Bildung – Referenzkategorie mittlere Bildungsgruppe und direkte innerregionale Mobilität								
Betriebsstabilität – niedrige Qualifikation	0,215	0,133	1,614	0,894	-0,067	0,102	-0,656	0,488
Betriebsstabilität – hohe Qualifikation	0,249	0,205	1,216	0,776	0,474	0,151	3,143	0,998
indirekte Mobilität – niedrige Qualifikation	0,141	0,274	0,514	0,393	-0,265	0,247	-1,073	0,717
indirekte Mobilität – hohe Qualifikation	-0,395	0,400	-0,987	0,676	0,287	0,258	1,115	0,735
regionale Mobilität – niedrige Qualifikation	0,220	0,234	0,942	0,654	-0,016	0,194	-0,081	0,064
regionale Mobilität – hohe Qualifikation	-0,285	0,312	-0,913	0,639	-0,062	0,202	-0,306	0,240
Ost-West-Mobilität – niedrige Qualifikation	0,722	0,299	2,413	0,984	-0,112	0,166	-0,673	0,499
Ost-West-Mobilität – hohe Qualifikation	0,182	0,445	0,409	0,317	-0,257	0,203	-1,271	0,796
Weitere Mobilitätsvariablen								
Berufliche Mobilität: Ref.: keine								
innerbetriebliche berufliche Mobilität	0,429	0,190	2,263	0,976	0,938	0,113	8,294	1,000
zwischenbetriebliche berufliche Mobilität	0,608	0,100	6,087	1,000	0,300	0,063	4,790	1,000
Arbeitszeitwechsel: Ref.: Vollzeit-Vollzeit								
Wechsel von Vollzeit in Teilzeit	0,767	0,092	8,301	1,000	-0,572	0,117	-4,900	1,000
Wechsel von Teilzeit in Vollzeit	0,276	0,126	2,195	0,972	0,552	0,070	7,889	1,000
Wechsel von Teilzeit in Teilzeit	0,232	0,093	2,495	0,987	-0,242	0,067	-3,631	1,000
Struktur der Mobilität: Ref.: freiwillige Mobilität								
Mobilität mit Erwerbslücke/Meldelücke	1,078	0,121	8,933	1,000	0,059	0,080	0,735	0,538
unfreiwillige Mobilität/Mobilität aus Arbeitslosigkeit	1,050	0,110	9,551	1,000	-0,017	0,070	-0,250	0,198
Anzahl der Arbeitslosigkeitsphasen: Ref.: keine								
eine und mehr Arbeitslosigkeitsphasen	-0,572	0,064	-8,923	1,000	-0,656	0,049	-13,498	1,000
Anzahl vergangener Betriebswechsel	0,071	0,030	2,366	0,982	-0,058	0,023	-2,531	0,989

Fortsetzung Modell 5.2 – Ostdeutschland – dritte Episode

	Sozioökonomische Variablen							
Bildung: Ref.: mittlere Qualifikation								
niedrige Qualifikation	0,023	0,070	0,328	0,257	-0,158	0,055	-2,869	0,996
hohe Qualifikation	-0,226	0,177	-1,279	0,799	0,005	0,133	0,035	0,028
Geschlecht: Ref.: männliche Beschäftigte								
weibliche Beschäftigte	0,073	0,057	1,291	0,803	-0,077	0,041	-1,874	0,939
Westdeutsche Herkunft	0,130	0,076	1,710	0,913	-0,038	0,057	-0,666	0,494
	Relative Einkommensposition: Ref.: Einkommen unter 50 Prozent des Medians							
Teilzeitbeschäftigte	0,750	0,163	4,598	1,000	-0,374	0,100	-3,759	1,000
50% bis 30% unter dem Median	0,352	0,116	3,045	0,998	-0,564	0,053	-10,647	1,000
30% bis 10% unter dem Median	0,471	0,116	4,072	1,000	-0,925	0,058	-15,897	1,000
10% unter bis 10% über dem Median	0,799	0,119	6,699	1,000	-1,053	0,070	-15,019	1,000
mehr als 10% über dem Median	1,073	0,121	8,867	1,000	-1,355	0,080	-16,983	1,000

Log likelihood (starting values)	-39494,2508
Log likelihood (final estimates)	-36585,2381

Anzahl der Ereignisse in den verschiedenen Zeitperioden

Zeitperioden		*Starting Times*	*Ending Times*	*Events*
0	*180*	16096	8062	1807
180	*365*	4503	6181	1205
365	*730*	3664	7439	852
730	*1460*	2257	4336	554
1460	+	476	978	120